U0124475

與聖經有約

MEET THE BIBLE

楊腓力/昆布蘭——著
PHILIP YANCEY / BRENDA QUINN
譚亞菁·舊約/黃經偉·新約——譯

聖經資源中心◎出版

每日靈修系列 5

與聖經有約

著 作 者：楊腓力、昆布蘭（Philip D. Yancey & Brenda Quinn）
翻　　譯：譚亞菁、黃經偉
出 版 者：聖經資源中心
新北市中和區連城路 236 號 3 樓
電話：(02)3234-1063　　傳真：(02)3234-1949
網址：http://blog.yam.com/cclmolive

發 行 人：李正一
發　　行：華宣出版有限公司 CCLM Publishing Group Ltd.
新北市中和區連城路 236 號 3 樓
電話：(02)8228-1318　　郵政劃撥：19907176 號
傳真：(02)2221-9445　　網址：www.cclm.org.tw
香港地區總代理：橄欖（香港）出版有限公司
Olive Publishing (HK) Ltd.
中國香港荃灣橫窩仔街 2-8 號永桂第三工業大廈 5 樓 B 座
Tel:(852)2394-2261　Fax:(852)2394-2088　網址：www.ccbdhk.com
新加坡區經銷商：益人書樓 Eden Resources Pte Ltd
29 Playfair Road #02-00 Lin Ho Building, Singapore 367992
Tel：6343-0151　　E-mail：eden@eden-resources.com
Fax：6343-0137　　Website：www.edenresource.com.sg
北美地區經銷商：北美基督教圖書批發中心 Chinese Christian Books Wholesale
603 N. New Ave #A Monterey Park, CA 91755 USA
Tel：(626)571-6769　　Fax：(626)571-1362
Website：www.ccbookstore.com
加拿大區經銷商：神的郵差國際文宣批發協會
Deliverer Is Coming International Publishing
B109-15310 103A Ave. Surrey BC Canada V3R 7A2
Tel：(604)588-0306　　Fax：(604)588-0307
澳洲地區經銷商：佳音書樓 Good News Book House
1027,Whitehorse Road,Box Hill, VIC3128, Australia
Tel：(613)9899-3207　　Fax：(613)9898-8749
E-mail：goodnewsbooks@gmail.com

美術設計：行者創意有限公司
承 印 者：橄欖印務部
行政院新聞局登記證局版臺業字第 2600 號
出版時間：2008 年 11 月　初版一刷
2009 年 01 月　二版一刷
2012 年 10 月　三版一刷
年　　份：25 24 23 22 21 20 19 18 17 16 15 14
刷　　次：20 19 18 17 16 15 14 13
・版權所有，翻印必究・

Meet the Bible

Originally Published in the U.S.A. under the title : Meet the Bible
Copyright ©1999 by Philip D. Yancey and Brenda Quinn Grand Rapids, Michigan
Chinese translation Copyright ©2008 by Olive, a division of CCLM
All Rights Reserved.
Cat. No. TR00305
ISBN 978-986-7077-45-5（平裝）　　**Printed in Taiwan**

國家圖書館出版品預行編目資料

與聖經有約/楊腓力(Philip D. Yancey)、昆布蘭(Brenda Quinn)著；
譚亞菁、黃經偉翻譯.——初版.——新北市中和區：
聖經資源中心出版，2008 (民 97)
面；　公分——（每日靈修系列；5）
譯自：Meet the Bible
ISBN978-986-7077-45-5（平裝）
1.聖經故事　2.讀經　3.靈修
241.01　　97018274

目錄

編者的話

第一部　起初

Day 1	創造	創世記一章 1 節～二章 3 節	24
Day 2	亞當與夏娃	創世記二章 4-25 節	25
Day 3	人類的墮落	創世記三章 1-24 節	26
Day 4	該隱與亞伯	創世記四章 1-24 節	27
Day 5	神豈是真說……？	省思	28
Day 6	洪水	創世記六章 1 節～七章 24 節	29
Day 7	地乾了	創世記八章 1-22 節	29
Day 8	神的彩虹之約	創世記九章 1-17 節	30
Day 9	巴別塔	創世記十一章 1-9 節	31
Day10	為人父的神	省思	31
Day11	神呼召亞伯蘭	創世記十二章 1-20 節	33
Day12	亞伯蘭與羅得分離	創世記十三章 1-18 節	34
Day13	神與亞伯蘭之約	創世記十五章 1-21 節	34
Day14	夏甲生以實瑪利	創世記十六章 1-16 節	35
Day15	三位天使到訪	創世記十八章 1-15 節	36
Day16	神的呼召	省思	37
Day17	亞伯拉罕為所多瑪祈求	創世記十八章 16-33 節	38
Day18	毀滅所多瑪與蛾摩拉	創世記十九章 1-29 節	38
Day19	以撒出生	創世記廿一章 1-21 節	39
Day20	神試驗亞伯拉罕	創世記廿二章 1-19 節	40
Day21	以撒與利百加	創世記廿四章 1-30、50-66 節	41
Day22	信心的背後	省思	41
Day23	雅各與以掃	創世記廿五章 19-34 節	42
Day24	雅各騙取以撒的祝福	創世記廿七章 1-40 節	43

Day25	雅各在伯特利見異象 …	創世記廿七章41-43節，廿八章10-22節	44
Day26	雅各娶利亞和拉結 ……	創世記廿九章1-30節	45
Day27	雅各的兒女 ……	創世記廿九章31節～三十章24節	46
Day28	神在暗地裡發光 ……	省思	46
Day29	雅各逃離拉班 ……	創世記卅一章1-21節	47
Day30	拉班追趕雅各 ……	創世記卅一章22-55節	48
Day31	雅各準備見以掃 ……	創世記卅二章1-21節	49
Day32	雅各與神摔跤 ……	創世記卅二章22-32節	49
Day33	雅各以掃相見 ……	創世記卅三章1-20節	50
Day34	雅各回伯特利 ……	創世記卅五章1-15節	51
Day35	與神摔跤 ……	省思	52
Day36	約瑟的夢 ……	創世記卅七章1-36節	53
Day37	約瑟與波提乏之妻 ……	創世記卅九章1-23節	54
Day38	酒政與膳長 ……	創世記四十章1-23節	54
Day39	法老的夢 ……	創世記四一章1、8-43、53-55節	55
Day40	生命格言 ……	省思	56
Day41	約瑟的哥哥下埃及 ……	創世記四二章1-26節	57
Day42	約瑟的哥哥回迦南 ……	創世記四二章27-38節	58
Day43	第二次下埃及 ……	創世記四三章1-2、8-31節	58
Day44	糧袋裡的銀杯 ……	創世記四四章1-18、27-34節	59
Day45	約瑟與弟兄相認 ……	創世記四五章1節～四六章4節等	59
Day46	為什麼要饒恕？ ……	省思	61

第二部　國度的誕生

Day47	摩西的出生 ……	出埃及記一章1節～二章15節	64
Day48	摩西與燃燒的荊棘 ……	出埃及記三章1-22節	64
Day49	給摩西的憑證 ……	出埃及記四章1-17節	65
Day50	水變血之災與蛙災 ……	出埃及記七章14節～八章15節	66

Day51 虱災、蠅災與畜疫之災 出埃及記八章 16 節～九章 7 節 67
Day52 一位內心作難的主僕之禱告 省思 67
Day53 瘡災與雹災 ………… 出埃及記九章 8-35 節 68
Day54 蝗災、黑暗之災，與殺長子之災
…………………… 出埃及記十章 1 節～十一章 10 節 69
Day55 逾越節 ………………… 出埃及記十二章 1-30 節 70
Day56 出埃及 ………………… 出埃及記十二章 31-42 節 71
Day57 過紅海 ………………… 出埃及記十三章 17 節～十四章 31 節 72
Day58 屬靈的健忘症 ………… 省思 73
Day59 嗎哪與鵪鶉 …………… 出埃及記十六章 1-26、31 節 74
Day60 葉忒羅來見摩西 ……… 出埃及記十八章 1-27 節 74
Day61 十誡 …………………… 出埃及記十九章 1-6、17-19 節等 75
Day62 金牛犢 ………………… 出埃及記卅二章 1-35 節 76
Day63 乘著神的翅膀翱翔 …… 省思 77
Day64 順從的人蒙福，悖逆的人受懲 利未記廿六章 3-43 節 78
Day65 雲彩遮蓋會幕 ………… 民數記九章 15-23 節 79
Day66 主賜鵪鶉 ……………… 民數記十一章 4-23、31-34 節 80
Day67 米利暗與亞倫反對摩西 民數記十二章 1-16 節 81
Day68 神奧妙的行事 ………… 省思 81
Day69 窺探迦南地 …………… 民數記十三章 1-3、17-33 節 82
Day70 百姓悖逆 ……………… 民數記十四章 1-44 節 83
Day71 磐石出水；銅蛇 ……… 民數記二十章 1-13 節，廿一章 4-9 節 84
Day72 命令守律法 …………… 申命記一章 1 節，四章 7-38 節 85
Day73 不可忘記主 …………… 申命記八章 1-20 節 86
Day74 雙重性格的神？ ……… 省思 87
Day75 喇合與探子 …………… 約書亞記二章 1-24 節 88
Day76 過約旦河 ……………… 約書亞記三章 1 節～四章 7 節等 89
Day77 耶利哥城塌陷 ………… 約書亞記五章 13 節～六章 23 節 90

Day78 亞干犯罪 …………………… 約書亞記七章 1-26 節 91
Day79 在示劍重申聖約 ……… 約書亞記廿四章 1-29 節 92
Day80 選擇愛神 …………………… 省思 93
Day81 底波拉 ……………………… 士師記四章 1-24 節 94
Day82 基甸 ………………………… 士師記六章 1、11-40 節 95
Day83 基甸打敗米甸人 ……… 士師記七章 1-25 節，八章 28、33 節 96
Day84 跟隨領袖 …………………… 省思 97
Day85 參孫出生 …………………… 士師記十三章 1-25 節 98
Day86 參孫的婚姻 ……………… 士師記十四章 1-20 節 99
Day87 參孫與大利拉 …………… 士師記十六章 1-10、16-30 節 99
Day88 迫切需要神 ……………… 省思 100
Day89 拿俄米與路得 …………… 路得記一章 1-22 節 101
Day90 路得遇波阿斯 …………… 路得記二章 1-23 節 102
Day91 波阿斯娶路得 …………… 路得記三章 1 節～四章 17 節 103
Day92 信徒的樣子 ……………… 省思 104
Day93 撒母耳的出生 …………… 撒母耳記上一章 1-28 節 105
Day94 主呼召撒母耳 …………… 撒母耳記上二章 18-21 節，三章 1-21 節 105
Day95 以色列人求立王 ……… 撒母耳記上八章 1-22 節 106
Day96 撒母耳膏掃羅 …………… 撒母耳記上九章 1-6 節、14 節～十章 8 節 107
Day97 熱切的禱告 ……………… 省思 108
Day98 主棄絕掃羅為王 ……… 撒母耳記上十五章 1-29 節 109
Day99 撒母耳膏大衛 …………… 撒母耳記上十六章 1-23 節 110
Day100 牧者之歌 ………………… 詩篇廿三篇 1-6 節 110
Day101 大衛與歌利亞 …………… 撒母耳記上十七章 1、3-7、16-27 節等 111
Day102 戶外教學 ………………… 詩篇十九篇 1-14 節 112
Day103 與巨人爭戰 ……………… 省思 113
Day104 掃羅圖謀殺大衛 ……… 撒母耳記上十八章 1-9 節，十九章 1-18 節 114
Day105 大衛與約拿單 …………… 撒母耳記上二十章 40-42 節 115

Day106	高低起伏 …………………	詩篇廿七篇 1-14 節	116
Day107	大衛不殺掃羅 …………	撒母耳記上廿四章 1-22 節	117
Day108	大衛、拿巴與亞比該 …	撒母耳記上廿五章 1-42 節	118
Day109	在危機中信靠神 ………	省思	118
Day110	大衛王運約櫃往耶路撒冷 ………………………	撒母耳記上卅一章 3、6 節；撒母耳記下五章 3 節，六章 1-23 節	119
Day111	神對大衛的應許 ………	歷代志上十七章 1-27 節	120
Day112	神的良善 …………………	詩篇一〇三篇 1-22 節	121
Day113	大衛與拔示巴 …………	撒母耳記下十一章 1-27 節	122
Day114	非信徒眼中的罪與神的愛	省思	123
Day115	拿單斥責大衛 …………	撒母耳記下十二章 1-25 節	124
Day116	真實悔罪 …………………	詩篇五一篇 1-17 節	125
Day117	大衛的屬靈祕訣 ………	詩篇一三九篇 1-24 節	126
Day118	操練與神同在 …………	省思	127
Day119	所羅門求智慧 …………	列王紀上一章 28-30 節，三章 1-28 節	129
Day120	約櫃運入聖殿 …………	列王紀上六章 1、38 節，八章 1-34 節	130
Day121	不僅是一座建築 ………	詩篇八四篇 1-12 節	131
Day122	示巴女王覲見所羅門 …	列王紀上十章 1-13 節	132
Day123	所羅門的榮華與妃嬪 …	列王紀上十章 23 節～十一章 13 節	132
Day124	遺忘神 ……………………	省思	133
Day125	非比尋常的歌 …………	雅歌二章 1-17 節	134
Day126	婚禮 ………………………	雅歌三章 7 節～四章 16 節	135
Day127	成熟的婚姻 ……………	雅歌八章 1-7、13-14 節	136
Day128	喜愛神的道路 …………	省思	137
Day129	人生的忠告 ……………	箴言四章 1-27 節	138
Day130	如何讀箴言 ……………	箴言十章 1-23 節	139
Day131	關於言談的教導 ………	箴言集錦	140
Day132	萬事都有定時 …………	傳道書三章 1-22 節	141

Day133 得智慧的祕訣 ………… 省思 142
Day134 以色列背叛羅波安 …… 列王紀上十二章 1-24 節 144

第三部　北國——以色列

Day135 撒勒法的寡婦 ………… 列王紀上十七章 1-24 節 146
Day136 以利亞在迦密山上 …… 列王紀上十八章 15-40 節 146
Day137 主向以利亞顯現 ……… 列王紀上十九章 1-18 節 147
Day138 以利亞被接升天 ……… 列王紀下二章 1-18 節 148
Day139 聆聽神的聲音 ………… 省思 149
Day140 寡婦的油；書念婦人兒子復活 列王紀下四章 1-36 節 150
Day141 乃縵大痲瘋得醫治 …… 列王紀下五章 1-27 節 151
Day142 以利沙和火車火馬 …… 列王紀下六章 8-23 節 152
Day143 我們的神大過一切 …… 省思 153
Day144 要撕裂心腸 …………… 約珥書二章 1-2、10-19 節 154
Day145 約拿逃避主 …………… 約拿書一章 1 節～二章 10 節 155
Day146 約拿往尼尼微去 ……… 約拿書三章 1 節～四章 11 節 156
Day147 與神同工 ……………… 省思 157
Day148 以色列仍未歸向神 …… 阿摩司書一章 1 節，四章 1-13 節 159
Day149 何西阿的妻子與兒女 … 何西阿書一章 1 節～三章 5 節 160
Day150 神對以色列的愛 ……… 何西阿書十一章 1-11 節 161
Day151 以色列人因犯罪被擄 … 列王紀下十七章 1-2、6-9、16-23 節等 162
Day152 神的愛情故事 ………… 省思 163

第四部　南國——猶大

Day153 約沙法打敗摩押和亞捫 歷代志下二十章 1-30 節 166
Day154 主譴責以色列 ………… 彌迦書一章 1 節，六章 1-16 節 167
Day155 希西家守逾越節 ……… 歷代志下三十章 1-27 節 168
Day156 以賽亞奉差遣 ………… 以賽亞書一章 1 節，六章 1-13 節 169

Day157 讚美主 …………………… 以賽亞書廿五章 1 節～廿六章 6 節 170
Day158 預備好被神使用 ……… 省思 171
Day159 西拿基立恫嚇耶路撒冷 歷代志下卅二章 1-31 節 172
Day160 主向尼尼微發怒 ……… 那鴻書一章 1-15 節 173
Day161 耶路撒冷的未來 ……… 西番雅書一章 1 節，
…………………………… 三章 1-5、8-13、16-20 節 174
Day162 約西亞重立聖約 ……… 列王紀下廿二章 1 節～廿三章 3 節 175
Day163 如何常保忠誠？ ……… 省思 176
Day164 以色列離棄神 ………… 耶利米書一章 1-3 節，二章 2-8 節等 177
Day165 死亡、饑荒、刀劍 …… 耶利米書十五章 1-6、15-21 節 178
Day166 以色列的復興 ………… 耶利米書卅一章 12-15、23-34 節 179
Day167 耶利米被投進淤泥牢獄中 耶利米書卅八章 1-28 節 180
Day168 來自敏銳心靈的服事 … 省思 181
Day169 哈巴谷的埋怨 ………… 哈巴谷書一章 1-6、12-17 節 182
Day170 祂的憐憫不致斷絕 …… 耶利米哀歌三章 1-40 節 183
Day171 惡行遭報 …………… 俄巴底亞書 1、8-12、15-18 節 184
Day172 去愛或遠離未信者？ … 省思 185

第五部　重新開始——流亡與回歸

Day173 四活物與主的榮耀 …… 以西結書一章 1-28 節 188
Day174 以西結的蒙召 ………… 以西結書二章 1-5、9 節～三章 3 節等 189
Day175 耶路撒冷被圍困的預兆 以西結書四章 1-17 節 190
Day176 遍滿枯骨的平原 ……… 以西結書卅七章 1-28 節 191
Day177 神愛的妙方 …………… 省思 192
Day178 但以理在巴比倫受訓 … 但以理書一章 1-21 節 193
Day179 尼布甲尼撒的夢 ……… 但以理書二章 1-23 節 194
Day180 但以理解夢 …………… 但以理書二章 24-49 節 195
Day181 金像與火窯 …………… 但以理書三章 1-29 節 195

Day182 牆上字跡 ………………… 但以理書五章 1-30 節 196
Day183 但以理在獅子坑中 …… 但以理書六章 1-26 節 197
Day184 傑出的榜樣 ……………… 省思 198
Day185 重建祭壇 ………………… 以斯拉記三章 1 節～四章 5 節 200
Day186 建造聖殿的呼召 ……… 哈該書一章 1 節～二章 5 節 201
Day187 主應許賜福耶路撒冷 … 撒迦利亞書八章 1-23 節 202
Day188 亞達薛西差尼希米去耶路撒冷
………………………………… 尼希米記一章 1-4、11 節，二章 1-20 節 203
Day189 以斯拉宣讀律法 ……… 尼希米記七章 73 節～八章 18 節 204
Day190 讓神內住在我們的生命中 省思 205
Day191 王后瓦實提被廢 ……… 以斯帖記一章 1-22 節 206
Day192 以斯帖被立為后 ……… 以斯帖記二章 1-23 節 207
Day193 哈曼的陰謀和末底改的計畫 以斯帖記三章 1 節～四章 17 節 207
Day194 以斯帖有求於王 ……… 以斯帖記五章 1 節～六章 14 節 208
Day195 哈曼被掛 ………………… 以斯帖記七章 1 節～八章 8、11-17 節 209
Day196 神的策略方法 ………… 省思 210
Day197 奪取神的供物 ………… 瑪拉基書二章 17 節～三章 18 節 211

第六部　痛苦的呼喊

Day198 約伯受試煉 ……………… 約伯記一章 1-3、6 節～二章 10 節 214
Day199 主發言 …………………… 約伯記卅八章 1-7、19-41 節 215
Day200 約伯得復興 ……………… 約伯記四二章 1-17 節 216
Day201 自由地去愛神 ………… 省思 217
Day202 對神子民的安慰 ……… 以賽亞書四十章 6-11、15、18-24 節等 218
Day203 耶和華忿怒的杯 ……… 以賽亞書五二章 1-15 節 219
Day204 僕人的受苦與榮耀 …… 以賽亞書五三章 1-12 節 220
Day205 邀請乾渴者 ……………… 以賽亞書五五章 1-13 節 221
Day206 耶穌，我們最美的選擇，我們最大的盼望………… 省思 222

第七部　令人驚喜的彌賽亞

Day207 預言施洗約翰和耶穌的誕生　路加福音一章 5-52 節 226
Day208 天使向約瑟顯現 ……… 馬太福音一章 1-25 節 227
Day209 施洗約翰誕生 ………… 路加福音一章 57- 80 節 227
Day210 耶穌降生 ……………… 路加福音二章 1-40 節 228
Day211 道成肉身 ……………… 約翰福音一章 1-18 節 229
Day212 耶穌，我們對於神的形象 省思 230
Day213 東方博士的造訪，逃往埃及，以及回到拿撒勒
………………………… 馬太福音二章 1-23 節 232
Day214 孩童耶穌在聖殿裡；施洗約翰預備主的道路
……………… 路加福音二章 41-52 節；馬太福音三章 1-12 節 233
Day215 耶穌受洗，受試探，且開始傳道 ……… 馬可福音一章 9-45 節 234
Day216 耶穌的試探 …………… 馬太福音四章 1-11 節 235
Day217 耶穌的自制模式 ……… 省思 235
Day218 耶穌將水變酒 ………… 約翰福音二章 1-11 節 237
Day219 耶穌教導尼哥底母 …… 約翰福音三章 1-21 節 239
Day220 耶穌和撒瑪利亞婦人說話 約翰福音四章 1-30 節、39-42 節 240
Day221 拿撒勒人厭棄耶穌 …… 路加福音四章 14-30 節 241
Day222 耶穌為了萬民而來 …… 省思 241
Day223 呼召第一批門徒 ……… 路加福音五章 1-11 節 243
Day224 耶穌遭遇反對勢力 …… 馬可福音二章 1-28 節 243
Day225 耶穌教導並醫治 ……… 馬可福音三章 1-35 節 244
Day226 撒種的比喻和其他比喻；耶穌平靜風浪
………………………… 馬可福音四章 1-41 節 246
Day227 耶穌醫治被鬼附的人，死去的閨女，以及患病的女人
………………………… 馬可福音五章 1-42 節 247
Day228 耶穌渴望碰觸與醫治 … 省思 248
Day229 八福和登山寶訓 ……… 馬太福音五章 1-48 節 249

Day230 登山寶訓，續 ………… 馬太福音六章 1-34 節 250
Day231 登山寶訓，續 ………… 馬太福音七章 1-29 節 251
Day232 從神的眼光來看 ……… 省思 252
Day233 勞苦重擔的人得安息；禱告的教導
……………… 馬太福音十一章 25-30 節；路加福音十一章 1-13 節 254
Day234 稗子、芥菜種，及其他的比喻 馬太福音十三章 24-58 節 255
Day235 施洗約翰被斬；耶穌餵飽五千人；耶穌履海
……………………… 馬可福音六章 14-56 節 256
Day236 聰明卻不義的管家之比喻；財主和拉撒路
……………………… 路加福音十六章 1-31 節 257
Day237 無知財主的比喻；關於憂慮和警醒的教導
……………………… 路加福音十二章 13-48 節 258
Day238 神就是愛 ……………… 省思 259
Day239 耶穌教導、醫治，並歡迎小孩 ……… 路加福音十八章 1-30 節 260
Day240 醫治池邊的患者；藉著人子得生命
……………………… 約翰福音五章 1-47 節 261
Day241 葡萄園工人的比喻 …… 馬太福音二十章 1-16 節 262
Day242 十童女的比喻和有關才幹的比喻
……………………… 馬太福音廿五章 1-30 節 263
Day243 活在奧祕之中 ………… 省思 263
Day244 綿羊和山羊 …………… 馬太福音廿五章 31-46 節 265
Day245 大筵席的比喻；作門徒的代價
……………………… 路加福音十四章 15-35 節 266

第八部　對耶穌的回應

Day246 失羊和失錢的比喻 …… 路加福音十五章 1-10 節 268
Day247 浪子的比喻 …………… 路加福音十五章 11-32 節 268
Day248 稅吏撒該 ……………… 路加福音十九章 1-10 節 269

Day249 耶穌是生命的糧；許多門徒離棄耶穌
………………………… 約翰福音六章 24-71 節 270
Day250 行淫時被拿的婦人 …… 約翰福音八章 2-11 節 271
Day251 尋見耶穌 ……………… 省思 272
Day252 耶穌教導有關污穢和不污穢的教訓，醫治耳聾舌結的人
………………………… 馬可福音七章 1-37 節 273
Day253 不憐憫的僕人之比喻；有關離婚的教導
………………………… 馬太福音十八章 21 節～十九章 12 節 274
Day254 牧人和羊；猶太人不信 約翰福音十章 1-40 節 275
Day255 耶穌餵飽、教導，和醫治 馬可福音八章 1-38 節 276
Day256 登山變像；耶穌醫治並教導 馬可福音九章 1-41 節 277
Day257 仍舊試著了解耶穌 …… 省思 278
Day258 耶穌差遣七十二個門徒 路加福音十章 1- 24 節 279
Day259 好撒瑪利亞人的比喻 … 路加福音十章 25-37 節 280
Day260 在馬利亞和馬大家中 … 路加福音十章 38-42 節 281
Day261 耶穌叫拉撒路死裡復活 約翰福音十一章 1-44 節 282
Day262 耶穌預言將離世與醫治；光榮進入耶路撒冷
………………………… 馬可福音十章 32 節～十一章 11 節 283
Day263 等候神 ………………… 省思 284
Day264 耶穌潔淨聖殿並教導 … 馬可福音十一章 12 節～十二章 12 節 285
Day265 耶穌對賦稅和最大的誡命之教訓；寡婦的捐貲
………………………… 馬可福音十二章 13-44 節 286
Day266 末世的預兆 …………… 馬可福音十三章 1-37 節 287
Day267 耶穌在伯大尼受膏；猶大同意背叛耶穌；聖餐
………………………… 馬可福音十四章 1-31 節 288
Day268 極盡奢侈地愛耶穌 …… 省思 289

第九部　最後的日子

Day269 耶穌為門徒洗腳 ………… 約翰福音十三章 1-17 節　292

Day270 耶穌是到父那裡的道路；耶穌應許賜下聖靈 ………………………… 約翰福音十四章 1-31 節　292

Day271 葡萄樹和枝子；世界怨恨門徒 ………………………… 約翰福音十五章 1 節～十六章 4 節　293

Day272 聖靈的工作；門徒的憂愁將變為喜樂 ………………………… 約翰福音十六章 5-33 節　294

Day273 耶穌禱告 ……………… 約翰福音十七章 1-26 節　295

Day274 常在耶穌裡面 ………… 省思　296

Day275 耶穌在客西馬尼禱告，在公會前受審；彼得不認耶穌 ………………………… 馬太福音廿六章 36-75 節　297

Day276 猶大吊死；耶穌在彼拉多前受審　馬太福音廿七章 1-31 節　298

Day277 耶穌釘十字架、受死、安葬　馬可福音十五章 21-47 節　299

Day278 復活 ……………………… 馬太福音廿七章 62 節～廿八章 15 節　300

Day279 空墳墓；耶穌向抹大拉的馬利亞和祂的門徒顯現 ………………………… 約翰福音二十章 1-31 節　301

Day280 到以馬忤斯的路上 …… 路加福音廿四章 13-49 節　302

Day281 耶穌，捕獲滿網魚的神蹟；耶穌再次託付彼得 ………………………… 約翰福音廿一章 1-25 節　303

Day282 紀念耶穌的死和得勝 … 省思　304

第十部　道傳開了

Day283 大使命；耶穌被接升天；揀選馬提亞以取代猶大 …………… 馬太福音廿八章 16-20 節；使徒行傳一章 1-26 節　308

Day284 聖靈在五旬節降臨 …… 使徒行傳二章 1-41 節　309

Day285 彼得醫治了討飯的瘸子　使徒行傳三章 1-26 節　309

Day286 彼得和約翰在公會前 … 使徒行傳四章 1-31 節　310

Day287 聖靈的恩賜 …………… 省思 311
Day288 信徒的團契 …………… 使徒行傳二章 42-47 節，四章 32-37 節 312
Day289 亞拿尼亞和撒非喇；使徒遭迫害 ………………………… 使徒行傳五章 1-42 節 313
Day290 司提反被石頭打死 …… 使徒行傳六章 8 節～七章 5 節等 314
Day291 腓利和埃提阿伯人 …… 使徒行傳八章 26-40 節 315
Day292 靠聖靈而活 …………… 省思 316
Day293 掃羅歸信 ……………… 使徒行傳九章 1-31 節 318
Day294 彼得的異象；彼得在哥尼流家 使徒行傳十章 1-48 節 319
Day295 彼得逃離監獄的神蹟 … 使徒行傳十二章 1-19 節 319
Day296 憑信或是憑遵行律法 … 加拉太書三章 1 節～四章 7 節 320
Day297 信心，唯一之路 ……… 省思 321
Day298 呂底亞在腓立比歸信；保羅和希拉入獄 ………………………… 使徒行傳十六章 6-40 節 322
Day299 效法基督的謙卑 ……… 腓立比書二章 1-30 節 323
Day300 保羅在帖撒羅尼迦，庇哩亞，以及雅典 ………………………… 使徒行傳十七章 1-34 節 324
Day301 為福音尋求共同點 …… 省思 325
Day302 為討神喜悅而活 ……… 帖撒羅尼迦前書二章 17 節～四章 12 節 327
Day303 站立得穩 ……………… 帖撒羅尼迦後書二章 1 節～三章 13 節 328
Day304 保羅在哥林多 ………… 使徒行傳十八章 1-28 節 329
Day305 一個身子，許多肢體；愛 哥林多前書十二章 1 節～十三章 13 節 330
Day306 什麼是教會？ ………… 省思 331
Day307 基督和已死的人將復活 哥林多前書十五章 3-57 節 333
Day308 瓦器裡的寶貝 ………… 哥林多後書四章 1 節～五章 10 節 333
Day309 與神和好的職分；不要與不信者同負一軛 ……… 哥林多後書五章 11 節～六章 2 節，六章 14 節～七章 1 節 334
Day310 多種就多收 …………… 哥林多後書九章 6-15 節 335

Day311 保羅為諸般患難以及他的刺而自誇 …………………………… 哥林多後書十一章 16 節～十二章 10 節 336
Day312 和刺共存 ………………… 省思 337

第十一部 保羅留下的典範

Day313 連一個義人也沒有 …… 羅馬書三章 10-31 節 340
Day314 和罪交戰 ………………… 羅馬書七章 1-25 節 341
Day315 聖靈裡的生活 ………… 羅馬書八章 1-27 節 342
Day316 和罪交戰時的幫助 …… 省思 343
Day317 平安和喜樂；得勝有餘 羅馬書五章 1-11 節，八章 28-39 節 344
Day318 活祭；愛 ………………… 羅馬書十二章 1-21 節 345
Day319 順服掌權者；愛，因為白晝將近 ……… 羅馬書十三章 1-14 節 346
Day320 軟弱和剛強 …………… 羅馬書十四章 1 節～十五章 13 節 346
Day321 把自己投注在神身上 … 省思 347
Day322 保羅在亞基帕前 ……… 使徒行傳廿五章 23 節～廿六章 32 節 348
Day323 保羅航向羅馬；船難 … 使徒行傳廿七章 1-44 節 350
Day324 在米利大上岸；抵達羅馬 使徒行傳廿八章 1-31 節 350
Day325 感恩和禱告；在基督裡活過來 …………………………… 以弗所書一章 15 節～二章 13 節 351
Day326 保羅，外邦人的使徒；一篇禱詞 …………………………… 以弗所書二章 14 節～三章 21 節 352
Day327 在基督的身體裡合而為一；當像光明之子 …………………………… 以弗所書四章 1 節～五章 20 節 353
Day328 修補破碎的愛 ………… 省思 354
Day329 彼此順服；神的全副軍裝 以弗所書五章 21 節～六章 20 節 356
Day330 感謝與禱告；讓基督居首位 歌羅西書一章 1 節～二章 5 節 357
Day331 聖潔生活的準則 ……… 歌羅西書三章 1-25 節 358
Day332 打一場屬靈爭戰 ……… 省思 358

Day333 保羅為阿尼西母代求 … 腓利門書 1-25 節 360
Day334 什麼教導能規勸不同的群體；以何為善 …………………………… 提多書二章 1 節～三章 8 節 361
Day335 警戒假教師；神對保羅的恩典；對敬拜的教導；監督和執事 …………………………… 提摩太前書一章 1 節～三章 8 節 362
Day336 尋求一個成功的家 …… 省思 363
Day337 貪愛錢財 ………………… 提摩太前書六章 3 節-21 節 365
Day338 鼓勵信守到底 ………… 提摩太後書一章 1-18 節 365
Day339 神所認可的工人 ……… 提摩太後書二章 1-26 節 366
Day340 選擇逃跑還是留下 …… 省思 367

第十二部　重要書信

Day341 高過天使的人子；耶穌與祂的弟兄相同 …………………………… 希伯來書二章 1 節～三章 6 節 370
Day342 要忍耐 ………………… 希伯來書十章 5-10 節，19-39 節 371
Day343 因著信 ………………… 希伯來書十一章 1-40 節 371
Day344 神管教祂的兒子 ……… 希伯來書十二章 1-28 節 372
Day345 信心激進的一面 ……… 省思 373
Day346 試煉與試探；聽道和行道；不要偏袒 …………………………… 雅各書一章 1 節～二章 10 節 375
Day347 信心和行為；制服舌頭；兩種智慧 …………………………… 雅各書二章 14 節～三章 18 節 376
Day348 順服神 ………………… 雅各書四章 1-17 節 376
Day349 對富足逼迫者的警告；在苦難中忍耐；信心的祈禱 …………………………… 雅各書五章 1-20 節 377
Day350 恩典和行為 ………… 省思 378
Day351 頌讚歸與賜下活潑盼望的神；應當聖潔 …………………………… 彼得前書一章 1 節～二章 3 節 380

Day352 受苦是有福的；為神而活 彼得前書三章 8 節～四章 19 節 381
Day353 使所蒙的恩召和揀選堅定不移 彼得後書一章 1 節～二章 3 節 382
Day354 被火煉淨 ……………… 省思 383
Day355 不虔誠者之罪和刑罰；要忍耐 猶大書 1-25 節 384
Day356 神的兒女；彼此相愛 … 約翰一書三章 1-24 節 385
Day357 試驗諸靈；神的愛和我們的愛 約翰一書四章 1-21 節 386
Day358 相信神的兒子 ………… 約翰一書五章 1-15 節 387
Day359 何時該款待客旅 ……… 約翰二書 1-13 節；約翰三書 1-14 節 387
Day360 聖經之歌 ……………… 省思 388
Day361 有一位好像人子 ……… 啟示錄一章 1-20 節 390
Day362 給以弗所、士每拿、別迦摩、推雅推喇眾教會的信 ……………………… 啟示錄二章 1-29 節 391
Day363 給撒狄、非拉鐵非、老底嘉眾教會的信 ……………………… 啟示錄三章 1-21 節 392
Day364 婦人和龍 ……………… 啟示錄十二章 1-17 節 393
Day365 新耶路撒冷；生命之河 啟示錄廿一章 1 節～廿二章 5 節 394
Day366 相信未來 ……………… 省思 395

附註 397

編者的話

《與聖經有約》這本書能幫助你閱讀並瞭解整本聖經——從創世記到啟示錄的內容。

爲什麼在瞭解聖經的事上，我需要得到幫助？

閱讀聖經可能會遭遇到挫折。因為聖經大約有一千多頁，由六十六卷獨立的書卷組成，並由數十位寫作風格迥異的作者寫成。此外，聖經是在幾千年前完成的，呈現出當時代與現今世代在文化上顯著的差別。讀者會面對到書中不時出現的舊式風俗和拗口名稱。再加上書中許多初學者難以理解的神學和哲學思想，使得聖經被認為是一本很高深的書，讓不少人不知如何讀起，除非他們得著所需的幫助，否則很容易滯礙不前。

《與聖經有約》適合哪些人閱讀？

你也許真的讀不懂聖經，又或許你對聖經的內容並不陌生，但已有多年沒有讀經了。或者你有規律的讀經生活，但想以不同的方式來閱讀聖經。那麼，這本書正是你所需要的。

《與聖經有約》這本書主要在談什麼？

《與聖經有約》縱觀從舊約到新約聖經的重要章節，闡述當中的關鍵人物、事件，和思想。內容主要描繪到一個非凡的民族，尋求一個新的國度，最終在神國中尋見。這屬天的國度也同樣為我們每個人預備，因為聖經宣告有一位革命性的人物——從創世記到啟示錄都有預言和表明其生與死——能使那屬天的國度真實地臨到我們生命中。

《與聖經有約》這本書的架構爲何？

《與聖經有約》共有三百六十六篇文章，可以在一年中，一天一篇讀完。本書內容分成兩種類型：⑴一段聖經的主要經文章節，以及對該段經文的評論或解說；⑵一段「省思」的靈修小品，佔書中較少篇幅。

這些每日文章藉由精選的三百段經文——聖經六十六卷書的每一卷都至少有一章被選錄在其中——以縱覽聖經的內容。當然，這樣的內容安排是無法取代精讀整本聖經的，但也許能幫助減少讀經阻礙，並進一步對研經有所助益。這就好比某人參加一個大型美術館的導覽團，個中團員雖無法看到館中的每一幅畫作，但會得知基本的概念，並且因著獲得一種對藝術的品味，而吸引他一再地回館中參觀欣賞。

除了少數例外，此書將這些聖經資料大致按時間順序排放。當你讀到大衛的生平，也會連帶讀到大衛所寫的詩篇；而關於先知書，是當你讀到與其背景相關的歷史時會看到的。聖經福音書的內容也是以打散方式編排，為方便綜觀耶穌在世上的生活；而保羅書信則四散在其生平記錄中。這樣的安排能更清楚地傳達聖經的整體信息。

讀者該如何善用這些經文段落和其相關評論呢？這些重要的經文段落是從舊約和新約聖經中挑選出來的，談到神與祂子民之間的關係，這故事從創世記開始，延伸至啟示錄中祂所應許的永生。而關於評論，則是解釋相關的經文段落——例如探討聖經許多曲折的敘述、經文中引人入勝和被人所忽略之處、美好和作惡之人、對永恆的信念，以及關於神和祂的獨生子的描述。這些由經文段落和其相關評論組成的每日文章，佔本書大多數的篇幅。

「省思」些什麼呢？有些日子裡所安排的「省思」為靈修小品，以代替經文閱讀。這些「省思」是回顧前幾天的文章內容，並提供讀者仔細思想如何將真理運用在日常生活中。

《與聖經有約》這本書該如何讀？

你可以在一年中任何一天開始讀這本書，並能在一年內讀完。有時，某些經文段落比每日通常排定的經文段落要長，所以可能需要分兩天閱讀。閱讀計畫無須太僵化，讀者可依所需的時間作調整。

《與聖經有約》是由誰執筆？

本書的內容是由兩位寫作風格不同的作者撰稿完成的。

楊腓力（Philip Yancey）以其對聖經真理的領會、撰寫《學生聖經》（*The Student Bible*）的經驗、坦率直言的評論能力，和獲得許多獎項肯定的寫作技能，提供來自他之前出版的書《發現上帝》（*Discovering God*）當中的重要洞察和評論，以及他近來的暢銷書中的一些文章分享。

布蘭達・昆恩（Brenda Quinn）以過去在「靈光乍現之家」（Serendipity House）的工作經歷中，所累積的對查經和小組教材的專案組織和寫作能力，來撰寫這些靈修領受和省思，並將內容連結組織起來。書中用兩位作者各自名字的首字母來標示其文稿。本書將他們的作品集結在一起，結合了豐富的洞察、評論，和靈修省思，把聖經的主要內容和次要情節一同按易懂的年代順序排放（因為聖經本身的內容並非按時間順序編排），有助於闡明神所自許的心意和計畫——那些常被看似只有神學家才明瞭的事。

最後的叮嚀

從舊約聖經時代來到新約時代，出現了一個接替原先模式的計畫。這個原先模式是關於一個非凡民族、一群神子民的計畫，在新約時已然成為一個新國度、一個上帝國度的計畫——此國度將不再由猶太人的將領和君王所領導，而是由全體信徒們，亦即信靠那位宣告新國度的神的人們所領導。聖經是一本有關明瞭這兩個計畫的書。這也正是《與聖經有約》所探討的重點。

這本書只是一個開始。你應該要繼續不段地讀經。神已賜給信徒們祂的話語——聖經——全為要「教訓、督責、使人歸正、教導人學義」。別忘了持續閱讀聖經！

第一部 起初

Day 1 創造

讀經：創世記一章 1 節～二章 3 節

鑰句：神看著一切所造的都甚好。（創世記一章 31 節）

每一樣事物，包括這世上一切事物都就此展開。聖經的故事，甚至全宇宙的歷史，都從「起初神創造……」這簡潔的陳述中開始。後續的章節述說祂所造之物：日月星辰、海洋、植物、雀鳥、魚類、牲畜，最後是男與女。

創世記第一章並未多談神創造萬物的詳細過程；你無法從中找著有關 DNA 的說明，或創造背後的科學原則。但聖經的頭一章卻強調以下兩件事實：

創造是神的工作。「神說……神說……神說……」——這詞富含節奏性地一路貫穿這提及「神」多達三十次的篇章。在第一章中，我們首先瞥見神是一位藝術家，舉凡蝴蝶、瀑布、寬吻海豚、螳螂、袋鼠——這些都出自祂的創意；我們所居住的整個壯麗世界亦都是祂創造的傑作。聖經接下來所有的內容都進一步強化創世記第一章的信息：在整個歷史背後，有一位神在動工。

創造是美好的。另一個詞句彷彿輕柔的鐘聲在本章四處響起：「神看著是好的。」現今，我們常聽聞關於自然界令人憂心的報導：臭氧層的問題、海洋污染、瀕臨絕跡的物種、雨林的毀損。從神起初的創造，至今，大自然的原貌已大受改變、深受破壞。創世記第一章描述了神所要的世界，一個未受任何損害的世界。我們如今從自然界所體驗到的任何美麗，都不過是原先面貌的小小迴響。

美國阿波羅號太空人——弗蘭克・博爾曼（Frank Borman）隊長，在一九六八年的聖誕夜於外太空朗讀創世記第一章，此畫面透過電視播放出來。我們看到他從窗戶向外凝視，其所見的地球正像一顆光亮的彩球獨自懸掛在漆黑的太空中，散發出令人敬畏的美麗和極其精緻的景象。這情景正像創世記第一章所描寫的景緻。（PY）

每日默想｜你上回真正留意到自然界的美麗是何時呢？而你今天察覺到什麼呢？

Day 2 亞當與夏娃

讀經：創世記二章 4-25 節

鑰句：耶和華神用地上的塵土造人，將生氣吹在他鼻孔裡，他就成了有靈的活人，名叫亞當。（創世記二章7節）

創世記第一章呈現宇宙浩瀚景緻之後，創造的故事繼續上演，並將焦點放在人類的受造上。在神一切的創造中，唯獨人類是「照著神的形像」所造。究竟「神的形像」這詞句的意義為何？多年來人們為此爭論不休。是指神的永垂不朽？智慧？創造力？與我們的關係？也許對此最佳的解釋是——「神的形像」好比一面鏡子。神創造我們，當祂觀看我們時，會在我們身上發現祂某部分形像的反射。

沒有別的受造物擁有與神相同的形像，萬物中唯有人類得著神吹入的氣息。創世記表明——在神眼中，人類擁有的價值遠超過其他的生物；同樣地，沒有任何事物能等同於人的價值——即便現今電腦功能日新月異，但無論它是多麼聰明和栩栩如生，其價值都不能與人相比。

創世記第二章呈現人類歷史的序幕。婚姻就此設立：即使亞當處在一個完美的環境，他仍感到孤寂和渴望，神就為他造了女人。自此之後，婚姻在所有人類關係中具有優先地位。工作也在此產生：神賜予亞當掌管動、植物的權柄地位。從此，人類擁有管理其他受造物的權力。

唯有一絲不祥的預感，為這幸福的樂園帶來陰霾。這出現在本章的 17 節中，是出自神唯一的禁令。除了這單一的禁令——順服的考驗，亞當享有完全的自由。

古往今來，藝文家不斷嘗試用文字和影像試圖再造一個完美的世界，一個充滿愛和美的世界，一個沒有罪惡、痛苦或羞愧的世界。創世記一至二章所描述的正是這樣的世界：平安遍滿全地。當神觀看祂所造的萬物時，給了人類最高的評價，祂說：「甚好」。此時創造才告完成。（PY）

每日默想　請思想一位親近的朋友或家人。這人在哪方面反映了神的形像呢？哪些人格特質傳達出神特有的屬性呢？

Day 3 人類的墮落

讀經：創世記三章 1-24 節

鑰句：惟有園當中那棵樹上的果子，神曾說：「你們不可吃，也不可摸，免得你們死。」（創世記三章 3 節）

神學家稱此為「人類的墮落」，但其實這更像是觸礁撞毀。亞當和夏娃在樂園中擁有人想要的一切，然而，他們心中仍受一些思緒糾纏：「我們真的一無所缺嗎？神是否留住一些東西不給我們呢？」他們就像世上的每個人一樣，無法抵擋誘惑，總想伸手去抓界線外的事物。

創世記對人類所犯的第一個罪並未詳述。但當中有一件重要的事：神唯獨禁止人接觸園中的一棵樹。不少人誤以為這禁令是指性方面的事；但事實上，這裡牽涉到更基本的問題。真正的關鍵是，究竟是誰立下這規則——是人或是神？亞當和夏娃卻決定依自己的喜好行事，而世界也就此全然改觀。

亞當和夏娃面對罪惡的反應正像任何人一樣。他們將罪惡合理化，自我說服，並把罪行歸咎他人。他們相互遮掩，第一次因著自己赤身露體而感到羞恥。然而，也許當中最大的改變發生在他們與神的關係上。他們先前與神像朋友般在園中行走談天；如今，當他們聽見神的聲音時，卻躲藏了起來。

創世記第三章還述說了其他影響世界的重大改變，皆因受造物選擇違背創造主。從此苦難加增，工作變得更加勞苦，而新的字彙——「**死亡**」也加入人類的字典中。完美的世界已遭到永久的破壞。

創世記所傳達的主要信息顛覆不少對人類歷史常見的假設。根據這些章節，人類和這世界並非逐步朝更美的境界發展。許久之前，我們就因撞擊到自我驕傲和頑強的礁石而整船毀損。我們現今仍在承受這後果：所有的戰爭、暴力、破碎的關係，和一切苦惱悲傷，都可追溯至伊甸園中那歷史性的一天。（PY）

每日默想｜你曾因任何神的命令而感到受約束或壓抑嗎？你如何回應這樣的感受呢？

Day 4 該隱與亞伯

讀經：創世記四章 1-24 節

鑰句：耶和華對該隱說：「你為甚麼發怒呢？你為甚麼變了臉色呢？你若行得好，豈不蒙悅納？你若行得不好，罪就伏在門前。它必戀慕你，你卻要制伏它。」（創世記四章 6-7 節）

從神創造萬物、人類誕生，到之後人的墮落犯罪——創世記前三章建構了人類歷史的舞台，而如今，這歷史的劇碼正持續上演中。在創世記第四章第一個孩子誕生——想想在當時引發何等震盪！——另外還出現第一次正式的崇拜、第一次勞力分工、第一個延伸家庭，以及城市和文化的崛起。但此時某件事情的發生搶走了一切光芒——第一次有人死亡，而且是被謀殺致死！

人類才不過發展到第一代，就讓罪惡進入了這世界，而在第二代就發生人們相互殺害的慘劇；人類墮落所產生的惡果竟蔓延得如此快速。該隱帶著不良的態度獻祭給神，又在得知神較喜悅亞伯的供物之後，就殺害他的兄弟（見希伯來書十一章 4 節）。神再次介入，施予特定的刑罰：該隱在他的餘生，都需背負這羞恥的記號。然而，人類繼續墮落，幾代之後的拉麥，還誇耀起自己殺人的行徑。

然而，並非所有的情況都這麼糟。文明迅速地發展，有人學習農耕，有人打造各樣銅鐵利器，另有些人發現音樂和藝術。如此，人類開始實踐神所賦予的角色——做受造世界的好管家。雖有這許多進展，歷史另一面依舊墮落下滑。凡身為亞當和夏娃的後代，都面對相同的抉擇——是否要聽從神的話；而像他們的始祖一樣，所有人都麻木地做了一層不變的選擇。接下來的篇章，將述說一個悖逆和罪惡急劇上升的景況。（PY）

每日默想｜當神向該隱當面質詢，請看他如何回應。若神親自質問你的罪行，你會作何回答呢？

Day 5 省思

神豈是眞說……？

《聖經》是神偉大的著作，述說世上的人們如何與神同行、如何經歷神的愛，卻又為著是否要相信神的話而掙扎著。我們看見這樣的行為模式在創世記一開始就上演。神精心設計這美麗又奧妙的世界，並創造男與女，將全地賜予人類照管。然而，亞當和夏娃並不因此滿足。他們很輕易地就落入撒但誘惑的網羅裡。

「神豈是真說……？」自亞當和夏娃以來的每個人，都受撒但這句話的試探。正如創世記三章 1 節，狡猾的蛇以這個問題引誘夏娃，撒但也以類似的論調試探我們，為要叫我們輕看神的話語，脫離祂愛的保護，並選擇走自己的路。這類論調會以看似合理的面貌出現，很容易博得我們的自我認同。我們會認為我們知道自己要什麼，而不必到神的面前尋求祂的心意，「祢豈是真說……？」我們感到極想靠自己往前行，並告訴自己：「神並沒有**真的**說……。」

最終我們會後悔自己漠視神的警告，就像亞當和夏娃一樣，得在往後的道路中，忍受罪惡所帶來的影響。如果我們夠明智，應即時停止抗拒神的引導，仔細聆聽、辨別何為神的聲音，何為欺哄人的贗品。那一度看似合理和充滿希望的虛假應許，將失去吸引力。唯獨神的應許永遠堅立，值得信靠。

雖然聖經並沒有對於我們所需做的每樣抉擇，全部一一詳談，但光靠神的話語和與祂的關係，就足以幫助我們選擇祂的道路。我們能確信祂絕不會欺騙、誤導，或離棄我們。以下是神在以賽亞書四一章 10 節的應許：「你不要害怕，因為我與你同在；不要驚惶，因為我是你的神。我必堅固你，我必幫助你；我必用我公義的右手扶持你。」（BQ）

每日默想

我們的神設立了無比豐富的世界，精心創造了奧妙、美麗的人類，並深入、親密地關心你。你如何領會這一切呢？請花一些時間和祂談心，告訴祂：「神啊，我渴慕聆聽祢真的說……」。

Day 6 洪水

讀經：創世記六章 1 節～七章 24 節

鑰句：挪亞就這樣行。凡神所吩咐的，他都照樣行了。（創世記六章 22 節）

神無法再容忍祂所造的世界滿了暴力，似乎祂所創造人類的實驗失敗了。這位曾以祂的創造為榮的神，如今預備毀滅祂所造的。

大洪水的傳說在中東、亞洲和南美洲的文化中，都存有相關的記載。有一部巴比倫的文獻（吉爾迦美什史詩，The Epic of Gilgamesh）出現不少與本章相似的描述。但創世記所陳述的洪水事件，並非只是地理或氣候方面的災難，更是神毀滅所有悖逆人類之行動。然而挪亞的方舟——這艘巨大、笨重，安然度過風暴的船——乃是一個象徵：神憐憫的記號。神決定再給這世界一次機會。

創世記首要強調：這世上最早期的人類弄糟了一切。他們對神的悖逆，導致萬物的墮落。但神使挪亞和他全家得以倖免——這八個人將生養出後續的世代，並傳揚神對祂子民恆久不變的愛。（PY）

每日默想｜許多人覺得善惡、對錯之定義因人而異。你認同這樣的說法嗎？

Day 7 地乾了

讀經：創世記八章 1-22 節

鑰句：挪亞為耶和華築了一座壇，拿各類潔淨的牲畜、飛鳥獻在壇上為燔祭。（創世記八章 20 節）

創世記第七章晦暗的氣氛，在此幾乎又立即明亮起來。創世記第八章述說挪亞和他全家來到一片被潔淨、孕育新生命的大地。所有嚴重得罪神的人都滅亡了。多年來頭一次，人類尋求討神喜悅：挪亞出方舟所做的第一件事，就是向神獻上感恩的祭。

當挪亞一家人看到他們周遭熟悉的人遭遇如此難以置信的事時，挪亞由衷地感謝神對他和全家人恩慈的眷顧。挪亞成為第一位照著神的計畫而行的人，即使這計畫在當時看似荒謬。在經歷這樣的事之後，他對神滋生出新的敬畏和更深的愛。

當挪亞在建造這艘巨大的船，宛如動物園一般時，試想眾人的嘲諷何等難以忍受！往後世世代代的男男女女，就像挪亞一樣，都須決定是否要順服神去做一些看似莫名其妙的事。許多人在選擇順服神之後，也會像挪亞一樣向神獻上感謝，重新明白——雖然我們不明瞭神的道路，仍可憑信心全然信靠跟隨。祂確實無比可靠——且總是賜下美好的驚喜。（BQ）

每日默想｜在你生命中有哪段困難的時光，神察覺你的需要，如今回想起來，令你充滿對祂的感謝？

Day 8 神的彩虹之約

讀經：創世記九章 1-17 節

鑰句：虹必現在雲彩中，我看見，就要記念我與地上各樣有血肉的活物所立的永約。（創世記九章 16 節）

神喜悅挪亞的行為，並進一步與人訂立神聖的約，這是聖經提到的幾個約當中的第一個。這約的內容顯示，亞當的墮落對萬物造成何等深遠的影響。人類已向整個自然界投下一層陰影，一種充滿懼怕和憂慮的陰影，持續蔓延而遍布整個動物王國。神的約揭示，祂必須對這世界原有的設計作一番令人悲哀的調整，並指出人類會繼續演出殺戮的戲碼，不只宰殺動物，還會彼此殘殺。

雖然這世界已走樣，神仍應許無論發生什麼事，祂都絕不再如此大規模地毀滅生命。神明確誓言會另尋途徑來處理人類對神的悖逆和冒犯，「即使人從小時心裡懷著惡念」（八章 21 節）。

神放置一個適切的象徵——彩虹——做為這第一個有記載的約之記號。甚至連挪亞在離世前，也需要牢記神的彩虹之約，從中蒙神憐恤。在創世記中，最後一次瞥見挪亞是在本章末，當中記載他喝醉酒，在帳棚裡赤身臥倒。雖然挪亞與神緊密同行的過往令人稱羨，但他也會犯下過錯。他使神蒙羞，並發現自己是何等需要神的憐憫。（PY）

每日默想｜你如何回應你人生中所遇到，那些曾犯錯並錯待你的人？

Day 9 巴別塔

讀經：創世記十一章 1-9 節

鑰句：因為耶和華在那裡變亂天下人的言語，使眾人分散在全地上，所以那城名叫巴別（就是變亂的意思）。（創世記十一章 9 節）

人類因追逐建造巴別塔的美夢，而使文明進入另一個重要的轉變。試圖掌管自己命運的人類，發覺自己無法勝過神。雖然他們都認為自己大有能力，但仍得承認無人能阻擋神的道路，人們最終不能決定自己的未來。

神變亂他們的口音，使他們分散在全地上，其實是對世人的施恩憐憫。如此，神使他們彼此分開，使他們再次明瞭自己對神的需要。我們再度瞥見神的慈愛，祂無比地愛世上人類，以致不忍讓他們迷失在祂愛的國度以外，走向自身全然的毀滅。（BQ）

每日默想｜神是否曾在你生命中放下某些東西，使你看見你何等需要祂，以藉此顯示祂對你極大的愛？

Day 10 省思

爲人父的神

若要我將創世記的「情節」濃縮成一句話，那會像是如下的描述：神學習如何為人父。*伊甸園的瓦解對世界造成永久的影響，破壞了亞當和夏娃與神之間那份曾經擁有的親密關係；好比為歷史熱身，神和人類必須重新相互適應。人類帶頭一路破壞所有規則，而神以施予一一的處罰做為回應。試想，此時作一位神是什麼滋味？作一位兩歲頑童的家長是什麼滋味？

沒有人能控訴神在人類早期是一位不愛管事、不聞不問的神。祂像是一位時刻與子女親近、甚至守候在兒女身旁的父親。當亞當犯罪時，神親自與他會面，向他說明所有受造物皆將因他的選擇，而遭到全面的改變。在緊接著的下一代，世上又出現另一樁令人恐懼震驚的情事——謀殺案。

神追問該隱：「你做了什麼事呢？」。「你兄弟的血有聲音從地裡向我哀告。」神再次與犯罪者面對面，並施予祂特定的刑罰。

這世上的景況日趨敗壞，更應說是整個人類已墮落到無比危急的關頭，聖經以前所未見、最沉痛的一句話，對這景況作了總結：「耶和華就後悔造人在地上，心中憂傷」（創世記六章6節）。在這句陳述背後，隱含了為人父的神，所感到的一切震驚和悲傷。

對於為人父者，還有什麼經歷比如此的後悔更心痛的呢？試想，一位青少年在一時叛逆之下，衝出家門，邊哭喊、邊結巴地說出最令人心痛的一句話：「我恨你！」這孩子似乎定意要拿一把刀捅進父母的腹部。這種被孩子棄絕的光景正是神所歷經的，且不是只被一個孩子拒絕，而是被全體人類背叛。因此，神毀滅祂所造的一切。創世記第一章所呈現的喜悅，在滾滾洪水的淹沒下，蕩然無存。

但挪亞不一樣，他信靠神，並「與神同行」。在創世記第三至七章，神表達後悔憂傷後，你似乎能聽到祂欣慰地吐了口氣，因為當挪亞回到陸地上後，所行的第一件事，就是敬拜拯救他的神。**終於，神有了可以建造的人**。（多年後，在以西結書的信息中，神提到三位最公義的跟隨神之人，挪亞為其中一位。）此時，整個世界已被重新擦洗，生命再次萌芽，神願意自我約束，與人立約，或說與人簽訂合同，這回不僅與挪亞立約，還與一切受造物立下約定。這約單單允諾一件事：神不再毀滅所有的受造物。

神甚至在這約中自我設限。祂仇視宇宙一切邪惡勢力，卻誓言暫時容忍這世上的惡事——換句話說，祂願意以全然毀滅之外的方式，來處理世上的邪惡。神就像一位逃家少年的父親，強迫自己扮演一位等候孩子回家的父親（正如耶穌「浪子的故事」所生動描述的）。此後，另一起遠古時代的人類背叛——巴別塔事件，繼續試驗神立約的決心，結果祂信守承諾，沒有因此毀滅萬物。

因此，在人類初期的歷史中，神的作為是如此地清晰可見，以致沒有人會埋怨神當時隱藏不見或沉默不語。然而，這些神早期的介入都有一個共同重要的特色：神對人類背叛所施予的懲罰和回應。神的心意是要與自由的人類建立成熟的關係，然而祂所遭遇到的是如此多而嚴厲的挫敗。當人類行為舉止老像個孩子，祂又該如何把祂所造的人類當大人來看待呢？

不久，隨著亞伯拉罕的到來，神為人類歷史展開一個新的計畫。祂沒有試著立即恢復世界的美好，而寧願揀選一小群開路先鋒——從眾人中分別出一個新民族，開始祂的計畫。[1]（PY）

每日默想｜過去或是現在，你在哪些方面像個叛逆的孩子般回應神？你是像挪亞一樣，與神同行，順從祂的引導？還是像建巴別塔的人們，以建構自己的方式來掌管生命呢？

Day 11 神呼召亞伯蘭

讀經：創世記十二章 1-20 節

鑰句：耶和華對亞伯蘭說：「你要離開本地、本族、父家，往我所要指示你的地去。我必叫你成為大國。我必賜福給你，叫你的名為大；你也要叫別人得福。」（創世記 12 章 1-2 節）

當亞伯蘭年屆中年、家道興旺之時，突然聆聽到神的呼召，要他離開父家舒適的生活。他沒有理由要離開本地、本族，除了神告訴他要離開。雖然亞伯蘭當時還看不見未來的美好前景，神卻對他已有計畫，要使他成為神的選民——以色列的父，並建立一個大國，而這一切都從「往我所要指示你的地去」這句話開始。

在《聖經》所記載的眾多人物中，或許亞伯蘭最能彰顯信心這項特質。因為他已準備好隨時蒙神使用，一個大國就此而生，這國將成為神與祂子民之間愛的關係之典範。神對亞伯蘭有一個計畫。神要求他跨出第一步，並應許賜福他，且使他成為別人的祝福。

亞伯蘭離開豐饒、繁榮的家鄉，憑信心踏上旅程，穿越乾旱與饑荒之地。他沿途步履蹣跚，甚至為了自我保護，在埃及謊報他妻子的身分。在亞伯蘭早期的故事中，這位偉大的信心之父確實有跌倒犯錯的時候，然而神未曾改變祂信實的話語，並沒有讓亞伯蘭的過犯阻礙祂更遠大的計畫。

（BQ）

每日默想｜今天神是否以什麼方式催促你踏出你舒適的環境？

Day 12 亞伯蘭與羅得分離

讀經：創世記十三章 1-18 節

鑰句：亞伯蘭就對羅得說：「你我不可相爭，你的牧人和我的牧人也不可相爭，因為我們是骨肉（原文是弟兄）。遍地不都在你眼前嗎？請你離開我：你向左，我就向右；你向右，我就向左。」（創世記十三章 8-9 節）

像是孩子們得決定誰要拿哪一塊巧克力蛋糕一樣，亞伯蘭和羅得發現他們必須分道揚鑣，各自擁有一塊土地。但亞伯蘭在考量這情況時，並沒有表現得孩子氣。他大方地讓羅得優先選擇，而不是自己急忙地認領一塊似乎最好的土地。正像任何小孩會做的，羅得選擇當時看起來最吸引他的地。他作了自私的選擇，並得到他沒料到的結果。這片他所選擇的土地，後來竟為他和他的家庭帶來危險。

亞伯蘭深知他不用為成就神的應許負責。他心甘情願地放棄主控權，而讓神處理這景況。這故事是對亞伯蘭信心觀的大大讚揚。他在神的手中安歇，讓神毫無攔阻地進行祂的計畫。（BQ）

每日默想｜你今日的需求是什麼呢？你願意放手交託給神，並信靠祂會供應你一切的需要嗎？

Day 13 神與亞伯蘭之約

讀經：創世記十五章 1-21 節

鑰句：於是領他走到外邊，說：「你向天觀看，數算眾星，能數得過來嗎？」又對他說：「你的後裔將要如此。」亞伯蘭信耶和華，耶和華就以此為他的義。（創世記十五章 5-6 節）

神曾多次直接介入人類的歷史，但幾乎總離不開對人類降下懲罰——諸如在亞當的年日、該隱的事件、挪亞的時期，以及巴別塔的建造。在瀏覽了這些陰暗、失敗的世代之後，創世記在十二章出現戲劇性的轉折。這裡顯明世界歷史的遠大前景，並聚焦在單獨一個人身上：此人不是一位偉大的國王，或是富有的地主，而是無子嗣、名叫亞伯蘭的游牧者。

聖經中亞伯拉罕（亞伯蘭往後的名字）的重要性，超乎我們所能描述。對猶太人而言，他是一國之父，但對所有基督徒來說，他的代表性遠不僅於此。他是一位信心的偉人，與神的關係無比親近，甚至好幾世紀後，神仍被稱為「亞伯拉罕的神」。

實際上，在亞伯蘭的時代，神在世上呼召一群百姓，集中祂的作為在這群人身上，並與他們建立特別的關係。這群從萬民中分別出來的人，成為神獨特的珍寶、祭司的國度。這特別的群體將成為榜樣，教導其他人明瞭愛神、服事神的美好。而亞伯拉罕正是這群新子民之父。

在舊約聖經中，還有其餘多處篇幅詳細述及神與祂的選民所立的約定或合同。（新、舊約聖經的「約」字，就是盟約的意思）。創世記第十五章首次詳加說明神與祂選民所立的約之內容。

神應許亞伯拉罕：一塊新的**居住之地**——亞伯拉罕信靠神，遠行幾百哩到迦南。**一個龐大、興盛的家族**——這夢想擄掠了亞伯拉罕的心，然而當這應許的成就似乎遙遙無期時，也嚴峻地考驗著他的信心。**一個大國**——在亞伯拉罕之後好幾世紀，這個應許終究成真。在大衛王和所羅門王的時代，希伯來人終於建立了一個國家。**成為萬民的祝福**——神從一開始就表明，祂揀選希伯來民族本身並非目的，而是達到終極目標：將福音傳遍萬邦的一種途徑。*（PY）

每日默想 | 神揀選你成為祂心愛的孩子。你是否很難想像神以這樣的方式愛你呢？

Day 14 夏甲生以實瑪利

讀經：創世記十六章 1-16 節

鑰句：你如今懷孕要生一個兒子，可以給他起名叫以實瑪利（就是神聽見的意思），因為耶和華聽見了你的苦情。（創世記十六章 11 節）

亞伯蘭和他的妻子撒萊又再一次在信仰的道路上走上歧路。當神應許賜下的孩子遲遲未來，他們決定靠自己解決這個問題，並另尋別的方式來促成此應許。然而，當他們靠自己的方法行事，問題很快地接踵而來。撒萊和夏甲開始相互憎恨。亞伯蘭和撒萊的婚姻，也因著家中充滿責難和妒忌而亮起紅燈。而這即將降生的孩子，則將為神的子民帶來世代的敵對。

這個關於撒萊、亞伯蘭，和夏甲的故事告訴我們，即使當我們覺得神似乎不在身旁，其實祂都在聆聽、看顧（11、13節）。祂常提醒祂所愛的子民要信靠祂的話語，並等候其成就。神深知在等候中的艱辛。祂時刻關切我們的憂傷，聆聽我們的哭訴，並顧念我們的難處。但祂仍要求我們要耐心等候，因為祂**必會**成就祂所應許的一切。（BQ）

每日默想 | 你如今在等候什麼？你在等候的過程中光景如何？

Day 15 三位天使到訪

讀經：創世記十八章1-15節

鑰句：耶和華豈有難成的事嗎？到了日期，明年這時候，我必回到你這裡，撒拉必生一個兒子。（創世記十八章14節）

在本章開始之前，聖經提及以實瑪利已十三歲，神還更改了亞伯蘭與撒萊這兩人的名字。神正預備賜下祂所應許的孩子給這對蒙神揀選的夫婦，而更改名字是邁向應許成就的又一步。亞伯蘭這名字的意思是「尊貴的父親」，回溯他的尊榮族譜；他的新名字——亞伯拉罕，意表「多國之父」，前瞻他未來許多後裔。而撒萊這名字改為撒拉，意表「王妃」，因必有君王從她而出，這稱呼與之相稱。

在這之後不久，神親自與另兩位天使造訪亞伯拉罕。神親自的到訪明顯暗示神與亞伯拉罕所共享親近、持續的關係。然而，雖然神多次向亞伯拉罕肯定祂的應許，但撒拉聽見她明年必生一個兒子時仍心裡竊笑。對一位九十歲的婦人來說，指望懷孕似乎真的很荒謬。但我們再次學到一件事——在人看來不可能的事，在神卻是可能。祂的應許絕非可笑的無稽之談。（BQ）

每日默想 | 神正要你相信祂某一個應許嗎？你所抱持的態度是一笑置之，還是堅定相信呢？

Day 16 省思

神的呼召

亞伯拉罕的故事清楚告訴我們人是多麼善變。我們一會兒滿足於現況，一會兒又急著想要現在就得到某些東西；我們一下充滿盼望，接著立刻沉溺在絕望中。亞伯拉罕得著信心偉人的名聲，但顯然地，他也有幾次信心動搖的情況。雖然他相信神，然而他的疑惑和懼怕有時在內心蔓延開來，遮掩了他的信心。

當我們觀看亞伯拉罕不凡的信心行動——在往後的篇章會陸續看到更多——我們將發現神才是終極信實的那一位。當神救贖我們，祂就呼召我們投身那最適合我們的獨特計畫。就像神呼召亞伯拉罕一樣，無論當我們信靠祂，或甚至信心軟弱的時候，神都同樣會逐步在我們的生命中顯明祂的呼召。

我們有時也像亞伯拉罕一樣，覺得神已遺忘我們。祂的供應似乎遙遙無期，我們會懷疑祂是否真會供應我們的需要。然而，當我們看見亞伯拉罕的生命，就得知神的計畫絕非模糊不清。無論事情看來如何，祂都不曾對我們厭煩或離我們遠去。有時祂的工作是慢慢地悄悄進行，有時卻是快速而明確。但祂絕不會放棄我們。

從亞伯拉罕的故事中我們可以看見關於神的故事。我們明白人會動搖、跌倒，但神卻永不失敗。神以祂充滿創造力、動人又清晰的聲音再三地提醒我們：祂深愛我們，對我們的生命有美好的計畫，並永不會離棄我們。當我們今日回想起神與亞伯拉罕的故事，我們有幸甚至比亞伯拉罕更能懷著深刻的信心，因為我們已看見神證實祂必完成祂所開啟的工作。在祂凡事都能，亞伯拉罕真實地經歷到了，我們也同樣能。（BQ）

每日默想

你有感受到神對你生命的呼召嗎？請求神幫助你持續相信祂的計畫，並祈求其成就。如果你還不確定神對你的呼召，請求祂對你說話。請相信祂有一個計畫，並願意等候祂向你顯明。

Day 17 亞伯拉罕爲所多瑪祈求

讀經：創世記十八章 16-33 節

鑰句：將義人與惡人同殺，將義人與惡人一樣看待，這斷不是你所行的。審判全地的主豈不行公義嗎？（創世記十八章 25 節）

我們在這一章又更多認識亞伯拉罕的性格。他存著一顆全然謙卑和敬畏的心來到主的面前，祈求神因著義人的緣故，拯救所多瑪和蛾摩拉兩城的所有人，無分善惡。

亞伯拉罕對那些愛神又將面臨毀滅的人心存憐憫。他憐恤人的心腸使他勇敢地來到主前，為這群有需要的人代求。亞伯拉罕不僅忠實地帶領他的全家行走在神的道路上，還顧念他家庭之外的人，包括他姪子羅得的全家，他們正居住在所多瑪。亞伯拉罕明白有時神會因著義人的緣故，而饒恕其餘的惡人，所以他懇求神延遲降罰，先暫時寬恕城中所有的人。

（BQ）

每日默想 | 今日誰正需要你的代求？

Day 18 毀滅所多瑪與蛾摩拉

讀經：創世記十九章 1-29 節

鑰句：當神毀滅平原諸城的時候，他記念亞伯拉罕，正在傾覆羅得所住之城的時候，就打發羅得從傾覆之中出來。（創世記十九章 29 節）

正如照相底片上的負像，本章的內容與亞伯拉罕正努力建立敬畏神的新國度，形成鮮明的對照。亞伯拉罕的姪兒住在污穢的所多瑪城，城中眾人竟視訪客——其實是天使——為施以輪暴的主要目標。性暴力只是所多瑪的問題之一；以西結書十六章 49 節說所多瑪是：「心驕氣傲，糧食飽足，大享安逸，並沒有扶助困苦和窮乏人的手。」

在這篇故事中，我們也看見羅得真實的性格。雖然他反對所多瑪的一些惡行，但已深陷其誘惑之中。當他以兩個女兒的貞操做為保護客人的交換條件時，這種殷勤過度的行為，格外顯出他的偽善。顯而易見地，羅得和他家中其他成員的內心，已在所多瑪的這段時日，受到嚴重污染。

神對所多瑪和蛾摩拉所施予的耐性最終耗盡了。祂再次直接介入施予處罰，這回不是毀滅整個世界，而是徹底摧毀兩個罪惡的中心。依照慣有的風格，聖經並沒有針對這場毀滅，費心作科學性的解說。是一場火山爆發嗎？聖經沒有明說，而這個區域現今顯然沉在死海海底，也不易進行考察。創世記並非強調事件如何發生，而是為何發生。

根據本章的描述，羅得並沒有從所多瑪的事件學到教訓。在本章後半段說到，他在酒醉的狀態下，和兩個女兒犯下亂倫，結果延伸出兩個家庭支派，將與亞伯拉罕的家族——猶太人世代為敵。

後來耶穌用所多瑪和蛾摩拉的例子，向一群對神蹟視而不見的人提出警告（馬太福音十一章）。雖然神不總是以如此驚人的方式介入，但這故事發出了一個警訊：神對罪惡的寬容是有限度的。（PY）

每日默想｜你認為我們社會中有哪些普遍現象，是神所無法容忍的？

Day 19 以撒出生

讀經：創世記廿一章 1-21 節

鑰句：耶和華按著先前的話眷顧撒拉，便照他所說的給撒拉成就。（創世記廿一章 1 節）

新約加拉太書的作者——保羅，提及這個關於亞伯拉罕和他家庭的故事，探討當中深刻的意涵（加拉太書四章 21-31 節）。保羅以這個故事說明基督的降臨如何改變我們的生命。以實瑪利是按著血氣「從女奴生的」，是失了耐性的亞伯拉罕靠自己努力的產物。相對地，以撒是憑著神的應許生的；他是神在亞伯拉罕年紀老邁時，所賜下恩典的禮物，能繼承神所建立的國度。根據保羅的論述，以實瑪利預表舊約時代的光景，當時人們只能靠遵行神的律法得救；而以撒預表耶穌的降臨，就是那位神所應許的救贖主的來臨。

對我們這些歸屬耶穌的人來說，也像祂一樣成為神的兒女。我們也是承受應許屬神的後嗣。就像亞伯拉罕把夏甲和她孩子趕出家門一樣，我們必須棄絕以善行換取神的認可這樣的想法，而應把所有盼望放在耶穌身上。因為祂深愛我們，並為我們受死，使我們脫離靠好行為得救的重擔，讓生命得著釋放。（BQ）

每日默想｜在神的眼中，你是祂所珍愛的孩子，祂對你有特別的計畫。這讓你對神有何感受呢？

Day 20 神試驗亞伯拉罕

讀經：創世記廿二章 1-19 節

鑰句：亞伯拉罕給那地方起名叫「耶和華以勒」（就是耶和華必預備的意思），直到今日人還說：「在耶和華的山上必有預備。」（創世記廿二章 14 節）

亞伯拉罕的信心又再次面臨考驗。雖然神已向亞伯拉罕全面地呈現未來祂對人類的計畫，然而這計畫在實際執行的過程中，卻遇上不少意想不到的困難。

神究竟想要什麼呢？聖經指出神所要求的是信心，意謂儘管環境無比艱難，仍要全心信靠神，而亞伯拉罕最終學會了這項功課。雖然亞伯拉罕和撒拉在有生之年，無法看見他們的後裔如天上的星那般繁多，但他們有一個心愛的兒子，取名叫以撒，或稱「喜笑」，猶如提醒他們老年得子這件看似非常荒謬的奇蹟。

如今神提出最後一項信心的考驗，這試驗是如此之嚴苛，使得其餘的考驗相較之下根本微不足道。聖經清楚顯示，神絕未想要亞伯拉罕真的把孩子獻祭。（多年後，以色列人竟真的將孩童獻祭，神回應道：「這不是我所吩咐的，不是我所提說的，也不是我心所起的意。」〔耶利米書十九章 5 節〕）。從一開始，神就預備好另一個祭物——近處一隻兩角被扣住的公羊。但當亞伯拉罕與他獨生的兒子爬上陡峻的山坡時，他並不知道這一切。（日後，這座山頭成為耶路撒冷聖殿所在，以及神讓祂的獨生愛子最後為世人犧牲的地方。）

亞伯拉罕曾好幾次懷疑神——但這一回他決心無論景況如何，都全心順服。他花了一百多年的光陰，終於學會信靠神的功課。自此之後，他被視為信心的偉人。（PY）

每日默想｜你曾有「摩利亞山」的艱難經歷，使你產生對神更大的信心嗎？神如何從中教導你來信靠祂？

Day 21 以撒與利百加

讀經：創世記廿四章 1-30、50-66 節

鑰句：耶和華─我主人亞伯拉罕的神是應當稱頌的，因他不斷地以慈愛誠實待我主人。至於我，耶和華在路上引領我，直走到我主人的兄弟家裡。（創世記廿四章 27 節）

這則故事沒有直接關於神的話，或神蹟、預言的記載，但聖經讓我們在這整個故事中清楚看見：在以撒和利百加兩人結合的這件事上，神密切參與當中的每一個過程。這故事的內容見證神對跟隨祂的人愛的關懷。這段故事的希伯來原文中，出現好幾次「*hesed*」這個字，用來傳達由神和祂子民所流露的「忠誠的愛」，雙方在神的計畫中以愛和敬重彼此委身。

神忠誠的愛（*hesed*）在以撒人生的各環節表露無遺，而我們可以確信祂這信實的愛也時刻與我們同在。若我們憑信心與神同行，祂不僅會在我們生命中實現祂美好的計畫，還會忠誠、慈愛地一路精心安排人生的各樣環境。（BQ）

每日默想｜在本週裡你看到神如何在你生命中流露祂忠誠的愛？

Day 22 省思

信心的背後

當提及像亞伯拉罕一樣大有信心的人，你首先印入腦海的是什麼呢？你可能會想到這人很沉著穩重，對神有堅定的信仰，並與神有美好的關係。你還會想到這人的心思不易受擾亂，似乎有能力處理任何事。

亞伯拉罕很符合這樣的形象。然而，從他身上也印證出，我們從外表

所觀察到的信心，只是整個信心的一部分。在任何人的信心背後，都可能有一個耗費心力的過程，其中充滿掙扎、憂傷和挑戰。例如當亞伯拉罕願意順服神到別的地方去時，有關他人生艱辛的歷程便就此展開。他很快就與姪子羅得遇到挑戰，然後他又努力想明白婚後不孕的意義。而他第二任妻子和所生的孩子為他帶來新層面的磨難。最後，亞伯拉罕遭逢人生最嚴苛的考驗——神命令他將長久等待才得著的獨生兒子獻祭給神。

亞伯拉罕歷經真實的、撼動生命的掙扎，才得著信心偉人的名聲。在困境中，他看見神以慈愛和意想不到的方式引導他前行，這使得他的信心不斷地孕育增長。

若「有信心的人」代表必須在困境中學習信靠神，你想要成為有信心之人嗎？也許較佳的問法是：你願學習信靠這位在困境中與你同在的神嗎？當你面對艱辛的挑戰，你正和神一起寫下生命的故事。你對難處以及對神回應的方式，決定了故事的結果。當他人探究你信心的裡層時，你是一位在艱難中仍能認出神已得勝，並在信心中得剛強的人嗎？（BQ）

每日默想

現在就來到神面前，向祂訴說你正歷經的困難。在往後的生命中，當你回頭看所走過的路，你希望看到自己如何處理這難處呢？請將你的困難交託給神，並祈求神幫助你全然順服祂。然後等候祂將你的困境轉變為得勝。

Day 23 雅各與以掃

讀經：創世記廿五章 19-34 節

鑰句：於是雅各將餅和紅豆湯給了以掃，以掃吃了喝了，便起來走了。這就是以掃輕看了他長子的名分。（創世記廿五章 34 節）

隨著利百加和以撒的雙生子降生，神所應許的大國往前進展。孩子們在母腹中就彼此相爭，暗示了從雅各和以掃產生的兩國，其未來的光景。以色列人——來自雅各的後裔，與以東人——來自以掃的後裔，將在往後數十年中持續爭戰。

這兩個男孩出生並逐漸長大，神喜愛雅各甚於以掃是顯而易見的。雖然以掃是長男，有權承受他父親大部分的產業，然而雅各以詭計和欺騙，打破當時的慣例。在他們早期的故事中，在面對重要的屬靈事物時，我們從他們身上看見兩種不同的模式。以掃——這位依慣例擁有以撒家中長子繼承權的人，竟「輕看了他長子的名分」。他輕視這神家庭中長子的祝福，看不到他所得這屬靈產業的寶貴價值。以掃最關切的乃是滿足他當下的口腹之慾，公然地顯出他何等欠缺屬靈的飢渴。

雅各與他的哥哥截然不同，極度渴望屬靈的福分。但他選擇用人詭詐的策略，以不當的手段追求他的抱負。雖然雅各想要的事物是美好的，但他努力追求的動機卻是為了滿足自己的需求。他專注在自己想得到的一切，而非神想要的。往後，神會教導雅各作主僕人、為神更高的目標效力的真實意義。（BQ）

每日默想｜你比較像以掃一樣，專注於滿足眼前當下的欲望，還是像雅各一樣，一心追求永恆、屬靈的福分？你是藉由神的幫助或靠自己的努力，來追求屬靈的事物呢？

Day 24 雅各騙取以撒的祝福

讀經：創世記廿七章 1-40 節

鑰句：以掃說：「他名雅各，豈不是正對嗎？因為他欺騙了我兩次：他從前奪了我長子的名分，你看，他現在又奪了我的福分。」以掃又說：「你沒有留下為我可祝的福嗎？」（創世記廿七章 36 節）

若說亞伯拉罕是以信心聞名，那麼他的孫子雅各則是以詭詐出名。他是雙胞胎之一，出生時用一手抓住剛在他之前出生的哥哥之腳跟，而父母給他取的名字意思是「抓住腳後跟的人」或「欺騙者」。

我們看見在古時，長子擁有兩大明確的優勢：他能得著家中長子的名分和父親的祝福。**長子的名分**就如繼承證件，擁有照管家庭和其產業的權利。而雅各用食物達成交易，從以掃取得長子的名分。

對當時大多數的人而言，福氣代表一種神奇的力量，能使家族興旺、代代相傳；但對以撒來說，福氣蘊藏更深遠的意涵。他傳遞給他兒子的福氣，是從他父親亞伯拉罕傳下來立約的福，有一日他們將建立大國，神所喜悅的子民之國度。本章記錄雅各精心策劃的詭計，以得著從步履蹣跚的老父親所賜下、理應由他長兄獲得的福分。

當你讀這些故事，可能會覺得自己較同情可憐的以掃，這位被騙走祝福，並為了一頓熱食而賣了長子名分的人。但聖經的描述明顯偏向雅各這一方。以掃被指摘為「輕看了他長子的名分」（創世記廿五章34節；希伯來書十二章16節）。

雅各寧願用撒謊、欺瞞和騙取的手法以獲得神的祝福，絕無法通過任何人的道德檢視（創世記絕非讚許這些欺騙的伎倆——我們後續會讀到，雅各必須為此付上極深的代價）。然而，他的生命點出一個重要的功課：凡迫切追求神的人，無論他有多少缺點、軟弱，神總能轉變他。雅各的故事帶給世上不完美的人們許多盼望。（PY）

每日默想　在舊約時代，以撒（『喜笑』之意）或雅各（『抓取者』之意）這些名字，常帶有重要的意涵。你知道你名字的意義嗎？你適合這樣的描述嗎？若不合適，什麼樣的描寫會更適合你呢？

Day 25 雅各在伯特利見異象

讀經：創世記廿七章41-43節，廿八章10-22節

鑰句：雅各清早起來，把所枕的石頭立作柱子，澆油在上面。他就給那地方起名叫伯特利（就是神殿的意思）；但那地方起先名叫路斯。（創世記廿八章18-19節）

雅各和利百加施詭計使雅各贏得長子的名分和祝福。他們這麼做，雖靠自己贏得神無論如何都早已賜給他的福氣，但也因此失去許多寶貴的東西。如今，雅各面臨欺騙人的後果，必須逃離家園以躲避他哥哥的怒氣。未來他將遭遇多年艱辛的歲月，而愛他的母親利百加從此再也看不到他。

儘管雅各有許多自私的行徑，神仍在伯特利向他顯明一個異象，以保證神必與他同在，總不離棄他，並會成就祂向亞伯拉罕、以撒，以及如今到他雅各所立的約。雅各對神的回應，為後來猶太人和信徒們在回應神的信實和恩典上，樹立依循的典範。

在看見這異象之前，雅各認為神是屬於他父親的神。如今，雅各頭一

次認定「**耶和華為我的神**」（21節）。他也在伯特利承認他所有的一切都屬乎神，並誓言將所有的十分之一獻給神，以此將福氣歸於神和他人。

雅各對神在伯特利的異象中向他述說的話語十分感動，因此在那裡立石堆紀念神的到訪。如此他設立了信徒們的傳統，確立紀念碑或里程碑的重要性——就是藉有形的事物，提醒我們神在我們生命中的工作。當我們製作一些紀念物——也許是種一棵樹、創作一個壁飾，或寫日記，就是建構一個實體的記憶，記念神的同在和祂對我們個人的關愛。（BQ）

每日默想	你能回想起神曾很明確地向你彰顯祂某一個應許嗎？你曾以何種方式記念這應許呢？

Day 26 雅各娶利亞和拉結

讀經：創世記廿九章1-30節

鑰句：雅各就為拉結服事了七年；他因為深愛拉結，就看這七年如同幾天。（創世記廿九章20節）

「種瓜得瓜，種豆得豆」，七年的等待讓雅各嚐到這句話對不公平所表露的看法。雅各欺騙父親，以詭計獲取原不屬於他的事物，結果他自己也受騙娶了一位不是他想要的妻子。如果當初雅各願意等候神的供應，他就能透過神的預備得著應得的名分和祝福；而他在娶拉結為妻這件事上，可能也就不會遭受欺騙，或讓利亞在過程中受到傷害。然而他的自私和對神的缺乏信賴，導致痛苦的結果。神沒有離棄雅各，但卻允許受騙這件事來大大衝擊他個人的生命，藉以教導他某些功課。

這段故事確實讓我們看見雅各的生命有許多成長。他能接受環境的考驗，並有始有終地完成手邊的工作，降服於神藉拉班之手帶給他的管教。當他如此行時，他學習不再靠自己，而是尋求從神而來的幫助。（BQ）

每日默想	你生命中有什麼艱難的景況呢？這些困難是否有些是你自己招惹來的呢？你如何尋求神引領你從這些難處中走出來？

Day 27 雅各的兒女

讀經：創世記廿九章31節～三十章24節

鑰句：耶和華見利亞失寵（原文是被恨），就使她生育，拉結卻不生育。（創世記廿九章31節）

創世記的前幾章曾述說撒拉和利百加對抗不孕的歷程，而拉結的故事又再次述說神擁有賜下生命的力量，能使人生育。無論靠女僕生子，或吃風茄易孕的迷信，都不能改變女子不孕的情況。然而，神賜給這些女人生育的能力，使她們明白向神禱告的重要，唯有神是她們的盼望。

神也向那些不被愛的人彰顯祂偉大的慈愛和憐憫。雅各明顯表現出愛拉結勝於愛利亞，儘管利亞希望藉由懷孕生子得著雅各的愛，但她仍得在拉結的陰影下度過一生。但神顧念利亞的苦情，賜給她許多兒子。神使她在這群人當中升高，讓她最先為人母，並且使猶大——大衛皇族支派的祖先，和利未——祭司支派的祖先，都成為她的後裔。

雅各的十二個兒子分別由利亞、拉結（創世記卅五章記載她生下雅各最小的兒子便雅憫）、辟拉，和悉帕所生，成為日後以色列的十二支派。耶穌——這位彌賽亞，將從利亞的子孫猶大支派而出。利亞雖遭人拒絕——就像基督也將遭到拒絕，卻深深地蒙神所愛。（BQ）

每日默想｜你曾感到不被愛嗎？神如何在你的痛苦中彰顯祂對你深刻的愛？

Day 28 省思

神在暗地裡發光

創世記相當坦率地刻畫出以色列的第三位族長或先祖——雅各的生命。雖然最早的先祖——亞伯拉罕和以撒也有人的軟弱，難免犯錯，但卻沒有像雅各犯下這麼多錯誤。

雅各年少時就充滿貪心和計謀，他騙取哥哥的優勢，並欺瞞將死的父親。雅各必須即刻逃走以躲避他哥哥的怒氣；日後他又冷落其中一位妻子，激起她倆之間的對立。當我們思想信仰上著名的先人，很難將雅各視為我們所謂「屬靈偉人」的典範。

然而，當我們縱覽雅各到目前為止的生命，會再次發現他的故事其實在述說神，而非他自己。當我們腦海浮現雅各早年奸詐的行徑，會看見一位具更高旨意的神在運行祂的計畫，即便雅各堅持靠己行事。當雅各逃離家園，我們看見神暗中在前方保護他，四圍環繞他，甚至來到他的夢中安慰他，提醒他神持續保守的應許。之後，當雅各娶了非一位而是兩位妻子時，我們看見神親自填補裂口，在缺乏愛的地方賜下愛。

穿越雅各人生的畫面，我們看到神藉由一個不完全的人、一個不被愛的女人，以及一名長期感到被神遺棄的女子，來建立一個國度。神不需要完美的人來執行祂已定好的計畫。極意外的是，祂揀選一位有缺點、自我中心的人，來承接國度的命脈，這國最終會出現一位完美的彌賽亞，為所有罪人提供一條回到神面前的路。

雅各的生命圖象與我們自身有許多相似之處。每位信徒都是蒙神揀選，並一旦被揀選，就沒有任何事物能改變神對我們的愛。沒有任何過犯——無論過犯有多大，能改變神關愛我們的方式。而就像雅各一樣，當我們與神同行，聽從祂的話，我們將逐漸發覺自己的心思意念愈來愈像祂。（BQ）

每日默想

有哪些過犯似乎主導著你生命的景觀？這些過犯使你與神產生距離嗎？如果你尚未向神承認你的過犯，請現在就認罪悔改，請求祂的饒恕。你要明白神樂意垂聽禱告並饒恕人的過犯。祂就在你的身旁，時刻關愛你。

Day 29 雅各逃離拉班

讀經：創世記卅一章 1-21 節

鑰句：耶和華對雅各說：「你要回你祖、你父之地，到你親族那裡去，我必與你同在。」（創世記卅一章 3 節）

神終於呼召雅各回他的家鄉。與他當初離家來到此地的原因有些雷同，這回他離開拉班是為了避開拉班和他兒子們對他所生的憎恨。雅各有充足的理由要離開，因他和他的妻子們都受拉班欺騙；但更重要的是，這是神要雅各回故鄉的時候了。

在此，聖經的希伯來原文巧妙地使用詞彙，強調當雅各「偷偷走掉」，拉結則偷了她父親的神像。雅各的不誠實如今也影響了他妻子的行為。在古代，若持有家中的神像，通常就擁有產業繼承權。也許，拉結拿走神像是要確保她的家庭能繼承拉班的資產。無論如何，拉班都將因而追趕雅各和他的家人，察明他們為何背地裡離開，還取走他所仰仗、視為守護者的神像。（BQ）

每日默想	你向哪裡尋求保護？你是傾向於像雅各一樣，轉向自我保護的道路？或是像拉班和拉結，以生命中的事物做為保障？你多常祈求神保護你呢？

Day 30 拉班追趕雅各

讀經：創世記卅一章 22-55 節

鑰句：夜間，神到亞蘭人拉班那裡，在夢中對他說：「你要小心，不可與雅各說好說歹。」（創世記卅一章 24 節）

正如雅各曾對他自己父親所施的作為，如今拉結也向她父親撒謊，並成功欺騙了他。她說謊竟是為了保護那無用的神像，以及她絕不需要的產業。雅各欺騙的性格在他自組的家庭成員中延續。而拉班呢？他曾欺騙他女兒們和雅各，如今卻最關切自身安全，於是建議雙方立約以防後患。

神個別向雅各和拉班說話，以使兩人分開。儘管兩人自私的行徑，神仍保護雅各逃脫拉班的怒氣，並確保他安全地回到家鄉。雅各這般的旅程，好比日後以色列民走出埃及的束縛，回到雅各的故鄉迦南之歷程一般。雖然以色列民的表現有許多不完全的地方，神還是解救和保護他們，就像祂為雅各所做的一樣。

以色列的子孫與現今各世代的信徒，都一再地重複類似雅各的經歷。我們寧可偏行己路，照自己的方法追尋我們所要的，卻不信靠神的道路。雖然我們會因此遭受苦果，但我們也將發現——儘管我們任性地在己路遊蕩，神卻永不離棄我們。（BQ）

每日默想｜你反映出任何從你家庭而來的性格特質嗎？你又有什麼特質會傳給他人呢？

Day 31 雅各準備見以掃

讀經：創世記卅二章 1-21 節

鑰句：求你救我脫離我哥哥以掃的手；因為我怕他來殺我，連妻子帶兒女一同殺了。你曾說：「我必定厚待你，使你的後裔如同海邊的沙，多得不可勝數。」（創世記卅二章 11-12 節）

雅各欺騙人的行為使他被視為不令人信賴、不誠實的人。但在這段內容中，我們再次看見儘管雅各的性格有缺失，神終究掌管他的未來。我們還瞥見雅各內心深處誠實的一面。他跟神說：「你向僕人所施的一切慈愛和誠實，我一點也不配得。」（10 節）雅各在預備返鄉面對過去傷痛的同時，必須思索他生命的核心和與神的關係，才得以面對所將臨到的危機。

雅各的祈求正是每位遭逢可怕情境的信徒之禱告：「求你救我……因為我怕。」（11 節）這發自人內心誠實的呼求是神所等待的，能讓神自由地在我們生命中工作，其結果將遠比我們能為自己所做的要美好無比。

（BQ）

每日默想｜你現今在害怕什麼嗎？你已將你的懼怕告訴神了嗎？

Day 32 雅各與神摔跤

讀經：創世記卅二章 22-32 節

鑰節：雅各便給那地方起名叫毗努伊勒（就是神之面的意思），意思說：「我面對面見了神，我的性命仍得保全。」（創世記卅二章 30 節）

在羅馬書第九章，使徒保羅以雅各做為神施恩的範例。神為什麼要使用像雅各這樣擅長欺騙的惡徒來實行建立神聖國度的計畫呢？神的答案是：「**我要憐憫誰就憐憫誰，要恩待誰就恩待誰。**」（羅馬書九章15節）保羅喜愛「恩典」這個詞——意即「一份不配得的禮物」——雅各雖在早先的生命中對抗神的旨意，但神仍無條件地愛他。

雅各生命中有兩個場景格外顯出神恩典的工作。他曾在兩個危急時刻，幾乎灰心喪志，而神及時以戲劇性的方式，親自與他相會。

第一回是當逃亡者雅各獨自穿越沙漠。他因騙取哥哥以掃的家庭繼承權，而必須逃離其謀殺的威脅。然而神來到他生命中，向他顯明光明的應許，而非他應得的斥責。雅各尚未尋找神，反而是神先來尋找他。在這充滿神慈愛的時刻，神親自肯定祂曾應許亞伯拉罕的所有福氣必臨到雅各，頓時驅走雅各身上的羞恥。

第二回遭遇出現在數十年後，當雅各試圖與以掃和解的前一夜。在與以掃分隔的這段年歲間，雅各學了許多艱難的功課，但當他想到這次會面，還是會忍不住懼怕顫抖。當雅各懇求神保守祂賜下的應許之後，神讓他經歷一段神奇的境遇做為回應，這境遇與聖經所描述的其他事件一樣無比奇妙。這位抓取者雅各，最終遇上一位更強大的對手：他與神自己摔跤。在這神奇的夜晚後，雅各就此瘸腿行走，成為與神摔跤的永久提醒。

在這段過程中，雅各得著一個新的名字：「以色列」——這名字成為雅各身上神恩典的最終印記。欺騙者雅各竟成為與神選民——「以色列人」同名的人。（PY）

每日默想｜少有人經歷此種與神戲劇性的相遇。在你有所需求時，祂如何與你相遇？

Day 33 雅各以掃相見

讀經：創世記卅三章1-20節

鑰句：以掃跑來迎接他，將他抱住，又摟著他的頸項，與他親嘴，兩個人就哭了。（創世記卅三章4節）

神以遠超雅各所能想像的方式，來回應他求助的禱告。他哥哥以掃不僅沒有傷害他，還伸開雙臂跑來迎接他。神已更新兄弟兩人的心：以掃如今渴望與弟弟和好遠勝過報仇，而雅各在與以掃分開的這段時間學會了謙卑和慷慨。

在這等待已久的相逢中，雅各比過往更清晰看見神的面容。雅各長時間與神爭鬥，堅持走自己安排的生命路程。在最後一場搏鬥中，神向雅各顯出祂的能力，並再次賞賜祝福。如今，當雅各回家與兄長相會，他沒有看到哥哥原本該有的憎恨，反而在這位淚流滿面、神情熱切的哥哥身上，看見了神自己。

神在整本聖經中，還會讓信徒們多次看見祂如此慈愛的形象。一位像以掃一樣理應充滿憤恨、不願饒恕的人，反倒迎接另一位原本該受責備的人。這一切都是神向我們——祂的孩子們所發出堅定的愛之圖象。願我們都能像雅各一樣，用心靈的眼睛看見神的愛。（BQ）

每日默想｜神何時藉由他人所發那意想不到的愛，來向你彰顯祂自己？

Day 34 雅各回伯特利

讀經：創世記卅五章 1-15 節

鑰句：神對雅各說：「起來！上伯特利去，住在那裡；要在那裡築一座壇給神，就是你逃避你哥哥以掃的時候向你顯現的那位。」（創世記卅五章 1 節）

從某個角度來看，雅各兜了個圈子又回到原處。他曾犯下錯誤，偏行己路，因自己的行為受苦，也看見神超越時空的恩典，並再次被神帶回家園。如今他重回這熟悉又安全的地方，等候神所應許的國度持續增長。

神呼召雅各回伯特利，以讓他回想曾經歷的旅程，並牢記神在他生命中所扮演的角色。雅各觀看且經歷這一切之後，必須將這屬神的產業傳遞給他的家人，而這位神曾親自顯明祂是何等真切和信實。

當雅各啟程前往伯特利，他想起多年前在那地向神所許的願。他記得他曾允諾要對神忠誠，如今卻看見他的家人讓偶像與神享有同樣的位置。他們必須離棄這些平日所信靠、專注的偶像，並在進入這奉獻給神的地方之前，先潔淨自己。

神又再次於伯特利向雅各說話。祂再次宣告祂必成就所應許的。雖然雅各沒有時刻對神保持忠心，但神仍對他永保信實。神在伯特利所彰顯的

應許從未改變。（BQ）

每日默想　在你與神的信仰旅程中，目前走到什麼地方？你正堅持走自己的路？正經驗神的恩典？還是正觀看某些神的應許成就？

Day 35 省思

與神摔跤

究竟我們該如何瞭解這古代的聖經故事——關於一個有說謊習性的人，後來花了一整夜與某人在河畔摔跤，結果這對手竟是神？我們從這段故事的描述中，發現到神對那些原本最不配之人的愛的驚人事實。我們也得知一些與神同行的歷程，這位神對我們的生命有一個計畫，並且有能力去成就它。

我們大多數的人，在生命中與神大部分的關係，都和這個與神摔跤的景象類似。正像雅各一樣，我們認識了神，並試著許諾來跟隨祂。然後我們繼續過生活，做當下似乎對的事，好除去在自己所抉擇的道路上的任何障礙。我們可能偶爾會諮詢神的意見，有時是誠心地尋求，有時只是敷衍了事。而隨後我們又再次衝向前，像個極任性的孩子，堅持照自己的方法行事。我們一再地與神爭鬥，尚未成熟到能明白我們對手的本質；其實，我們要是願意放棄這場爭鬥，就能明白祂得勝的本質。

神不會強迫我們順從祂。若我們一定要與神爭鬥，祂會讓這苦鬥持續下去。最後，若我們真實蒙福，神會輕輕觸摸我們的大腿，向我們顯示我們軟弱的真相。然後我們會明瞭神永遠都是得勝者，並知道唯有神勝利，我們才有可能得勝。我們對神起初粗淺的認識，以及那些暫時的誓言，雖然顯得軟弱無力，但卻開始讓神的愛運行在生命中，使神的剛強代替了我們的軟弱。

我們可能會與神摔跤一段時日，但終將會停止掙扎，像雅各一樣向神說：「我就不容你去。」並對往後聖經中使徒保羅的話產生共鳴：「我甚麼時候軟弱，甚麼時候就剛強了。」（哥林多後書十二章10節）（BQ）

每日默想	你正與神摔跤嗎？你試圖要達成什麼呢？請求神幫助你了解你自己，和你慾望的根本核心是什麼。懇求神幫助你相信祂的計畫，並倚靠祂的能力。

Day 36 約瑟的夢

讀經：創世記卅七章 1-36 節

鑰句：以色列原來愛約瑟過於愛他的眾子，因為約瑟是他年老生的；他給約瑟做了一件彩衣。（創世記卅七章 3 節）

沒有什麼比得上兄弟姐妹之間的爭鬥——家人的親密，彷彿在關係的傷口上撒鹽，讓人痛上加痛。創世記述說好幾起兄弟間的嚴重對立：該隱與亞伯，以撒和同父異母的以實瑪利，雅各與以掃。在這最後關於約瑟的故事中，竟出現十一位兄長聯合對抗約瑟一個人的情況。

當創世記談及約瑟的故事，其步調明顯緩慢下來；整卷書描寫約瑟的生命故事，比起其他的人物花上更多的篇幅。這不足為奇，約瑟的故事是歷史上數一數二的傳奇。他曾是一位偷渡的奴隸和被判刑的囚犯，後來竟升格為當時世上最大帝國的宰相，地位僅在國王之下。約瑟傳奇的故事，就從本章所記載近乎悲劇的事件開始。

眾所周知，約瑟是他父親的最愛，奇特的是，他似乎對他兄長們潛在的忌妒心毫無所覺。他描述在兩個夢中家人向他下拜的情景，有可能是在炫耀自己的身分。不論如何，他的行止引起兄長們極大的不滿，已到了引發他們想要報復的地步。

他的兄長們原先計畫謀殺他，但最後一刻又改變計畫，將他賣給正要前往埃及的旅行商人。無論約瑟的兄長們，或只能相信他遭野獸攻擊的悲傷老父雅各，都沒預期能再見到約瑟。然而，神另有一番計畫。約瑟這特別的夢使得他深陷家人所賦予的極大危難，卻也將在遠方的國度埃及顯明他被神所賦予拯救族人的使命。（PY）

每日默想	你曾經歷神從原先看似災禍的景況中，帶出祂美好的祝福嗎？

Day 37 約瑟與波提乏之妻

讀經：創世記卅九章 1-23 節

鑰句：凡在約瑟手下的事，司獄一概不察，因為耶和華與約瑟同在；耶和華使他所做的盡都順利。（創世記卅九章 23 節）

這段內容的開始和結束都說到：「耶和華與約瑟同在」，而在整個故事中，我們也多次被告知，神施恩的手引領約瑟和他周圍的每樣景況。顯而易見地，正是神的手使波提乏的心轉向約瑟，並讓約瑟在他僕人的工作上盡都順利。甚至在監獄中，神的手再次使約瑟在司獄的眼前蒙恩。毫無疑問地，神時刻眷顧約瑟，將其不幸的環境化為美好。

唯獨在波提乏的妻子這個事件上，我們從表面上來看，會覺得神似乎又缺席了。是否祂在那個早晨暫時離開約瑟幾個小時了呢？還是祂決定試驗約瑟的順服呢？神沒有告訴我們，為什麼祂又再度允許別人不公對待、甚至背叛約瑟，但祂明確表明祂從未遠離。

約瑟在整個考驗中，保持對神的忠實，拒絕屈服於使神蒙羞的短暫享樂。在監獄中，神再次向約瑟保證祂的同在，顯明祂的慈愛，使約瑟能在這景況中承受得住。儘管他被囚於牢獄，神仍使他凡事順利。

神對約瑟有一個遠大的計畫。雖然約瑟在身為僕人和囚犯的時日還看不出這計畫：神將使他成為屬神的器皿，藉由他拯救以色列民族。約瑟表現出他能抵抗誘惑，並等候神的祝福。他作僕人和囚犯的經歷不會浪費。這些歷程使他預備好來承擔神所計畫更偉大的工作。（BQ）

每日默想｜誘惑是否正向你招手，使你得到短暫的滿足呢？若你就此讓步，是否會使神蒙羞，並阻礙祂對你更遠大的計畫呢？

Day 38 酒政與膳長

讀經：創世記四十章 1-23 節

鑰句：他們對他說：「我們各人做了一夢，沒有人能解。」約瑟說：「解夢不是出於神嗎？請你們將夢告訴我。」（創世記四十章 8 節）

神再次運用夢境向約瑟啟示未來將發生的事情。雖然酒政和膳長所做的夢和約瑟沒有直接的關係，但神藉由應驗這些夢的預言，向約瑟表明神確實有賜給他解夢的恩賜。正像神成就約瑟為獄中囚友所預言的事情，神照樣會使約瑟他自己夢中的未來景象成真。

酒政這位看來是約瑟出獄的管道，竟一獲釋就即刻忘記約瑟，令約瑟感到失望。然而，神從沒有忘記約瑟，神賜給他的夢依然美好、活躍。雖然監禁在牢獄的處境看似黯淡無光，但神的計畫卻不被侷限。（BQ）

每日默想	你目前生命中有何黯淡無望的景況嗎？你如何透過神的眼光來看待這境遇呢？

Day 39 法老的夢

讀經：創世記四一章 1、8-43、53-55 節

鑰句：法老對臣僕說：「像這樣的人，有神的靈在他裡頭，我們豈能找得著呢？」（創世記四一章 38 節）

創世記提供一扇引人入勝的視窗，讓我們一瞥神如何以各樣不同的方式引領祂子民。有時，像對亞伯拉罕，神以驚人眼目的方式親自向人顯現，或差派天使為信差；對其他人，像對雅各，神的引導以較神祕的形式出現：人與神整夜的摔跤賽，以及夢見直達天上的梯子。而對約瑟，神的引導是間接的，或許還相當令人困惑不解。

神與約瑟溝通的方式不是藉由天使，主要是透過夢境。這些奇特的夢境來自一些可疑的人物，如他獄中的囚友和專制的埃及法老王。然而因神向約瑟啟示這些夢的正確意義，使得他最終躋身於顯赫地位。當時的埃及人對夢境著迷（考古學家已發掘出多本關於解夢的厚重教科書），而約瑟這位解夢者，很快便位居法老政府的最高官位。

在約瑟的生涯中，神主要在幕後工作。事實上，從表面來看，約瑟似乎常得著恰好與他應得的相反事物。比如他向兄長們解說他所做的夢，結果他們把他丟在坑裡；比如他抵擋性誘惑，卻落入埃及的監獄；比如他為一位囚友解夢救其命，而這位囚友竟忘了他。

然而，約瑟從未停止信靠神——也許這就是為什麼創世記用了這麼多篇幅記載他的故事的原因。約瑟專心仰望神的手，看見在生命的悲慘景況

中那雙引領他的手。例如：他被賣為奴一事，最終產生美好的結果。這帶領他登上權勢的新職位，不久之後，他便有機會拯救他的家人脫離饑荒。（PY）

每日默想｜若神要傳遞給你一個重要的信息，祂會如何向你傳達？

Day 40 省思

生命格言

「生命是不公平的。」

你有多少次在面對不公平的景況中被這句話所砲轟？當你內心為不公的事情愁煩，又有多少次你如此喃喃自語？我們大多數的人，年輕時就得嚐到這句格言的真實。我們在孩提時就明白，生命並不是照著我們的喜好來進行的；隨著時光推進，我們再次從多方面認定這句話的真實；最終我們的心變剛硬，懷疑自己為何還要期盼任何更美好的事？

我們期待轉向聖經尋求一條出路，來脫離生命中隨意發生的不公。想當然爾，有神的生命必能去除無神世界所帶來的不公吧？但在約瑟的故事中，就像在許多先前的故事一樣，儘管神同在，生命仍是不公平的。

在像約瑟和我們所處的世界中，罪惡尚未最終完全地被神毀滅，生命會持續處於不公平的狀態。但對基督徒而言，生命的實質不是停留於此，信徒所瞭解的生命遠超越爭取公平的待遇，而是定睛在神和祂的美善上。生命對約瑟或許不公平，但神卻時刻眷顧、善待他。在事件當中每個不公的轉折，在每個心痛的長夜裡，神都仍在為這位祂所愛的人做美善之工。

英國聖本篤修會的修女——諾威治的猶利安（Julian of Norwich），生活在社會不安定、黑死病恐怖籠罩的時代，而她本身於年輕時受重病所苦，寫了如下這段文字：「正如我們的肉體受衣著遮蔽，……同樣地，我們的靈魂和身體也被神的美善所覆蓋和圍繞。然而，衣著和肉體終將過去，但神的美善卻永遠長存，並比我們自身的肉體更加與我們親近。」

生命是不公平的，但神是美善的。（BQ）

每日默想｜你現今正面臨什麼苦鬥，似乎是另一起不公的境遇？請來到神面前，向祂訴說你所感到的憤怒，以及內心的傷痛，並祈求神讓你在生命中清楚看見祂的美善。

Day 41 約瑟的哥哥下埃及

讀經：創世記四二章 1-26 節

鑰句：他們彼此說：「我們在兄弟身上實在有罪。他哀求我們的時候，我們見他心裡的愁苦，卻不肯聽，所以這場苦難臨到我們身上。」（創世記四二章 21 節）

最終，在至少二十年的分離之後，約瑟和他的哥哥們再次重逢。約瑟認得他們，但他們認不出他埃及人的新身分。約瑟的內心百感交集。他想起多年前所做的夢，記起過去的一切，內心不由得增生一股報復的衝動。他曾經是他們殘酷行徑的受難者，如今卻能掌控他們的命運。

當他的兄長們陷於此弱勢中，就流露出罪疚感來。雖然他們沒有認出這位統管者就是他們的弟弟，最終仍意識到他們必須承受他們行為的後果。就如同聖經揭示生命中的不公義，這裡也強調人們往往種什麼因，最後就收什麼果。無論他們得面對什麼磨難，都是應得的。他們該為所做的付出代價。

此時，約瑟真正要扮演的角色開始展露光芒。他曾在許多白晝黑夜，對他所經歷的生命路程產生疑惑。如今，當他的兄長們疑慮他們的未來，他終於看出神帶領他到現今的位置，就是要使他有能力拯救他的家人免於饑荒及死亡。

約瑟忍不住哭了一場之後，讓當中九位兄長回去帶便雅憫來埃及，藉此給自己一些時間整頓思緒。他即將見到自己最心愛的弟弟，便趁著這段時間思考這事件的轉折，而他的兄長們也有時間衡量所犯的錯誤。（BQ）

每日默想｜你何時承受過你行為的後果？

Day 42 約瑟的哥哥回迦南

讀經：創世記四二章 27-38 節

鑰句：他們就提心吊膽，戰戰兢兢地彼此說：「這是神向我們做甚麼呢？」（創世記四二章 28 節下半）

神藉著約瑟渴望見到便雅憫的心，幫助他的兄長們生發出悔改的心。約瑟派人把銀子藏在他們各人的糧袋裡，設計他們使之成為不誠實的奸細。而對兄長們而言，這似乎是神刻意懲罰他們的行動。

事實上，神無比顧念雅各的家庭，在各處遭遇饑荒的時期保護他們。祂藉由約瑟引領以色列民來到埃及地，他們將在此生活四百年，並增長成為一個大國。當他們進入埃及，他們的心必須轉向神。他們需要在祂面前謙卑，牢記祂的道路。雖然這群兄長們一度恐懼害怕，神仍引導他們的心歸回與神相合的心意。（BQ）

每日默想｜你曾因懼怕而轉向神嗎？神是否藉由你的懼怕，帶出美好的事物？

Day 43 第二次下埃及

讀經：創世記四三章 1-2、8-31 節

鑰節：家宰說：「你們可以放心，不要害怕，是你們的神和你們父親的神賜給你們財寶在你們的口袋裡；你們的銀子，我早已收了。」他就把西緬帶出來，交給他們。（創世記四三章 23 節）

雅各的兒子們須再次下埃及。歷經一段時日後，他們向約瑟買的所有糧食已經吃盡。雅各不能再逃避做決定。他若不選擇以便雅憫的性命作賭注，就是選擇全家人飢餓致死。

當這群兄弟們抵達埃及，即受邀與約瑟一同用餐。他們試圖向約瑟的管家說明有關銀子的事。管家的回覆帶出他們在埃及整個經歷的重點：「不要害怕，是你們的神和你們父親的神賜給你們財寶在你們的口袋裡。」

約瑟的兄弟們不久將得知，他們來到埃及絕不僅是為了買糧。他們將

在此地和手足重逢，得著新的居所，並成為一個屬神寶貴的國度。這看似陷害人的銀子，實際上是象徵蒙神珍愛的選民——在異地眾人中一群藏在神手中的百姓。（BQ）

每日默想｜你如今懼怕什麼呢？在你所懼怕的事情中，是否可能有寶貝藏在其間呢？

Day 44 糧袋裡的銀杯

讀經：創世記四四章 1-18、27-34 節

鑰句：猶大說：「我們對我主說甚麼呢？還有甚麼話可說呢？我們怎能自己表白出來呢？神已經查出僕人的罪孽了。我們與那在他手中搜出杯來的都是我主的奴僕。」（創世記四四章 16 節）

儘管約瑟的兄弟們已消除疑慮，相信不會因糧袋中的銀子事件受罰，他們仍須再次面對偷竊的指控——這次懷疑的目標指向便雅憫。約瑟安排這最後的一個試驗，藉此檢測他的兄長們是否有認罪的心。若他們顯出對便雅憫和老父親的憐恤，就能證明他們對過去向約瑟所犯的罪行感到懺悔。然後他們就能同享神應許的成就。

約瑟的兄長們通過了考驗。猶大承認：「神已經查出僕人的罪孽了。」他自願作約瑟的奴僕，沒有選擇放棄便雅憫而自行返鄉。他關切父親的安好甚過他自己。當他們的生命明顯轉變之際，約瑟也預備好饒恕的心，並準備揭開自己的身分。（BQ）

每日默想｜你有從過去的錯誤中學到功課嗎？

Day 45 約瑟與弟兄相認

讀經：創世記四五章 1 節～四六章 4 節，四七章 11 節，四九章 33 節，五十章 14-21 節

鑰句：從前你們的意思是要害我，但神的意思原是好的，要

保全許多人的性命，成就今日的光景。（創世記五十章20節）

約瑟花了近兩年的時間，主導一連串精心安排的試驗：向兄長們提出要求，與他們玩些伎倆，還曾控告他們。這一切考驗使他的哥哥們陷入一片困惑和恐懼之中，但也讓他們腦海中重現多年前錯待約瑟的往事，不斷勾起內心的罪惡感。約瑟的計畫在此逐一實現。

但這場戲也使約瑟的情緒幾乎失控。他曾五次流淚痛哭，更有一回放聲大哭，連屋外的人都聽見其哭聲。約瑟深感饒恕的驚人張力。最終，他的哥哥們發現這令人震驚的事實：他們當年所賣為奴、近乎殺害致死的少年人，如今竟成為地位僅次於埃及法老的最高宰相。他們的命運正在他的手中。

然而，約瑟並不想報復。他終究選擇饒恕，還深刻明白：「**從前你們的意思是要害我，但神的意思原是好的，要保全許多人的性命，成就今日的光景。**」約瑟看待他受苦的年日原為神偉大藍圖的一部分，心中不受怒氣轄制。兄弟和好同為以色列子民開啟道路，日後成為一個十二支派的大國。

遠在家鄉巴勒斯坦的年老雅各，聽見這「已死」兒子的消息，一時不知所措。但在神最後一次對他親自啟示的歷程中，激勵他也起身前往埃及。

一個大家族、一個國家、一片土地——這一切都是神向亞伯拉罕、以撒，和雅各所應許的。在創世記結束時，只有這應許的第一部分成真：雅各的十二個兒子已繁衍出一大群孩子。聖經明白表示這十二個兒子並沒有比其他任何人更聖潔——畢竟，當中十一位都曾背叛過約瑟。但神將從這個起點出發，建立一個屬祂的國度。（PY）

每日默想｜是什麼原因使得我們如此難以饒恕他人呢？

Day 46 省思

為什麼要饒恕？

任何只因別人說句「對不起」，就願意止息內心戰火的人，都曾面臨饒恕令人忿忿不平的一面。當我覺得受冤屈，我能找出一百個不饒恕的理由。像是：**他需要學個教訓；我要讓她多熬一熬，這是為她好；這事不應由我採取主動**。當我終於心軟願意饒恕時，就像遞降書一般，從嚴謹的條理分析躍入理不清的情懷。

我為什麼要做這種心境上的跳躍？其中一個驅使我如此行的要素為：身為基督徒，我受命該這麼做；做為神的孩子，理當學像天父饒恕人。但為什麼我們當中某些人，無論信徒或非信徒，會選擇饒恕這非自然的舉動呢？我至少能指出三個實際的因素。

首先，唯有饒恕才能停止責怪和痛苦的循環，打斷無恩典的鎖鏈。在新約聖經中，針對饒恕最常出現的希臘字，其字面上的意思為：赦免、拋開，和釋放自己。我們若不超越本性學習饒恕，就會受制於我們不願饒恕的人，並被其牢牢抓住。這原則甚至可運用在一方全然無辜，另一方完全罪有應得的情況下，因為除非無辜的一方願意放手，走上饒恕這唯一的路，否則將背負無盡的傷痛。

對約瑟而言，他有充分的理由恨惡他的哥哥們，然而饒恕卻將之化為淚水和哭聲四溢。這就像分娩時的呻吟，是得釋放的前兆，約瑟藉此終於得著內心的自由。他給長子取名叫瑪拿西，就是「使之忘了」的意思。

饒恕的第二種強大力量，就是能鬆開犯錯者罪疚感的束縛。寬大的饒恕給予犯錯的一方更新改變的機會。路易士・史密德（Lewis Smedes）提醒：饒恕和赦罪並不相同——你可能饒恕了錯待你的人，但對其錯誤的行徑，仍堅持要一個公正的懲處。然而，你若進入了饒恕的境地，就能釋放醫治的大能，使之運行在你自身和錯待你的人身上。

饒恕透過一種奇妙的連結——讓施予饒恕者和犯錯的一方站在同一邊——來打破責怪的循環，鬆開罪疚感的束縛。我們藉此明白我們並不是像自己所想和犯錯者有多麼的不同。西蒙娜・薇依（Simone Weil）說：「我不只是自己所想像的樣子。明白這一點就是饒恕。」

神以基督的樣式來到世間，與人相連，使神饒恕的恩典奇蹟得以成就。從某個角度來看，神願意對我們讓步，要與我們這些祂渴望深愛的受造物和解——但該怎麼做呢？就經驗而言，神原不知道受罪惡引誘，或歷

經充滿試煉的一天是什麼滋味。但是當祂來到世上，住在我們中間，就體會了這種感受。祂讓自己與我們站在一起。[2]（PY）

每日默想	你曾在饒恕的邏輯裡打轉、掙扎嗎？在你生命中，是否有某人是你一直無法饒恕的呢？祈求神柔軟你的心，引導你進入饒恕的境地，並感謝祂對你所賜下的一切饒恕。

第二部　國度的誕生

Day 47 摩西的出生

讀經：出埃及記一章 1 節～二章 15 節

鑰句：孩子漸長，婦人把他帶到法老的女兒那裡，就作了她的兒子。她給孩子起名叫摩西，意思說：「因我把他從水裡拉出來。」（出埃及記二章 10 節）

自從雅各的家族進入埃及，已有幾百年的歷史，經過世代相繼出生及死亡，以色列民族已經成為一大群的百姓。雖然他們在埃及繁茂昌盛，這地畢竟不是他們的家鄉。埃及人和以色列民之間的關係愈趨緊張，神準備要帶領祂的子民離開此地。

埃及人對待希伯來人的方式愈發嚴苛。如今神興起祂所揀選的摩西來解救祂的百姓。摩西不像當時眾多的希伯來男孩，一個個被丟在尼羅河裡淹死，他乃是被放置在河中，幸運地被法老的女兒救起。摩西年幼時由他希伯來的母親乳養，稍長之後在法老家中被當成埃及人養育長大。他在整個成長過程中，接受了高等教育，並學會說流利的埃及語和希伯來語。神藉由這令人意想不到的方式，適度地訓練、培植祂所揀選的摩西，來實踐祂的計畫。（BQ）

每日默想｜神以什麼方式培育你的生命？

Day 48 摩西與燃燒的荊棘

讀經：出埃及記三章 1-22 節

鑰句：神說：「我必與你同在。你將百姓從埃及領出來之後，你們必在這山上事奉我；這就是我打發你去的證據。」（出埃及記三章 12 節）

雅各的家族已成長為一個昌盛、繁茂的民族。神的計畫正逐步進展，但當中出現一個艱鉅的攔阻：希伯來人在充滿敵意的法老手下，辛勞地作工如同奴役。

神對亞伯拉罕、以撒和雅各的應許是代代相傳的，但在日日蒙受埃及工頭的鞭打苦待下，還有誰真正相信這位神所跟他們立下的盟約呢？至於那聽來像吹噓的應許之地，位於東邊的某處，早已被十幾個王所瓜分統治。

最後神看不下去了。祂說：「**我的百姓在埃及所受的困苦，我實在看見了**」，「**現在你必看見我向法老所行的事**」。接下來的幾篇篇章，記載了神在世上所展現的大能，並且呈現神自創世以來，所施展最令人震驚的景象。

首先，神需要一位領袖，而祂揀選摩西擔此重任，是一個頗有意思的選擇。摩西有四十年之久在埃及，然後又花了四十年的時間在曠野，被神預備來勝任這項重任。摩西經歷神向他宣告，或稱為「呼召」，令他永難忘懷：燃燒的荊棘、不知何處而來的聲音，神介紹祂自己的名字。神說：「**我是亞伯拉罕的神，以撒的神，雅各的神**」，將此時與過去所有的應許相連接。而如今是行動的時刻了。摩西是神精心挑選的領袖，要帶領這群神的百姓脫離埃及地的奴役，走向應許之地的自由釋放。

正如本章所提示的，摩西並不樂於承接這項新職務。但他對神計畫的抗拒，若與以色列民甚至埃及人所表現出的頑強剛硬相比，就顯得輕微多了。（PY）

每日默想｜過去神曾如何引起你注意並明瞭祂要你去做的工作？

Day 49 給摩西的憑證

讀經：出埃及記四章 1-17 節

鑰句：耶和華對他說：「誰造人的口呢？誰使人口啞、耳聾、目明、眼瞎呢？豈不是我—耶和華嗎？現在去吧，我必賜你口才，指教你所當說的話。」（出埃及記四章 11-12 節）

摩西從神領受了一個極大的任務——一個令他感到過度沉重的工作。摩西愈與在燃燒荊棘中的神交談，愈對即將扮演這樣重大的領袖角色，感到畏縮、懼怕。他已多年過著隱居的牧羊生活，在米甸定居，負責看管羊群。如今神要他回到法老那裡，然後領導眾多希伯來子民離開埃及。

神了解摩西一開始的恐懼，就向他顯現三個神蹟，做為憑證，有助於讓百姓們聽從他的話。但當摩西又再度懷疑自己的能力，並請求神另尋他人時，神不禁生氣了。摩西此刻顯出對神不順服的心。他也許覺得自己不適任，或缺乏信心，但事實上，若神選擇他來擔任這項任務，就必賜給他足夠的能力來做成這工。然而，摩西仍無法相信自己能擔此重任，使得神必須另外揀選亞倫成為摩西的發言人。這樣的調整終於令摩西安心，卻在往後的日子中，帶出憂喜參半的後果。

神在何烈山呼召摩西帶領以色烈眾人，一同進入神子民生命的下一階段。摩西日後再次來到何烈山時，神將在此頒布十誡——即管理以色列民的律法。（BQ）

每日默想　神最近交代你去做什麼工作呢？針對這工作，你是否覺得自己在某些方面不適任？神透過什麼方式裝備你呢？

Day 50 水變血之災與蛙災

讀經：出埃及記七章14節～八章15節

鑰句：但法老見災禍鬆緩，就硬著心，不肯聽他們，正如耶和華所說的。（出埃及記八章15節）

摩西和亞倫去見法老，請求他釋放以色列民，但正如神先前所預言的，法老不同意此事。他甚至還加重這群百姓的工作量，使他們的生活更加艱辛。神開始在埃及降災，於一年內連續降下十個災難，藉此削減法老的頑強抵抗，使得以色列民終於獲得釋放。

首先神使尼羅河的水變成血。有些聖經學者認為，這水並非照字面解釋變為血；而是指尼羅河水氾濫時，挾帶從衣索比亞沖刷下來的大量紅土，使奔流的河水變成像血一樣地紅。無論神的方式為何，都是試圖藉由神奇地引發這些災難，來轉變法老的心意。

在第二災中，成群的青蛙突然湧向埃及人民，闖入他們的廚房、臥室，甚至爬到他們身上。若這災難是神加劇自然界的現象所產生的，那麼這些在尼羅河大量滋生的青蛙，或許是因著河水被死魚所污染而跳上岸。法老因這災心煩，所以允諾：若摩西祈求神解除蛙災，就容百姓離開。但當這些青蛙都死了之後，法老卻又違背他自己的諾言。（BQ）

每日默想　你曾看過神透過某一個事件來改變一個人的心嗎？

Day 51 虱災、蠅災與畜疫之災

讀經：出埃及記八章16節～九章7節

鑰句：「當那日，我必分別我百姓所住的歌珊地，使那裡沒有成群的蒼蠅，好叫你知道我是天下的耶和華。我要將我的百姓和你的百姓分別出來。明天必有這神蹟。」（出埃及記八章22-23節）

如今神允許成群的虱子和蒼蠅侵擾埃及人民。虱子可能繁殖於埃及的洪水氾濫區，而蒼蠅則易滋生於尼羅河大水退後的潮濕河岸。這蒼蠅的類型，似乎是一種長成後會叮咬人畜的蠅類。就像蛙災一樣，法老因無比厭惡成群的蒼蠅，就再次應允以色列百姓離開。但當大群的蒼蠅離開之後，他又收回先前的承諾。

接下來，神降下瘟疫在所有留置田間、屬埃及人的牲畜上。神唯獨使以色列人的一切牲畜，和躲在家中避難的埃及人牲畜，免受這致命的瘟疫。之前的蠅災可能使蒼蠅帶有炭疽細菌，一種源自水藻、滿布尼羅河的菌種，帶有此菌的蒼蠅很容易將病菌傳給家畜。這場畜疫之災不僅重挫埃及的經濟，還侮辱了他們平日敬奉的多位神祇，因為埃及人視公牛和母牛為神聖的，牠們代表了埃及的男神和女神。然而，儘管法老面對這麼大的損失，他的內心仍剛硬固執，不肯讓步。（BQ）

每日默想｜你認為自己是一位能與人合作或是頑強抵擋的人呢？

Day 52 省思

一位內心作難的主僕之禱告

親愛的神：

我需要盡快下決定。我不敢相信我竟會考慮做這件事。對我而言，這是一個極大的委身和改變。而我甚至不確定自己是否能夠勝任。**我是何許人，竟要踏上這條路？**在眾人之中，為何祢要揀選我？我真的不曉得我是否能做好這工作。

想像一下若我接受這任務的情景吧。我應該從何處著手呢？我不能就這樣隨便站出來指揮大家，彷彿每個人都信任我一般。**我應當告訴他們什麼呢？**他們也許不接受我，或許他們不喜歡我。若沒有他們的支持，我是無法執行這項任務的。**假使他們不相信我呢？**假使他們覺得我不夠資格，甚至更糟的是，不要我的幫助呢？神啊，我承受不起遭受拒絕的痛苦。祢知道我的自尊心是多麼的脆弱。

我無法想像自己承接這份工作的情景。我不是做這事的料，**我是拙口笨舌的人，**我的性格與這工作不合。為什麼我不能從事原來的工作，相信這樣較不會令祢或任何人感到難堪。

我愈思想這事，就愈心驚膽顫。我無法勝任這工作。這工作令我心生惶恐，我真的不想讓生活夾帶更多的擔憂。神啊，我沒有做這工作所需的特質。**主啊，請祢差派別人來承接這項任務吧**。祢一定有替換的人選，一定有人能做得比我好……但祢仍要求我做這事。我無法擺脫一種感覺，就是——祢對我這要求是當真的。祢確實要我去執行，對嗎？主啊，請原諒我向祢爭辯。我明白祢看我的眼界遠高於我的眼目，謝謝祢對我的信任。我想我們都清楚是誰應去完成此任務。神啊，我將需要祢的幫助；是的，我將迫切地需要祢的扶持。

阿們。（BQ）

每日默想	神正呼召你投入一個你覺得尚不適任的工作嗎？請告訴神你為什麼對此掙扎，祈求祂平息你的懼怕。如果你需要知道神是否真的呼召你，請祂向你清楚顯明祂的旨意，並向祂求一顆願意順服的心。

Day 53 瘡災與雹災

讀經：出埃及記九章 8-35 節

鑰句：其實，我叫你存立，是特要向你顯我的大能，並要使我的名傳遍天下。（出埃及記九章 16 節）

瘡災是頭一個直接使埃及人身體受苦的災難。此災毫無預警地降臨，甚至行法術之人都無能為力。（這瘡也許起因於一種皮膚炭疽菌，與之前畜疫之災的病菌類似。）但法老仍頑強地不為所動。

神以接下來的天災繼續對付法老剛硬的心。祂告訴摩西要警告法老和他的百姓，將有嚴重的冰雹降下，是埃及有史以來最大的一次。神仁慈地事先發出警語，使任何聽而信從的人，有時間躲避災難，以拯救他們自身和其奴僕、牲畜的性命。至於法老，神藉此讓他知道神的大能權柄。當使徒保羅探討神有用人成就祂旨意的自由時，在羅馬書九章17節引用了此章16節的內容：「我將你興起來，特要在你身上彰顯我的權能，並要使我的名傳遍天下。」神雖能輕易除滅法老和埃及全地，但祂沒有選擇這麼做。祂寧願透過法老剛硬的心，向多人彰顯祂的大能。（BQ）

每日默想｜你何時曾藉由某個自然界的事件，體會到神的大能？

Day 54 蝗災、黑暗之災，與殺長子之災

讀經：出埃及記十章1節～十一章10節

鑰句：耶和華對摩西說：「你進去見法老。我使他和他臣僕的心剛硬，為要在他們中間顯我這些神蹟，並要叫你將我向埃及人所做的事，和在他們中間所行的神蹟，傳於你兒子和你孫子的耳中，好叫你們知道我是耶和華。」（出埃及記十章1-2節）

為了使受奴役的以色列民得釋放，神策劃了一個大規模的事件——就是所謂的十災。這事件充滿強烈的戲劇性，以致當今好萊塢的電影特效人員，光要將這情節搬上大螢幕，就非得使出渾身解數不可。一個國度將要誕生，而讓以色列民徹底遠離埃及的這項艱困工作，極需外力介入、施予幫助。

首先，以色列民本身必須信服神的大能。神不得不顯明祂並沒有遺忘祂的選民，即便祂看似對他們沉默和漠不關心。其次，埃及人也需信服神的能力，因為若非神大能的彰顯，沒有哪個帝國會讓成千上萬有利用價值的奴隸自由地離去。出埃及記多次明確指出，降下十災是為了讓以色列民和埃及人認識以色列的神之大能。

一個更有待陳明的基本要點為：神本身的可信度。難道祂只是另一位宗族的神，就像埃及人所敬拜的眾神祇一樣嗎？事實上，這十災是神對埃及眾假神的公開宣戰，祂明確宣告：「我要敗壞埃及一切的神。」（十二

章 12 節）有些聖經學者認為，每個災難都是特別針對某種埃及偶像而進行攻擊的。比方說，尼羅河水變血之災是對付埃及的河神；蠅災是對付埃及的聖蠅；黑暗之災是對付埃及的太陽神；畜疫之災則是對付埃及的聖牛。

最後，十災發揮極大的果效，使眾多奴隸不受攔阻地離去，還得著大量埃及人的財物作為臨別饋贈。每當他們受試探而懷疑神的能力或祂的眷顧時，神會一再地提醒他們：「我是將你從埃及地領出來的神」。（PY）

每日默想｜若神要向我們現今社會中的眾多「偶像」宣戰，想想看這些偶像會是哪些呢？

Day 55 逾越節

讀經：出埃及記十二章 1-30 節

鑰句：你們就說：「這是獻給耶和華逾越節的祭。當以色列人在埃及的時候，他擊殺埃及人，越過以色列人的房屋，救了我們各家。」於是百姓低頭下拜。（出埃及記十二章 27 節）

以色列民在埃及的生活有如在地獄一般。他們受埃及人奴役長達數世紀之久，這群轄制他們的人，平日敬拜許多虛假、無能的神明。最終，神拯救以色列民出埃及的時刻來到。神降下殺長子之災，向埃及人——這群敬拜真神以外一切假神的人們，顯明他們應得的滅亡。祂使災殃不臨到以色列民身上，因祂已揀選他們成為神的子民，又因他們在門框塗上羔羊的血，顯出他們生命屬神的記號。

這則故事也許聽來有種莫名的熟悉，倒不是因為你有所聽聞，而是因著它為聖經中的核心信息設立了場景：就是關於耶穌基督的故事。這位神的羔羊被殺害，以拯救那些愛神之人的生命，並救拔他們脫離罪惡的世界。舊約聖經在此指出，以色列人是神所選召歸於祂的子民，是神所救拔的對象。當神與祂子民同行的故事繼續貫穿於聖經中時，神選民的群體隨之持續擴展，從猶太民族延伸至所有跟隨耶穌的人。

如今，身為信徒的我們，同享逾越節的故事。就像在埃及的以色列民，我們深知在這充滿痛苦、災難的世界中，自己只是過客，這世界並非我們永久的居所，但我們卻預備好一路與神同行。我們的盼望在於十架上

捨命的耶穌所為我們做到的一切，並且我們會持續等候那日——在神所應許的新天新地，與祂永遠同在。（BQ）

每日默想｜你現今的生命光景，和你認識耶穌之前，處於「埃及地」的生活作比較，有何差別呢？

Day 56 出埃及

讀經：出埃及記十二章 31-42 節

鑰句：這夜是耶和華的夜；因耶和華領他們出了埃及地，所以當向耶和華謹守，是以色列眾人世世代代該謹守的。（出埃及記十二章 42 節）

神引領以色列民起程出埃及了。將近一年的時間，以色列民看見一災接著一災攻擊攪擾埃及人，卻讓法老的心愈發剛硬。長久以來，得著自由的希望看似渺茫，令人膽怯的環境遮掩著神的應許。然而，突然間，法老催逼他們離去，快到令他們措手不及。

轉瞬間，一切都改變了。確實在一夜之間，這位被人民視為神的法老，下令讓以色列民帶著所有家產離開埃及，甚至還請他們為他祝福。當他們要離去時，看到鄰舍埃及人都極其樂意給予他們金器、銀器和衣裳這些臨別贈禮——事情的轉變真是好到令人難以置信。

在數小時之內，大群的以色列民朝曠野前進。他們發現儘管困難重重，神必會照祂所說的而行。不幸地，這群子民無論在曠野，或甚至抵達應許之地後，都多次忘記所學到的這項功課。他們所忽略的功課，也是往後信徒們所常掙扎和猶疑的。（BQ）

每日默想｜什麼環境遮蔽你的視界，使你看不清神為你所安排的計畫？

Day 57 過紅海

讀經：出埃及記十三章 17 節～十四章 31 節

鑰句：摩西對百姓說：「不要懼怕，只管站住！看耶和華今天向你們所要施行的救恩。因為，你們今天所看見的埃及人必永遠不再看見了。耶和華必為你們爭戰；你們只管靜默，不要作聲。」（出埃及記十四章13-14節）

但沒多久，法老和埃及人就對他們釋放奴隸的決定感到懊悔。於是，埃及出動精良的戰車和騎兵，火速追趕毫無防備的以色列民。

而以色列民也是不久就對他們離開埃及的決定心生疑惑。當他們一看見法老的大軍逼近，就恐懼戰兢，並責備摩西帶領他們到沙漠，落入這自尋滅亡的境地。

正如本章所述，以色列民和埃及人這場最後的對峙，是神親自執導的戲碼，要向所有世代表明：並非任何人，而是神自己，負責帶領以色列民獲得自由與釋放。出埃及記著力強調這不容置喙的事實。以色列的軍隊不足以對抗埃及的強大兵力，在最後緊要關頭，神安排了一齣營救以色列民的壯觀場景，同時也是重挫埃及全軍的驚人一幕。這群獲釋的俘虜只能向神謙卑俯伏、揚聲讚美，沒有任何可驕傲的餘地。對他們來說，脫離對埃及的依附，意謂著轉而倚賴神。

這種倚靠神的生活模式，持續貫穿整卷出埃及記。當這群百姓在曠野徘徊，缺乏水，神就供應；缺乏糧食，神就加添；外敵突襲，神就保護。事實上，除了福音書之外，出埃及記比聖經其他書卷記載了更多的神蹟奇事——神直接超自然的作為。詩篇作者樂此不疲地以樂曲歡慶這些事件，而先知們往後會回溯出埃及記的事蹟，以激起他們國家的良知。過紅海的偉大神蹟全然定下一個民族歷史的基調——就是神自始至終，積極真實地運行在當中。（PY）

每日默想｜神曾經在你生命中分開「紅海」，以拯救你脫離傷害你的景況嗎？

Day 58 省思

屬靈的健忘症

之前你已讀過神創世的起頭，並認識我們信仰的先祖，你還記得多少個神為成就在他們生命中的美意而施展的奇妙作為嗎？

你應該會想起那場大洪水，當時神唯獨拯救方舟中的挪亞一家人，然後藉由他們重新使人生養遍地。還有亞伯拉罕和撒拉這對原沒有子嗣、又年邁無法生育的夫婦，竟生出一名兒子以撒——這位在摩利亞地的山上，其生命因神及時一聲令下而得以存活的人物。雅各和以掃這對雙胞胎兄弟，因著對立和欺騙而分離，在分隔多年之後，又帶著淚水和禮物和解重聚。而雅各的兒子約瑟，在受奴役的日子中倖存，之後還成為埃及富有的宰相。摩西這位由受奴役的希伯來婦人所生之子，在法老家中被養育而成為埃及人，觀看神降下大量具破壞性的災難，然後又目睹神分開紅海，為以色列民開啟一條逃生之路。

神透過這各樣的方式持守祂的應許，照著祂所排定的計畫行事，祂的作為總是令祂的子民讚嘆不已。在摩西之後的信徒仍記念神奇妙的工作。大衛王藉思念神的作為，得著極大的安慰，並向神宣告：「**惟有你永不改變**」（詩篇一〇二篇27節）。希伯來書的作者則堅稱：「**耶穌基督昨日、今日、一直到永遠，是一樣的。**」（希伯來書十三章8節）聖經中所描繪的神，與兩千年前首批基督徒所認識的神，和我們現今所認識的神，都是同樣的一位。

因此，信徒們豈不應更加信靠神嗎？昔日以色列民記念神諸多偉大作為，但有時仍遺忘神所行的；初代教會也記念神的工作，但有時他們也會忘記神的諸般作為。歷代信徒們常呈現一種選擇性的記憶，雖回想起神所施展的大能，後來卻又讓懼怕阻擋先前對神的記憶。這正是屬靈的健忘症，通常世上的艱難打擊最易引發此症。然而，正如在我們之前許多基督徒們所體驗的，治療此種健忘症最確實的方法就是，回溯至起初的景況，讓自己逐一思想神的步履與蹤跡。

你的屬靈記憶力如何呢？（BQ）

每日默想	請花一些時間思想神過往所對你施行的拯救。你現今正需要神的營救嗎？請感謝神過往在你身上所彰顯的作為，並告訴祂，你此刻正需要祂的幫助。

Day 59 嗎哪與鵪鶉

讀經：出埃及記十六章 1-26、31 節

鑰句：耶和華對摩西說：「我要將糧食從天降給你們。百姓可以出去，每天收每天的分，我好試驗他們遵不遵我的法度。到第六天，他們要把所收進來的預備好了，比每天所收的多一倍。」（出埃及記十六章 4-5 節）

僅僅數週，以色列民才穿越被分開的紅海，並目睹埃及追兵沒入海中，以色列人就開始抱怨，感到死亡近在咫尺。因著糧食的短缺，他們深感自己將要餓死。此時，神不僅即時、持續地供應他們食物，還為他們安排每週一天的休息，該日可吃前一日所剩餘的糧食。

這段內容使我們再次看見聖經中未來一些事件的伏筆。神每早晨降下嗎哪，供應在曠野的以色列民足夠的糧食。耶穌也教導門徒們向天父祈求類似的供應：「我們日用的飲食，今日賜給我們。」（馬太福音六章 11 節）更重要的是，耶穌自己宣稱祂就是「從天上降下來生命的糧」（約翰福音六章 51 節）。神不只供應我們身體即刻的需求，祂還賜給我們耶穌，來日日照管我們的靈命，賜予我們存到永遠的生命。（BQ）

每日默想｜在接下來的時日中，你需要神供應什麼樣的「嗎哪」呢？

Day 60 葉忒羅來見摩西

讀經：出埃及記十八章 1-27 節

鑰句：並要從百姓中揀選有才能的人，就是敬畏神、誠實無妄、恨不義之財的人，派他們作千夫長、百夫長、五十夫長、十夫長，管理百姓。（出埃及記十八章 21 節）

摩西的岳父葉忒羅，成為首位顧問，警戒人做事勿過勞累。神賦予摩西的任務是，代替百姓到神的面前，並指示他們當如何生活。但顯然地，摩西——這位自始至終深感自己必須達成任務的領袖，卻獨自一人擔負這

項工作，他確實需要幫助。神從外面帶人來見摩西，讓他明白他這種做事方式，將使自己精疲力竭。神要他人一同擔負這任務，使摩西能精力充沛地去面對神特別要他去做的事。（BQ）

每日默想　你是否將過多的工作攬在自己身上呢？哪些職責是神清楚交付給你的？哪些事情可能是需要你放手讓給他人去做的？

Day 61 十誡

讀經：出埃及記十九章 1-6、17-19 節，二十章 1-17 節

鑰句：「如今你們若實在聽從我的話，遵守我的約，就要在萬民中作屬我的子民，因為全地都是我的。」（出埃及記十九章 5 節）

幾乎每個人都聽說過十誡。對我們大多數的人來說，十誡代表道德的核心，是神最「基本」的要求。但對在曠野中的以色列民而言，十誡的意義遠大於此——代表生命的重大突破。事實上，在他們四圍的民族，敬拜許多不同的神明，也因著這些神明的捉摸不定，而使得他們持續生活在恐懼中。誰能夠辨別什麼可能惹神明憤怒，什麼又會討他們歡喜呢？但如今這位真神——創造宇宙的主，給予以色列民祂親自簽署的、具約束力的條文。這群百姓即刻明確知道神的要求，以及他們在神面前行事的方針。

其實，神早已賜給他們一些美好的保證：興盛、豐收、爭戰得勝、免於疾病等等。實際上，神願意除去他們日常生活中大多數的問題；但相對的要求是，以色列民要遵守神所定的條例，就是在本章和接續數章中列出的規範。如今，神將原先和亞伯拉罕所立的約，轉為正式的條文，並將之應用在整個國家中。（出埃及記中段的部分被稱為「約書」，因其中包含了以色列民和神之間所有約定的精義。）

神說：「因為全地都是我的。你們要歸我作祭司的國度，為聖潔的國民。」（十九章 5-6 節）祂要興起一個獨一無二的國度，一個對祂全然委身的模範群體。當摩西登上充滿密雲和煙氣的山，去迎見神時，全以色列民在山下引頸等待。在場每一位都見證這場重要的神人相會：當時山上有雷轟、閃電、震耳的角聲和火焰。遍山大大地震動，猶如地震一般。

這場西奈山之會後，就出現這些扼要的規條。聖經接著又補充這些條例的細則，但這十誡已表明神要求祂子民遵守的行為模式。那真是充滿無比盼望的一日——百姓們一致高聲允諾：「凡耶和華所說的，我們都要遵行。」（十九章 8 節）（PY）

每日默想 | 若將十誡當中的否定語態改為肯定語（把「不可……」替換為「可……」），會傳達出什麼內容呢？

Day 62 金牛犢

讀經：出埃及記卅二章 1-35 節

鑰句：「倘或你肯赦免他們的罪……不然，求你從你所寫的冊上塗抹我的名。」（出埃及記卅二章 32 節）

出埃及記二十章所彰顯的希望亮光，在卅二章已不復存在；這是聖經中最強烈的一幅對比畫面。摩西在西奈山上與神相會四十天，領受神人之間的契約，或說合同的條例，這些規條將開啟神與人之間前所未有的親密關係。但是，在西奈山腳下所發生的事情，卻近乎公然反抗、蔑視信仰。

這群以色列民曾目睹埃及的十災，走乾地過紅海，喝磐石流出的水，此時還在消化腹中的嗎哪——來自神奇妙的賞賜；然而，這相同的一群百姓，如今卻感到厭倦、無耐性、想反抗、嫉妒，或某種人性的衝動，他們顯然已完全忘記他們的神。摩西下西奈山時，以色列民正圍繞著金牛犢跳舞，這群神的子民渾然像一群異教徒。

摩西見這景況，便發烈怒，將神親手寫的法版扔在山下摔碎。神也無比震怒，幾乎毀滅這整支頑梗的民族。

本章的情節和創世記第三章所記載：人類第一起背叛故事，有許多相似之處。兩者都是蒙神所愛的子民，失去對神的信靠，不順從神，違抗祂清楚的命令，並精心構思繁多的理由來為其行為辯護，也都喪失原先的特權，受到嚴厲的懲罰。

在短暫一段時間中，以色列民似乎將為人類歷史開啟嶄新的一頁：成為一個全然委身、跟隨神的民族。然而，歷史不斷重演。無論神定了什麼律例，人們總有辦法破壞。

唯有一束希望之光，從這黑暗的景況中發出亮光：摩西這位原本拙口

笨舌、心有不願的領袖，似乎終於成為一位成熟的領導者。他動人的禱告蒙神垂聽，神因此再給以色列民一個機會。（PY）

每日默想｜你認為以色列民為什麼會背叛神呢？你曾經也因著類似的原因違背神嗎？

Day 63 省思

乘著神的翅膀翱翔

以色列民族蒙獲釋放後的頭段時日，即體驗了神的關懷——神不只作他們的主和解救者，還像父母一樣地深愛他們。神也讓我們從他們於曠野寄居的首段歷程中，學習如何照顧人以及被關顧。

首先神供應以色列民糧食——這最基本的生活需求，以確保他們每日有食物可吃，並感到飽足。接著，神給予他們引導。正像父母親會給孩子忠告——「不要提這重物，這對你來說太重了。讓我來幫你。」——神建議摩西和祂的子民，如何一同有效能地工作，不致精疲力竭。在確定他們身、心的需求得供應後，神引領這群百姓邁入成熟生命的下一階段，祂頒布一套律例，用來管理全百姓的生活。

若沒有這些規條，這群神兒女將成天漫無目標地生活，但有一套清楚的生活方針，將使他們成為生命根基穩固的人，並且能夠來服事神。

正如神昔日關愛以色列民，祂今日也關愛我們這群神的兒女。祂賜給我們食物以維持我們的生命，祂日復一日引導我們過生活。而當我們面臨抉擇時，可以尋求神的法則，作為我們行事的基礎。正像孩子一般，我們需要律例的規範，從中感到被愛，我們需要家長的幫助，因他們比我們自己更清楚什麼是真正對我們好的。

神在出埃及記中，大多顯出其較嚴厲、苛求的一面，但偶爾我們會瞥見祂內心的詩意、祂對祂子民柔和的一面。當祂預備向摩西吩咐十誡時，祂說：「我向埃及人所行的事，你們都看見了，且看見我如鷹將你們背在翅膀上，帶來歸我。」（十九章 4 節）

在此，神說話的態度不像一位在遠處大聲吼叫的長者。相反地，祂將自己比擬為一隻母鷹，在小鷹之下滑翔，展開雙翅托住初學的小鷹，以此教導她的小鷹飛翔。祂沒有將祂的孩子留在荒涼無助之地，不時從遠方傳來乏味的告誡。

祂卻是在兒女近在咫尺的下方飛行，並時常帶他們歸回祂的懷抱安歇。（BQ）

每日默想	請思想神如何像一位真實關愛你的父親。當你墜落時，你可以感受到祂在你身旁，展翅托住你飛升嗎？此時，感謝神明白並供應你的需要，並感謝祂溫柔、適切地關愛著你。

Day 64 順從的人蒙福，悖逆的人受懲

讀經：利未記廿六章 3-43 節

鑰句：我所以行事與他們反對，把他們帶到仇敵之地。那時，他們未受割禮的心若謙卑了，他們也服了罪孽的刑罰，我就要記念我與雅各所立的約，與以撒所立的約，與亞伯拉罕所立的約，並要記念這地。（利未記廿六章 41-42 節）

利未記的內容似乎與現今社會頗有一段距離，以致那些想讀完整本聖經的人，往往就陷在此處無法前進。與聖經大多數的書卷不同，利未記中甚少故事、人物，也沒有詩歌。它是一部律法書，充滿詳細的條例和執行程序。

神為了呼召一群「分別」出來的百姓，制定這些特定的規條供當時神的百姓遵守，而當中許多條例，在新約聖經中已有所變更。但研讀這些律法仍使人得益，因律法書顯明神所看重的事，像是對土地的關照、對窮人的關懷，和惡待家人與鄰舍的處置原則等。

雖然記載在利未記、出埃及記、民數記和申命記的舊約律法，看似冗長乏味，但我們仍應正確地洞察當中的真理。就我們所知，這律法全部只含六百多個條例，就構成一個國家整套的條例規範。（大多現代城市所制定的交通規則就超過這數量！）同時，這些條例很清楚簡明，你不需要進法學院就能明白其內容。

這律法內容的多元性，顯示神親自參與以色列人民生活的各個層面。譬如禁行法術的條例就融入對異教剃髮、紋身，以及賣淫等風俗的禁令

中。神為以色列人民刻畫出與眾不同的文化，來持續推進祂對這民族的計畫。這群剛從奴隸生涯獲釋的百姓，歷經在埃及四世紀之久的生活後，已成為十足的埃及人，生命需要全面地更新。這正是神在他們身上所施展的工作。（律法中有許多條例的制定，主要是使以色列民和鄰國異教徒有所「區別」。）

在舊約時期的以色列百姓，是一支獨特的民族，與世上其他種族都不相同。他們特別蒙神呼召，向四周的眾人表明一種聖潔、純正的生活。順從律法的獎賞，將使以色列人民受到世人稱羨。若他們不順從律法呢？神也把他們即將受到的懲罰講述得驚人地清楚。（PY）

每日默想｜每個人都有一套生活法則，你是從何處尋得這套法則？

Day 65 雲彩遮蓋會幕

讀經：民數記九章 15-23 節

鑰句：雲彩幾時從帳幕收上去，以色列人就幾時起行；雲彩在哪裡停住，以色列人就在那裡安營。（民數記九章 17 節）

神每日藉由可看見的雲彩為記號，向以色列百姓顯明祂的同在。因此，以色列民不至於疑惑神是否與他們同在，引導他們的路程。雖然神的安排無法預測，有時讓他們只短暫停留就起行，有時讓他們紮營數週或數月，但神始終與他們同在，參與他們每日的生活和旅程。

以色列民沒有理由去懷疑神的眷顧。他們每日吃神賜下的嗎哪，蒙神引導的雲彩庇護。但很快地，他們又再次忘了對神的供應心存感謝。

（BQ）

每日默想｜那些事物能提醒你每日神與你同在？

Day 66 主賜鵪鶉

讀經：民數記十一章 4-23、31-34 節

鑰句：耶和華對摩西說：「耶和華的膀臂豈是縮短了嗎？現在要看我的話向你應驗不應驗。」（民數記十一章 23 節）

民數記描述以色列民行經曠野的旅程，這原先只需兩週的旅程，竟花了他們四十年。當他們第一次橫越西奈半島，內心還充滿盼望和衝勁，因他們終於從奴隸的捆鎖中獲得釋放，一心朝應許之地前進。但當他們在環境惡劣的曠野漂流數週、數月，甚至數年之後，很快地就喪失原先積極的心志。

民數記揭開一個殘酷的事實，就是為何原本短暫的曠野旅程，竟會繞了四十年，這中間究竟發生了什麼事？以色列民持續對食物產生抱怨，這正指出：生活中瑣碎的小事似乎最常令他們心煩。他們每天吃相同的食物：嗎哪（原文字面的意思是『那是什麼？』），就是每早晨隨露水出現在地上，有如白霜的小圓物，幾乎毫無例外。雖然這食物很單調，但不過是從奴役中得自由的一個微小的交換條件，而正如你在本章所讀到的，他們竟為此喃喃抱怨。

本章所描寫以色列民反抗的景況，正是他們整個旅程的真實寫照。而他們的行為愈加孩子氣，身為他們的領袖就被迫得對他們愈加嚴厲，像極嚴格的父母一般。因著以色列民不停地發牢騷，摩西和神接連一一被他們激怒。

的確，以色列民所處的景況是嚴酷的：他們各支派持續面對敵軍的威脅，必須在熾熱的太陽下於曠野行軍，還不時受蛇、蠍子，以及長期的乾旱所苦。但這當中蘊含一個最根本的要點，是關乎信心的考驗：他們信靠神會幫助他們度過這艱困的環境嗎？他們願意遵從神與他們簽定的合約條例，並倚靠祂所應許賜下的保護嗎？（PY）

每日默想｜你曾經向神發怨言嗎？若有，是什麼促使你產生抱怨的？

Day 67 米利暗與亞倫反對摩西

讀經：民數記十二章 1-16 節

鑰句：「我要與他面對面說話，乃是明說，不用謎語，並且他必見我的形像。你們毀謗我的僕人摩西，為何不懼怕呢？」（民數記十二章 8 節）

米利暗和亞倫嫉妒他們的兄弟摩西，因摩西被神揀選，能直接聆聽到神的聲音，沒有人能像摩西一樣。在以色列百姓穿越曠野，走向應許之地的旅程中，神施行至高權柄，選擇一人——摩西作為祂的主要代表，向百姓們傳達旨意。神也揀選了米利暗和亞倫為領袖，然而，儘管摩西為人極其謙和，兩人仍對神賜給摩西更大的權力感到憤慨。

亞倫和米利暗硬是將自己與摩西相比的做法，呈現出人性普遍的軟弱。當他們覺得摩西似乎看來特別受神偏愛，就變得對他充滿嫉妒和批判。但這人性的軟弱不容生根蔓延。神透過摩西賜福眾以色列民，祂不容任何人質疑祂為關愛眾民所作的抉擇。正如米利暗和亞倫所學到的功課，我們要明白當神將某人放在一個具權柄的地位上時，便是該人應受到他人尊敬和服從的時刻。（BQ）

每日默想｜神是否要你去敬重某位祂所賦予權柄的人？

Day 68 省思

神奧妙的行事

玩拼圖常令我傷透腦筋。我似乎總無法將一片片的拼圖組合起來。我發覺拼圖這消遣，常令我煩惱大過愉悅。

即便如此，拼圖卻帶給我一些生命的啟發。有時，我沒有以神的眼光看待事情，而許多人也和我一樣。神看待我們生命的每一部分，就像一大幅生命圖畫當中一片片的拼圖，並且我們整個生命都屬於神，預備活出祂所定的計畫。神不希望我們偏離祂的道路並受苦，但即使真的發生了，只要我們願意以謙卑的心來到祂面前，祂就會將我們的經歷放入祂正進行的生命畫作中。

可惜的是，我們常試圖將一小片拼圖緊握在手中，將這黑暗又不吸引人的一小片拼圖，作為整幅圖畫的表徵，而生出和以色列民一樣的反應：「神啊，我們厭惡這塵土滿佈的古沙漠。如果我們仍在埃及，就能每餐享受美味，不用吃這討厭的嗎哪。」但請聽這群以色列民在離開埃及之前所說的：「神啊，我們好厭煩在這些異教徒埃及人的奴役下生活。祢不能施展祢的作為，好讓我們得自由嗎？我們在這裡的日子真是苦啊！」

換言之，這群以色列民不喜愛生命圖畫中的任何一片拼圖。更糟的是，他們拒絕看待這些特殊形態的事件，是神為他們這民族所創作的大幅圖畫當中的一小部分。要是他們願意回頭看神的應許，並仰望神成就關於他們的計畫；要是他們願意深信困難的環境只是暫時的，將使他們完成神所計畫的，那他們便應該會發出這樣的心聲：「神啊，我們渴望得釋放，成為在自己土地上生活的神的子民。祢已使我們的人數倍增，又拯救我們免於飢餓。謝謝祢應許賜給我們美好的前景。」還會說：「主啊，這段曠野之路常充滿困難，我們渴想定居在一片豐饒之地。謝謝祢讓我們如今已獲得自由，祢時刻餵養、保護我們，且不久就會領我們回到家園。」

我可能不太享受玩拼圖的樂趣，但我從中學到：如果我不再專注那一片似乎拼不起來的惱人拼圖，並將目光轉移到那幅尚未完成的圖象上，我將看不到神正在建構的一幅無比美麗的畫作。（BQ）

每日默想　你是定睛在所遭遇的特定處境上，還是放在神為你生命所建構的整體圖畫上？請求神幫助你，退一步以祂的眼光看事情，將你現今面對的挑戰視為祂為你所定的遠大計畫的一部分。

Day 69 窺探迦南地

讀經：民數記十三章 1-3、17-33 節

鑰句：迦勒在摩西面前安撫百姓，說：「我們立刻上去得那地吧！我們足能得勝。」（民數記十三章 30 節）

以色列民終於來到接近應許之地邊境的地方。迦南地住滿了強壯的民族，看似守備堅強。雖然以色列民已準備取得他們的家園，但當探子們窺

視敵軍一眼之後，就恐懼退縮了。要戰勝這些頗具勢力和信心的民族，似乎是不可能的事。在窺探迦南地的歷程中，探子們僅以他們有限的目光，來看待迦南地和他們自己。

但其中有一位探子——迦勒，卻選擇以信心的眼光來看迦南地。當他看這地時，不是看那當中強壯的民族，而是看那位神——那位拯救挪亞全家脫離大洪水的神，那位拯救雅各一家脫離饑荒的神，那位在埃及降災直到法老釋放以色列百姓的神，那位分開紅海救拔以色列民並淹沒埃及人的神，那位供應水和嗎哪給在曠野漂流的百姓的神。對迦勒而言，沒有任何人或城邑能對神的大能造成一絲絲的威脅。

迦勒深知神的應許遠勝過世上任何形式的力量。即便那些以世俗角度看事情的人，覺得神的道路看似多麼的行不通，神都會照祂所計畫的去進行。（BQ）

每日默想｜有什麼景況是你需要透過神的眼光，而非自己的眼目來看待的？

Day 70 百姓悖逆

讀經：民數記十四章 1-44 節

鑰句：「他們斷不得看見我向他們的祖宗所起誓應許之地。凡藐視我的，一個也不得看見；惟獨我的僕人迦勒，因他另有一個心志，專一跟從我，我就把他領進他所去過的那地；他的後裔也必得那地為業。」（民數記十四章 23-24 節）

大多古代的歷史都會記載偉大人物的英勇事蹟，以及無瑕疵的領袖風範。然而，聖經卻讓我們看見一幅大不相同的景象，正如民數記所呈現嚴峻的真實面。以色列民在十來個不同的景況中，陷入強烈的絕望感，或群起反叛，既對抗他們的領袖，又指責神。反抗的情緒蔓延至祭司、軍隊、摩西的家庭，最終連摩西自己也深受影響。

本章詳述民數記中的一個重要事件，這是自出埃及以來，最關鍵性的事件。此時以色列民正來到應許之地的邊境。如果他們單純地信靠神，就能離開這折磨人的曠野，進入充滿食物和水源的豐富之地。

然而，即使神已為這群以色列民施行眾多奇事，他們仍再次選擇不信靠神。他們聽了探子們的探察報告，得知可能遭逢強大敵軍，就心生畏懼，大聲哀嘆當初離開埃及的決定是錯誤的。在公然的叛亂中，他們甚至要拿石頭打死說見證的約書亞和迦勒。

其實，真正遭反叛的對象是以色列的神，祂感到被百姓們藐視，像是一位被遺棄的愛人一般。祂最終不得不承認：這群背叛的子民還未準備好征服應許之地，祂只好延緩一切計畫。在新地建立新國度的聖約應許，至少必須等到這一代發怨言的成年人都相繼死去後，才會有成真的一日。這也是為什麼原先成千上萬的人離開埃及，最後卻只有約書亞和迦勒兩人得以存活進入此應許之地。

這群以色列民不僅對自己失去信心，更失去對神的信靠。使徒保羅針對這些失敗指出：「他們遭遇這些事都要作為鑑戒，並且寫在經上，正是警戒我們這末世的人。所以，自己以為站得穩的，須要謹慎，免得跌倒。」（哥林多前書十章 11-12 節）（PY）

每日默想｜你生命中有什麼「巨人」令你懼怕呢？你如何回應呢？

Day 71 磐石出水；銅蛇

讀經：民數記二十章 1-13 節，廿一章 4-9 節

鑰句：摩西便製造一條銅蛇，掛在杆子上；凡被蛇咬的，一望這銅蛇就活了。（民數記廿一章 9 節）

以色列民又再一次因著曠野的生活狀態而煩躁不安。雖然他們已看過神多次供應他們的需要，此次仍落入發怨言的光景。如今，摩西和亞倫已忍耐這些抱怨和質疑長達四十年。他們知道此時離進入迦南的時候近了。然而，在這段故事中，百姓們的抱怨聲浪卻出奇地大。摩西對此感到極其厭倦，怒火中燒，就對以色列民發怒氣，並表現出對神的不敬。

往後在聖經中，神告訴我們：「多給誰，就向誰多取；多託誰，就向誰多要。」（路加福音十二章 48 節）摩西和亞倫都肩負重任、擔任要職，因著他們在百姓面前表現出對神的不敬，讓會眾將注意力集中在他們的身上，神就不容他們進入應許之地。

在另一次對神同樣嚴重的冒犯中，以色列民輕看神所供應的嗎哪，呼

喊道：「我們的心厭惡這淡薄的食物。」他們全然蔑視神的恩典。因著神聖潔的屬性，祂必須對百姓們的輕蔑舉動施以懲罰。

約翰福音將此處記載的銅蛇事件與耶穌的救贖相對照：「摩西在曠野怎樣舉蛇，人子也必照樣被舉起來，叫一切信他的都得永生。」（約翰福音三章14-15節）（BQ）

每日默想｜神已託付你哪些責任？

Day 72 命令守律法

讀經：申命記一章1節，四章7-38節

鑰句：「你只要謹慎，殷勤保守你的心靈，免得忘記你親眼所看見的事，又免得你一生、這事離開你的心；總要傳給你的子子孫孫。」（申命記四章9節）

四十年後，以色列民來到應許之地的邊界，無論在靈性或身體上，都經歷曠野漂流生活的長期熬煉。對他們來說，埃及已是來自童年的模糊記憶。隨著上一代那些對神充滿懷疑和抱怨的以色列民相繼死亡、埋葬，新一代的百姓正急著要進入應許之地，得著他們的家園。

年事已高的摩西，在迦南美地的邊界，傳遞了三篇信息，其篇幅之長、情感之沛，無其他聖經篇章能出其右。他帶領這群百姓歷經紛擾的四十年，如今把握生命最後的機會給予他們忠告和鼓舞。他帶著熱切、含淚和慎重的心情，逐步回顧他們的歷史，偶爾因痛苦的記憶而激動，但其言詞多半流露出一種深刻的愛——那種寵愛子女的父親所發出的愛。摩西的信息中也暗藏一股悲傷之氣，因他深知自己無法成為進迦南得勝隊伍中的一員。

這篇摩西最長的信息，反覆重申以色列民所承諾要履行的約中律法。摩西也回想起神在西奈山頒布誡命，那極特別的一日。猶記得那大聲響、密雲、幽暗和烈焰，他提醒百姓：**那日你們沒有看見什麼神的樣式或形體**。神的同在絕不侷限於任何外在形象之中。摩西的核心信息為：**千萬不要忘記你們在曠野學過的功課**。

摩西除了向百姓們提出警語，也發表鼓舞人心的談話，最終挑戰他們的心志，要他們確認自身獨特的呼召：建立一個屬神的國度。如果他們遵行神的法度，則會擁有聖約中一切豐盛的好處。此外，其他國家會留心觀看他們，並想認識他們的神。摩西似乎不得不驚嘆神在他及眾以色列民身上所施展的一切作為，藉這最後一次公開談話的機會，發表了這篇信息，傳達內心的驚嘆和感謝之情。（PY）

每日默想｜最近你從神身上學到哪些功課可以成為你與神同行的一部分？

Day 73 不可忘記主

讀經：申命記八章 1-20 節

鑰句：你要記念耶和華—你的神，因為得貨財的力量是他給你的，為要堅定他向你列祖起誓所立的約，像今日一樣。（申命記八章 18 節）

索忍尼辛曾說，他第一次學習禱告是在西伯利亞集中營裡。因覺得自己已無盼望，他的心轉向祈禱。他承認在他被逮捕之前，也就是身處順境時，他甚少思想到神。

同樣地，摩西覺得以色列民在西奈曠野養成倚靠神的習慣，是因他們在那樣的環境中別無選擇；他們連日常的飲食都需日日仰賴神的供應。但此時，他們站在約旦河岸，即將面對更艱難的信心考驗。當他們進入豐盛的應許之地後，是否會遺忘賜這地給他們的神呢？

在曠野成長的以色列民，對其他文化中的誘惑所知甚少：舉凡誘人的情色、異教信仰、耀眼的財富等。他們如今正預備邁進以誘惑聞名之地，而摩西似乎擔憂將臨的繁榮富足，遠勝曠野的困苦愁煩。在那美好的應許之地，以色列民可能會將神拋諸腦後，將他們的成功歸於自己。

摩西反覆叮囑：「你要記念……」。記念在埃及為奴的歲月，以及神釋放的作為。記念在廣大荒漠中的各樣試煉，以及神在當中的信實奇妙。記念你們是受特別的呼召，成為神的獨特珍寶。

摩西的擔憂其來有自，因為這位預知未來的神已明白地告訴他即將發生的事：「我將他們領進我向他們列祖起誓應許那流奶與蜜之地，他們在那裡吃得飽足，身體肥胖，就必偏向別神，事奉他們，藐視我，背棄我的約。」（卅一章 20 節）正如申命記之後的書卷所述，摩西所憂慮的事全然發生了。

諷刺的是，就像申命記顯露的，成功可能使人更不易去倚靠神。自從以色列民遷進應許之地，就顯出對神的忠誠滑落。當你最終得著心所嚮往之物時，也是面臨最大危機的一刻。（PY）

每日默想｜你何時最常思想到神呢？是凡事順利時，或身處困難時？

Day 74 省思

雙重性格的神？

在前面申命記的章節中，我們已讀到關於神對以色列民所說一些無比嚴厲的話：「耶和華－你的神乃是烈火，是忌邪的神。」（四章 24 節）「耶和華在你們面前怎樣使列國的民滅亡，你們也必照樣滅亡，因為你們不聽從耶和華你們神的話。」（八章 20 節）然而就在同一篇章，我們還看到神充滿柔和、憐憫的言詞：「耶和華－你神原是有憐憫的神；他總不撇下你，不滅絕你，也不忘記他起誓與你列祖所立的約。」（四章 31 節）

前一刻，神警告祂的百姓若偏行己路會遭遇的下場；下一刻，祂歡迎他們的歸回，並向他們一再保證祂的慈愛。對以色列民來說，神那嚴厲與慈愛交替的聲音，似乎令他們感到困惑。究竟誰才是他們所事奉的那一位神？祂真實的屬性是什麼呢？

當我們閱讀舊約聖經，觀看神在當中長期的作為，也不禁會對這位神產生一些疑問。我們知道祂是饒恕我們的神，祂在愛中迎接我們進入祂的家庭，祂對我們充滿關懷和慈愛。但我們在舊約聖經中也不時瞥見那位嚴厲、堅定的全能者，以明確的語氣向百姓述說他們的行為會招致的後果，祂顯得十分嚴苛和耿直；然而，沒過多久，祂又再次流露祂那樂於饒恕的心。難道我們所敬拜的是一位具雙重性格的神嗎？是否神對於該如何對待祂這群不可靠的孩子，仍感到猶豫不決？如今，我們是否也將經驗到從神而來的相同對待？

身為信徒，正確地了解神的屬性是非常重要的。如此，我們才會看到神真實的樣貌，以及祂對待人的方式。然後，我們就能擺脫讀舊約的困惑，尋得明確的解答。

神的聖潔可用水做比喻，就如同水的純淨和生生不息。耶穌用了這個比方，以「活水」描繪祂所賞賜的永生。然而，人類受罪惡玷污，這罪惡就像油污——一種與水不相容的物質。試著用抹布沾水清理爐面上的油污，只會愈擦愈髒。若油污灑入海水中，會聚集並一直浮在水面上。無論多努力嘗試，油和水就是無法混合。

這好比一幅神與罪人之間的圖畫。神的屬性與罪全然不相容。無論祂對犯罪的世人懷著多麼深的情感，神的屬性使祂必須和罪人分開；儘管祂滿有憐憫和慈愛，祂仍不能違背自己的屬性。神能自由地讓愛流露出來，但當神的子民對祂不再忠誠順服時，祂必須離開他們。

若延伸「水和油」這個比喻，耶穌就像當中的肥皂一般。雖然水和油無法混合，但肥皂能有效地使水和油相互作用，能清潔、溶解油污。唯獨藉由耶穌為一切罪人受死，神才能清除世人的罪，引領人與祂親近。

神的聖潔從未改變，祂總是不能與罪相容。然而，祂能自由地愛與赦免那些藉著基督的救贖恩典，來到祂面前的人，並與他們親密同行，使他們不受罪惡的威脅和刑罰，即便事實上他們仍會犯罪。神總是渴望祂的子民能成為聖潔，並持續呼召他們敬畏神、對祂忠誠，因此，祂賜下祂的聖靈來幫助我們實踐祂的要求，賜下祂的恩典來遮蔽我們的過犯。透過耶穌，神能對自己全然忠實，也能全然自由地愛祂的子民，向我們流露這份一直存在祂裡面的愛。（BQ）

每日默想

你與耶穌的關係是否改變你對神的瞭解，以及你與神之間的關係呢？請為你認為神過於嚴厲和苛刻的地方禱告，祈求祂在當中顯明祂自己，並顯明祂全然的慈愛和憐憫。

Day 75 喇合與探子

讀經：約書亞記二章 1-24 節

鑰句：我們一聽見這些事，心就消化了。因你們的緣故，並無一人有膽氣。耶和華—你們的神本是上天下地的神。（約書亞記二章 11 節）

在出埃及記、民數記和申命記中，我們常看到以色列民做出錯誤示範，行不該行的事。但舊約聖經確實也記載了一些充滿光明、盼望的生命典範，約書亞記就是其中一例。

約書亞記的開頭，接續先前的場景。在聽完摩西最後一篇訓詞後，這群在曠野漂流的百姓再次群聚在約旦河旁，準備展開一場勇氣和信心的考驗。他們果真預備好要踏入應許之地了嗎？四十年前，他們的先祖曾為此驚恐喪膽，如今，沒有傳奇性領袖摩西的帶領，以色列民會再次驚慌嗎？他們沒有戰車，甚至連馬匹都沒有，只有簡單的兵器、未經考驗的新領袖，以及神必保護的應許。

但這群神子民展現全新的精神，約書亞記第二章將這份和以往截然不同的態度，清楚地呈現出來。四十年前，十二個探子中只有二人心存樂觀，這使以色列民中興起反對聲浪。現今，那群持有奴役、恐懼心態的老一輩均已死亡，新一代百姓由原先即持樂觀看法的探子之一——約書亞所領導。

這一回，約書亞親自挑選兩位探子窺探那地，而他們帶回的消息與民數記中探子的報告形成鮮明的對比（民數記十三章 31-33 節）。新一代的探子所下的結論是：神已將迦南地交在以色列民手中，那地的一切居民都懼怕以色列人。因此，約書亞記一開頭就帶來好消息，使人從民數記的沮喪和申命記的宿命感中跳脫，得著歡欣的慰藉。這四十年的曠野歲月造成多麼大的不同啊！

本章的女英雄——異教徒妓女喇合，成為猶太故事中特別受喜愛的人物，也受到聖經作者們的尊敬（見希伯來書十一章 31 節；雅各書二章 25 節）。她的故事證明：神看重人真實的信心，無論這人的種族或宗教背景為何。事實上，喇合這位耶利哥之役的生還者，還成為耶穌的嫡系祖先呢。（PY）

每日默想｜當你面臨生命中的阻礙時，通常你是視之為問題還是視之為機會？

Day 76 過約旦河

讀經：約書亞記三章 1 節～四章 7、9、13、18、20-24 節

鑰句：你們就對他們說：「這是因為約旦河的水在耶和華的約櫃前斷絕；約櫃過約旦河的時候，約旦河的水就斷絕了。這些石頭要作以色列人永遠的紀念。」（約書亞記四章 7 節）

啟程進入應許之地的日子來臨了。正如從前分開紅海一般，神這回向百姓們顯明：滾滾江河同樣無法成為他們的阻礙。祂使約旦河水斷絕，河道成為乾地，並指教以色列民在跨進迦南地的路程中，要緊緊跟隨在約櫃後面而行。

約櫃被視為會幕中最神聖的陳設，象徵神的寶座。當以色列民跟隨約櫃橫渡約旦河，感到神正親自引領他們進入祂所應許之地。他們必須與象徵神的約櫃保持相當一段距離，不可就近神的聖潔，以表示對神的尊敬。

當所有以色列民都過了約旦河，神決意要讓祂的子民永不遺忘祂再次為他們行的大事。祂知道這故事將像過紅海的故事一般，一代接一代地傳頌下去。他們不僅將述說這故事，還要有可見之物作為提醒：每當他們看見由十二支派所立的石頭堆，就會記念這重大的日子。

神了解人性為何，神子民過去數十年的作為，充分流露出人的本性。祂知道他們很快就會忘記祂的信實，而以自身短淺的目光來看待生命，因此，祂指教約書亞幫助以色列民記念祂的作為。（BQ）

每日默想｜有什麼紀念物或提醒的管道，能幫助你回憶神在你身上的作為？

Day 77 耶利哥城塌陷

讀經：約書亞記五章13節～六章23節

鑰句：耶和華曉諭約書亞說：「看哪，我已經把耶利哥和耶利哥的王，並大能的勇士，都交在你手中。」（約書亞記六章2節）

以色列民在西奈曠野慘痛的失敗，可追溯至一個單一的問題：不順服神。儘管神給予以色列民清楚明確的引導，他們仍堅持選擇自己的道路，而非神的路。如今新一代的以色列民，會以不同的態度回應神嗎？在他們跨進迦南地之後，神立即考驗以色列民跟隨祂的新決心，好使他們的信心更上一層樓。

至於迦南地的居民，久聞以色列民計畫征服應許之地，因而為此作了最精心的防備。入侵者必經的第一個大城——耶利哥，其人民以石牆作屏障，等候敵軍可怕的攻擊。然而，因神而大大誇口的以色列民，如何度過他們在迦南的第一週呢？他們立石記念神的作為，行割禮，還守逾越節——不像你想像中得勝軍隊的樣式。

約書亞記所記載的這些事件，似乎格外突顯出一個重點：是神——而非其他任何人，在掌管一切。就在耶利哥戰役之前，一位神人出現在約書亞面前，提醒他誰是這戰役的真正元帥。而以色列民圍繞耶利哥城——這非比尋常的戰術，毫無疑問顯出是誰在真正掌權。當一個軍隊只繞圈行軍並大聲呼喊就獲勝，實在幾乎沒有可居功之處。

耶利哥城可能是迦南地拜月神的中心，因此這城市的毀滅——就像埃及地的十災——是一種象徵，宣告以色列民的神與迦南異教神明之間的公然戰爭。雖然對付迦南人的手法看似嚴厲，但聖經清楚言明他們因惡行而喪失擁有這土地的權利。正如摩西告訴以色列民：「你進去得他們的地，並不是因你的義，也不是因你心裡正直，乃是因這些國民的惡，耶和華—你的神將他們從你面前趕出去。」（申命記九章5節）同時，就像喇合的故事所顯明的，那些願意轉向真神的迦南人必得以存活。（PY）

每日默想｜當你相信並遵行神為你安排的計畫時，曾否在過程中感到愚蠢或奇怪呢？

Day 78 亞干犯罪

讀經：約書亞記七章1-26節

鑰句：「因此，以色列人在仇敵面前站立不住。他們在仇敵面前轉背逃跑，是因成了被咒詛的；你們若不把當滅的物從你們中間除掉，我就不再與你們同在了。」（約書亞記七章12節）

聖經並非著重記錄歷史，而是挑出某些事件，強調其中所蘊含的實用屬靈課題。譬如，約書亞記貫穿約七年的歲月，對於幾場大規模的軍事戰役，卻只作了簡短記載，但對於當中的重要事件，像是耶利哥城倒塌，就加以詳述。這場耶利哥之役樹立了一個重要模式：以色列民唯有倚靠神，而非自身的軍事力量，才能克敵制勝。

或許不可避免地，以色列民在耶利哥戰役之後，就變得驕傲自大，因為他們連一根箭都沒發射就征服了堅固城邑。相較起來，下一個目標——

弱小的艾城，就顯得不具任何威脅了。幾千名士兵以鬆懈的步伐前往艾城，但沒不久，這相同的一群士兵——扣除死傷者，就一路落荒逃回到營中。

耶利哥和艾城兩個戰役被並列陳述，很明顯是要傳遞一個信息：如果以色列民願意順服、信靠神，則沒有任何挑戰是大到無法克服的；相對地，如果他們執意偏行己路，那麼也沒有任何障礙是小到不能絆倒他們的。

值得注意的是，艾城與幾世紀前神向亞伯拉罕顯現並揭示聖約的地點相近。這場在艾城恥辱的敗戰，使約書亞大為震驚。他的內心充滿驚恐，所以神嚴厲地責備他：「起來！你為何這樣俯伏在地呢？」

約書亞明白以色列民若失去神的保護，就會成為既脆弱又無盼望的一群人。在艾城之役學到心痛的教訓後，約書亞回到信仰的基本層面，公開揭露亞干的罪行，強調人必須謹慎遵行神的命令，即便像戰爭這種世俗之事也不例外。神不容許入侵的軍隊帶有任何欺謊或掠奪的行徑。（PY）

每日默想｜為什麼像亞干這種看似「微小」的欺騙之罪，會導致這麼嚴重的後果呢？

Day 79 在示劍重申聖約

讀經：約書亞記廿四章 1-29 節

鑰句：百姓回答說：「我們斷不敢離棄耶和華去事奉別神；因耶和華—我們的神曾將我們和我們列祖從埃及地的為奴之家領出來，在我們眼前行了那些大神蹟，在我們所行的道上，所經過的諸國，都保護了我們。」（約書亞記廿四章 16-17 節）

約書亞於生命的尾聲，站在以色列民面前，發表辭世前的演說，就像摩西從前所行的。在他的帶領之下，諸事都順利地進展。聖經對此給予卓越的評價：「約書亞在世……以色列人事奉耶和華。」（31 節）而如今約書亞藉由最後的演說回顧神曾施展的作為，並提醒百姓在與神定的約中應盡的義務。

「我賜給你們地土，非你們所修治的；我賜給你們城邑，非你們所建造的」——約書亞處處強調，神是他們成功的唯一源頭。祂呼召亞伯拉罕，賜他福氣、擁有眾多子孫，還解救以色列民脫離埃及的奴役，帶領他們越過曠野，並在約書亞有生之年，實現聖約中另一個應許：賜給他們應許之地，讓他們定居在其中。

「今日就可以選擇所要事奉的」，約書亞在他激動人心的演說高潮部分，挑戰眾以色列百姓。全會眾誓言對神——這位向他們守約的神——效忠。約書亞就鄭重地與百姓立約，打發他們各歸自己的地業，然後平靜地面對死亡。

約書亞記最後以一個深具象徵性的行動作結束：以色列民終於將約瑟的骸骨安葬了。超過四世紀之久，約瑟的靈柩停放在埃及，為了等候以色列民終有一日帶著這些骸骨回歸家園。在曠野漂流四十年的歲月中，以色列眾民帶著約瑟的骸骨前行——這成為他們寶貴的提醒，使他們不忘過往的年日。如今，亞伯拉罕的子孫終究回到了家園，而辭世者也能得享安息。（PY）

每日默想 | 當你經歷成功，會傾向歸功於誰？是神或是你自己？

Day 80 省思

選擇愛神

「今日就可以選擇所要事奉的……」

當約書亞即將離世時，他以此挑戰以色列民。他期盼他們能選擇事奉神，並在未來的年日持守他們的選擇。約書亞深知：今日所做的選擇，未必確保持續到將來。這選擇必須是每一天的決定，否則不可能持久。

基督徒作家暨心理學家蓋瑞・史摩利（Gary Smalley）和約翰・特倫德（John Trent），在他們所撰寫關於婚姻的文章中，創造了新用語「愛是一種決定」（Love is a decision）。「與一般的看法相反，愛事實上反映出我們有多『敬重』另一半——因真愛的核心是一種決定，而非感覺。」[3]若要讓婚姻持續充滿愛，丈夫和妻子必須**決定**每天互愛互敬，無論他們在任何時刻，對彼此感覺如何都不例外。這個概念也表露在傳統的婚姻誓言中：「……我願堅守婚約，從今以後，無論順境逆境，富裕貧窮，健康疾病，我都永遠愛慕且珍惜你，終生不渝。」兩人宣誓——決定——無論環境如何，一生彼此相愛。

以色列民身為神的新婦，必須在所面對的各樣情境中，選擇是否事奉祂。喇合——即便原本不是以色列人，選擇追隨神，而非她的族人；當以色列民來到應許之地的邊境時，選擇邁步越過約旦河；當他們征服耶利哥城時，也是選擇尊崇神，而非自我居功或誇勝。

然而，有一個人卻做了錯誤的抉擇。當亞干面對世上誘人的財物，就貪愛錢財，選擇背棄神。他抗拒不了誘惑，忍不住私藏衣服、銀子和金子，而沒有將在耶利哥所奪的戰利品全數交出。

新、舊約聖經都有幾次提到：神稱祂的子民和基督的教會為基督的新婦。信徒們正是進入一種與神有如婚姻般親密的關係中。就如同人類的婚姻，我們若要持守對神的誓約，唯有選擇日日尊崇神，無論感覺驅使我們要如何做。只有當我們的愛成為一種決定時，我們才能對神保持忠誠。

你今日決定愛誰？（BQ）

每日默想

在你與神愛的關係中，此時你對祂的感受如何呢？請向神訴說你的感受。你可以向祂完全坦誠，因祂深知你的感覺。今日就選擇愛神，無論你感覺如何。祈求祂幫助你時刻活出愛神的生命。

Day 81 底波拉

讀經：士師記四章 1-24 節

鑰句：底波拉對巴拉說：「你起來，今日就是耶和華將西西拉交在你手的日子。耶和華豈不在你前頭行嗎？」於是巴拉下了他泊山，跟隨他有一萬人。（士師記四章 14 節）

自從神解救以色列民出埃及以來，已過了大約兩百年的時間。他們進迦南之後，就偏離神的路，因此神將他們交付在迦南人的手中以作為懲罰。但神聽見他們的呼求，就使用底波拉——這位以色列的女先知和士師，帶領以色列軍擊敗迦南人。

底波拉是十二位士師中唯一的女性，這些士師在應許之地領導以色列民。雖然她生活在以男人統治的文化中，卻擁有先知的恩賜，以及強烈的個人特質。神揀選她來帶領以色列百姓。因著底波拉與神的親密同行，顯出對神的信心，神就使她克服了父權社會加諸在女性身上的限制，以致能成功扮演神指派她的角色。（BQ）

每日默想 | 你感到神期望你去做某件不尋常的事嗎？

Day 82 基甸

讀經：士師記六章 1、11-40 節

鑰句：耶和華觀看基甸，說：「你靠著你這能力去從米甸人手裡拯救以色列人，不是我差遣你去的嗎？」（士師記六章 14 節）

約書亞記振奮人心的調性，在士師記驟然變調。以色列民起初迸發的熱情消退後，就偏離——而且是大大地偏離了神指示他們的道路。他們輕忽約書亞的命令，沒有趕出一切迦南人，反而緊鄰異教之地居住。這些新鄰居信奉怪異的宗教，其慣有的崇拜儀式包括性雜交和獻孩童為祭。

僅一代之隔，以色列民就失去了民族意識，全然遺忘了其父母立志守聖約的清晰誓言。他們也敬拜起偶像巴力，徹底違反一切道德規範，使國家逐漸陷入混亂。士師記最後一節對這景況作了總結：「各人任意而行。」

以色列民面臨嚴重的領導危機。他們曾有八十年，先後在摩西和約書亞的領導下生活，無人能取代這兩位傑出領袖的地位。當十二支派分散至各自的領土，神轉而興起多位地方性領袖，稱之為「士師」——這詞彙可能容易使人誤解；其實士師並非以審判法案著稱，而是以勇於領導軍事戰役，抵抗外敵侵略著稱。（今日他們可被稱為游擊員，或自由鬥士。）

有些士師像底波拉和本章的英雄人物，其生命顯出勇氣和信心的榜樣。然而，若仔細觀看基甸的生命，會發現當中也有神要更新、塑造的部分。他的父家和村中的人敬拜巴力，而非真神。當神清楚給予指示時，基甸卻只是心生恐慌，還反覆要求印證，採取拖延策略，並因怕人察覺，只敢在夜間敬拜神。他處於驚恐之中，甚至戰爭前夕仍恐懼不安，但神深知基甸的潛力，逐步帶領他成為勇士。（PY）

每日默想 | 當你需要神的指示，祂如何給你清楚的引導？

Day 83 基甸打敗米甸人

讀經：士師記七章1-25節，八章28、33節

鑰句：耶和華對基甸說：「我要用這舔水的三百人拯救你們，將米甸人交在你手中；其餘的人都可以各歸各處去。」（士師記七章7節）

約書亞於耶利哥之役得勝之道，打破所有傳統軍事策略的模式。同樣地，當輪到基甸帶領以色列民發動關鍵性的攻擊，神所指示的方法連沙場老將都會感到膽怯，更不用說像基甸這樣的新手。祂縮減基甸軍隊的規模，由原先的三萬兩千人，減少到僅三百人，如此就能毫無疑問地顯露出，真正作戰的乃是希伯來的神。

在基甸的時代，以色列民在貝都因人的搶劫、擺佈下度日，這群侵奪者任意擄劫當地農民的產物和財富。但基甸遵照神的命令行事，帶領軍隊大獲全勝，解救百姓們脫離敵人的壓制。

基甸這種超越萬難的得勝模式，在士師記中反覆出現。在女性被視為次等公民的時代，神就揀選底波拉領導百姓。另一位士師耶弗他，在神選召他之前，是一位匪幫的首領。事實上，在整本聖經中，這模式四處可見。神沒有徵召那些外表最能幹，或本性最「好」的人；祂卻在最軟弱的人身上動工，使人人都能看見這榮耀唯獨屬乎神。

一千多年後，使徒保羅讚嘆這屬靈原則，寫道：「弟兄們哪，可見你們蒙召的，按著肉體有智慧的不多，有能力的不多，有尊貴的也不多。神卻揀選了世上愚拙的，叫有智慧的羞愧；又揀選了世上軟弱的，叫那強壯的羞愧。……如經上所記：『誇口的，當指著主誇口。』」（哥林多前書一章26-27、31節）。（PY）

每日默想｜若考量你的的背景和能力，是否也顯出神也是在看似不可能的方面使用你？

Day 84 省思

跟隨領袖

你或許兒時玩過「請你跟我這樣做」（Follow the Leader）的遊戲。小朋友們排成一列，模仿領袖所做的滑稽動作，直到新領袖產生。

這個孩童時期的遊戲，與真實的生活相距不遠。我們深受領導者的影響，無論我們是否察覺到這一點。你的父母、老師、教練、指導員、教會牧長和同儕對你的生命所產生的影響，超乎你所能想像，因為他們是你最直接模仿的對象。他們所處的地位，能夠影響你生命的行動和方向。

底波拉和基甸正對以色列民產生此種影響力。神揀選他們成為百姓們的領袖，賜給他們異象，要帶領百姓脫離迦南人的壓迫，並再次歸向神。神知道以色列百姓會多麼像孩子般，去仿效他們所跟隨的人，故祂施恩興起這兩位領袖，來引領百姓將眼目重新轉向神自己。

音久（Injoy）領袖開發機構的基督徒創辦人——約翰・麥斯威爾（John Maxwell）寫道：「領袖必須充分指引明確的異象——有什麼樣的領袖，就會有什麼樣的跟隨者。跟隨者是先找到領袖，然後擁有異象；而領袖是先發覺異象，然後擁有跟隨者。」[4] 麥斯威爾證實了我們在士師記所看見的現象：當百姓擁有以神為中心的領袖，就會以神的方法行事，實踐屬神的異象；反之，當百姓沒有以神居首位的領袖，就會照著周圍那些以自我為中心的領導者行事，正如底波拉和基甸離世後，以色列民所行的一樣。

若觀看舊約中以色列的漫長歷史，會發現當他們之中缺少敬畏神的領袖時，其遠離神的光景就愈發持久、惡化。當我們繼續看舊約的其餘篇章，甚至看到新約，都會感到一位好領袖不易尋覓。因此，神在聖經中多次提到領導的重要性。

「從前引導你們、傳神之道給你們的人，你們要想念他們，效法他們的信心，留心看他們為人的結局。」（希伯來書十三章7節）

「你們要依從那些引導你們的，且要順服；因他們為你們的靈魂時刻警醒，好像那將來交帳的人。」（希伯來書十三章17節）

「教養孩童，使他走當行的道，就是到老他也不偏離。」（箴言廿二章6節）

「你們作父親的，不要惹兒女的氣，只要照著主的教訓和警戒養育他們。」（以弗所書六章4節）

「我的弟兄們，不要多人作師傅，因為曉得我們要受更重的判斷。」（雅各書三章 1 節）

在一生中，我們有時身為領導者，有時則身為跟隨者。當我們站在領導的地位時，願我們都能以敬畏神的心帶領他人，並惟一單單尋求神的引導。而當我們跟隨他人，願我們都能尋求屬神的領袖作為我們的模範，並為所有在上領導我們的人代禱。願神成為我們最崇敬的領袖，每一天、每時刻，藉由聖靈引領我們。（BQ）

每日默想	請花一些時間思想那些影響你生命的人。他們的領導如何對你產生深遠的影響？感謝神使用那些人，以其生命的活力來塑造你的生命，並祈求神在你正領導的領域上幫助你。

Day 85 參孫出生

讀經：士師記十三章 1-25 節

鑰句：「你必懷孕生一個兒子，不可用剃頭刀剃他的頭，因為這孩子一出胎就歸神作拿細耳人。他必起首拯救以色列人脫離非利士人的手。」（士師記十三章 5 節）

在這故事中，我們再次看見一個例子，關於原本不孕的夫婦，得著神定意賜下的兒子，且這孩子將擔負重大的使命。神興起參孫成為另一位以色列人民的士師。參孫的領導方式與底波拉或基甸的做法都大不相同。他像一位獨行的突襲軍，擾亂非利士人攻佔以色列民領土的行動，而不是像其他士師領導百姓出征擊潰敵軍。參孫的人格特質也與底波拉和基甸很不一樣，他的生命再次證實神使用各種優、缺點的人來事奉祂。（BQ）

每日默想	神曾否使用某類型的人在你的生命中工作，以致令你感到無比驚奇？

Day 86 參孫的婚姻

讀經：士師記十四章 1-20 節

鑰句：他的父母卻不知道這事是出於耶和華，因為他找機會攻擊非利士人。那時，非利士人轄制以色列人。（士師記十四章 4 節）

儘管摩西的律法嚴禁娶外族人，參孫仍頑強地決定娶非利士女子為妻。雖然他的父母反對，卻沒有禁止這樁婚姻。參孫不僅被賦予非凡的力量，還擁有強烈的意志。就如神賜參孫身體的力量制伏非利士人，神也使用他的強烈意志來實行祂的計畫。雖然神並不希望他違背律法，因外邦女子放縱私慾，但神仍在參孫的悖逆上掌權，為使祂的子民得著益處。正如接下來參孫的故事所顯露的，他放縱私慾的結果為他帶來不幸。即便如此，神依然使用這力大無窮的人，施展對以色列人民的拯救。（BQ）

每日默想｜神在什麼方面賜給你特殊的恩賜？

Day 87 參孫與大利拉

讀經：士師記十六章 1-10、16-30 節

鑰句：參孫求告耶和華說：「主耶和華啊，求你眷念我。神啊，求你賜我這一次的力量，使我在非利士人身上報那剜我雙眼的仇。」（士師記十六章 28 節）

士師中最出名的一位在這卷書的尾聲出現，聖經用了四章篇幅述說此人戲劇性的經歷。若說基甸顯出一位能力有限的人如何蒙神重用，那麼參孫正呈現出相反的一面：一位擁有巨大潛能的人，竟浪費其天賦。

參孫踏上人生舞臺之際，以色列民又一次在外族的統治下受苦。一位神的使者宣告參孫的降生，並明說神必賦予他重任，且要特別將他分別為聖歸給神。

的確，參孫蒙神賜福，擁有非凡、超自然的恩賜。當神的靈大大感動他時，他便能摔倒獅子，還能獨自擊潰整支軍隊。然而，就如他年少的故事所透露的，參孫沒有妥善運用這份力量，扮演好屬靈領袖的角色，反倒

像一名少年犯。

正像叛逆的青少年一般，參孫選擇外族女子為妻，想必令他的雙親以及神都極為傷心。這段婚姻僅持續一週就結束，參孫接著與一位非利士妓女親近。而這章描述他如何在第三個女人——誘人的大利拉的戲弄下，愚昧地喪失了他身上的超凡力量。參孫的故事像一齣道德寓言劇，這世上無人的體力比他強壯；但幾乎任何人的道德力量都勝過他。若非幾乎歷代都有屬靈領袖重蹈他的覆轍，他的道德過失似乎令人難以理解。

最後，參孫這位神指派的民族救星，卻被領到仇敵面前戲耍，活像補獵者手下被馴服的一頭熊。以色列的神看似已被異教徒和他們的神明擊敗，但參孫和神最終給予非利士壓迫者意想不到的回擊。（PY）

每日默想｜你在哪些方面正充分發揮你的潛力？在哪些方面沒有盡力施展你的潛能？

Day 88 省思

迫切需要神

力量。獨立。自給自足。

聽起來熟悉嗎？這正是現今西方文化所標榜的人格特質。在我們潛意識裡接收了關於力量這詞彙的定義，認為有力量的人不會顯出一絲貧困或缺乏。強者在生活中凡事靠自己，當他們在人生路上遇到衝擊，就努力咬緊牙關，直到熬過艱難，再度掌控情勢。這當中的關鍵是心智思想和情緒控管的能力，而你若看起來堅強，就被視為強者。

但當我們檢視參孫的生命，會發現外表和實際情況是兩件截然不同的事。毫無疑問地，參孫力大無窮，肉身超凡的力氣或許是當時人們最嚮往的一種力量。參孫那勝過動物和群眾的大力，使他擁有最傲人的地位。然而，他肉身的力量卻無法勝過他的性慾或對不敬神的女子之迷戀。他的力量不能使他做出正確的決定，或找著生命的喜悅。

參孫不只需要神賦予他身體的力量，還需要神每日的引領。他極需神的靈供應他力量，去抵擋誘惑、渴慕神的美好；放棄即時的滿足，以尋求更有意義的事。參孫需要神幫助他勝過軟弱。

我們就像參孫一樣，時刻需要神的力量。無論我們多有能力，我們天天都需要神住在我們裡面，並在其中動工；我們需要從神而來的勇氣、盼望、愛心和同在；我們需要祂的拯救。若離了神，我們就無法真正活著。

當我們試圖倚靠我們的文化所強調的那股自我鎮定的力量來生活時，我們可能掩飾了需要，卻未使真實的需要得到滿足。若揭開生命的表象，會發現其實我們都是軟弱的。只要深一層觀看自己的生命，都會瞧見生命的痛處，極需神的醫治。事實上，我們每一天都可以從被框限的角色樣式中跳脫出來，伸出手來與他人在需要上相互幫補。我們可以坦承自己何等需要神，並每日向神呼求幫助。沒有什麼事比如此行更強而有力。（BQ）

每日默想｜你是否意識到自己多麼需要他人以及神的幫助嗎？請重複數次如下的禱告，來表達你對神的需求：「主啊，我需要祢。」

Day 89 拿俄米與路得

讀經：路得記一章 1-22 節

鑰句：她就與兩個兒婦起身，要從摩押地歸回；因為她在摩押地聽見耶和華眷顧自己的百姓，賜糧食與他們。（路得記一章 6 節）

這兩位堅毅女子的動人故事，與士師記漫長歷史中所記載的事件均大不相同。更確切地說，路得記將焦點集中在一個家庭的故事，描述這家庭如何在混亂、動盪的年代裡奮鬥不懈。

因迦南地景況惡劣，遭逢大饑荒，拿俄米的以色列家庭為求生存，就移居至仇敵的領地謀生。在那地，她兩個兒子娶了當地的異教女子為妻，就此安頓下來。數年後，她的丈夫和兩個兒子相繼過世，拿俄米決定歸回她的故鄉。這卷書主要闡述拿俄米的媳婦路得堅持不懈、無比忠誠的故事。

路得和拿俄米不像是會成為知心的友伴。路得年輕力壯；拿俄米是已過中年的傷心婦人。此外，她們來自完全不同的民族及信仰背景。誰會將這兩人連在一塊兒呢？但在路得婚後的生命歷程中，她轉變信仰，選擇敬拜真神，並定意要與拿俄米一同回到以色列地。

路得記簡短的篇章中，捕捉了古代農業生活的樣貌。男性主導的社會使無依附的女性生活困難，拿俄米和路得兩人處境艱辛。為求生存，路得必須到田間做工，拾取收割者留在田裡的麥穗。

閱讀這卷篇幅簡短的路得記，可從以下幾種角度切入：可視其為古代生活的簡明描繪，或神照顧窮苦者的信實作為，或一則描述不朽友誼的激勵故事。然而，或許閱讀這卷書最正確的方式，是將之當作一個宣教故事來看。神不但接受路得——這位受鄙視的摩押女子——進入祂的家，還藉由她繁衍出以色列最偉大的君王——路得的曾孫大衛。對那些認為神的愛只臨及以色列民的人來說，路得的生命故事無疑是極大的反駁。（PY）

每日默想｜你的朋友曾為你挺身而出，與你共患難嗎？當時是什麼樣的情況？

Day 90 路得遇波阿斯

讀經：路得記二章 1-23 節

鑰句：波阿斯對路得說：「女兒啊，聽我說，不要往別人田裡拾取麥穗，也不要離開這裡，要常與我使女們在一處。我的僕人在那塊田收割，你就跟著他們去。我已經吩咐僕人不可欺負你；你若渴了，就可以到器皿那裡喝僕人打來的水。」（路得記二章 8-9 節）

神引領路得來到波阿斯的田地，賜給她麥穗，並使她在親屬眼前蒙恩。神供應路得的需要，以此回應她對神和守寡的婆婆之忠誠。波阿斯向路得說，她可以繼續留在他的田裡拾取麥穗。

四月到七月是收割麥子的時節，拾穗者通常會等到收割的人離去才開始拾取麥穗。但路得獲准緊隨收割工人拾穗，甚至可到收割者的水罐那裡取水喝。波阿斯提供路得保護，使她不受收割工人欺負。

這伯利恆城就是數世紀後救主將誕生的地方，神正在編織一條路，來成就祂的計畫。祂引導兩個截然不同的人——拿俄米和路得——結伴同行，帶領她們回到伯利恆城，孩子俄備得將在此出生。這孩子——像將臨的嬰孩耶穌一樣，都再次肯定了神聖約中對祂子民充滿愛和信實的應許。路得的故事也像耶穌的故事一般，能讓神提醒我們，祂的做事方法和世上的方式大不相同。雖然拿俄米的生命看似艱苦，神卻能扭轉絕望的處境，

使之進入嶄新的喜樂之中。（BQ）

每日默想 | 你近來曾遇見哪一個人，以出乎意料的方式為你的生命帶來祝福？

Day 91 波阿斯娶路得

讀經：路得記三章 1 節～四章 17 節

鑰句：拿俄米就把孩子抱在懷中，作他的養母。鄰舍的婦人說：「拿俄米得孩子了！」就給孩子起名叫俄備得。這俄備得是耶西的父，耶西是大衛的父。（路得記四章 16-17 節）

這裡路得和波阿斯之間的關係更進一步。拿俄米為他們牽紅線，而路得對拿俄米大膽的計畫也未感到膽怯。波阿斯行事負責，讓路得夜晚安全留宿，並承認她另有更近的親屬，有其應盡的本分。波阿斯敬重路得按家族規矩行事，願嫁年長者。他已準備好接受路得，只要路得屬他是正當合理的。

波阿斯遵照娶路得必要的程序而行。在路得的親屬中，依當時風俗那位能優先買贖的親人，主動放棄娶路得和贖其土地的權力。可能因為若路得為他生了兒子，這兒子會共享他現有的產業，恐產生家庭紛爭。於是波阿斯就順理買贖土地並娶路得為妻。

路得雖然在摩押地十年未生育，但在嫁給波阿斯之後，就懷孕生下兒子俄備得——這兒子日後成為大衛王的祖父和耶穌的先祖。正如波阿斯成為拿俄米家庭的買贖至親，耶穌基督也將成為全人類家庭的至親救贖主，拯救我們脫離死亡，並使我們的前途充滿希望。神藉由在伯利恆的這個小家庭，讓我們預先看見祂將如何出人意外地藉由可信賴的救贖主，使世人從生命的痛苦中得釋放。（BQ）

每日默想 | 你能想到神在你生命中安排誰來幫助你度過黑暗，並提醒你祂的應許嗎？

Day 92 省思

信徒的樣子

你看來有多符合所謂基督徒的形象呢？你是否總是攜帶著聖經，看似很適應教會生活？或許你不會傳講神的話語，或許你的過去令牧者感到尷尬，或許你的家庭背景使你覺得困窘？

如果你已將生命交託給主耶穌，卻仍感到自己像一名局外人，與主內肢體格格不入，其實你並不孤單。因不少基督徒也和你有同感。事實上，連早先的人像路得，甚至更古早之前的人，也有同樣的感受。路得身為異族的後代，長年未生育，又剛守寡，卻選擇離開她的家鄉摩押，伴隨沮喪的婆婆來到另一座城市，兩人在那地試著努力與該地的遠親建立新生活。路得當時也是一名局外人。

其實，這當中還有更複雜的情節。路得的家族可一路回溯至亞伯拉罕的姪兒——羅得。正如你所記得的，羅得選擇肥沃的約旦河平原為他的家鄉，定居在毗鄰邪惡城市所多瑪之處。日後，在神毀滅所多瑪之後，羅得的女兒將他灌醉，與他同寢，生下兩個兒子——摩押和便亞米，其後代分別成為摩押人和亞捫人，就是歷代與以色列民爭戰的民族。而路得就是道地的摩押人。

但路得在嫁進拿俄米的家族後，就轉而效忠於希伯來人的真神。她公然棄絕摩押人的神，並遠離故鄉，投靠真神和所賜予她的新家庭。在許多層面上，路得都是孤獨的。她歸向與她背景大不相同的拿俄米，且生活在與她大不相像的伯利恆百姓中。她只能冀望他們施予慈愛與憐憫。

然而，路得卻能與神相合。她選擇信靠神，而對神來說，這就是最要緊的。路得作出困難的抉擇，並實踐其選擇，藉此活出信心的生活。雖然她求生存的方法並不尋常——在收割工人身後拾取麥穗，在半夜接近一位年長至親——卻懷有謙卑的心，始終保有對神的忠誠。

身為基督徒，當你觀看其他信徒，也許會覺得自己不符合信徒的樣子。但神不在乎那些特定的形象。神唯一看重的是你是否已將生命交託給祂，祂只關切你內心的模樣。（BQ）

每日默想｜你覺得自己在哪些方面與所謂「基督徒主流群體」不相同？要感謝神，祂讓你成為現今的樣式，是有祂美好的旨意，使你能在獨特之處為祂所用。

Day 93 撒母耳的出生

讀經：撒母耳記上一章 1-28 節

鑰句：許願說：「萬軍之耶和華啊，你若垂顧婢女的苦情，眷念不忘婢女，賜我一個兒子，我必使他終身歸與耶和華，不用剃頭刀剃他的頭。」（撒母耳記上一章 11 節）

正如拉結和利亞彼此相鬥，為了爭取丈夫的寵愛，哈拿和毘尼拿也互為對頭，並將競爭焦點放在生育這件事上。他們生活在士師末期的時代，這時期的道德和屬靈空氣愈發敗壞、失控。以利加拿是哈拿和毘尼拿的丈夫，他犯了重婚這項神從不認可的行為。

但神回應哈拿虔心祈求兒子，並承諾把孩子終身歸神的禱告，興起撒母耳作為以色列民的領袖。撒母耳將擔任士師、先知和祭司的角色；他將膏抹以色列的首位君王，以及後來的大衛王。（BQ）

每日默想｜你是否曾向神許下諾言？你有信守承諾嗎？

Day 94 主呼召撒母耳

讀經：撒母耳記上二章 18-21 節，三章 1-21 節

鑰句：耶和華對撒母耳說：「我在以色列中必行一件事，叫聽見的人都必耳鳴。」（撒母耳記上三章 11 節）

神和以色列民立約的內容，至士師時期大多已實現。亞伯拉罕的後裔——十二支派已繁衍為成千上萬的百姓，擁有各自的土地。然而，顯然尚未成就的事情是：沒有人能稱這分散四處的各支派為統一的「國家」。事實上，在整個士師時期，以色列民內部相互爭鬥的頻率並不亞於和鄰近敵軍的爭戰。

這卷書開頭不久就看見宿敵非利士人，正利用以色列民的不團結，更進一步侵占以色列的領土。非利士人擁有優良的武器——其戰車格外精良，而以色列民既無統籌的領導，也沒有正規軍隊能做有效的防禦。以色列的領導危機日益嚴重，甚至威脅到其生存。軍力衰弱導致非利士人擄走

神的約櫃，這是猶太人歷史上極黑暗的時期之一。有些人懷疑神是否已離棄他們，拋棄先前的聖約。

第三章開頭說到：「當那些日子，耶和華的言語稀少，不常有默示。」但緊接著就描述到神直接介入其子民中，為他們選召一位領袖，就像祂過往對亞伯拉罕和摩西所行的。神宣告：「我在以色列中必行一件事，叫聽見的人都必耳鳴。」祂回應了撒母耳虔心的禱告，撒母耳日後成為以色列最偉大的領袖之一。

撒母耳後來在以色列民中擔任多項要職。他是士師也是先知；他也是受培植的祭司，帶領舉國人民敬拜神；當必要時，他甚至擔負軍事將領的職責，帶頭奪回領土，贏得勝利；最後，在神的引導下，撒母耳膏立以色列前兩位君王。撒母耳在扮演這多樣的角色中，留下了寶貴的遺產：他設法將各支派統一起來，這是百年來頭一遭。在他的領導之下，以色列逐漸具備國家的雛形。神終究沒有忘記祂聖約中的應許。（PY）

每日默想｜你曾感到蒙主的呼召去承擔某項任務嗎？你如何回應呢？

Day 95 以色列人求立王

讀經：撒母耳記上八章 1-22 節

鑰句：耶和華對撒母耳說：「百姓向你說的一切話，你只管依從；因為他們不是厭棄你，乃是厭棄我，不要我作他們的王。」（撒母耳記上八章 7 節）

儘管以色列民在軍事上有撒母耳傑出的領導，非利士人所帶來的威脅從未消失殆盡。撒母耳年紀逐漸老邁，以色列民仍需要強有力的領導者來帶領他們，但撒母耳的兒子們都無法勝任這項職務。這該怎麼辦呢？以色列眾支派環顧鄰國，發現其他各國幾乎都有君王治理。**啊哈！這就是答案了！**他們決定力勸撒母耳為他們立一位以色列王。

立王的想法似乎受眾民支持，除了撒母耳和神不悅之外。其不悅是因感到在這要求背後，顯出眾民厭棄神自身的領導。撒母耳直言警告長老們立王會招致的問題：專制、壓迫、徵兵、高稅，甚或奴役。但百姓們不顧他的警戒，執意立王。

神會攔阻這立王的意圖嗎？大概不會。多年前，摩西曾預言以色列有朝一日會立君王（見創世記十七章 6 節；申命記十七章 14-20 節），而神終將從這王室後代產生祂的愛子耶穌——萬王之王。但聖經也清楚表明，神反對百姓們的立王動機，就如長老們所言：「使我們像列國一樣。」神並不要他們像列國一樣。唯有神才是以色列民真正的統管者，而非世上任何的君王。（PY）

每日默想｜你今日有什麼樣的需求呢？這需求的動機來自哪裡？

Day 96 撒母耳膏掃羅

讀經：撒母耳記上九章 1-6、14 節～十章 8 節

鑰句：掃羅說：「我不是以色列支派中至小的便雅憫人嗎？我家不是便雅憫支派中至小的家嗎？你為何對我說這樣的話呢？」（撒母耳記上九章 21 節）

在以色列民堅決地要求立王之後，神揀選掃羅受膏作王。雖然掃羅並非神認為最好的君王人選，但神已答應給百姓他們所要的，而掃羅至少外表上配作一個王。掃羅起初心存謙卑，聲稱自己不配獲得如此的尊榮。未料，日後他卻失去謙虛的心，變得傲慢自大，並企圖報復一切對他造成威脅的人。

從掃羅的例子，我們可以學到關於領導和權力方面的功課。所有當權的領導者都會面臨一種危險——變得高傲又頑固。當領導者像掃羅一樣陷入驕傲中時，必將喪失其影響力和眾人的支持與愛戴。（BQ）

每日默想｜你現今在哪方面擔任領導的角色呢？你是否在其間保有一顆謙卑的心？

Day 97 省思

熱切的禱告

你也許聽過人隨口說說這句警語：「留心你所祈求的——因為很可能就會成真。」

這警語正適用在以色列民請求立王這件事上。由士師領導的這些年間，以色列民陷入道德低落的光景，百姓們厭倦受某些只顧自身利益的人所控管的生活。因此，他們祈求立王，就像他們周圍的各國一樣。之後，他們得著他們所求的——一位像列國一樣的君王。而沒多久，掃羅就偏行己路，不再走神的道路。

我們如何在禱告時避免以色列民所犯下的錯誤呢？我們需要留心自己如何向神祈求。耶穌在主禱文中教導我們禱告的要點，其重點不在於華麗辭藻或虔敬用語，而在於禱詞背後的態度：「**我們在天上的父：願人都尊你的名為聖。願你的國降臨。願你的旨意行在地上，如同行在天上。**」（馬太福音六章 9-10 節）

「尊」神的名意謂我們尊崇、敬畏祂。祈求神的國降臨，使我們的心貼近神的心，表示我們期盼祂所計畫的偉大藍圖實現。祈求神的旨意行在地上如同行在天上，就是告訴祂我們知道祂的意旨遠高於我們的、遠好過我們想要的。當我們作如上的祈禱，就是在向神求一種超乎我們所求所想的禱告，並等候神的回應。我們放開雙手，將一切需要和渴望全然交在神的手中。

若當初以色列民帶著他們立王的需求，以上述的心態來到神面前，神可能會作如下的回應：「別急，我會以不同的方式來供應你們的需要。如果你們願在立王的事上稍作等候，我將賜給你們最好的。此刻立王只會使問題更加複雜。」

神以這樣的方式回應了許多人的禱告，包括為人際關係、婚姻伴侶、工作、住所、孩子和其他各樣需要的祈求。但不少信徒就像昔日以色列民一般，期盼蒙神回應，卻又摀住雙耳，堅持走自己的路。神雖對他們讓步並給予所求，但也允許他們走過因這選擇伴隨而來的困難。另有些信徒願意接受並等候神的方法，結果發現後來他們的渴求轉變了，或是發現神的時間和選擇遠比自身的抉擇好上太多了。

留心你所祈求的——因為它也許就會成真。你應放開雙手，將需要交給神，然後讓祂的心意成為你的懇求，就能使你的祈禱成為合神心意的禱

告。（BQ）

每日默想　現今你內心燃起什麼渴望呢？你一直為這渴求向神禱告嗎？請跟神說你想要真正對你最好的事物，並相信神比誰都了解你的需要。

Day 98 主棄絕掃羅爲王

讀經：撒母耳記上十五章 1-29 節

鑰句：撒母耳說：耶和華喜悅燔祭和平安祭，豈如喜悅人聽從他的話呢？聽命勝於獻祭；順從勝於公羊的脂油。（撒母耳記上十五章 22 節）

這故事顯出掃羅第一個不順服神的跡象。掃羅對亞瑪力人發動戰爭，但卻擅自扭曲神的命令，為自己加添些許榮耀，為百姓存留一些上好的牲畜。他生擒了亞瑪力王，作為活道具，向百姓們傳揚他自身的能力。當撒母耳當面質問他幾次這些作為時，他佯裝清白，宣稱那些牲畜是預備要獻祭給神的。掃羅接連不順從神，使他永久失去了神的肯定。雖然他仍繼續作王十五年多，但在神的眼中，他已失掉其地位。

過去，掃羅是帶著謙遜的心登基為王的，孰料經過一段時日，他就被權位沖昏了頭，讓驕傲和不順服取代了謙卑。後來，恐懼使他緊抓地位、權勢不放，以致他變得不可理喻、極具毀滅性。我們當中的領導者若陷入自我中心，亦會產生像掃羅呈現的腐化力量。我們有時也像掃羅一樣內心貪婪，為自己挪取超出的應得之物，或設法高舉自己的名聲。雖藉由神的恩典，我們的貪心能蒙赦免——但就如這段章節所表明的，在神的眼中，貪心和頑梗是極嚴重的罪。（BQ）

每日默想　對你而言，順從神和向神獻祭兩者之間，何者較為容易呢？

Day 99 撒母耳膏大衛

讀經：撒母耳記上十六章 1-23 節

鑰句：耶和華卻對撒母耳說：「不要看他的外貌和他身材高大，我不揀選他。因為，耶和華不像人看人：人是看外貌；耶和華是看內心。」（撒母耳記上十六章7節）

以色列的第一位君王帶著民眾極高的期許上任為王。掃羅的外在十分出眾：英俊、強壯、聰明，還比眾人高過一頭，渾身散發著領袖特質。然而，他卻失敗了，因著一個單純的原因：他不順服神，拒絕承認神是真正的統管者。因此神毫不猶疑地棄絕掃羅為王，並到別處尋找接替人選。

這位接替的王與第一任君王截然不同。沒有人會想到牧童大衛有可能成為君王，連他的父親也想像不到。但正如神所言：「人是看外貌，耶和華是看內心。」大衛擁有一顆能讓神塑造的心。儘管他出身低微，又犯下不少過錯，仍將成為以色列歷史上最偉大的君王。（PY）

每日默想｜神所看重的領袖特質，對競選總統的人而言，會成為一種資產或是阻礙？

Day 100 牧者之歌

讀經：詩篇廿三篇 1-6 節

鑰句：耶和華是我的牧者，我必不致缺乏。（詩篇廿三篇 1 節）

大衛是一個全方位的人。雖然他有足夠的勇氣對付像九英呎高的歌利亞之類的仇敵，但他顯然和一般強壯的武士不同。事實上，大衛首次得著掃羅王的注意，乃因著他的音樂才華，而非軍事能力。他最初被帶進掃羅的軍營，是因他彈奏的琴聲能撫慰不安的掃羅王，舒緩其內心的緊張煩躁。

聖經中的詩篇共一百五十篇，其中幾乎有一半是大衛的作品，故選讀一首他寫的詩篇配合他的人生經歷，似乎是很合宜的。這篇著名的詩篇同時流露出大衛的作詩才華，以及信心的祕訣。

大衛常將周遭景物納入詩中——巖石、洞穴、星宿、戰地、羊群——藉著有形的世界表達對神深刻的感受。例如詩篇廿三篇是源自他作牧童的經歷。大衛以牧羊的工作作比喻，寫下這篇簡短優美的讚美詩。

這首詩清楚表達了大衛信靠神的精髓。羊群總是不加思索地全然信任領導者：若帶頭的羊跳下懸崖，整群羊都會跟著跳下去。這種堅定不移的信靠，正是大衛在與神同行中所追尋的。

但大衛對人生並不存有一種浪漫唯美的幻想，前一首詩篇二十二篇顯出大衛堅強、勇敢、全然坦誠的一面。不管環境如何，無論他格外感到神的安慰或覺得遭遇殘酷的離棄，他都設法使神成為他生命的中心。這位大半時間在戰車馬兵間奔走的軍事家寫到：「有人靠車，有人靠馬，但我們要提到耶和華－我們神的名」（詩篇二十篇 7 節）。

閱讀詩篇最好的方法，就是直接用詩篇向神祈禱，讓這些古老的禱文成為你自己的禱告。長年以來，成千上萬的人以詩篇廿三篇當中優美的詞句來禱告，從這首由將成為君王的牧羊人所作的詩中，得著安慰和鼓舞。

（PY）

每日默想 | 你的信心比較像詩篇廿三篇那孩子般的信心，還是詩篇廿二篇中掙扎的信心？

Day 101 大衛與歌利亞

讀經：撒母耳記上十七章 1、3-7、16-27、32-54 節

鑰句：大衛對非利士人說：「你來攻擊我，是靠著刀槍和銅戟；我來攻擊你，是靠著萬軍之耶和華的名，就是你所怒罵帶領以色列軍隊的神。」（撒母耳記上十七章 45 節）

大衛王在舊約和猶太人歷史中，佔有很重要的地位。少年大衛令人振奮的故事，被作者以生動的筆法、親眼見證的細節描繪出來，成為聖經中最著名的故事之一，也帶給所有極度弱勢者希望之光。

大衛有近十年的時間都在設法逃避掃羅王的盛怒，而掃羅的敵意可能大半來自大衛戰勝歌利亞這事件。當時身為大軍首領的掃羅，因巨人歌利亞的叫囂、恐嚇而害怕地待在營中。而那時大衛只是個年少的男孩，個頭

小到連盔甲都不適合穿戴，卻勇敢地邁開步伐迎向歌利亞的挑戰。難怪掃羅會對這非凡的少年人既恨又怕。

這段故事情節並非如乍看那般的難以置信。在古時「一對一決鬥」或「派代表」爭戰是被普遍接受的解決爭端方式。就像湯姆・沃爾夫（Tom Wolfe）在《太空英雄》（*The Right Stuff*）一書中提到：「一開始這種決鬥方式蘊含一種魔力意境……他們相信天神決定單人對決的結果，而失敗的一方要再進行大規模的戰爭也是徒勞無功的。」[5]

在長年作牧童的孤單歲月中，大衛把甩機弦的技巧練到相當完美的境界，但他沒有將勝利歸功於自己。大衛對歌利亞厲聲喝斥：「你來攻擊我，是靠著刀槍和銅戟；我來攻擊你，是靠著萬軍之耶和華的名，就是你所怒罵帶領以色列軍隊的神。」大衛承襲約書亞和基甸的信仰態度，單單全然信賴神——這是掃羅王從未學會的功課。

當歌利亞倒下身亡，其餘非利士人即刻就屈服了。以色列民很快就在街道上跳舞唱和，說：「掃羅殺死千千，大衛殺死萬萬。」眾民開始在大衛身上發覺到王者的特質。然而，掃羅不願交出王位，並為了確保王權，與大衛爭戰到底。（PY）

每日默想｜你是否正面臨極大的危險懼怕，而神也在此刻告訴你可以在這難處上全然信靠祂？

Day 102 戶外教學

讀經：詩篇十九篇 1-14 節

鑰句：諸天述說神的榮耀；穹蒼傳揚他的手段。（詩篇十九篇 1 節）

大衛有許多在野外生活的經驗，難怪他的詩中常洋溢對大自然的喜愛，甚至崇敬。

這些詩篇常呈現出一個圓滿和諧的世界。夜間野生動物出來獵食；清晨人類外出工作。雨水降下，滋養人們的農作物、牲畜的青草，也澆灌野生動物居住的森林。然而，詩人大衛不只讚嘆大自然的複雜與美麗，還在這一切的背後看見神扶持的手。這世界能運作是因那位與我們親近的神親自看顧，所有生命氣息全在於祂。天氣、風、雲，以及地球的穩定平衡，也都在祂手中。

詩篇十九篇結合兩個大衛熱愛的主題：神對大地的眷顧，以及對以色列選民的關愛。大衛在開頭就提到自然界，讚嘆眾星體，覆蓋在全地之上。然而大衛和以色列民不像鄰國所行的，他們沒有將太陽和星辰當神來敬拜，而是視其為掌管萬有的、偉大的神之傑作。

在這首詩篇中段，大衛將注意力從自然界轉移到「耶和華的律法」。為反映這轉變，這首詩的希伯來文用了一個特別的名稱、一個更個人化的名字來稱呼神。本詩前六節提到神時所用的稱謂，是一般性的說法，任何人或宗教都會使用到，很像英文中的 God（神）。但從第七節之後，他稱神為「**耶和華（雅威）**」（Yahweh）。這個特別的稱呼，也是神從燃燒的荊棘中，向摩西所揭示的同一個名字。諸天述說神的榮耀，但神的律法卻流露更多榮光——是神親自對祂的選民所說的話語。

大衛的詩篇當中，不少是當他在逃避掃羅王的怒火、四處流亡時所寫下的。雖然神已應許給他以色列的王位，他仍須經歷逃命生涯。他度過許多充滿懼怕和疑惑的夜晚，但仍相信神——這位在自然界和大衛日後將治理的百姓中，彰顯信實作為的神，也會在大衛身上顯明相同的信實，成就對他的一切應許。（PY）

每日默想｜自然界是否向你顯露神的榮耀呢？神的律法——生命的指引——向你展現祂的可靠、智慧和正直嗎？

Day 103 省思

與巨人爭戰

當我入迷地閱讀大衛與歌利亞的故事，不禁思索：**什麼是我生命中的巨人？**這是一則吸引人的故事。一位勇敢的男孩走近一個凶惡的巨人，還不帶著一絲懼怕宣告神的勝利，接著果然如他所宣告地成就了壯舉。我很喜愛大衛這份確信的態度，他全然相信神會得勝。

這則故事令我著迷，不只是因我喜愛故事的情節，更撼動我的是這幅征服巨人的異象。

在大衛當時的情況，那巨人是指在眾人旁觀下要與一名男孩當面決鬥的人。而今天在我們周遭，有無數的巨人纏擾多人的生命。這些巨人的類別眾多，舉凡成癮、自我否定或無價值感、害怕失敗、破裂關係中的傷害、對所犯過錯的罪疚感、孤立的感覺、害怕生病或死亡等等，不勝枚舉。巨人潛伏在我們內心深處，但我們時常因著驚恐、羞愧，而不敢向巨人公然宣戰，以致勝利似乎遙遙無期。

每當我意識到這種內心的懼怕時，就回頭看大衛的故事。這故事不像迪士尼動畫以充斥想像力、妙趣橫生的歷險情節，帶出正義之士對抗邪惡的場景。而是一個發生在歷史上、一位以色列君王生命中的真實經歷。神確實完全得勝。祂的公義戰勝那充滿毀滅性與邪惡的巨人。若神為大衛如此行，必定也能使你和我得勝有餘。

當我思索內心的巨人，想起以弗所書六章12節說到：「我們並不是與屬血氣的爭戰，乃是與那些執政的、掌權的、管轄這幽暗世界的，以及天空屬靈氣的惡魔爭戰。」神深知那些潛入我們生命中的巨人，以及那股要奪走我們生命活力的力量，目的都是在使我們失去神的同在。但就如在大衛身上所看到的，這些惡勢力完全敵不過神。大衛用機弦甩石克敵制勝。保羅也在以弗所書告訴我們，當我們與惡者爭戰，要使用真理、公義、平安的福音、信德、救恩和禱告來抵擋仇敵。我們可以和大衛一樣充滿信心，確信神必得勝。我們的前景真是無限美好！（BQ）

每日默想｜你用什麼樣的裝備來對抗纏擾你的巨人呢？你相信神會使大衛的經歷也成為你的嗎？請求神加添你信心，相信祂將行大事，並請祂指示你如何打贏這場仗。

Day 104 掃羅圖謀殺大衛

讀經：撒母耳記上十八章1-9節，十九章1-18節

鑰句：大衛做事無不精明，耶和華也與他同在。掃羅見大衛做事精明，就甚怕他。但以色列和猶大眾人都愛大衛，因為他領他們出入。（撒母耳記上十八章14-16節）

在這些章節中可看到掃羅對大衛的嫉妒。雖然神已離開掃羅的生命，並棄絕他為王，他仍緊抓王位不放。同時，大衛比掃羅得著民眾更多的讚揚，甚至連掃羅的孩子約拿單和米甲都喜愛大衛。儘管無人強逼掃羅退

位，他已感到王位日漸不保。妒忌和懼怕啃蝕著他的心靈。

掃羅派人企圖殺害大衛的行動接連失敗後，他決定親自出馬謀殺大衛。接著出現反諷的、幾乎使人發笑的一幕：神的靈制服他，使他進入一種狂喜的、出神的狀態，無法正常行動（十九章 19-24 節）。很顯然地，掃羅的計謀無法影響大衛將接替王位的事實，而無論大衛經歷什麼景況，他終將繼任為王。神會繼續在祂所揀選的大衛身上成就祂的計畫，以建立彌賽亞的國度。（BQ）

每日默想｜你記得自己曾對某人懷有強烈的嫉妒嗎？

Day 105 大衛與約拿單

讀經：撒母耳記上二十章 40-42 節

鑰句：約拿單對大衛說：「我們二人曾指著耶和華的名起誓說：『願耶和華在你我中間，並你我後裔中間為證，直到永遠。』如今你平平安安地去吧！」大衛就起身走了；約拿單也回城裡去了。（撒母耳記上二十章 42 節）

從觀察大衛對他周遭人的影響力，你可以感受到他強大的人格魅力。這段經文述說大衛早年一段不朽的友情，發生在與掃羅的關係徹底破裂之前的故事。掃羅王的兒子約拿單無比珍視與大衛的友誼，甚至不惜喪失他繼承王位的機會。

掃羅在一場充滿戲劇性的飯席上，向約拿單透露他決心殺害大衛的意圖。約拿單去警告大衛，就此展開兩王之間的對抗和可怕的爭鬥。掃羅這位已被神棄絕的王，過著奢華的生活；然而，大衛這位已暗地受膏的王位接替人，在荒野中艱苦求生。掃羅擁有訓練有素的軍隊；大衛卻只有由家庭成員和匪幫組成的一小夥人。

接下來幾年所發生的事件，清楚顯出這兩人的內在性格。掃羅明知神心中適當的以色列王人選，但卻終其一生抵擋神的旨意；相對地，大衛顯示驚人的耐心，等待神的預言成真。當掃羅兩次意外落入大衛的手中，大衛都拒絕殺害他。

在撒母耳記上接續的篇幅中，展開一齣莎士比亞風格的長劇。掃羅王好比古代的馬克白（Macbeth），已失去他的影響力，生命也日益墮落。他的兒子站在大衛那一邊；他的女兒嫁給大衛，也轉而效忠丈夫。憤怒瘋狂的掃羅，不斷對大衛進行激烈的迫害。在這場對抗中，大衛能比掃羅撐得更久嗎？

有時，大衛也會陷入絕望之中。他曾心裡說：「必有一日我死在掃羅手裡。」（廿七章 1 節）他的情勢無比危急，唯一寶貴的資產就是：神應許他作王。雖然他對這應許的信心受到嚴峻考驗，他仍學習等候神的時間。最後，正如莎翁悲劇裡的主角，掃羅自殺身亡。

在此同時，大衛繼承了以色列的王位。（PY）

每日默想 | 你擁有親密的同性友誼，像大衛和約拿單那般嗎？

Day 106 高低起伏

讀經：詩篇廿七篇 1-14 節

鑰句：要等候耶和華！當壯膽，堅固你的心！我再說，要等候耶和華！（詩篇廿七篇 14 節）

詩篇是進入大衛王內心世界的一扇窗。然而，這扇窗也揭開一些令我們感到意外的事。大衛絕非聖人，他並不常流露出一般所謂「屬靈人」的平靜。事實上，他經常向神大聲哭訴，在困境中責難神並哀求得釋放。

詩篇不全是虔敬的靈修小品。它有許多內容描述仇敵的詭計、流言和暴行的籌劃。對詩篇作者來說，信靠神必須持續對抗強大的惡勢力——這股勢力往往看似比神更加真實。詩人不禁常問：「神啊，祢在哪裡？為什麼不幫助我？」他們時常感到被離棄、苛待和背叛。

例如當我們思想詩篇廿七篇，會發現每個段落都有一種心情轉折。第一段開頭，作者似乎毫無懼怕地勇於宣告對神的信靠。接下來的段落，暗示詩人真實的處境：逃亡的生活使他疲憊不堪，他渴望能安歇在神的殿中，以勝過四面的仇敵。而到了第三段，所有信心都消鎔了，詩人不斷懇求神的幫助。這首詩最後以沉著的語氣結束，出現了詩人大衛常運用的一句話 ，一句很適用的忠告：「要等候耶和華！」

然而，大衛在歷經這些試煉後，就生發出對神強烈、堅定的信心。在大衛逃避掃羅王的那些年間，他的藏身處所包括曠野中的「磐石」和「山寨」。身為一位老練的戰士，大衛知道這類防護的重要性。但當他記錄逃亡時的心情，好比這首詩所描繪的，他稱呼神為他的磐石和保障。他欣然承認真實的保護來自於神。

即使大衛登基為王之後，危險依然存在。他將面對外敵持續的爭戰行動，和內部多次的叛亂與政變企圖。然而大衛已在曠野學會全然倚靠神，並將在生命中繼續持守對神的信靠。（PY）

每日默想｜你的情緒總是相當平穩，或充滿高低起伏呢？你的屬靈生命又如何呢？

Day 107 大衛不殺掃羅

讀經：撒母耳記上廿四章 1-22 節

鑰句：對跟隨他的人說：「我的主乃是耶和華的受膏者，我在耶和華面前萬不敢伸手害他，因他是耶和華的受膏者。」（撒母耳記上廿四章 6 節）

大衛還不到二十歲，就被迫逃到猶大的曠野，躲在洞穴和偏遠地帶，逃避掃羅王的盛怒。在掃羅最後與非利士人爭戰身亡之前，大衛有十年的時間，過著有如羅賓漢那般的生活。

這段章節顯出逃亡時的大衛對神效忠的實例。掃羅當時在追趕大衛，決意尋找殺掉他。之後，突然出現戲劇性的轉折，大衛得著機會能輕而易舉、迅速結束掃羅的生命。但大衛內心尊敬耶和華的受膏者，甚至不容許自己懷有殺害這位嗜殺成性的王之念頭。他願將一切全然交託神，讓神親自顯出祂的公義。

聖經還記錄了另一起類似的事件，在其中大衛再次有機會取走掃羅的性命，但依然選擇讓他存活（撒母耳記上廿六章）。而神最終將成就大衛所深信祂必施行的公義。（BQ）

每日默想｜你如今正面臨什麼困境，誘使你想用自己的辦法，而非神的方式來尋求脫困？

Day 108 大衛、拿巴與亞比該

讀經：撒母耳記上廿五章 1-42 節

鑰句：求你饒恕婢女的罪過。耶和華必為我主建立堅固的家，因我主為耶和華爭戰；並且在你平生的日子查不出有甚麼過來。（撒母耳記上廿五章 28 節）

這段內容描述大衛遇到重大打擊，因愚昧的拿八竟對於大衛和他僕人先前的友好舉動完全不予回報，並拒絕幫助他們。大衛這回很可能要親手懲罰拿八，但名叫亞比該的這位富於機智的女子阻止了他。亞比該讓我們看到另一幅深深敬畏神的堅強女子的畫像。正如在她之前的喇合和路得所行的，亞比該也選擇忠於神和祂的百姓。她很迅速、果斷，和明智地制止大衛進行報復——這本應由神執行的事。神使用亞比該令大衛免於運用暴力，然後讓她成為大衛的妻子，使她能運用她的智慧和勇氣來繼續支持大衛。（BQ）

每日默想｜神安排誰在你的生命中，來給予你支持和智慧的忠告呢？

Day 109 省思

在危機中信靠神

生命中充斥著風險。

我們會面對處境上的風險，不管是在財務、工作、學校教育或家庭方面。我們也會面臨身體上的危險，像來自體育運動、暴力、乘汽車或飛機旅行、不良的飲食習慣、吸煙，或藥物的使用。我們還會遇到關係上的危機，尤其是與我們生命中最親近的人——如親屬、配偶、孩子和朋友。

大衛一定了解何謂風險的人生。他有十年的歲月歷經各種危險。大衛放過掃羅的決定中含有風險，這風險在於掃羅可能在數小時或數天之內，又突然攻擊、追捕大衛。約拿單也能輕易背叛大衛，轉而效忠父王，渴望繼承王位。而與大衛素不相識的亞比該，也可用欺騙的手段來營救她的丈

夫，讓大衛飽受迫害。但大衛作了正確的抉擇，他選擇信任神的保護，信賴神所安放在他生命中來幫助他的那些人。大衛拒絕成為一位懷疑論者或憤世嫉俗的人。

我們或許有許多理由可以去懷疑我們生命中的人和景況。有時，我們的質疑使我們免於做出錯誤的決定，或信賴不可靠的人。然而，有時這些質疑並非明智的提醒，反而是不合宜的懼怕，使我們遠離神原先希望透過人和環境所要賜予我們的祝福。我們如何分辨當中的不同呢？正如大衛一樣，我們必須一再地轉向神，向祂求智慧，好能做出適宜的回應。

大衛禱告：「耶和華啊，求你將你的道指教我，……引導我走平坦的路。」（詩篇廿七篇 11 節）我們可以信靠神的智慧和保護。當我們如此行，就是敞開生命接受神的賜福——就是藉由祂揀選的那些人和環境所帶給我們的福分。（BQ）

每日默想｜現今生命中哪一方面最令你感到疑惑？你感到神要你走出疑慮，單讓祂來保護你嗎？請花些時間向神祈求智慧和保護。

Day 110 大衛王運約櫃往耶路撒冷

讀經：撒母耳記上卌一章 3、6 節；撒母耳記下五章 3 節，六章 1-23 節

鑰句：大衛穿著細麻布的以弗得，在耶和華面前極力跳舞。（撒母耳記下六章 14 節）

閱讀聖經對大衛生平的描述，總不免浮現一個問題：為何這樣一位有明顯過錯的人——正如我們將會看到他犯下姦淫和謀殺的罪——卻能被稱為「合神心意的人」呢？本章記述的事件也許能指出答案所在。

大衛一直承認以色列真正的統管者是神，而非地上的君王，因此他認為國家的首要大事就是要迎回主的神聖約櫃——這半世紀前被非利士人擄走的約櫃。他計畫將約櫃安放在他新建的國都耶路撒冷，以此象徵是神在治理全國。

在運送約櫃往耶路撒冷的過程中，開頭就出現一些錯誤。以色列民沒有查看摩西律法的規定，就自行試著用牛車運送約櫃，像非力士人迎神明

遊街繞境的方式，而非遵照神的命令，讓利未人用肩來扛抬約櫃。有人因此身亡，大衛也為這事煩心，將約櫃停放在一個人家中長達三個月。

然而，當約櫃最終運往耶路撒冷時，一路有管樂隊和眾多人民的歡呼聲相隨，大衛王完全無法控制自己對神的熱情。他在狂喜之中，於街上翻筋斗，就像一位剛得金牌的奧林匹克體操選手，當眾露一手一般。

不用說，莊嚴的國王沒穿什麼袍服，當街後空翻轉，破壞了凡政治家應有的形象和規矩。大衛的妻子對他的行為感到震驚，反感不已。但大衛對她直言說：他不是在任何人面前，而是單在神面前跳舞。同時，無論身為國王與否，他不在意別人怎麼想，只要神這一位觀眾能感受到他的歡喜雀躍。

簡言之，大衛是一位充滿熱情的人。他熱愛以色列的神，勝過愛世上任何事物。大衛王對神的熱情行徑傳遍全國。正如弗雷德里克・布尼（Frederick Buechner）曾寫到：「大衛和我們一般人一樣，有一些大弱點，甚至有過之而無不及，如自私、欺騙、好色和虛榮，但唯獨他在神面前跳舞這事上，你可以看到為什麼他比其他人更受到以色列民的喜愛，以及為什麼當一千年後，拿撒勒人耶穌騎著一匹殘弱的騾子進耶路撒冷時，眾人都稱頌祂為大衛的子孫。」[6]（PY）

每日默想｜你曾敬拜神到不能自已的情況嗎？你如何看待有如此表現的人呢？

Day 111 神對大衛的應許

讀經：歷代志上十七章 1-27 節

鑰句：你壽數滿足歸你列祖的時候，我必使你的後裔接續你的位，我也必堅定他的國。他必為我建造殿宇；我必堅定他的國位直到永遠。（歷代志上十七章 11-12 節）

大衛將神的約櫃運回耶路撒冷之後，開始夢想建造極美的殿宇來安放約櫃，作為以色列神的聖所。當時異教神殿被列為世界奇景，大衛覺得惟獨把國家財富慷慨用在為真神建造「居所」才合宜。但神清楚言明大衛不可建造這樣的殿宇。聖經在別處（歷代志上廿二章 8 節）說明了原因：大衛身為一位戰士，在位期間流了多人的血，而神要一位太平的人來建造祂的聖殿。建殿的任務將落到大衛的兒子身上。

雖然神拒絕大衛建殿的計畫，卻應許他更美妙的一切。神重申祂與以色列民所立的約，用微妙的雙關語說到：祂必從大衛的子孫建立存到永遠的「家室」。即便神並不全然認同以色列民立王的要求，祂仍全心「收養」其君王，使王在國中成為祂的代表。大衛以其特有的謙卑來到主前，對神湧出讚嘆、感恩的禱告。

這在神和大衛親密的互動中提及的應許，播下猶太人往後長久期盼的希望種子：一位尊榮的「彌賽亞」或受膏者。掃羅的王朝才開始不久就結束了；而大衛的國將延續下去，其後裔不斷接續為王，最終神的兒子要從大衛的支派而出，降生在大衛的城伯利恆。神的應許已成就了嗎？事實是，不知多少比大衛更顯赫、令人敬佩的君王曾在歷史的舞台上登場又退下，但人們在現今的時代中，仍仔細研讀大衛和這極小的以色列其他君王的生平事蹟，並承認大衛的一位後裔是真彌賽亞。這一切都透露了這問題的答案。

（附註：撒母耳記、列王紀，和歷代志三者之間常出現重疊的內容，分別以不同角度看同一段歷史。這段出自歷代志上的章節，與撒母耳記下第七章的內容近乎雷同。）（PY）

每日默想 | 你曾想為神做些什麼嗎？

Day 112 神的良善

讀經：詩篇一〇三篇 1-22 節

鑰句：你們一切被他造的，在他所治理的各處，都要稱頌耶和華！我的心哪，你要稱頌耶和華！（詩篇一〇三篇 22 節）

大衛總是對神在他身上所作的一切感到**驚奇**不已！當他年歲日增，回顧過往的生命，他領悟到：雖然歷經許多艱難，但神始終將他從「禍坑」裡拯救出來，持守祂的一切應許。大衛懷著感恩之情，寫下多首詩篇歌頌神的信實作為。實際上，大衛王就好比他國中百姓的記憶寶庫，幫助全國人民記住神的恩惠。

當以色列民讚美神時，他們的心思集中在神的作為，思想神釋放他們脫離受奴役的生活，並引領他們進入自己的土地。他們的詩有如歷史教材，用來喚醒過往，特別是那些在摩西時代神解救他們的特殊作為。他們讀律法書妥拉（Torah），就是摩西五經，來研究回顧當時的情況，並寫歌來紀念那段年歲。

回憶也不全是正向的一面，以色列民的歌也直截了當明說祖先背叛、埋怨，和缺乏感恩的一面。然而，他們仍有一個值得時刻歡欣的美妙緣由：神始終對他們守約施慈愛。對詩篇作者如大衛來說，以色列的歷史事件無疑顯示出神的恩典。雖然他們所行的完全不配得神的愛，但神依然在他們身上澆灌祂豐盛的慈愛。

這首詩篇可用「神的良善」為題。詩中回顧那深受疾病、壓迫、罪惡和背叛所苦的黑暗時日，然後驚奇地指出神以奇妙非凡的方式扭轉一切黑暗情勢。神了解並且對人性的軟弱毫不意外：「他知道我們的本體，思念我們不過是塵土。」更奇妙的是，儘管我們有軟弱，祂仍賞賜我們那莫測高深的永恆之愛。

大衛高聲頌揚這信息：我們不是得著所應得的，而是得著所不配得的、遠超乎我們所求所想的。這首詩的尾聲迸發對神熱烈的讚美，從廣及宇宙萬物對神的稱頌，盤旋回到本詩第一節的心聲——大衛從內心深處發出對神的讚美。（PY）

每日默想｜當你回顧自身的過往，會傾向把注意力放在成功或失敗的時日？

Day 113 大衛與拔示巴

讀經：撒母耳記下十一章 1-27 節

鑰句：烏利亞的妻聽見丈夫烏利亞死了，就為他哀哭。哀哭的日子過了，大衛差人將她接到宮裡，她就作了大衛的妻，給大衛生了一個兒子。但大衛所行的這事，耶和華甚不喜悅。（撒母耳記下十一章 26-27 節）

大衛和拔示巴的這則故事，呈現了世上再簡單不過的情節：男人看見女人，男人和女人同寢，然後女人懷了孕。這當中沒有什麼特別之處。現今，每年這樣主題的小報消息層出不窮，只是主角從大衛王和美麗的王后拔示巴換成某從政者或某佈道家，此外了無新意。

這醜行並沒有使大衛的以色列子民感到特別震驚。就如大多數人一樣，他們無奈地接受一個事實，那些制定法規的居高位者，往往自身不受法令約束。歷史上許多領導者都是如此，這些人隨意取得他們想要的利益、錢財，和特權。古羅馬人有句拉丁語正用來說明這種行徑：**王就是法律**，而非**法律是王**。

拔示巴懷孕這件事使得局面更加複雜。今日，若有領袖處於大衛的情況，可能會以墮胎來湮滅證據。大衛有他自己掩蓋罪行的計畫。他首先想運用一種巧妙的欺騙手法，讓拔示巴的丈夫看似彷彿是孩子的父親。然而，烏利亞因戰事膠著不願回家親近妻子的顧慮讓大衛王蒙羞，或說理當讓他深感羞愧。接著發生的事，就是典型的「一個罪導致另一個罪。」最終，大衛這位被稱為合神心意的人，違反了十誡中第六、七、九、十，四條誡命。大衛的士兵烏利亞因著忠誠，竟慘遭謀殺，還有其他許多以色列兵也和他一同陣亡。

這故事顯出大衛無比陰險狡詐的一面：冷酷無情地濫用權利。即便如此，沒有人對此提出抗議。君王想要什麼就得著什麼，不容質疑。世態就是如此。

拔示巴在為丈夫哀哭的日子過了之後，就搬進宮中，作了大衛的妻。此時不少人一定會猜想所發生的事，至少僕人會知道一些，但聖經沒有描述任何人對此發出反對的聲浪。大衛犯淫亂這件事，也許就此了結，只是本章最後的一句不祥的伏筆，顯出事情很可能沒那麼簡單。這話簡明點出：「大衛所行的這事，耶和華甚不喜悅。」（PY）

每日默想｜你是否曾像大衛那樣罪行外露，又企圖矇騙脫困呢？

Day 114 省思

非信徒眼中的罪與神的愛

我們生活在後現代主義的文化中。後現代主義認為對、錯的定義因人而異：是非沒有絕對，沒有所有人都須遵守的固定標準。「對我來說是正確的，對你也許是錯誤的，凡事沒有真正的對錯。」這種觀點已在我們的文化中根深蒂固，像是一種自然法則。

然而，基督徒相信聖經乃是非的首要標準與最終權威。神的話語記載在聖經中。聖經實際上是唯一真實可靠的生命指南，指引我們如何度過今生，並為永生預備。

大衛深知神的律法，並了解當初神乃是藉由摩西頒布了此律法。大多時候，這位牧養以色列民的君王心中遵循神的律法，明白神的定規就是一道界限，把我們這群神的小羊圈在最豐盛富足的牧場上。但大衛卻在那個傍晚，就是在王宮平頂上突然看見拔示巴的那晚，蒙蔽心眼，忽視神的律法。他放任的情慾驅使他犯下大錯，而我們會看到他後來為此遭受許多苦楚。犯罪也許會帶來一時的狂樂，然而最終總會招致痛苦。

正像大衛一樣，我們每個人都會犯錯。有些過錯是在信主前的無知狀態下所犯的；有些則是我們明知不對還去做。往往我們的過犯會導致艱苦的後果。但當我們看到神如何慈愛地關懷我們，內心就能對大衛在詩篇一〇三篇的話語產生迴響：「**他沒有按我們的罪過待我們，也沒有照我們的罪孽報應我們**」（10節）。我們無法贖清自身所虧欠的罪債，全靠耶穌替我們贖清一切的罪。

我們唯有了解神的這份愛，才能在現今的後現代主義文化中，幫助那些生命失去真理權威的人。當未信者得知神對他們深刻的愛，就會開始明瞭神藉由祂話語中的準則，所彰顯的慈愛。他們還會知道耶穌因著愛，為我們所做的一切，也會為他們而做。他們亦會看到聖經如同一篇漫長的故事，娓娓述說著神無限的愛。（BQ）

每日默想

神什麼時候饒恕了你的過犯？祂如何使你驚奇於祂所賜下那超乎你所求所想的福分？請求神幫助你向他人宣揚祂對你的愛——儘管你會犯錯，仍經歷到祂豐盛的慈愛。

Day 115 拿單斥責大衛

讀經：撒母耳記下十二章 1-25 節

鑰句：大衛對拿單說：「我得罪耶和華了！」拿單說：「耶和華已經除掉你的罪，你必不至於死。只是你行這事，叫耶和華的仇敵大得褻瀆的機會，故此，你所得的孩子必定要死。」（撒母耳記下十二章 13-14 節）

現今世界上，凡在暴君統治下生活的人們都會問：統治者應向誰負責任？從一開始，神就建造以色列為「**屬祂的**」國度，派君王作祂的代表，但最終權柄仍屬於神。在大衛犯下重罪之後，神差遣先知拿單去見這位以色列王。

拿單過去曾傳遞神豐盛的應許給大衛王，述說神必為大衛建立「家室」（歷代志上十七章）。但這次他講述一個關於貧窮、貪婪和不公正的心痛故事。他在大衛面前陳述這例子，請他這位以色列的最高法官作判決。大衛明確知道該如何判定這案例：那人該死！當大衛說出這判斷，拿單就宣講他驚人的判語：「你就是那人！」

在這充滿戲劇性的一幕，顯出大衛的偉大之處。大衛可以將拿單處死，或嘲笑他、驅趕他離宮。但他反而對拿單說：「我得罪耶和華了！」他即刻認罪，並承認神是真正的統管者。

我們只需想一想在我們這世代中，一些領袖在惡行披露後的反應，就會深感大衛的懺悔是多麼令人激賞！尼克森總統不情願地承認：「犯下了過錯」；在伊朗門事件審理期間，一群高級官員們在參議院前示威遊行，積極為自身辯解，藉眾多託辭要將錯誤合理化；柯林頓總統最初也極力否認那罪證確鑿的性醜聞指控。但大衛王立刻就看見問題的核心：他犯罪不只是得罪烏利亞和他的國家，更是得罪了耶和華神。

大衛是一位偉大的君王，部分原因是他行事不帶一般王者的驕傲。當他面對問題真相，就誠心悔罪。神的饒恕立即來到，但大衛犯罪的後果將使國家受煎熬達一代之久。像是他在自己的家族中失去道德權威。在往後幾年，大衛的一個兒子強暴自己的妹妹，另一個兒子殺害自己的兄弟，還發動政變對抗大衛。大衛王留給後代濫用權力的後遺症，而他的後繼子孫卻不全像他那樣立刻悔改。（PY）

每日默想｜若有人當面指出你的錯誤，你當下會如何回應呢？

Day 116 真實悔罪

讀經：詩篇五一篇 1-17 節

鑰句：神所要的祭就是憂傷的靈；神啊，憂傷痛悔的心，你必不輕看。（詩篇五一篇 17 節）

大衛與拔示巴犯下的污穢事件，帶給人最深刻的印象，莫過於這首具紀念性質的懺悔詩。一位君王私下對先知坦承道德過犯是一回事，而作詩詳述自身的懺悔，讓全國傳唱，則全然是另一回事。

所有國家都有英雄人物，但大概只有以色列的史詩中會含括其最偉大英雄的軟弱失敗。這首動人的詩篇或許能在崇拜中用來引導人認罪悔改，顯示出以色列對大衛的崇揚，是因他對神的委身多過他的政治成就。

這首詩逐步地帶領讀者（或歌者）進入悔罪的各個階段。詩中描述作者的內心不斷反覆——「喔，但願我有機會重新來過」——痛苦的內疚、羞愧，最後因真實懺悔擁有新開始的盼望。

大衛生活在舊約律法的時代，他所犯的罪行，在律法中規定要受嚴酷的刑罰：被石頭打死。但這首詩篇以非凡的眼光，超越律法的嚴格規條，顯出罪的真正本質是與神破損的關係。大衛呼喊著：「我向你犯罪，惟獨得罪了你。」他看見無論獻祭物或藉著宗教儀式，都無法完全消除他的罪惡；神所要的祭是「**憂傷的靈，以及憂傷痛悔的心。**」而這正是大衛所擁有的。

在禱告中，大衛期盼一些可能的美好，能從他的悲慘經歷中生發而出，而他確實也看到一線曙光。他祈求神讓他的經歷成為他人的幫助，使人們學到道德方面的功課。也許，藉由閱讀他犯罪的故事，人們能避免落入相同的罪惡陷阱，或者藉著閱讀他對神的懺悔，得著蒙饒恕的盼望。大衛如此的禱告全然蒙神垂聽，並成為他留給後人最寶貴的產業。以色列最出色的君王也曾跌落至最低谷。但無論大衛或任何人，都不會跌落到神的愛與饒恕無法觸及的深淵。（PY）

每日默想｜若一名領袖如此公然地坦承過犯，你會失去對他的尊敬嗎？

Day 117 大衛的屬靈祕訣

讀經：詩篇一三九篇 1-24 節

鑰句：我若展開清晨的翅膀，飛到海極居住，就是在那裡，你的手必引導我；你的右手也必扶持我。（詩篇一三九篇 9-10 節）

大衛，這位色慾與報復心強烈的以色列王，最終竟得著「神的朋友」的名聲。以色列有一段時間，人們都稱耶和華（或雅威）為「大衛的神」；兩者幾乎是同義詞。大衛的祕訣何在呢？這首壯麗的詩篇暗示了答案。

詩篇一三九篇主要流露出那份存在於大衛與他的神之間的親密關係。雖然大衛的功勳——赤手殺野獸、打倒歌利亞、逃脫掃羅的追殺，和擊敗非利士人——讓全國百姓視他為英雄，但大衛總是竭力使人們目光的焦點放在神身上。在體驗生命的過程中，大衛相信，且真實深信屬靈的世界和地上的世界——這有刀劍、矛槍、洞穴，和王位的世界——一樣無比真實。

大衛盡心盡力將他每日的生命連接於他身後真實的屬靈世界，而詩篇成為大衛的靈命紀錄。無論「操練與神同在」這詞句的意涵為何，大衛確實擁有這樣的經歷。他刻意讓神參與他生命中的每個環節。

大衛還堅定地相信神無比的在意他。他在一次死裡逃生的經歷後寫到：「他救拔我，因他喜悅我。」（詩篇十八篇19節）另一回他直接了當與神爭論：「主啊，我若被害身亡，對祢有什麼益處呢？誰來讚美祢呢？」（詩篇三十篇）而詩篇一三九篇則美妙地表達大衛對神的慈愛和關懷的極度讚嘆。

閱讀大衛的詩篇，體會他情緒的高峰低谷，似乎愈加使人感到他藉寫詩做為治療靈命的妙方。當他的心靈動搖不定時，這正是他讓自己信心堅定的一種方式。現今，數世紀之後，我們仍可用這些相同的禱告作為信心的階梯，並鋪成一條美好之路，引領我們脫離自我的纏累，進入神真實的同在。（PY）

每日默想｜你如何在生活中操練與神同在？請再次閱讀詩篇一三九篇，使之成為你向神的禱告。

Day 118 省思

操練與神同在

神一直與我們同在。祂總是關注我們，時刻替我們著想，並知道我們所做、所思和所感覺的一切。祂未曾有一刻轉眼不看顧我們。祂所賜下的一切關懷都源自祂對我們火熱的愛，這愛永不冷卻、永不疲乏。

如果我們相對地讓神成為我們關注的焦點，就能與神建立持續不斷的愛的關係，這會使我們對生命的各樣事物擁有新的眼光，並會滿足我們靈魂最深層的需要。大衛明瞭神持續的同在，並常來到神面前回應祂的愛。他因瞭解神就近在身旁，使他更緊密地與神同行。

另有一人的生命也幫助信徒們對這層面有更全面的認識。他就是勞倫斯弟兄（Brother Lawrence），生於十七世紀，住在法國的加爾默羅修會（Carmelite）的修道院，並在修道院的廚房工作，直到八十歲離世。依照世上的標準來看，他的工作不具備特殊的重要性，但勞倫斯弟兄將他的工作轉化成深具影響力的事工，帶給無數追隨者極大的影響。在廚房工作的年日裡，勞倫斯弟兄在他所謂「操練與神同在」的過程中逐日成長。

在我內心，我將上主視為我的天父、我的神。我竭盡所能地敬拜祂，將心思集中在祂神聖的同在，若發現意念偏離主時，則將思緒再拉回到神的面前……我一生唯一的職責就是持守自己在祂聖潔的同在裡，在其中持續單純地仰望神，努力凡事討神喜悅，這一切正是經歷神真實的同在。換句話說，這是靈魂與神之間的一種**習慣性**的、靜默的、祕密的交談……簡言之，當我們愈常重複做這樣的操練，就會感到愈加習慣，而神同在的這件事也會對我們更加自然。[7]

大衛和勞倫斯弟兄都是凡人，都有人性的軟弱和內心偏離神的時刻，然而藉由屬靈的操練和真正愛神的心，他們發現時刻意識到神的同在可以成為一種習慣。

使徒保羅寫信給教會的弟兄姊妹，期望他們要「不住地禱告，凡事謝恩，因為這是神在基督耶穌裡向你們所定的旨意」（帖撒羅尼迦前書五章17-18節）。保羅深知內心操練與神同坐席，體驗祂的真實，向祂輕聲傾訴，有時開口禱告，有時只在內心默禱，這一切不只可能成為你真實的經歷，更是神對你所定的旨意。（BQ）

每日默想	你在一天中有多常留意到神的同在？你多常向神禱告呢？懇求神每天幫助你，無論你或動或靜，都時常轉眼仰望祂，將心思集中在祂身上。

Day 119 所羅門求智慧

讀經：列王紀上一章 28-30 節，三章 1-28 節

鑰句：神對他說：「你既然求這事，不為自己求壽、求富，也不求滅絕你仇敵的性命，單求智慧可以聽訟，我就應允你所求的，賜你聰明智慧，甚至在你以前沒有像你的，在你以後也沒有像你的。」（列王紀上三章 11-12 節）

列王紀上前半段描述一位生來就蒙福的人，年輕的所羅門——這位大衛王和皇后拔示巴偏愛的兒子，從小在皇宮中成長。神慷慨地給予所羅門許多特別的恩賜。在一個極美好的夢境中，年輕的所羅門確實得著了每個孩童都暗自渴望的機會。神喜悅為他實現願望——無論是長壽、財富或任何心願，而當所羅門選擇單求智慧，神還額外賞賜他富足、尊榮與和平的恩典。他從早年就是位卓絕群倫的王子，他在詞曲創作和自然史方面的天賦，都令他人推崇備至。

所羅門接任以色列的王位時，還只是個青少年，但卻很快地成為當時最富有、最令人敬佩的統治者。在耶路撒冷，銀子多如石頭（列王紀上十章 27 節）。貿易船隊帶來異國珍品獻給所羅門王——非洲的猿猴、狒狒，和成噸的象牙、黃金。他被稱為世上最有智慧的人，別國的君主、女王都不遠千里來求見他。他們離去前，無不對以色列王的才能和國中的繁榮讚嘆不已。

在所羅門王領導之下，以色列達到黃金時期，這是在其漫長、多難的歷史中一段太平盛世。幾乎所有應許之地都納入所羅門時期的版圖，並且國家富強安定。此時文學、藝術風氣興盛，而關於當時百姓的生活，聖經簡要記述著：「他們都吃喝快樂」（列王紀上四章 20 節）。

然而，在這快樂的日子中，卻浮現危險的徵兆。所羅門王機巧地與埃及王法老政治聯姻。他已變成倚賴軍事力量而非神自己來保障國家的安全。此外，所羅門特別喜愛異國女子。他陸續娶了來自摩押、亞捫、以東、西頓，和其他國家的公主——總計有妃七百，還有嬪三百！最後，為了討好妃嬪，所羅門竟踏出可怕的一步——為那些異教神祇建造祭壇。

（PY）

每日默想｜神賦予你哪些才能呢？你常用這些恩賜服事神嗎？

Day 120 約櫃運入聖殿

讀經：列王紀上六章1、38節，八章1-34節

鑰句：祭司從聖所出來的時候，有雲充滿耶和華的殿；甚至祭司不能站立供職，因為耶和華的榮光充滿了殿。（列王紀上八章10-11節）

在所羅門眾多的成就中，有一件事顯得格外突出。他不惜成本為神建立聖殿做居所，這所羅門的聖殿由二十萬名工匠建造，迅速躋身為世界奇觀之一。從遠處觀看，聖殿耀眼如積雪蓋頂的山脈，而其內部，所有的牆壁，甚至地板都鍍上純金。

本章的情景在許多方面均呈現出整個舊約時代最輝煌的時刻，表明神實現與以色列民所立的聖約。所羅門招聚全民一同來獻殿給神，而當成千上萬的民眾觀看這盛大公開的獻殿儀式時，神的榮光降臨且充滿了聖殿，連祭司都因神強大的威力而站立不住。

神使所羅門的聖殿成為人們敬拜神的中心，民眾情不自禁地決定再聚集兩週歡慶獻殿。所羅門跪在銅臺上，大聲禱告：「我已經建造殿宇作你的居所，為你永遠的住處。」然後又不禁驚嘆道：「神果真住在地上嗎？看哪，天和天上的天，尚且不足你居住，何況我所建的這殿呢？」

神真的成就了！祂對亞伯拉罕和摩西的應許終究成真了。在這史上其中一個最偉大的禱告中，所羅門回顧神約中的允諾，並祈求神充滿聖殿，以祂的同在來堅固祂一切的應許。神回應到：「你向我所禱告祈求的，我都應允了。我已將你所建的這殿分別為聖……我的眼、我的心也必常在那裡」（列王紀上九章3節）。

以色列民如今擁有土地、穩固的國家疆界，和象徵神同在的光明標記在他們中間。這一切美好都發生在這片金銀豐富的土地上。在獻殿這著名的一日，每個人都看見彰顯神同在的雲和火，全場沒有人懷疑神的信實與偉大。（PY）

每日默想｜你在等候神的什麼應許呢？

Day 121 不僅是一座建築

讀經：詩篇八四篇 1-12 節

鑰句：在你的院宇住一日，勝似在別處住千日；寧可在我神殿中看門，不願住在惡人的帳棚裡。（詩篇八四篇 10 節）

聖殿對歷代猶太人的重要性，實難以筆墨形容。他們為這榮美的建築感到驕傲（就如現今人們仰慕巴黎聖母院一樣），但聖殿絕非僅是一個壯麗的標記。以色列全國的信仰生活都以聖殿——神的居所為中心。

虔誠的猶太人每日都會朝向聖殿禱告。他們每年三次前往聖殿朝聖，慶祝三大節期，尊崇神與他們所立的約。以色列民甚至相信聖殿能神奇地保護他們不受外敵侵略。有些人認為，只要聖殿屹立不搖，就沒有外敵能攻進耶路撒冷——這種信念是先知耶利米所嚴厲譴責的。

這首詩篇刻畫出詩人對聖殿的某些強烈情感。本詩的作者是一名「可拉的後裔」——此為大衛王設立的神職詩班，負責崇拜中的音樂事奉。作者在朝聖的旅途中，因著內心的喜樂和期盼，使他視周遭的沙漠幾乎有如綠洲一般。或許運用了一些幽默感，他聲稱他羨慕在聖殿牆上築巢的麻雀和燕子，因牠們能長久住在殿中。他在詩中歌頌道：「在你的院宇住一日，勝似在別處住千日。」

所羅門所建的這座榮耀的聖殿、詩人一心嚮往的院宇，屹立了三百八十年之久，期間有時處於荒廢破損的狀態。這殿被巴比倫摧毀，之後在以斯拉和尼希米的領導之下，部分得著重建，後來耶穌時代的希律王又重修聖殿。耶穌也曾去聖殿朝聖，在殿中的「所羅門廊」行走，而初代教會也在聖殿的外院聚會。

希律王建的聖殿最終被羅馬人毀滅，多年後，伊斯蘭教徒在聖殿原址建了清真寺。但對猶太人來說，聖殿的神聖意義不曾消失，即使到今日，仍有部分以色列人計畫重建聖殿。

自從耶穌復活之後，我們這群接受基督救恩的人，都是神的聖殿。祂如今內住在我們身上，而不是在有形的建築物中。（PY）

每日默想

你覺得敬拜神對你而言是很乏味或是很興奮的事？為什麼呢？請再次閱讀詩篇八四篇，作為你向神的禱告，求祂持續讓祂的聖靈內住在你生命中。

Day 122 示巴女王覲見所羅門

讀經：列王紀上十章 1-13 節

鑰句：「耶和華你的神是應當稱頌的！他喜悅你，使你坐以色列的國位；因為他永遠愛以色列，所以立你作王，使你秉公行義。」（列王紀上十章 9 節）

這段內容瞥見一位世上的統治者親自來觀看所羅門宏偉的王國，並見識到他的智慧。這位示巴女王沒有失望。甚至，她所見到的一切都令她詫異不已。所羅門王朝的智慧和富足遠遠超過她所預期的。連這位可能信仰異教又生活富裕的女王，似乎都可明顯看出所羅門的神深愛著他，選擇藉他的領導來賜福以色列。

示巴位於以色列和阿拉伯以南，就在現今的葉門，南方濱臨印度洋。從女王對所羅門的談話中顯出，神對女王，這位並非來自被揀選的以色列國，而是來自外邦的領袖，揭示祂擁有一種「對以色列永遠的愛」（9 節）。

往後耶穌曾回想示巴女王的故事，將她和耶穌那世代的人相互比較。耶穌說：「當審判的時候，南方的女王要起來定這世代的罪，因為她從地極而來，要聽所羅門的智慧話。看哪！在這裡有一人比所羅門更大。」（路加福音十一章 31 節）試想，若所羅門的智慧和財富都令示巴女王心存敬仰，使她不遠千里來求見所羅門，帶給他貴重的禮物；那麼，在耶穌時代的人們，豈不更應當渴慕跟隨耶穌——追隨這位供應真福分與全備智慧的主？（BQ）

每日默想｜你花多少功夫來尋求耶穌？

Day 123 所羅門的榮華與妃嬪

讀經：列王紀上十章 23 節～十一章 13 節

鑰句：論到這些國的人，耶和華曾曉諭以色列人說：「你們不可與她們往來相通，因為她們必誘惑你們的心去隨從她們的神。」所羅門卻戀愛這些女子。（列王紀上十一章 2 節）

在神對以色列民所定的律例中，有一段話說到：「只是王不可為自己加添馬匹，也不可使百姓回埃及去，為要加添他的馬匹，因耶和華曾吩咐你們說：『不可再回那條路去。』他也不可為自己多立妃嬪，恐怕他的心偏邪；也不可為自己多積金銀。」（申命記十七章16-17節）

顯然地，神早已警戒以色列要避免如所羅門所掉入的這類陷阱。所羅門從埃及運送馬匹回國，娶了七百位嬪妃，以及將近妃子一半的嬪妾。他還比世上任何君王積聚更多的金銀財富。他也累積了大量的服飾、香料、騾馬，和猿猴、狒狒這些當時皇室中時興的寵物（列王紀上十章22節）。

神已特別警告：大量的馬匹、眾多的妃嬪，和龐大的財富，將會對以色列造成危害，而非助益。當以色列購買馬匹協助戰事，就會轉而將信心建立在自身的力量，而非全心倚靠神來得勝；當國家變得非常富有，就會喪失對神的需求感；當君王被眾多外邦妃嬪環繞，尤其大多妃嬪仍忠於她們所敬奉的假神時，則王的心將轉向她們所拜的偶像。

在這各樣的不順服中，所羅門和以色列違背神的行徑，比起大衛過去所行的更令神傷心。因以色列並未繼續選擇盡心愛神（申命記六章5節）。

（BQ）

每日默想｜我們的國家和所羅門時期的以色列，有何相似之處？

Day 124 省思

遺忘神

所羅門的馬匹、妻妾，和財富不斷加增，使他擁有崇高的地位。他能征服一切敵人，隨意享受異國情調的性愛關係，並樂於接受重視財富之人的稱揚與敬佩。從世上的眼光來看，所羅門確實擁有了一切。

然而，當所羅門專注財富、享受聲望時，卻也日趨沉淪，漸漸「重回那條路」。神曾在曠野警戒以色列民，在祂帶領他們脫離埃及的奴役，引導他們進入應許之地後，絕不可再踏上回埃及的路。祂已解救他們離開在埃及沒有盼望的生活，並引領他們去到一個美好的地方——他們在那裡可以因著神的能力和賜福，享受生命中真實的福樂。在神持續建造他們的國家、關心他們生命的過程中，他們必然會在應許之地經歷有神同在的豐富生命。

但不久，以色列民的心卻又「再回那條路」。正是大衛的兒子，這位曾聆聽神親身的話語，比任何人更具智慧的所羅門，卻未看見當他選擇軍事防禦、誘惑，和財富，其實就是背叛了那位賜予他生命的神。他選擇虛偽的假象，喪失了神所供應深遠的福樂。連所羅門都被世上的虛假矇騙，最後竟崇拜亞斯他錄——掌管性愛與生育的女神，以及摩洛神——祭神儀式包括獻孩童為祭，都是神的律例中所嚴格禁止的（利未記十八章 21 節）。

我們很容易將眼目轉離神。當我們在世上安逸地生活，享受神的賞賜，常不自覺開始將我們的安全感和樂趣建立在世上的事物，而非神身上。就如神告誡以色列不可再回到埃及的路，祂也提醒我們祂已救我們脫離世上的欺謊。

我們可能無法像所羅門那樣有智慧，但我們能明瞭他錯失的真理。唯有神能保護拯救我們，帶給我們持久的喜樂。世上的力量不能救我們；性愛關係不能滿足我們；財富無法與神的應許和祝福相提並論。既是如此，為何要再回那條路呢？（BQ）

每日默想	哪些事情最常將你的心帶離神？懇求神幫助你單單定睛在祂身上。神垂聽所羅門熱切求智慧的禱告，也會同樣信實地垂聽你的祈禱。

Day 125 非比尋常的歌

讀經：雅歌二章 1-17 節

鑰句：他帶我入筵宴所，以愛為旗在我以上。（雅歌二章 4 節）

歌曲中最常描寫的主題莫過於浪漫的愛情，這是無庸置疑的。但令許多人訝異的是，聖經本身含有不折不扣的情歌——甚至是充分描寫性愛的抒情詩。

所羅門擁有眾多妃嬪，對愛情十分投入。最終，他因沉迷於情愛而受害，帶給他極大的傷痛。但這歌中之歌——雅歌（又被稱為所羅門之歌），在歌頌一種高尚、美麗的愛情，當中毫不羞愧地呈現戀人相互享受身體的親暱，並坦承個中的愉悅之情。

不是每個人都能對這卷書的坦率描繪感到舒服自在。在中世紀的西班牙，阿維拉的聖泰瑞莎（Saint Teresa of Avila）曾領導一個運動，主張雅歌書應從每本聖經中剔除並公開焚毀。凡拒絕這麼做的神父和教師，就被撤職，甚至入獄。

數世紀以來，另有不少人試圖將雅歌看作是用來比喻神和祂子民之間的愛，與戀人之間的性愛無關。但現今大多學者們認為雅歌應照其字面意義解讀，視其為有關新婚夫婦對愛情的頌揚。

這對愛侶不帶著一絲羞愧地注視對方，並相互傾吐自身的感受。他們陶醉在愉悅的感官世界：自然之美，和膏油香料的香氣之中。他們享受坦誠的性愛關係。雅歌還營造了和大部分的現代情歌截然不同的氣氛，它使人想起伊甸園中原創的愛，那時男女赤身露體並不羞恥。你嗅不到一絲羞恥或罪惡的氣息，並感覺到神正對他們的愛發出微笑。（PY）

每日默想 | 你在成長的過程中，從父母或師長身上，學到什麼關於浪漫的愛方面的事？

Day 126 婚禮

讀經：雅歌三章7節～四章16節

鑰句：我的佳偶，你全然美麗，毫無瑕疵！（雅歌四章7節）

所羅門的雅歌從一對愛侶的戀愛期，進展到他們的新婚之夜——今天的章節——直到成熟的婚姻關係。

新郎帶隊前往新娘家迎親，接著舉行結婚儀式，是古代以色列的風俗，至今中東地區仍沿用此習俗。在婚禮之後，夫妻進行圓房，共享美麗的新婚之夜，相互毫不保留地愛著對方。所羅門對他的新娘美麗的身體所表達的讚美，也反映出每一位充滿愛意的新郎或新娘對其新婚配偶的稱讚。

雖然所羅門心愛的女子膚色黝黑（一章5節）——當時膚色黑不像膚色淺那樣討喜，但所羅門仍發覺她的美麗。隨後，這新婦也讚揚她在良人身上所看見的美好（五章）。本段章節的末了，新娘邀請新郎來完全地享有她。她把自己全然獻給他，如同果樹提供自身鮮美的果實。（BQ）

每日默想 | 你長大後認為性是婚姻中極美好、令人滿足的部分，或者你受到不同的教導？

Day 127 成熟的婚姻

讀經：雅歌八章 1-7、13-14 節

鑰句：愛情，眾水不能息滅，大水也不能淹沒。若有人拿家中所有的財寶要換愛情，就全被藐視。（雅歌八章 7 節）

雅歌的最後一章描繪這對愛侶享受成熟的婚姻，這段婚姻雖歷經試煉仍保有真愛，和熱情的親密關係。所羅門時代的文化中，丈夫和妻子公開表現愛意是不被許可的。本章第一節，妻子表達她渴望能像姊妹與自己的兄弟般，得以公開向丈夫表露愛慕之情。妻子以富有情趣的口吻稱自己是良人的姊妹、母親，和先前提到的朋友（五章 16 節）。顯然地，這對愛侶共享多方面的關係，相互滿足彼此間的各種需要。

本章第五節描述這對夫妻從曠野而來，在此我們看見一幅圖畫，描繪出夫妻兩人克服婚姻中的種種考驗。他們早先化解了女子心中的疑慮不安（一章 5 節），還要面對「狐狸」（二章 15 節）：意表對他們的關係造成威脅的阻礙或誘惑，和新婦對她丈夫的真情無動於衷的時刻（五章 2-7 節）。事實上，當罪惡進入世界，婚姻中的不和諧就成為丈夫與妻子生活中的部分（創世記三章 16 節），但雅歌藉著從曠野而來的這幅圖像，表明這對夫妻已齊心勝過這樣的不和諧。

雅歌繼續表達人們心中無比強烈的愛情所產生的偉大力量。妻子訴說她渴望成為丈夫最重要的珍寶。一旦愛情佔據人心，則其力量能帶給生命更多的活力，也能摧毀生命。若愛情的熱力沒有使所愛的人感動與珍藏，那麼具毀滅性的忌妒之火將燃燒起來。畢竟，愛情是神賜下的無價禮物，必須讓人好好珍視和保護。

雅歌的最後兩節述說這對愛侶回想他們的戀愛期，彼此表達內心的愛意，這愛情依舊強烈、親密，也同樣充滿樂趣和熱情。這對夫妻已活出相互委身的婚姻關係，其婚姻的各面向皆反映出神對婚姻的計畫。（BQ）

每日默想 | 你可曾認識哪一對夫婦能具體地呈現出雅歌中所描述的婚姻？

Day 128 省思

喜愛神的道路

所羅門筆下描述夫妻之愛的雅歌，成為聖經中的一卷書——這位擁有妃**七百**、嬪**三百**的王，憑什麼獲此殊榮呢？神對他的一夫多妻和淫亂的行徑視若無睹嗎？難道像唐璜和花花公子這類的人，才最有資格教導愛與熱情嗎？

一些學者認為所羅門寫雅歌的時間，是在他娶第一位妻子之後，尚未迎娶其他成百上千的妃嬪之前。如此，他的典範才和雅歌相合。然而，所羅門的欲望無窮。當他發現令他喜悅的事物，好比馬匹、建築物、黃金和妃嬪，他就開始像孩童收集祕密珍寶一樣，大量聚藏想要的一切。

或許，所羅門寫雅歌是當他年紀老邁，對後宮眾佳麗已感到厭倦之時。當他回顧過往的人生，就如他在傳道書所做的沉思，他已看見自己的錯誤行徑，並回想起純真的婚姻時光，其中反映出神對夫妻的美好計畫。

無論神選擇所羅門來寫這卷最美的愛情詩歌的原因為何，顯而易見的是：神賜給我們雅歌來教導我們男女相愛之道。雅歌全書所呈現的浪漫之愛，是在我們內心一股強大、活躍的力量。究竟有多強烈呢？愛情就如無法被熄滅的熾熱火焰、永不止息的渴求，和大水沖不走的巨石。愛情是令人著迷、永不改變的。這聽起來不正像神對我們的愛嗎？

神定意要讓愛在我們身上產生這巨大的力量。愛使我們合一，激發我們所需的活力去關心生命中的人事物。所羅門在箴言中暗示了這個真理：「你要保守你心，勝過保守一切，因為一生的果效，是由心發出。」（箴言四章 23 節）

所羅門的雅歌頌揚愛情散發的生命力，並以親密的性關係作為愛情的至極表現。性使愛的關係圓滿，但唯有在婚姻中的結合才會使愛情持續增長。性關係是夫妻兩人相互給予的最美禮物，能使兩個生命在世上持續結合在一起。

聖經這本真實的書，從未貶低性的影響力。性行為觸及我們的情感和意志，影響我們所做的一切，甚至我們會成為的樣式。性關係起初常令人感到很美好，但若這關係不是發生在婚姻中，則那美好的感受是無法持久的。婚姻外的親密關係會使我們的生命枯竭耗盡，而非帶來生命活力。

神藉由雅歌說明：在適切的情景下，浪漫的愛的關係，包括當中的每一部分，都是神所賜的禮物。祂也反覆提醒：「不要驚動，不要叫醒我所親愛的，等他自己情願。」（二章 7 節）因著愛情是極美好的禮物，許多人渴望結婚來真實經驗這份愛，但愛情是無法被買取或勉強的。儘管在婚姻中，愛情需要相互委身和持續經營，但愛情的開端不會因著人費勁地強求而出現。

當我們省思神賜下的愛的禮物，應當讚美祂對我們那熱烈、不間斷的愛。我們在這世上所經驗到的浪漫之愛，只不過是預嚐到一點神對我們的愛——那將在永恆中全然顯明的豐盛之愛。「我如今所知道的有限，到那時就全知道，如同主知道我一樣。」（哥林多前書十三章 12 節）（BQ）

每日默想｜你如今已擁有浪漫的愛情關係嗎？還是你正在尋求愛情呢？或是你對愛的關係感到疑惑，不明白神在這方面的旨意為何？請向神表達你渴望按著祂的心意去愛，並懇求祂使你有智慧作出關於愛情的抉擇。

Day 129 人生的忠告

讀經：箴言四章 1-27 節

鑰句：你要保守你心，勝過保守一切（或譯：你要切切保守你心），因為一生的果效是由心發出。（箴言四章 23 節）

所羅門統治的盛世並未長久持續下去。列王紀上的作者明確論述到：所羅門在建造神的聖殿之後，又花了雙倍的時間和精力建造他自己的宮殿（七章 1 節）。所羅門表現出無力控制自身過度的欲望：無論是財富、權力、戀情，和政治密謀。他似乎深深被一股要勝過任何人的渴望所驅使，而漸漸失去了他對神的委身。列王紀上對所羅門時代作了如下的總結：「所羅門行耶和華眼中看為惡的事，不效法他父親大衛，專心順從耶和華。」（十一章 6 節）

然而，雖然所羅門最後過的是一個不討神喜悅的生活，但他的確也運用他極大的天賦完成許多美好的成就。在藝術方面，他創作了不少文學佳作，當中有些收入聖經書卷。他得著神所賜奇妙的智慧，因而有靈感完成詩作一千零五首，並寫下箴言三千句，其中有許多被收錄在聖經的箴言這卷書中。

這具代表性的一章清楚呈現箴言這卷書的風格：一名智慧的長者，被一群渴慕生命之道的年輕人圍繞，向他們緩緩揭開他生命成功的祕訣。（這情況就像現代人會跑去買某出名的運動健將或商業鉅子的最新致勝祕笈一般，**認為這或許能幫助他自己變得一樣成功**。）

然而，在揭示他的祕訣之前，箴言的作者要清楚表明一件事，就是他所教導的智慧不應被簡化成一串「做什麼與不做什麼」的規條。世上沒有「速成智慧」的妙方；真實的智慧需要花一生來追尋。而這樣的生命所帶來的報償，值得你為此做任何犧牲，「用你一切所得的去換智慧」。

當作者將「義人的路」和「惡人的道」作對照之際，不禁讓人想要瞭解，若所羅門始終按著他自己給人的忠告行事，那麼結果將會變得多麼不同啊！如今他的人生已成過往，那麼，他只能期盼將這需用心咀嚼的真智慧傳遞給後世的人了。（PY）

每日默想｜你在未信主之前，或在不跟隨神的日子，是從何處尋找智慧呢？

Day 130 如何讀箴言

讀經：箴言十章 1-23 節

鑰句：謹守訓誨的，乃在生命的道上；違棄責備的，便失迷了路。（箴言十章 17 節）

所羅門善於將他偉大的智慧以平實的手法表達。因此，箴言這卷書讀起來像一部有民間風味、很生活化的勸世集。這實用的生活指引，主題包羅萬象，要幫助你建立在世生活之道。箴言對許多大小議題都有所評論：舉凡胡言亂語、睦鄰之道，及一大清早叫人吃不消的大聲祝福。

關於箴言所論述的大原則，我們仍會在現實生活中發現一些例外的情況。例如箴言十章 4 節：「手懶的，要受貧窮；手勤的，卻要富足。」然而像辛勤工作的農夫可能會在旱災中挨餓，而有時成天做白日夢的懶散者，卻中了彩券頭獎。箴言只談生命運作的基本模式，給予我們生活的常規，而非例外。通常，敬畏神、品行端正、勤勉又有智慧的人，會擁有成功的人生。而至於那些愚昧、貪婪的人，就算他們看起來成功，也會為他們的生活方式付上長久的代價。

箴言裡的忠告，呈現的形式大多為簡潔、一針見血的「雋語」，所以讀這卷書與讀聖經其他書卷的方式不同。閱讀箴言很難一口氣讀好幾章。有些人規定自己每天讀一章箴言，因箴言共有三十一章，如此每個月都能讀完箴言一遍。但其實箴言是要人一次少量細細品味、慢慢消化，然後漸漸吸收。

許多格言是用「對句」的手法寫成，這正是希伯來詩常以略微不同的方式重複同一個思想的風格。這當中有一種形式稱為「同義對句法」，意表格言的下半句強調並潤飾上半句的意涵（十章10節）。另一種形式稱為「反義對句法」，意表下半句的意涵與上半句相對立。這兩類對句法的竅門，都在於將格言上下兩句中，相對應的詞組作比較。例如，箴言十章4節中，「手勤的」相對於「手懶的」，而「要富足」與「受貧窮」恰恰相反。但有時這些對照的意涵是很微妙而不易察覺的。（PY）

每日默想｜在這章箴言中，有哪句格言讓你最受用？

Day 131 關於言談的教導

讀經：箴言集錦

鑰句：一句話說得合宜，就如金蘋果在銀網子裡。（箴言廿五章11節）

關於話語的重要性：

十章11、20節，十二章14節，十五章4節，十七章10節，十八章21節，廿五章11節

關於不當的言談：

六章16-19節，十一章9、12-13節，十二章18節，十三章3節，十八章8、13節，廿六章23-28節

關於合宜的言談：

十章14、21、32節，十二章25節，十五章1、23、28節，十六章13、23-24節，十七章27-28節，廿七章5-6節，廿八章23節

關於話語的危害性：

十章19節，十四章23節

誰是你所認識最有智慧的人？或許，你會想到一位人生閱歷豐富的長者，擁有幽默的思想，又處事靈活。想必所羅門就是像這樣的人，他還把對人生的觀察以簡潔、巧妙，充滿寶貴見解的文字傳給了後世。

所羅門並非整天坐著滔滔不絕地按主題順序講述箴言。箴言全書很可能是在他晚年集結而成，內容沒有照一定的次序排列。因此，一開始閱讀箴言也許會讓你感覺像看辭典：你會讀到一則則各具意涵的短語，彼此之間卻僅有一點關聯，甚至毫無任何的相關性。

即便箴言中的雋語迅速且隨意地轉換著主題，但在這無次序的結構內，仍有整體的大方向。如果你花充足的時間閱讀箴言，就會得著對生命敏銳、實際的領會。箴言中常一再出現的主題：善用與誤用話語，富足與貧窮，脾氣的掌控，怠惰與辛勤。

儘管箴言充滿智慧之道，卻很可能是聖經中最常遭濫用的一卷書。人們常引用箴言中的格言，似乎認定這些話是神絕對的應許或刻板的生活準則，然而事實上，並不全然需要如此看待。我們最好先閱讀箴言全書，然後領受書中針對各主題全面性的觀點。

一般按箴言篇章安排的讀經計畫，無暇對當中各主題作深入研究。然而，前面列出的箴言集錦，全是論及話語的力量，可顯出主題式研讀所產生的功效。若將這些格言放在一起閱讀，能呈現出對言談的一種智慧、平衡的見解，顯出話語美好或有害的爆發力。（PY）

每日默想 | 你最近說了些什麼話是此刻巴不得想收回的嗎？

Day 132 萬事都有定時

讀經：傳道書三章 1-22 節

鑰句：神造萬物，各按其時成為美好，又將永生（原文是永遠）安置在世人心裡。然而神從始至終的作為，人不能參透。（傳道書三章 11 節）

對聖經中竟有雅歌這樣的書卷感到驚奇的人們，也許看到傳道書就覺得一切了無生趣了。本書作者帶著令人沮喪的絕望心情喊道：「虛空的虛空，凡事都是虛空。」（一章 2 節）

雖然傳道書沒有提到作者的名字，但卻明顯暗示所羅門王是本書的作者，即使不是他寫的，至少內容靈感出自於他。傳道書說到一位世上最富裕、最有智慧、又最出名的人，竭力追求世間種種快樂。但此人——傳道者，最終在極度的懊悔、絕望中崩潰了；他感覺自己浪費了寶貴的生命。

位於本書前段的這個篇章，給予這卷書一個簡單的摘要，開頭以優美的詩句傳達對光陰的看法，繼而帶出對生命的沉思，正是傳道者尋求人生意義的典型之作。作者的推斷是：神叫世人「勞苦」，使我們從世上找不到終極的滿足。在花盡一生尋求世間的快樂之後，傳道者不禁提到：「人生就如此而已嗎？」即使連他極少尋到的片刻平安和滿足，都輕易便被死亡的猛烈威脅而破壞殆盡。根據傳道者的領會，生命離了神就失去意義，事實上，我們無法全然明瞭生命的意義，因為我們不是神。

但神也「將永生安置在世人心裡」，所以我們渴望得著更多：存到永遠的福樂、不變質的愛情，並從工作中得到滿足而非厭煩。

因此傳道者在兩種狀態之間擺盪，他感到一股持續的拉力使他步向絕望，但同時又有一種力量引領他迎向光明人生。本書很像傳道者的生命日誌，記錄個人尋求人生平衡點的歷程。在這章中，這種上下緊繃拉扯的狀況未獲解決，而有些讀者懷疑這問題是否至終都無法完全解釋。但傳道書最後留下一句忠告，作為傳道者智慧的總結：「敬畏神，謹守他的誡命，這是人所當盡的本分。」（十二章 13 節）（PY）

每日默想｜傳道者非常坦誠地訴說內心的疑惑和絕望。本章哪些內容特別令你感同身受？

Day 133 省思

得智慧的祕訣

所羅門大有智慧，在他沒有難解的問題。他可能是世上最有智慧的人，但並非只有他擁有智慧。他的父親大衛早在所羅門出生前就寫下了描寫智慧的詩歌。事實上，大衛提供我們得智慧的兩大要點：「你在我隱密處，必使我得智慧」（詩篇五一篇 6 節）和「耶和華的法度確定，能使愚人有智慧」（詩篇十九篇 7 節）。智慧直接從神而來，祂賜智慧給那些與祂建立關係的人，而遵循神對生命的指引，是使人從愚昧變為智慧的第一步。另一位詩篇作者的詩句與大衛的相呼應：「敬畏耶和華是智慧的開

端。」（詩篇一一一篇10節）

所羅門在箴言中寫下更多有關智慧的話語。他十分確定：「**耶和華賜人智慧。**」（箴言二章6節）藉由向神為自身求智慧，得著他過人的智慧。於是他給予世人一些得智慧關鍵的態度和行動。首先是謙卑。他傳達出：「**謙卑帶來智慧。**」（箴言十一章12節）急於自我推銷的人是不明智的，也不會得著真智慧。當我們專注於提升自己在他人心目中的形象，就會力求支配自己的命運，而不是讓神來決定一切，人若陷入這欲望，是無法與智慧同行的。

所羅門也寫到關於接受勸告和指正：「**聽勸言的，卻有智慧**」（箴言十三章10節）；「**杖打和責備能加增智慧。**」（箴言廿九章15節）當我們能樂意藉由勸告和指責接受從他人來的智慧，將會更快速地累積智慧，甚過單靠自己尋求。

影響我們成為智慧人或愚昧人的因素中，生命裡的友人的確扮演了重要的角色。在交友方面和時間分配上的選擇，反映出我們對得智慧這件事關注的程度。所羅門說：「**與智慧人同行的，必得智慧。**」（箴言十三章20節）我們周圍的人深深影響著我們會成為什麼樣的人。例如，那些對耶穌有深刻認識的人，會帶領我們在主裡得著更大的智慧。

在生命中與他人互動的方式是另一個得智慧的要訣。我們的用字遣詞和說話的內容，會引領我們得著更深一層的智慧，或離智慧更遠。喋喋不休地說話通常會導致遺憾。但當我們謹慎我們的言語，明白話語對他人和自身的影響力，就會顯出我們渴求智慧的心。所羅門說：「**智慧人的心教訓他的口。**」（箴言十六章23節）

我們將精力投入何處，是得智慧最終的關鍵。所羅門說：「**有智慧的必能得人。**」（箴言十一章30節）這是一個期望凡事討耶穌喜悅、渴望擁有和耶穌相同人生觀者的最終明證。我們可以選擇將生命的注意力放在自身和自己的愛好上，或集中在神和祂所關注的事情上，包括其他人的生命。如果我們專注於神，就會花時間在那些需要認識耶穌的人身上。我們將充滿一種不滅的熱情，去幫助人增長智慧。

根據大衛和所羅門所述，每個人無論年紀多寡都能藉由正確的方法得著智慧。尋求智慧永不嫌晚。所羅門說：「**智慧為首**」並「**比珍珠更美**」（箴言四章7節，八章11節）。除了愚昧人，誰不想找著智慧呢？（BQ）

每日默想 你如今把握了哪些所羅門的智慧要訣？你需要向神求智慧，或求委身於祂的指引嗎？你需要為人謙卑，接受勸言和責備，尋找智慧的朋友，或謹慎你的言語嗎？你是否相當關切引人歸主這件事？懇求神幫助你，使你的智慧不斷加增。

Day 134 以色列背叛羅波安

讀經：列王紀上十二章 1-24 節

鑰句：以色列眾人聽見耶羅波安回來了，就打發人去請他到會眾面前，立他作以色列眾人的王。除了猶大支派以外，沒有順從大衛家的。（列王紀上十二章 20 節）

在大衛和所羅門的領導之下，以色列國終於變得強大興旺。但即便在他們成功的帶領下，十二支派間仍出現持續的對立。土地分配引發的忌妒，爭奪彼此間的優勢，使國家面臨分裂的危險。而最終所羅門的軟弱使國家受到嚴重損害。他耗資巨大的建設方案，使以色列民身負重稅，也使他必須從百姓中徵召人民服苦役。同時，他道德上的失敗，漸漸破壞其民族信仰上的合一。這擁有短暫光芒的聖約國度已逐漸式微。在所羅門過世後，以色列國於西元前九百三十一年分裂為二，並日漸衰落，走向滅亡。

在這個令人想起掃羅和大衛早年往事的故事中，神藉由一位先知顯明祂的計畫，就是祂要將以色列國的部分從所羅門的兒子羅波安，這位合法的王位繼承人手中挪走，並賜給宮中臣僕耶羅波安。就像當年的大衛一樣，耶羅波安在得知這預言後必須逃亡，因為所羅門想要殺他。這預言在所羅門逝世之後得著應驗。羅波安對權力的貪得無厭，使以色列眾支派除了南方的猶大、便雅憫之外，全都反抗他。耶羅波安被立為北國以色列的王，而羅波安統治南國猶大。（BQ）

每日默想 你比較像羅波安一樣專注於外在的成功，還是內在屬靈生命的成長呢？

第三部 北國——以色列

Day 135 撒勒法的寡婦

讀經：列王紀上十七章 1-24 節

鑰句：耶和華應允以利亞的話，孩子的靈魂仍入他的身體，他就活了。（列王紀上十七章 22 節）

以色列王國已分裂為北國以色列和南國猶大。接下來舊約記載了關於這時期格外混亂的局面：這兩個國家共有三十九位統治者，還出現幾十位先知。但你若記住以下的基本要點，就不至於全然摸不著頭緒：**以色列**是分裂出來的北國，首都在撒瑪利亞，北國的所有君王都不忠於神；**猶大**是南國，首都在耶路撒冷。大體上，南國的君王——都是大衛的後裔，較忠於神和祂的約，因此猶大比北國以色列多存活達一百三十六年之久。

雖然聖經提到這三十九位君王的名字，但所羅門之後的君王故事，都記載得相當簡略、平淡模糊。神將重點轉到先知的工作上。

以利亞這位情感最熾烈、性格粗獷的先知，首次出現是在本章之中。他比任何人都能說明這明顯的轉變：當所羅門王還身穿珠寶華服，在富麗堂皇的王宮中過著奢華的生活時，以利亞卻穿著簡陋的黑駱駝毛的衣服，睡在曠野中，還必須乞討或祈求施捨，他身處在北國以色列國勢蓬勃，但屬靈光景低落的時刻。皇后耶洗別剛展開一個宗教迫害行動，要殺害那些忠心事奉神的先知，並要以上千名特別挑選出來的異教祭司取而代之。

本章瞥見以利亞逃亡歲月的情景。雖然他是一位情緒多變的先知，時而陷入沮喪和自我懷疑當中，但很清楚的是，他有神同在。以利亞醫治寡婦兒子的慈愛故事，顯示神未曾忘記「弱小的人」。以色列的得救在於他們是否認真聽從如以利亞這些先知們的話。（PY）

每日默想 | 本週神如何讓你看見祂關切哪件對你極為重要的事？

Day 136 以利亞在迦密山上

讀經：列王紀上十八章 15-40 節

鑰句：到了獻晚祭的時候，先知以利亞近前來，說：「亞伯拉罕、以撒、以色列的神，耶和華啊，求你今日使人知道你是以色列的神，也知道我是你的僕人，又是奉你的命行這一切事。（列王紀上十八章 36 節）

在古非洲，有時部落間的爭戰會以派代表單獨對決的方式進行。雙方大軍面對面列隊站立，揮動他們的武器威嚇對方，並相互大聲辱罵。當部族間的仇恨怒火上升到極點，就會有兩位武士站出來——單單兩個人——分別代表自己所屬的軍隊作戰。誰先讓對方流血，就表示神站在他那一方，而敵方軍隊就要投降。以色列在重大危機時刻也會出現這種單獨對決的爭戰。照例，先知以利亞居主導地位。

以利亞長途跋涉橫跨以色列，來到崎嶇的山上，與異教敵人對峙。歷史上少有場景能和這場發生在疾風凜冽的迦密山上的景象相比擬。其中一方站了侍奉巴力和亞舍拉共八百五十位先知的華麗隊伍；另一方則是一位孤寂、不修邊幅的屬神沙漠先知。以利亞讓異教先知們先上場，當他們在所築的壇四圍踴跳並呼求他們神的名，以利亞在一旁坐著看好戲，嘲諷他們，令他們狂怒。他大聲嬉笑他們：「也許你們的神在行路或睡覺」，他們就按著他們的規矩用刀自割，直到身體流血。

以利亞雖一人面對眾多異教敵人，但他卻證明了自己是個不容小覷的對手。當輪到他上場時，他像一位令人驚嘆的魔術師，將十二桶水——這對歷經三年久旱的以色列來說最珍貴的東西——倒在耶和華的壇上，這麼做似乎使神蹟成就的可能性更低。正當以利亞像是開了全國人民一個大玩笑時，神蹟發生了：火從天而降。眾民心存敬畏，俯伏在地。火焰的熱度甚至高到融化了石頭和塵土，而溝裡的水也好像燃料一般，被火舌全部吞食燒乾。

以利亞名字的意義為：「耶和華是我的神」，迦密山上的決戰最終毫無疑問地顯出耶和華是神。以利亞精心安排了一個聖經中最偉大的神蹟之一。這彷彿是神向北國大聲發出最後的明確警告——但他們依舊不聽這警告。（PY）

每日默想	在舊約時代，神偶爾會公然以令人讚嘆的壯麗場景向世人啟示祂自己。即使祂在你生命中所顯出的能力並非如此壯觀耀眼，你能想到你有哪個經歷是神清楚顯明引領你克服難關的嗎？

Day 137 主向以利亞顯現

讀經：列王紀上十九章 1-18 節

鑰句：地震後有火，耶和華也不在火中；火後有微小的聲音。以利亞聽見，就用外衣蒙上臉，出來站在洞口。有聲音向他說：「以利亞啊，你在這裡做甚麼？」（列王紀上十九章 12-13 節）

儘管神在迦密山上清楚彰顯了祂的大能，但當以利亞得知亞哈的妻子耶洗別誓言要殺他時，仍心生極大的惶恐。神才剛從天降下烈火，並使數百名巴力先知遭殺戮，然而以利亞已情緒耗盡。當這威脅來到時，彷彿其嚴重到已勝過神那真實顯著的大能。以利亞一直是敬愛神，忠心地投入神的工作，但即使這樣一位偉大的先知，也有他信心軟弱的時刻。因著陷入懼怕之中，促使他多走了一段漫長艱辛的路程。

然而，神很慈愛地對待以利亞，甚至差派天使照顧他的需要。「**起來吃吧！你當走的路甚遠。**」——神溫柔地滋養這位在軟弱中疲憊不堪的人。原本只需走十四天的路程，以利亞走了四十晝夜，一路皆靠神供應所需。

當以利亞來到何烈山——就是神從前向摩西彰顯祂自己，並與以色列民制定聖約的地方，他表明自己在忠心事奉神的路上感到孤單。他看到其他事奉神的先知都遭殺害，就確信自己會是下一位喪命者。但他所看到的仍是片面的。神透過以利亞所展現的偉大勝利，已被恐懼和失敗的感覺所掩蓋。這一回神不是藉由驚人的事件發聲，而是透過微小的聲音說話。以利亞已看過神所彰顯的壯觀作為；如今他需要聽見神溫柔的聲音。神將以別種方式使用以利亞，這新模式對他來說將較輕省些，也使他能繼續篤定相信自己的身分是神所愛的僕人。（BQ）

每日默想 | 你曾在什麼景況下，迫切需要神的扶持和關顧？

Day 138 以利亞被接升天

讀經：列王紀下二章 1-18 節

鑰句：過去之後，以利亞對以利沙說：「我未曾被接去離開你，你要我為你做甚麼，只管求我。」以利沙說：「願感動你的靈加倍地感動我。」（列王紀下二章 9 節）

神讓以利亞和以利沙之間擁有像師生，又像相互扶持的同伴關係。然而，如今來到以利亞要離開世間，而以利沙要接續先知使命的時候了。之前神只有讓一人未經死亡而被接升天——以諾是第一位被神接去的人（創世記五章24節）。這段場景呈現出，這位在以色列盛行偶像崇拜的時期，盡心服事神的先知得尊榮的景況，神差派火車火馬護送以利亞進入神的同在。

以利沙這位虔敬的屬靈之子，拾起以利亞身上掉下的外衣，並取得神所賦予的權柄，繼承那已傳遞給他的職責。因著親眼看見以利亞的離去，按著應許，如今那感動以利亞的靈已加倍地感動他了。（BQ）

每日默想｜神將誰安放在你的生命中，作為你的支持和屬靈同伴？

Day 139 省思

聆聽神的聲音

有時以利亞沒有顯出聆聽神聲音的任何具體行動，他似乎就是明白神要他做什麼。他對寡婦說她的麵粉必不短缺，他呼求神從天降火焚燒祭壇，這些都清楚顯明是神的旨意。另有些時候，神很清楚、直接地對以利亞說話。他在洞穴中聽見神親口向他提問，隨後神又用極為微小的聲音與他交談。以利亞聽到神以不同的方式向他說話。究竟是以利亞特別有這方面的恩賜，還是任何與神同行的人都將清楚聆聽到神的聲音呢？

在史哈拿（Hannah Whitall Smith）所寫的《信徒快樂祕訣》（*The Christian's Secret of a Happy Life*）一書當中教導：我們都能聽見神的聲音，這是無庸置疑的。史哈拿闡明神會藉由聖經的話語、環境的安排、悟性良知的判斷，和內心聖靈的感動，來向我們說話。她說到：「無論神以多少不同的方式發聲，祂的聲音總是和諧一致的。」她又解釋：「聲音可能有許多，但當中的核心信息卻只有一個。如果神以一種聲音告訴我要去做或不去做某件事，祂就絕不可能告訴我另一個相反的聲音。若各樣聲音之間出現相互矛盾的現象，那麼發聲者就絕不會是同一位。」[8]

聖經對我們生命中大多的遭遇，都給予了清楚的指引。當我們對聖經熟悉，就能做出和神的心意相符合的決定。但史哈拿提醒我們：「然而重要的是，我們應牢記聖經是一部原則性的書，而不是一本零散的格言。單獨挑出來看的經節常被用來附和一些與聖經原則背道而馳的事。」[9]

有時，我們會感到需要得知比聖經所提供的方針更具體的明確方向。那麼我們就必須同時觀看周遭環境的運作和引導，和「蒙聖靈光照」的悟性良知的判斷，以及聖靈放在我們內心的強烈感動。「如果在這些檢測中，有任何一項不通過，就不要貿然前進，你必須安靜信靠、等候神，直到神向你顯明祂和諧的旨意，若這是神的聲音，你遲早必會得到這樣的和諧。」[10]

史哈拿還提醒我們：有時我們會聽見不是從神而來的聲音。這些聲音可能來自我們周遭人的強烈觀點，來自我們自身多變的情緒或情感狀態，也或許來自想要誤導我們的屬靈仇敵。我們不需要害怕這些聲音，但我們應當謹慎，不要受他們操控。花時間去分辨我們所聽見的是否確實是神的聲音，這是非常重要的。

如果我們渴望聆聽神的聲音，並願意耐心等候直到神的旨意向我們顯明，就當全然信靠神必會清楚明白地對我們說話。「因此，要將你現今的一切困惑交給主。請告訴祂你只渴望得知並聽從祂的聲音，懇求祂清楚指示你。請向神承諾無論祂的旨意為何，你都必定順服。全心相信祂正照著祂的話語引導你，在一切疑惑的事上要等候祂清楚的亮光。你當持續仰望和聆聽祂的聲音；一旦確知祂的心意，就立即全然順服。若你所得的感動不是出於神的旨意，要信靠祂將使你遺忘那意念；但若那樣的感動繼續存留心中，又和祂各樣的聲音都和諧一致，就單單順服，不必懼怕。」[11]

（BQ）

每日默想｜在生命中的哪些層面，你需要聆聽神的聲音？懇求神幫助你清楚聽見祂的心意，並全然順從祂的旨意。

Day 140 寡婦的油；書念婦人兒子復活

讀經：列王紀下四章 1-36 節

鑰句：孩子的母親說：「我指著永生的耶和華，又敢在你面前起誓，我必不離開你。」於是以利沙起身，隨著她去了。（列王紀下四章 30 節）

今日的故事顯露出神的愛臨到那些在以色列對祂持守忠心的百姓。雖然國中大部分的人已轉向崇拜巴力，仍有一些人繼續跟隨神並尊崇屬神的先知。在當時大多的近東社會，女性的地位是很卑微的，但神對婦女們的關心卻明顯可見。神對那些敬畏祂的人所給予的關懷，是一點也不帶任何性別偏見的。

在這兩則故事裡，兩位婦人分別表露了對神大能的堅定信靠，深信神有能力幫助她們。第一位婦人是一個寡婦，其生活格外艱辛，她不僅沒有丈夫提供生活所需，還是先知門徒的遺孀，丈夫所遺留的財產極少。而神竟以無論她自身或身邊任何人都猜想不到的方式，來供應她的需要。

第二位婦人是書念人，在危急關頭表現出她對神的信心。她得著一個兒子卻又突然失去，令她感到相當沮喪和受欺哄的感覺，然而她知道神遠遠勝過她的失望。即便內心極其傷痛，她仍憑著對神的信靠，展開信心的行動。書念婦人的兒子出生和復活的故事，相信已傳遍了全以色列。神再次彰顯祂的主權高過受民眾頌揚的生殖神巴力。（BQ）

每日默想｜神曾以怎樣令你意想不到的方式，供應你的需要呢？

Day 141 乃縵大痲瘋得醫治

讀經：列王紀下五章1-27節

鑰句：於是乃縵下去，照著神人的話，在約旦河裡沐浴七回；他的肉復原，好像小孩子的肉，他就潔淨了。（列王紀下五章14節）

以利亞的作風是獨來獨往、四處逃亡，傳講審判的嚴厲信息，以利沙則生活在一般平民百姓中，強調生命、盼望和神的恩典。

以利沙的生活很多采多姿：他帶領先知學校、扮演軍隊的密探、給君王忠告，甚至膏立革命者。禿頂和木手杖是他明顯的標誌，而他所行的神蹟奇事在各地傳佈開來，使他成為以色列著名的人物。以利沙曾祈求：願感動以利亞的靈加倍地感動他，而聖經也明確記錄了以利沙所行兩倍之多的神蹟。當中不少預表耶穌往後所親自施行的神蹟；這些神蹟顯出神看顧窮困、被棄者的需要。

在這章中，描述以利沙對敵軍首要將領提供的幫助。乃縵的慕名前來顯示以利沙的聲名遠播。一位異教君王為了使身邊大將恢復健康，不惜向神的先知尋求幫助。

以利沙對將領和君王毫不客氣的態度，與他對窮困受壓迫者的柔和親切，成為鮮明的對比。他所指示的療法奇異荒謬，又拒絕收禮，十分令乃縵不悅。然而，以利沙要清楚表明醫治不是來自魔力或巫醫的神祕技法，而是從神而來——而神要求人謙卑順服，即使是財富滿貫的五星上將也不例外。

耶穌在傳道初期提到這個故事（路加福音四章27節）。他傳達了與以利沙相同的觀點：不要想把神「框限起來」。人無法操控神，而應該去順服神，並遵守祂所定規的一切。（PY）

每日默想｜有位作者曾將基督徒的生活定義為：「靠神所賜的驚奇過活」。神曾讓你感到驚奇嗎？

Day 142 以利沙和火車火馬

讀經：列王紀下六章 8-23 節

鑰句：神人說：「不要懼怕！與我們同在的比與他們同在的更多。」（列王紀下六章 16 節）

在以利沙作先知期間，以色列和其鄰國亞蘭有時彼此爭戰，有時處於和平狀態。即使在戰時神甚至能讓列邦認識祂。藉由以利沙，神已神奇地扭轉一位寡婦的經濟狀況，使一位婦人得著兒子並讓她的兒子復活，還醫治了長大痲瘋的將軍。如今神使整個敵軍的眼目昏迷，並為他們設擺飲食，在他們吃喝之後，遣送他們平安歸鄉。在這段只提到以利沙和主耶和華這兩個名字的段落中，我們看見神再次證明祂同在的大能遠勝過任何形式的力量。

當我們遭遇困難、爭戰，在大多情況下，我們看不見天上大軍為我們整軍作戰，但這回以利沙的僕人有片刻瞥見屬靈世界的真實景況。在看見火車火馬之後，他又接著看到神使敵軍潰敗，甚至在遣送他們平安歸國之前，還賜福氣給他們。神再次保守看顧祂的百姓，還饒恕了多人的生命。藉由以利沙，神一再地向祂的子民顯明祂的能力與慈愛，總是渴望能再次牽引他們回到祂的身邊。（BQ）

每日默想 | 你過往曾面臨哪個爭戰，而經歷到神以大能的手、強有力的方式介入當中？

Day 143 省思

我們的神大過一切

長年在紐約市布魯克林會幕教會（Brooklyn Tabernacle）牧會的辛傑米（Jim Cymbala）牧師，述說一段他在牧養這教會的初期，迫切呼求神的故事。他當時才剛接任這市中心小教堂會眾——就姑且稱其為會眾吧——的代理牧師。那時主日聚會人數大約二十人，而且大多是窮人，還有一些街頭遊民。辛牧師描述他來到這教會的第一個月，即面臨教會繳不出貸款的窘境。

那個禮拜一，是我休息的日子，我記得自己向神禱告：「主啊，懇求祢一定要幫助我。我雖所知不多——但我確實知道我們必須繳這貸款。」

禮拜二到教會，我告訴自己：「嗯，也許會突然有某個人寄些錢來吧，就像過去經常發生在喬治慕勒（George Mueller）和他在英國的孤兒院中的事情——只要他向神禱告，就會收到信件或有人來訪，以供應他的所需。」

之後，當天的郵件來了——除了帳單和廣告單之外，什麼都沒有。

此時，我陷入極深的困境中。我走上樓，坐在我的小桌前，低下頭開始向神哭訴說：「神啊，我該怎麼辦？我們甚至連貸款都付不出來……。」

我向神呼求了整整一小時左右。最後，我擦乾眼淚——一個新念頭浮現腦海。慢著！除了前門的信箱之外，教會還有一個郵政信箱。我要過街去看看裡面有什麼。神一定會垂聽我的禱告。

我帶著一份新的信心，走到對街，經過郵局大廳，來到那小小的郵箱前，轉動其上的把手，然後往裡仔細瞧了一瞧……。

結果，空無一物。

當我走回陽光下，一輛輛卡車在大西洋大街上呼嘯而過。就算當時有什麼車把我撞倒在地，也不會使我的心情比此刻更加黯淡。神離棄我們了嗎？我做了什麼不討神喜悅的事嗎？我步履沉重而困倦地走過馬路，回到那矮小的樓房。

當我開鎖進門時，我發現另一個讓我深感驚訝的事。在門廳的地板上，有一個東西是三分鐘前不在那裡的：一個簡單的白色信封袋。信封上沒有地址、郵票——沒有任何字樣、標示，就只是一個白色信封。

我以顫抖的雙手打開信封查看……內含兩張五十元鈔票！

我獨自一人在空的會堂裡開始喊叫：「神啊，祢成就了！祢成就了！」我們的銀行戶頭尚有一百六十元，加上這一百元，我們就能夠支付貸款了。我內心深處不禁發出「哈利路亞！」對一位灰心喪氣的年輕牧師而言，這真是一個寶貴的功課。

直到今日，我還不知道這筆錢來自何處。我只知道這對我來說是一個記號，顯明神的同在和其無比的信實。[12]

這個神蹟只是辛牧師在這所教會經歷神大能作為的起頭。他在布魯克林會幕教會擔任牧師已有二十五年之久，在這些年間目睹神建造這間教會成為每個主日有六千名會友敬拜神的地方。金錢無法阻礙神的工作。那些看似無望的無家可歸者、吸毒成癮者、賣淫者，和異性裝扮癖者的種種景況，無法攔阻聖靈的奇妙作為。祂不斷地吸引這些需要幫助的人來到祂跟前，與他們彼此一同建造一個位於紐約市中心、充滿醫治大能的教會。

「**與我們同在的，比與他們同在的更多。**」撒但想要讓我們陷入失去盼望的光景。但就像以利沙一樣，當我們在絕望中吶喊時，其實正有神的火車火馬圍繞著我們。下回當你口中冒出像以利沙僕人那般的呼喊——「喔，主啊，我該怎麼辦呢？」——請記得用你心靈的眼睛，看看神的大軍已整裝待發，隨時準備好為你爭戰。神的大能遠比你所感受到的灰心失望更加真實。（BQ）

每日默想｜你正面對什麼爭戰呢？求神幫助你看見：那保護你的天上大軍已隨時準備好為你爭戰！

Day 144 要撕裂心腸

讀經：約珥書二章 1-2、10-19 節

鑰句：你們要撕裂心腸，不撕裂衣服。歸向耶和華你們的神；因為他有恩典，有憐憫，不輕易發怒，有豐盛的慈愛，並且後悔不降所說的災。（約珥書二章 13 節）

以利亞和以利沙生命中的許多場景——火降迦密山、寡婦的油、乃縵得醫治、火車火馬——都是舊約聖經中最耳熟能詳的故事。但在他們之後的先知就很少行奇事，不常靠壯觀的大能作為，而是多靠神話語的力量。

我們可以從先知約珥身上，概略看出這些著書先知的風格。無人能確知約珥書的寫作時期——前後四百年之間都有可能。甚至沒有人明確知道他是生活在北國以色列或南國猶大。但他以扣人心弦的散文警告百姓有可怕的災難將來到。本章表達了所有先知都在傳遞的關鍵信息。

審判之日：幾乎所有先知書信開頭都意圖喚起世人的懼怕擔憂。有些先知警告外敵將入侵的信息，有些則發出天然災難將臨的警告。例如約珥就逼真地描繪出蝗蟲大軍的侵襲。蝗蟲可能象徵敵人的軍隊，但也可能是按字面作理解。凡經歷過蝗蟲入侵的人，一定不會忘記這可怕的經驗。

呼召悔改：先知有充足的理由提出警告，因為他們看見這些災難是國家對神不忠的結果，他們急切地要求百姓離開罪惡的道路。約珥書二章13節正是眾先知核心信息的明確總結。

對未來的盼望：每位聖經中的先知，無論多嚴厲，都會傳遞盼望之言。綜合來看，他們皆傳達出神有一天會將世上一切錯誤歸正，到那日這世界終將符合神所要的樣式。

約珥書第二章正是以上三方面信息的簡明概述。（PY）

每日默想｜你曾在神面前撕裂心腸嗎？你認為人只需一次或需經常向神這樣痛悔？

Day 145 約拿逃避主

讀經：約拿書一章1節～二章10節

鑰句：耶和華的話臨到亞米太的兒子約拿，說：「你起來往尼尼微大城去，向其中的居民呼喊，因為他們的惡達到我面前。」約拿卻起來，逃往他施去躲避耶和華。（約拿書一章1-3節上半）

約拿書是舊約聖經中最富說明性的故事之一，記載一位頑強的先知逃避主的呼召，然後經歷到最具神祕性的懲罰。神告訴約拿去鄰國亞述的大城尼尼微，向其中的居民宣告神將因他們的惡行降下災禍。

這樣的任務確實聽來令人沉重，但約拿有更深層的原因使他拒絕前往。他察覺出神並非對外邦人民心存憤恨，只要這些作惡之人願意向神悔改，神反而有豐盛的慈愛要臨到他們。當約拿意識到神的憐憫心腸時，遂變成一位吃醋的兒子，反應出一種忌妒的心態。儘管神已賜給他和其百姓永遠的生命，約拿仍無法接受外邦人能得救的想法。

約拿才剛躲避神不久，神就立即終止他的逃避策略。約拿在海中面對死亡的威脅，接著有三日身處於大海深淵之中，然後終於重回陸地——這經歷預表神的兒子耶穌的埋葬與復活。

有些人認為約拿的故事太奇特，令人難以置信。但另有些人注意到：有一種地中海抹香鯨能吞下一整個人，並且其喉囊有一些空氣存留，足夠讓人存活幾天。無論對此解釋為何，約拿的故事是聖經中一則奇蹟般的事件，從中顯明神的憐憫同時臨到祂的僕人以色列和外邦的百姓。

以西結清楚言明神「斷不喜悅惡人死亡，惟喜悅惡人轉離所行的道而活」（以西結書卅三章 11 節）。對那些歡欣地宣稱神的祝福臨到自身，又急切期盼神的怒氣向敵國發作的以色列民來說，神揭露了能甦醒人心的真理。在約拿書中，我們進一步瞥見神對外邦人的慈愛——這愛將在祂的愛子最終的犧牲之後，更加的表露無遺。（BQ）

每日默想｜你的生命較多反映出像約拿那般的忌妒心態，還是神對需要祂的罪人之慈愛憐憫？

Day 146 約拿往尼尼微去

讀經：約拿書三章 1 節～四章 11 節

鑰句：耶和華說：「這蓖麻不是你栽種的，也不是你培養的；一夜發生，一夜乾死，你尚且愛惜；何況這尼尼微大城，其中不能分辨左手右手的有十二萬多人，並有許多牲畜，我豈能不愛惜呢？」（約拿書四章 10、11 節）

約拿前往尼尼微的旅程，所遇見的海上暴風雨，和停留在魚腹中的經歷，往往成為約拿故事的焦點所在。讀者常忽略當中最重要的一點，就是約拿遭此意外的根本起因：他反抗神的憐憫之情。約拿成為一個活生生的案例，讓我們看見遵行聖經的命令——「愛你的仇敵」，是多麼的不容易。儘管許多人尊崇這教訓，卻極少人能從容地將之付諸實行。

約拿抗拒神的命令，不願往尼尼微城宣講信息，其原因是可理解的，因當時該城是以殘暴著稱的亞述帝國的首都。亞述士兵習於對敵人施予「殘暴凌虐」的軍事手段。他們通常在摧毀敵國的城鄉之後，就屠殺當地的百姓，或用鐵鈎穿透人的鼻子或下唇，把那些人拉去做奴隸。約拿可不想讓如此殘暴之民有機會悔改。然而，奇妙的是，神愛尼尼微，要拯救而非毀滅這城市。祂知道這些人民已預備好要悔改。

約拿書強烈表達出神渴望饒恕罪人的心意，而這簡潔的兩章描述約拿這趟任務較不為人知的細節。令約拿不悅的是，他簡短的審判宣言，竟使異教盛行的尼尼微燃起屬靈復興之火。為此約拿在一棵乾枯的蓖麻樹下生悶氣，並承認他早就覺得神是有恩典、憐憫的神，他一開始就不相信神會對尼尼微無比嚴酷、毫不寬恕。正如羅伯特・弗羅斯特（Robert Frost）對約拿書的概述：「在讀完約拿書之後，你再也不會相信神不樂施憐憫和慈愛了。」

這卷書也顯露神對祂的選民所設定的最終目標：祂要選民像約拿一樣去接觸其他人，見證祂的慈愛與饒恕。尼尼微的全心悔改讓以色列民羞愧，因為他們從未像這群亞述人對先知做出如此誠心的回應。（PY）

每日默想｜你曾經嘗試用心去愛你生命中的「仇敵」嗎？

Day 147 省思

與神同工

跟隨神是需要努力的。我們也許很容易就得著祂的慈愛和福分，但若要順從神，有時需要做出與自身天性相反的事，當中的矛盾衝突考驗著我們的委身。神渴望祂的聖潔在我們的生命中扎根，而祂正是要運用這些關於意志的試驗，來使我們愈來愈像祂自己。

如同約拿一般，我們所面臨最大的試驗來自於當我們覺得受到威脅傷害，卻感到神要我們仍以一種能夠克服恐懼和厭惡對方的力量，去愛任何人時。而神先樹立了愛的榜樣：儘管我們是多麼不討神喜悅，神依然讓祂心中的愛超越祂對人的不悅，展開祂的雙臂接納我們。我們願意讓那神奇的愛在心中滿溢，然後讓愛流入那些我們不喜愛之人的生命中嗎？

彭柯麗（Corrie ten Boom）說到她所經歷的一個極大的考驗，關於是否樂意讓神的愛藉由她流向她理當憎恨的人。她談到在一九四七年於德國慕尼黑的一間教會裡，神的饒恕臨到祂兒女當中的故事。當時，柯麗才在之前幾年和她的姊姊碧茜（Betsie）被關在雷文集中營（Ravensbruck Concentration Camp）裡，因為她們在納粹統治荷蘭期間於家中收容了猶太人。柯麗親眼目睹她姊姊在集中營裡，緩慢而痛苦地死去。

此刻，柯麗剛講完一篇發人省思的信息，站著觀看會眾依序莊嚴地走出教會，忽然她發現自己正面對一個極嚴厲的考驗。她注意到會眾中一位穿戴平庸的帽子和外套的男子，瞬間想起那戴骷髏帽、穿藍制服的同一張臉龐——那名納粹衛兵。她突然像是回到集中營的大房間，與她姊姊和其他囚犯，全身赤裸地列隊從這同樣的一雙眼睛前面走過。雖然他似乎沒有認出她，但她很確定自己沒有認錯人。

這男子上前來讚揚她所分享的信息，並表示從她的話語中，得知自己的罪已被除去，感到得著釋放。柯麗胡亂在皮包中摸索，沒有與他握手。這是她頭一次與逮捕她的人面對面接觸。這人繼續說他曾是雷文集中營的衛兵，就是她在台上分享時提到的那個集中營。接著他說他從二次大戰之後，就信主成為基督徒。他已得著神的饒恕，但他想知道他能否得著柯麗的寬恕？他再次伸出他的手。

柯麗呆住了，腦中想起碧茜痛苦的死亡。她怎能單單握手就塗抹掉過去所發生的事？然而，她仍必須選擇饒恕。在想到碧茜的同時，她腦海中還浮現耶穌所說的話：「**你們饒恕人的過犯，你們的天父也必饒恕你們的過犯；你們不饒恕人的過犯，你們的天父也必不饒恕你們的過犯。**」（馬太福音六章 14-15 節）柯麗明白不僅是神要求她要饒恕，而且這是遭逢不幸後，重建生命的唯一方法。那些對納粹心存怨恨苦毒的人，讓自身陷入仇恨的牢籠中，致使生命日漸耗損。她也明瞭饒恕是關乎意志而非內心感覺的事。我們也許心中不想饒恕，但依然可以作出饒恕的決定，並相信神會適時給予我們所需的感動。

柯麗舉起雙手向神禱告求取幫助。當她這麼做時，一股溫暖沿著她的手臂充滿她全人。她眨眼擠掉淚水，說出真誠饒恕的話語，並感到神的愛比從前更緊緊地抓住她。祂的愛不僅供應她的缺乏，還以她想像不到的更奇妙的方式來充滿她。[13]（BQ）

每日默想

誰是你至今最難饒恕、最難去愛的人？如果這人伸出手懇求你的饒恕，你會感覺如何？即使對方沒有提出請求，你仍願意饒恕對方嗎？求神幫助你無論感覺如何，都能去饒恕和愛人（並明白我們對不熟識的人也可以表達愛）。

Day 148 以色列仍未歸向神

讀經：阿摩司書一章1節，四章1-13節

鑰句：我傾覆你們中間的城邑，如同我從前傾覆所多瑪、蛾摩拉一樣，使你們好像從火中抽出來的一根柴；你們仍不歸向我。這是耶和華說的。以色列啊，我必向你如此行；以色列啊，我既這樣行，你當預備迎見你的神。（阿摩司書四章11、12節）

聖經中的先知各自擁有不同的社會背景和人格特質，但現代的卡通畫家所描繪的先知，往往呈現出一種刻板的形象。然而事實上，先知阿摩司恰好符合這種刻板印象。他就像那類站在街角拿著警告牌，向整個悲慘世界怒斥的先知。

諷刺的是，正當北國以色列國勢蒸蒸日上，阿摩司出現並宣告神的刑罰。當時北國以色列擊敗了他們所有的宿敵，甚至侵略鄰國猶大奪取土地和俘虜。在耶羅波安二世的治理下，以色列的政局趨於穩固，享有超過半世紀之久的富強安康。百姓忙於享受美好的生活，疏於聆聽先知的大聲斥責，也正因著這個緣故，阿摩司聲嘶力竭地向百姓宣告神的話語。

阿摩司與約拿不同，不是一位專職先知。他是一位來自鄉間的牧羊人，還是位照顧桑樹的農夫。他從南國移居到北國以色列，說話帶著鄉下口音，可能常成為世故的城市人嘲笑的對象。

鄉下人阿摩司對他在北國城市所見到的訝異地難以釋懷。當地奢侈的生活方式令他無比震驚：華麗的臥榻、象牙鑲嵌的床、避暑的房屋、頂級的肉品和美酒。顯然在他看來，這些奢華的景象是建立在一種不公義的基礎上：剝削貧民、奴役人、不誠實的商業往來、收受賄賂、花錢買特權。

以色列百姓因著國家軍隊的強大得勝，而陷入一種安全感中，認為國家會世代安康。但是，如阿摩司所警告的，以色列民不能總是把神推擠到生命的小角落，當需要神時，又將祂當神奇護身符般配戴在身上。

「以色列啊，當預備迎見你的神！」阿摩司當年在街頭呼喊的這句話，同樣衝擊著我們現今的世代。先知的警告果然成真：在很短的時間內，以色列全面瓦解。在耶羅波安二世退位後僅三十年，北國以色列就不復存在了。

阿摩司書並不是一本使人讀來自在愉悅的書——當中的信息也如同對我們這世代說的，現今各國也都以國家總生產量和軍事力量的大小來評判成敗。單就這點，阿摩司書就值得細讀。（PY）

每日默想｜你看到阿摩司的時代和現今的世代之間，有何相似之處？

Day 149 何西阿的妻子與兒女

讀經：何西阿書一章1節～三章5節

鑰句：我必聘你永遠歸我為妻，以仁義、公平、慈愛、憐憫聘你歸我。（何西阿書二章19節）

神差派先知到以色列和猶大供應當時代的需要。當百姓處於自以為是、自我放縱，及屬靈耳聾的光景中，就有像阿摩司這樣高聲嘶喊的先知出現，大聲呼籲世人回轉。但這群受苦的百姓還需要聽到另一種聲音。在阿摩司之後數年，當以色列逐漸分裂毀壞、一片混亂之際，神的話臨到何西阿。何西阿為這遭受重大打擊的國家，帶來充滿恩典與饒恕盼望的信息。

大多先知書的信息集中在百姓和他們所做錯的事情上。與此相對地，何西阿卻將聚光燈照耀在神的身上。到底作為一位神，祂的感受如何？當祂的選民拒絕祂，並去尋求假神，祂會有何感覺？彷彿光是言語尚不足傳達祂的熱切情感，神還要何西阿這位勇敢無畏的先知，成為一個活生生的寓言。他娶了名叫歌篾的放蕩女子為妻，這女子婚後一如往常，很快就離家出走，犯下淫亂之罪。何西阿唯有親身經歷這幕人生戲碼，才能真實了解，並進而傳達出——神對以色列的背叛所感受到的痛苦。

在歌篾做了許多對婚姻不忠的事之後，神吩咐何西阿單單請她回家並寬恕她。這樣的模式不斷反覆出現。歌篾接二連三生了幾個孩子——但何西阿真的是他們的親生父親嗎？若按照摩西的律法，他應該將他行淫的妻子拉到街上示眾，或訴諸公堂審判她。但何西阿所做的——就如神所做的，是前所未聞的。

何西阿書是聖經中最富情感的書卷之一，充滿從神心底湧現的受苦之愛。如果大聲誦讀本章，聽來會像隔牆聆聽夫妻間的爭吵。然而事實上，何西阿書是第一卷以婚姻來象徵神與以色列民立約關係的書卷。這卷書顯示神以溫柔、渴求的心——如同新郎對新娘的那份情感——渴望祂的子民回轉歸向祂。

在聖約中，以色列曾允諾無論如何都要愛神、順服神，「直到死時」。但當他們在新的土地上繁榮興旺，那愛的火焰就熄滅了，舊的約定已被破壞。正如何西阿所言，神子民的愛消散讓神心痛，祂只能再許諾另一個機會，應許將來有一個新約，那時「你必稱呼我『我夫』，不再稱呼我『我主』」。（PY）

每日默想｜何西阿描述了以色列與神的關係的不同階段：追求期、約定期、新婚期、不忠，和分離。你和神的關係是在哪一個階段？

Day 150 神對以色列的愛

讀經：何西阿書十一章 1-11 節

鑰句：以法蓮哪，我怎能捨棄你？以色列啊，我怎能棄絕你？我怎能使你如押瑪？怎能使你如洗扁？我回心轉意，我的憐愛大大發動。（何西阿書十一章 8 節）

在很多人心中，神的形象是沒有人情味的，就好比萬有引力定律般刻板。然而，何西阿所描繪的神卻恰恰相反：這位神是有熱情、烈怒、淚水，和慈愛的。祂對以色列的背叛感到無比憂傷。

神用何西阿婚姻的不幸遭遇來說明祂極度受創的心情。當祂在以色列身上找著那份起初羞澀之愛，就如在曠野找著葡萄一般歡喜。但當以色列再三地對神不忠，神就像一位受傷的愛人，必須忍受那種可怕的羞辱。神的話語出人意外地帶著像自憐的語氣說到：「因此我好比以法蓮的蛀蟲，

猶大家的朽爛。」（五章12節，直譯）

被棄的愛人這樣強烈的圖像，可用來解釋為何神的情感會像何西阿書十一章所描述的那般波動不定。祂時而預備要毀滅以色列，時而流淚伸開雙臂，又時而嚴厲宣告審判。這樣起伏變化的情感實在令人無法理解，唯有曾遭愛人拋棄的人才能有所體會。

這世上有比被愛人背叛更強烈的感受嗎？不妨問問剛因男友追求美麗啦啦隊員而遭拋棄的高中女孩；或轉開收音機到音樂台聆聽傷心情歌的內容；或查看每日報紙的謀殺報導，當中有驚人的比例是源自感情紛爭。何西阿和神精確、鮮活地呈現出——全心全意地愛人卻得不到任何回報，是什麼樣的情景。即便是神用所有的氣力，也不能迫使人愛祂。

何西阿書幾乎每一章都談到神子民如「娼妓」或「淫亂」的行徑。神這位愛人無法與任何人分享祂的新婦。更令人驚奇的是，當新婦背棄神，祂依然緊隨在後。祂願意為愛受苦，期盼她有一日能回轉。何西阿書顯明神並非希望懲罰祂的子民，而是渴望去愛他們。（PY）

每日默想 | 你對遭受背叛最深刻的記憶是什麼？

Day 151 以色列人因犯罪被擄

讀經：列王紀下十七章1-2、6-9、16-23、35-41節

鑰句：如此這些民又懼怕耶和華，又事奉他們的偶像。他們子子孫孫也都照樣行，效法他們的祖宗，直到今日。（列王紀下十七章41節）

儘管有一群令人敬畏的先知相繼試著勸服以色列回轉歸向神，但無論是以利亞或以利沙所施行的神蹟，或是阿摩司的大聲斥責，和何西阿情感澎湃的懇求，都沒有產生太大的效果。當遇到危難時，以色列民仍然轉向周圍鄰國的神明求助，又瘋狂地簽訂軍事同盟約定；他們從未全心全意地來倚靠神。

先知沉痛預言的審判之日，在此以陳述歷史事實的方式，被平鋪直敘地記錄下來。當以色列君王不聽從一切先知的勸言，極力尋求先從亞述，後從埃及來的政治保護時，北國以色列的末日來臨了。當亞述察覺以色列的背叛，就派軍攻擊。

亞述大軍在早期的征服行動中，通常採取滅絕敵人的作法，但後期他們採用驅逐出境的策略，讓亡國難民離開故土，而遷入所征服的其他外族。這種徹底瓦解敵人社會的手段，使被征服的民族無法重組形成一股新的威脅。在這樣的策略下，亞述從以色列地逐出二萬七千二百九十位俘虜，使「以色列失落的十支派」四處分散。

亞述人用外族人——就是新形成的「撒瑪利亞人」，來代替那些以色列流亡者。在新約時代，甚至直到現今的以色列，都仍有撒瑪利亞人存在。這群撒瑪利亞移居者，信奉他們原先的偶像神祇，並摻雜一些對真神的敬畏。

在本章之後，聖經的焦點轉向南國猶大——以色列尚存兩支派的合稱。為什麼會發生這場亞述除滅以色列的悲劇呢？列王紀下指出偶像崇拜是以色列道德淪喪的主因。不幸地，這現象在南國也逐漸浮現。（PY）

每日默想｜今日的信徒可能會陷入什麼樣的偶像崇拜中呢？是容易崇拜物質？人物？信念？或形象呢？

Day 152 省思

神的愛情故事

所羅門的雅歌所描述美好而合宜的一切——即使令人感到有些尷尬——在何西阿書和列王紀下以色列接續的歷史中，已完全變調。雅歌頌揚了新婚夫婦之間豐盛的愛情。而何西阿書卻像一首哀歌，悲嘆婚姻中屢次的不忠所導致的愛情腐壞。

我們若想明瞭神是否了解新婚之愛的強烈情感，只需讀雅歌書便能體會。神保留雅歌這卷書在聖經中，要讓我們知道祂不僅了解愛情的感受，也對男女之間嶄新且持久的愛感到喜悅。這樣的愛是神計畫中的一部分，祂和我們一樣對此深感欣喜。

我們若想知道神是否明瞭當我們被拋棄或背叛時所感到的巨大沉痛，就只需讀何西阿書，答案便能分曉。這卷由屢次被棄的先知所寫的舊約書信，能帶給遭人背棄而受苦的信徒，充滿迴響與支持的話語。神不只了解，甚至還親自忍受這樣的痛苦。

如果神擁有遠超我們能力所及的愛的能力，那麼祂也有足夠的能力忍受遭背叛之痛，並且是遠超過我們所能承受的。神賜給祂子民一切的禮物——包括祂愛子的犧牲受苦，但祂的子民卻再三地拒絕祂愛的禮物，祂心中的痛苦實在不是我們所能瞭解的。神深知我們內心無聲的叫喊——這呼叫只是神心中吶喊的微弱回聲罷了。

每當我們在一種本應充滿愛和生命的關係中受苦時，神會擁抱我們，並提醒我們祂是何等清楚地了解、甚至親身體會我們的苦楚。在痛苦中，我們與神更加親近，並重新對祂信實的慈愛獻上無限的感恩。（BQ）

每日默想

誰拒絕或背叛你而使你深受傷害？懇求神幫助你能處理好自己的情緒。當你禱告時，感謝神賜下這個應許給你：「我們的主為大，最有能力。他的智慧無法測度。」（詩篇一四七篇 5 節）

第四部 南國—猶大

Day 153 約沙法打敗摩押和亞捫

讀經：歷代志下二十章 1-30 節

鑰句：他說：「猶大眾人、耶路撒冷的居民，和約沙法王，你們請聽。耶和華對你們如此說：『不要因這大軍恐懼、驚惶；因為勝敗不在乎你們，乃在乎神。』」（歷代志下二十章 15 節）

到目前為止，我們已略讀了北國以色列歷經二百年的歷史，這國度從起頭就開始逐步遠離神。聖經花了更多篇幅談論南國的國王和先知。在治理猶大的十九位男性與一位女性君王中，有少數幾位顯出遠勝北國君王的屬靈領袖特質。南國猶大較忠誠地實踐與神所立的聖約，這也是南國比北國多存活近一世紀半的主要原因。

本章述說猶大早期一位卓越的君王約沙法的事蹟。猶大歷史上，沒有任何君王享有全面太平的統治時期，因此就如這則故事一般，歷代志下有許多場景便出現在戰場上。而這卷書對戰爭的簡要看法就是：如果你倚靠自身的軍力或鄰國的強大力量，你就會打敗戰；然而，你若謙卑下來，無論情況多麼惡劣都全然信賴神，你就會得著勝利。

正如猶大諸王在應戰時通常所表現的，要在危難中單單倚靠神，實在需要不凡的勇氣。即使是其中最出色的王也免不了動用皇室珍寶來購買鄰國的結盟援助。但約沙法王卻採取正確的回應之道，提供應戰的極佳範例。當面臨敵軍入侵的威脅時，他號召全國百姓同心聚集禱告，並在爭戰當日，安排詩班走在軍隊前頭頌讚神。

約沙法的策略也許看似較適合用在教會的崇拜而非戰場上，但這方法果然奏效。結果敵軍彼此自相擊殺，猶大軍隊凱旋而歸。

這全民信心綻放的光明時刻，從那極其斑駁的歷史紀錄中發出光芒。約沙法王藉由眾人的禱告和他自身的榜樣，讓人看到：當一位領袖全心信靠神時，將會發生多麼奇妙的事。（PY）

每日默想｜你知道哪個領袖像約沙法這般對神全心信靠嗎？

Day 154 主譴責以色列

讀經：彌迦書一章1節，六章1-16節

鑰句：世人哪，耶和華已指示你何為善。他向你所要的是甚麼呢？只要你行公義，好憐憫，存謙卑的心，與你的神同行。（彌迦書六章8節）

並非猶大每位君王都擁有像約沙法一樣的信心和勇氣。長年下來，北國以色列的墮落之風也開始像傳染病一般的在猶大四處散佈。聖經其他部分詳述了猶大的過犯：亞哈斯這位惡名昭彰的君王，設立異教祭壇，用火焚燒兒女獻祭，還關閉神的聖殿。隨著信仰敗壞而來的是其他各樣罪惡：欺謊、貪婪、賄賂，行不公正之事。

大約正當阿摩司向北國以色列發出嚴厲批判的同時，南國的傳道者彌迦被神呼召向猶大傳遞類似的強烈警告。彌迦生於一個動蕩的時代，是一位將情感徹底融入自身信息的先知。當時，猶大歷經一日內十二萬大軍慘遭殺害的悲劇（歷代志下廿八章6節）。這國家還驚恐地目睹了亞述——那時最強大的國家，殘忍地摧毀北國的情形。猶大該如何逃避相似的命運呢？彌迦因著內心清楚浮現審判將臨的景象，使他「呼號如野狗，哀鳴如鴕鳥。」（一章8節）

彌迦書第六章以神激昂的呼求展開。神問到：「我的百姓啊，我向你做了什麼呢？」神回顧祂選民所經歷的路程，提醒百姓祂為他們所做的偉大工作。彌迦以反詰法清楚表達神渴望看見人心真誠的轉變，而非虛飾的宗教行為：「他向你所要的是什麼呢？只要你行公義，好憐憫，存謙卑的心，與你的神同行。」

彌迦悲觀地斷言：這群與親戚之邦北國染上相同疾病的百姓，也將面臨相同的結局。即使如此，彌迦仍看見未來的曙光。他在逼真地預言毀滅的同時，也明確預言彌賽亞的來到，這位將誕生在小城伯利恆的未來君王，將為世人帶來新的希望（五章2節）。（PY）

每日默想　若將彌迦所說的這句話——「行公義，好憐憫，存謙卑的心，與你的神同行」作為人生座右銘，你覺得如何呢？你生命中是否有些部分必須有所改變呢？

Day 155 希西家守逾越節

讀經：歷代志下三十章 1-27 節

鑰句：「你們若轉向耶和華，你們的弟兄和兒女必在擄掠他們的人面前蒙憐恤，得以歸回這地，因為耶和華你們的神有恩典、施憐憫。你們若轉向他，他必不轉臉不顧你們。」（歷代志下三十章 9 節）

正逢彌迦事奉的尾聲、猶大光景日漸墮落之際，另一位偉大的君王登基。事實上，歷代志下用最多篇幅談論的人就是希西家。在他即位的第一年，他就帶頭展開修復聖殿的計畫，修補那長年荒廢破損的聖殿。希西家扭轉猶大祭司們的軟弱光景：他站在聖殿廣場，向他們發表激勵人心的信息。

希西家決定舉辦一場盛大的宗教節慶，這主意一開始引來奚落嘲笑。但君王的宣告仍具備某種分量，百姓們最終一同聚集參與這歡喜、合一的奇妙慶典。希西家甚至差派「宣教」信差，傳遞消息給情勢混亂的北方地帶，使一些在亞述殘害下的生還者也來到耶路撒冷守節期。

本章內容與列王紀上八章所羅門獻殿的故事極為相似。希西家急切重申與神所立的約，希望百姓們不致遭受神的審判。從對這節慶的細節描述中，可看出猶大是多麼忽略神的約：那時祭司短缺，希西家只好放寬規定，否則這群前來敬拜神的百姓無法都確實蒙潔淨。

希西家選在逾越節期間舉辦慶典並非偶然。這節日是象徵國度誕生的標記，因神在那日帶領祂的子民脫離埃及的奴役。逾越節確實好比在神的約上蓋印，而希西家就是決心要提醒百姓那屬於他們的珍貴民族遺產。

儘管最初充滿質疑，猶大的百姓後來都聚集歡慶，並像在所羅門時代一樣，情不自禁地決定要再守節七日。聖經描述：「這樣，在耶路撒冷大有喜樂，自從以色列王大衛兒子所羅門的時候，在耶路撒冷沒有這樣的喜樂。」（PY）

每日默想｜在你參加過的屬靈活動中，哪一場活動對你最具影響力？你感受到神在當中得著尊崇嗎？

Day 156 以賽亞奉差遣

讀經：以賽亞書一章 1 節，六章 1-13 節

鑰句：我又聽見主的聲音說：「我可以差遣誰呢？誰肯為我們去呢？」我說：「我在這裡，請差遣我！」（以賽亞書六章 8 節）

本章回顧發生在希西家登基前二十年的一幕場景。先知以賽亞是猶太歷史上一位偉大人物，正如這章所描述的，他得著從神而來極直接又深刻的呼召。

當以賽亞開始他的事工時，那時的猶大看似強壯富足。然而以賽亞卻看見極大的危險徵兆——與同時代的先知彌迦所憂心的問題相同。男人常醉酒；女人則關心自身的穿著甚於鄰舍的飢餓。人們只會用嘴唇事奉神，光注重宗教的外表。

外來的危險也更加令人憂慮：強大的帝國在四周迅速發展。以賽亞表示猶大國正站在十字路口上，不是重新站穩腳步，就是逐漸陷入危險之中。

約坦和亞哈斯這兩位王，沒有留心聽從以賽亞的話，然而，情況在新王希西家上任後明顯好轉。希西家將以賽亞視為他最信任的諫言者之一，每當遭遇危難時刻，他都會詢問先知的意見。

並非每位先知都在街頭強烈譴責社會亂象。以賽亞的一生與當權者互動頻繁，提供政治上的建言，協助制定國家方針。雖然他有時獨自面對一群對立的勸告者，卻從未因此弱化他的信息。以賽亞歷經四位君王，但最後得罪一個王，嚴重到王心中的怒火無法平息。有傳說記載瑪拿西王下令把以賽亞夾在兩塊木板之間，將他的身體鋸成兩半而死。

希西家王會熱衷改革，可能是受先知以賽亞的影響。本章所記載這神聖的呼召，顯明以賽亞從中得著勇氣和委身的心志，使他在猶大歷史上成為極具重要影響力的人。（PY）

每日默想｜你曾強烈感到自己必須挺身為神擔負艱難的任務嗎？

Day 157 讚美主

讀經：以賽亞書廿五章1節～廿六章6節

鑰句：他已經吞滅死亡直到永遠。主耶和華必擦去各人臉上的眼淚，又除掉普天下他百姓的羞辱，因為這是耶和華說的。（以賽亞書廿五章8節）

以賽亞除了身為君王的諫言者，還是一位天賦極高的作家。沒有其他聖經作者能比得上他豐富的詞藻和意象比喻，而新約聖經引述他的話比引用所有其他先知加在一起的話還多。他筆下的偉大詞語當中，有許多也成為常用的英文詞彙。

以賽亞運用他的傑出能力，試圖喚醒屬靈生命萎靡的猶大。就如大多數的先知一樣，他宣講兩部分的信息——審判和盼望。除非人們徹底回轉，否則將遭受神的嚴厲審判；並陳述未來的盼望，神不僅要復興以色列，還將更新整個世界。

當猶大處於物質豐厚、自我放縱和奢侈狂歡的期間，以賽亞警告百姓審判之日的來到。但後來當耶路撒冷被外國大軍包圍，他開始傳遞充滿盼望、激勵人心的話語。世界上最殘暴的君王也無法使以賽亞膽怯驚惶，因他深知他們就像條小樹枝一樣，神能將他們拋到一旁。

以賽亞激勵人們內心對更好世界的潛在渴望。他十分確信神有一天將使這傷痕累累的地球改變一新，成為沒有眼淚、沒有痛苦，也沒有死亡的新世界。依照以賽亞所描繪的景象，在未來的世界中，各樣野獸將彼此和睦共處，兵器將被消熔為農具。

在歷史上某些時刻，神也許看似對這被暴力和邪惡纏擾的世界漠不關心或無能為力。當耶路撒冷的百姓面臨亞述的侵略，也一定質疑神是否關切他們。但以賽亞帶給當時的百姓充滿盼望的信息是：要把你的未來單單交託給神。他也將此信息延伸擴及到全世界。

以賽亞書廿四到廿七章，引導我們預覽整個歷史的結局。當神洗滌這受玷污的世界，首先會有困難的時光臨到，就像婦女生產一般，大地會經歷一陣痛苦和掙扎；但接著而來的是極美好的未來生活，一個全然超乎我們想像的美妙世界。（PY）

每日默想｜是什麼能帶給你對未來的盼望？

Day 158 省思

預備好被神使用

神創造你成為一個有獨特個性、獨特人生觀、特定天賦，和特有境遇的人，這一切都是為了讓你在那些唯獨你能拓展和完成的事上蒙主使用。因為你是被獨特裝備的人，你對神的事奉將實踐生命中最深層的意義。

例如，以賽亞生命中有好些不同的經歷都是特別為他的事工作準備。住在耶路撒冷的以賽亞，受禮遇能與猶大君王接觸頻繁，他娶了一位女先知，育有兩個兒子，生活在強大鄰國威脅以色列和猶大的時代，當時百姓們因反覆悖離神，而失去神的幫助。神使用以賽亞對其國家的人民傳遞清楚的預言警語，也傳神地表達有關未來福分的異象。

以賽亞巧妙地運用文字，生動地描繪異象傳遞預言，他這些流傳後世的文字，有些還被耶穌和不少新約作者引用。以賽亞忠心於他獨特的生命呼召，以致在神和我們後世的人身上，均成就了極重要的事奉。

然而，在他能服事之前，他需要先對神和自己有正確的認識。以賽亞在異象中有機會看見充滿威嚴的神。這景象令以賽亞猛然意識到他自身真實的罪惡，深感自己不配站在聖潔的神面前。此時神以帶著象徵意義的紅炭沾以賽亞的嘴，使他得潔淨，並預備他的生命得以服事神。

神問到：「*我可以差遣誰呢？誰肯為我們去呢？*」讓以賽亞預備心回覆這唯有他自己能回覆的答案。神要以賽亞告訴百姓他們極需神的赦免和領導，儘管他們心眼盲目，看不清自己真實的需要。

以賽亞回應：「*我在這裡，請差遣我！*」他已預備好將全人獻給神，讓神能按著祂自身的旨意來使用他整個人。

我們每個人被賦予的生命目的雖與以賽亞不同，但神卻是運用相同的過程來預備我們的生命。神將會讓我們更多認識祂的全能和榮耀。祂會幫助我們看見我們是何等需要祂的饒恕和引導。祂會潔淨我們並問我們是否願意被祂使用。然後，我們可以預備好自己的心，真誠地對神說：「**我在這裡，請差遣我！**」

沒有什麼比和神一起投入祂要我們委身的工作，能帶給我們更大的滿足。作家理查・傅士德（Richard Foster）肯定地表示：「那從我們內在生命所流出的真服事，帶來了生命、喜樂和平安」。[14]（BQ）

每日默想 | 你對自己的認識有多深？你知道神要如何使用你嗎？請求神向你揭示祂的偉大和你的罪性，並告訴祂你渴望能預備好來服事祂。

Day 159 西拿基立恫嚇耶路撒冷

讀經：歷代志下卅二章 1-31 節

鑰句：「與他們同在的是肉臂，與我們同在的是耶和華我們的神，他必幫助我們，為我們爭戰。」百姓就靠猶大王希西家的話，安然無懼了。（歷代志下卅二章 8 節）

這是希西家和以賽亞所面臨過的最大危機。此刻猶大處於存亡之秋。亞述渴望征服更多領土，已聲勢浩大地闖入猶大，夷平四十六座堅固城邑，俘虜二十萬零一百五十人。亞述王向希西家要求巨額財物，還在其史料中嘲諷希西家為「籠中之鳥」。希西家也許真像一隻被關在籠中的鳥，因為他的城池已徹底被敵軍包圍封鎖。

希西家待在城內恐懼不安，再次轉向以賽亞尋求忠告。他應該投降或與敵軍談判嗎？亞述人從城外向耶路撒冷城內沮喪的百姓展開一連串的心戰喊話。他們嘲笑以色列人期盼從神而來的奇蹟，並強調沒有任何一個別國的神，曾幫助其國民成功抵擋亞述駭人的強大攻勢。

然而，以賽亞拒絕陷入驚恐之中。儘管情況非常危急，他仍鎮定地建議王要禱告並信靠神的大能。他說：「要有信心，不要屈服，也不要懼怕。亞述人必將遍體鱗傷地回到本國。」

耶路撒冷城被亞述大軍包圍的期間，看似即將毀滅。但有兩件事正應驗了以賽亞的預言。首先，有大災難突臨亞述人（以賽亞書卅七章）。史學家希羅多德（Herodotus）也記載了這場災禍。後來，亞述王遭謀殺引發國內混亂，使亞述對別國的威脅性因而消失。

這奇蹟式的解救使猶大得以存活，但卻是暫時的。希西家在晚年時，愚昧地在來自巴比倫——這東方新興的力量——的使者面前，誇耀他國家的財富。猶大的居民也日益驕傲，甚至深信神的城耶路撒冷是無法被摧毀的——但可悲的是，這信念日後顯出是虛假不實的。（PY）

每日默想｜為什麼神有時似乎與你親近，有時又似乎離你很遠呢？當神觀看你的內心時，祂最關切的是什麼呢？

Day 160 主向尼尼微發怒

讀經：那鴻書一章 1-15 節

鑰句：耶和華如此說：尼尼微雖然勢力充足，人數繁多，也被剪除，歸於無有。猶大啊，我雖然使你受苦，卻不再使你受苦。（那鴻書一章 12 節）

那鴻與聖經中大多數的先知比較起來，最明顯的有利條件為：他是向仇敵宣告毀滅的信息。像彌迦或以賽亞等先知，想到審判會臨到自己國家的百姓，有時不禁深陷悲傷之中。但那鴻嚴厲批判的是亞述——這個剛毀滅北國以色列的國家；同時，若非神在希西家時代奇蹟式地插手拯救，那鴻的祖國猶大也無法倖免於難。

亞述是一個很容易讓人痛恨的敵國——就如希特勒時代的德國一樣。亞述的軍隊大肆毀滅城鎮；用鐵鉤穿透俘虜的鼻子，殘忍地拖著他們走；還把鹽灑入肥沃的土壤。事實上，那鴻所傳講的核心信息就是亞述是多麼罪有應得。

猶大居民在飽受亞述殘暴無比的攻擊下，有一個問題不禁纏繞心頭——亞述已蹂躪摧毀了很大一片地區，相當現今的土耳其下到波斯灣直到埃及。相較之下，猶大只是一個極小的附庸國，僅求苟且偷生。然而，為何神要猶大為自身的行為負責，卻容許亞述任意妄為而不施刑罰呢？

那鴻直率地預言：即使亞述如此強大，也將面臨終結的一天。雖然亞述的百姓曾在約拿的時期悔改，但後來又故態復萌，招致神日後的審判。無疑地，猶大的百姓會為那鴻的預言深表喝采——但有誰信以為真呢？畢竟，亞述這在世上已稱霸二百年的帝國，不會輕易便消失的。

那鴻大約在主前七百年左右傳遞這些預言。在主前六百一十二年，亞述最後的堅固城邑尼尼微，遭巴比倫和波斯人聯手滅絕。多年後，這昔日最偉大的城市，已成為被荒草覆蓋的碎石堆。往後，亞歷山大大帝和拿破崙都曾在這附近駐軍紮營，卻絲毫察覺不出這地方曾建立過雄偉的城池。

正如聖經中所有的先知一般，那鴻的眼光超越歷史中那些令人懼怕的力量。他深知在帝國的興衰背後，有一股更大的力量在運行，決定一切最後的結局。雖然神的正義看似緩慢臨到，但至終沒有任何事能逃離神的公義。（PY）

每日默想｜你最想看到現今世上什麼不公義的事遭到刑罰？

Day 161 耶路撒冷的未來

讀經：西番雅書一章1節，三章1-5、8-13、16-20節

鑰句：我說：你只要敬畏我，領受訓誨；如此，你的住處不致照我所擬定的除滅。只是你們從早起來就在一切事上敗壞自己。（西番雅書三章7節）

由於深受像彌迦和以賽亞這些先知的影響，希西家王帶領南國猶大回歸正道。然而希西家離世，瑪拿西接續他作王。日後顯示，這人是猶大歷史上最糟糕的王之一。瑪拿西在位五十年，是以色列和猶大君王中在位最久的，他徹底毀壞希西家所成就的一切善工。

瑪拿西這位沒有羞恥心的暴君，使耶路撒冷佈滿血腥。他讓獻孩童為祭成為常規，又在神的殿中設立占星壇，還助長讓男妓成為宗教儀式的一部分。直到他死時，猶大幾乎已沒有什麼事物提醒人關於神的聖約。到處是供人祭拜的異教祭壇，連耶路撒冷的街市上也宣揚異教神祇、巫師和神怪的信仰。神的選民嚴重地異教化，變得比異教徒更像異教徒。

接任的亞們王效法他父親行惡，但這回他身邊的臣僕起身反叛，在他作王二年之後，將他刺殺。南國猶大失去君王管轄，逐漸趨向無政府的混亂狀態。之後，幼小的約西亞被亞們的支持者擁立為王，前景並不樂觀。

在約西亞執政早期，先知西番雅公然斥責遍佈猶大的墮落情況。其他先知來自鄉間，西番雅卻可自豪地追祖溯宗至希西家王。然而，他不像其他位高者一樣，從不試圖為上層階級的人辯白，反而指控他們要對猶大腐敗光景負上最大責任。舉凡官員、祭司、統治者、法官，甚至先知——都是西番雅怒斥抨擊的對象。

猶大的領導者引領整個國家走上自我毀滅的道路。除非他們徹底悔改，否則耶路撒冷也將面對和眾多遭受毀滅的鄰國相同的命運。（PY）

每日默想｜當你處於經濟富裕、生活安逸的狀態中時，你往往會因此更加親近神還是遠離神？

Day 162 約西亞重立聖約

讀經：列王紀下廿二章1節～廿三章3節

鑰句：王站在柱旁，在耶和華面前立約，要盡心盡性地順從耶和華，遵守他的誡命、法度、律例，成就這書上所記的約言。眾民都服從這約。（列王紀下廿三章3節）

聖經沒有詳述西番雅的勸言對猶大產生的明確果效，但卻記載了一件在他作先知期間所發生之令人振奮的事情，那就是約西亞王帶領全國回轉歸向神。

約西亞王八歲就登基，當時國家情勢危急，似乎到了無可救藥的地步。然而，約西亞與一般八歲孩童大不相同，他在險惡的世代中，被一位惡王養育長大，卻竟然擁有超越眾人的屬靈眼界。他排除萬難，帶領國家轉向神。

約西亞投入許多時間與精力在他特別鍾愛的一項公共工程上：重修聖殿。某個忙碌的一天：木匠在鋸新的樑柱、石匠在為聖殿的牆雕刻石塊、工人在清除約西亞打碎的偶像——正是在那凌亂且充滿嘈雜聲的當下，一位祭司有了一個驚人發現。他發現一卷書卷，覺得看起來像是——似乎有可能是——聖約書卷，就是以色列民和神之間所立之約的原始紀錄。（大多學者相信這一書卷包含部分或整卷申命記的內容。）

從如此重要的文獻竟被忽視、被長期埋藏遺忘的情況來看，就可知猶大遠離神的程度是多麼的嚴重。但約西亞的反應則顯出他對神深刻的委身。當他第一次聽到那書卷上的神聖之言時，就羞愧地撕裂衣服，向神懺悔。而在女先知確證書卷的真實性之後，約西亞誓言他自己和全國百姓都要順從這長期失落的聖約。

本章述說重獲聖約書卷這戲劇性的故事，而下一章則談到約西亞熱忱地推行改革運動，呼召全國百姓回轉到神的面前。他的行動將改變猶大的樣貌，並暫時避開某些毀滅的刑罰。這一切轉機的到來，都是因著一位年輕君王認真看待神的話語。（PY）

每日默想｜你曾擁有類似約西亞王這樣的覺醒經歷嗎？

Day 163 省思

如何常保忠誠？

約西亞的故事十分激勵入心。雖然他的父親和祖父都是腐敗君王的典型，是神所厭惡的領袖，但他卻打破先前敗壞的模式，帶領國家悔改並效忠神。沒有其他任何君王像他一樣，如此「盡心、盡性、盡力」地歸向神（列王紀下廿三章 25 節）。然而，隨著時光流逝，約西亞竟犯下一個大錯，使他因此失掉性命，並使王位落入臣服於埃及的無能君王手中。儘管約西亞致力順服神，仍在某些層面上軟弱動搖，而他的錯誤抉擇導致他喪失一切。

為什麼以色列和猶大皆一致走上失敗的道路？為什麼連約西亞最終也偏離正道？難道所有信徒在展開美好信仰之路的同時，都注定要面對失敗的結局？

就以色列和猶大的情況看來，他們缺乏對神長期的順服，往往敬拜神一陣子之後，就又離棄神。他們會因著遭遇危難而轉向神，但卻在脫困之後，又回到自己原來的路上。他們就像未經調正的車輦，一路偏離正道，走回屬世的道路。

我們正面臨相同的挑戰。我們也會發現自己要在某事上長時間堅持下去，且更加委身而非軟弱不前，是相當的不容易。通常我們不習慣「在相同的事上長期委身追求」，曾任牧師、現任作家和教授的畢德生（Eugene Peterson）說到：「我們認為凡是可達成的目標，就應該快速且有效率地完成。我們專注的時間被三十秒的廣告套牢。我們對現實的觀感可以被三十頁的書摘所摧毀⋯⋯每個人都很匆忙⋯⋯沒有人有耐性等待最終的成果。人們過著像觀光客一樣的生活，只想抓住最有樂趣的片刻。」[15]

這樣的態度會使信徒日趨墮落。我們無法以速成的方式和神建立穩固的關係。我們無法在幾週或幾個月之內就達到成熟的靈命，然後進入更激動人心的新歷程。信徒與神關係的深度，是一生與神同行都無法完全達到的，還有更多是要在永恆中來經歷的。但我們在這世上可以與神的關係日日進深，使我們能蒙保守而不致重蹈以色列民的覆轍。

畢德生寫道：「在對抗屬世潮流方面，我們可以從聖經中對信徒的兩種稱呼：門徒和朝聖者的意涵當中，得著極大的幫助。**門徒**（disciple）表明我們是一群願用生命跟隨主耶穌，向主學習的人。我們的生命會在這種學習耶穌的關係中，不斷成長……。而**朝聖者**（pilgrim）則指出我們是一群用生命朝神的方向走去的人，而耶穌基督正是通往神的道路。」[16]

身為門徒，我們天天與神同行，向祂學習。而我們愈多認識祂，就愈體認自己知道的是多麼稀少。這份與神的親密關係會持續擴張我們的眼界，當我們繼續持守這關係，就會日日愛主更深。身為朝聖者，我們會在路程中體驗許多經歷和感受。在我們整段生命路程裡，耶穌是我們時刻的目標，也是陪伴我們的摯友，在各樣景況中祂與我們同行並引導我們。

如果我們願意長久順服耶穌基督，向祂全然委身，這就是對祂常保忠誠。（BQ）

每日默想

你在追求生命的目標時，是否能夠堅持到底，保持決心與專注，還是容易感到厭倦，輕易轉換目標呢？這種傾向如何影響你對神的追求呢？現在就來請求神幫助你對祂忠誠到底。

Day 164 以色列離棄神

讀經：耶利米書一章 1-3 節，二章 2-8、11-14、20-27 節

鑰句：他們向木頭說：你是我的父；向石頭說：你是生我的。他們以背向我，不以面向我；及至遭遇患難的時候卻說：起來拯救我們。（耶利米書二章 27 節）

在約西亞王期間，先知西番亞並非當時唯一活躍的先知。約西亞王剛成年，耶利米哀痛的聲音便開始在耶路撒冷的街道間傳佈。後來，耶利米的信息集結成書，成為聖經中篇幅最長、情感最熱切的書卷。耶利米自身常有強大的情緒變化，而他的書卷也反映出相同的情感特質。其名字的英文為「Jeremiad」，意謂著「悲嘆連連」，多少傳遞出先知耶利米的風格。

本章充滿強烈的意象和反問批判，正是典型的耶利米作風。他運用性的意象來呈現猶大的危機，好比神和猶大之間產生愛侶般的爭執。猶大就像娼妓一樣，在各青翠樹下屈身行淫；又如發情的母駱駝；還像野驢慾心

發動，發情狂奔。

但猶大所渴望的是什麼呢？令人難以置信地，她竟以神的榮耀交換無用的木石偶像。神這位受傷的愛人，無法理解祂子民的行徑，耶利米也不明白。

耶利米對猶大有兩大控訴：她犯下偶像崇拜和與異邦結盟兩大淫行。每當武力威脅逼近時，猶大就轉向如亞述、埃及或巴比倫這些帝國尋求幫助，而非向神求助。

約西亞是猶大歷史上最好的君王之一，他帶領全國進行改革，離棄偶像，大體上是成功的。但就連他也抵擋不住與異邦聯盟的誘惑。他沒有聽從耶利米的勸告，草率領軍去對抗埃及軍隊。約西亞在這場戰役中身亡，而他的死亡使舉國震驚。悲痛的耶利米作哀歌向這位偉大君王致敬。

此後，猶大再沒有從約西亞這致命的錯誤中復原。埃及為猶大立了一位傀儡國王，從此沒有任何人有能力重振猶大的信仰或政治力量。耶利米歷經四任軟弱的君王，他的信息充斥了對他們的抨擊和諷刺。（PY）

每日默想 | 你對誰始終顯出全然的忠心？你有對神效忠嗎？

Day 165 死亡、饑荒、刀劍

讀經：耶利米書十五章 1-6、15-21 節

鑰句：又必使他們在天下萬國中拋來拋去，都因猶大王希西家的兒子瑪拿西在耶路撒冷所行的事。（耶利米書十五章 4 節）

耶利米大半的人生都在傳遞憂傷的信息，而且沒有人比他更能感受這信息的沉重。「**因我百姓的損傷，我也受了損傷。我哀痛，驚惶將我抓住……但願我的頭為水，我的眼為淚的泉源！**」（八章 21 節，九章 1 節）耶利米的文字充分流露這般強烈的情感，使他得著「淚眼先知」的稱號。

耶利米除了擔憂猶大的前景，還憂心自身的安危。他從蒙召之初，就為被差派作先知這事跟神爭辯。神對耶利米有嚴厲的要求，而他對那些要求作出的典型回應是：哀哭、抱怨、自憐，甚至激烈抨擊神的殘忍。這卷書包含了一系列引人注目的對話——其實更像是爭辯——耶利米藉此向神明確地說出他真實的感受。

本章就出現這種與神對話的形式。其中引號中的內容是神所說的話：祂首先宣告祂對南國猶大的審判。但在第十節，耶利米插入他自身的經歷和感受。人們會如何看待傳遞這樣信息的先知呢？他的傳遞已讓他成為眾百姓咒罵的對象，他真是希望自己沒出生在世上，那還比較好。對他來說，神似乎不可靠，就像乾涸的溪流，枯竭的泉源。

儘管耶利米情緒激動又具反抗性，神從未放棄他。祂應許要使這位淚眼先知成為「堅固的銅牆」，能抵抗全民的攻擊。同樣地，雖然耶利米發出許多不滿， 但也從未離棄神，神的話在他心中，他無法停止傳講神的話語。「我若說：『我不再提耶和華，也不再奉他的名講論』，我便心裡覺得似乎有燒著的火閉塞在我骨中，我就含忍不住，不能自禁。」（二十章9節）（PY）

每日默想｜你會向神發出哪些怨言？你曾像耶利米一樣，感到沒有受到神的激賞和肯定嗎？

Day 166 以色列的復興

讀經：耶利米書卅一章12-15、23-34節

鑰句：因為萬軍之耶和華—以色列的神如此說：將來在這地必有人再買房屋、田地，和葡萄園。（耶利米書卅二章15節）

耶利米從小接受祭司訓練，年幼就得知神和祂選民立約的事情。他也知道有關以色列十支派被亞述驅離四散的近代歷史。突然間，他受命預言這尚存的猶大兩支派也將遭受類似的審判。在耶利米仍活在世上之時，巴比倫大軍就會褻瀆聖城耶路撒冷，俘虜更多的以色列人。

難道神已丟棄約定嗎？祂已拋棄祂的選民嗎？在這章中，耶利米做了一串夢，夢中暗示了答案，他看見會有「餘民」熬過巴比倫的侵略。神沒有永久拒絕祂的子民，只是讓他們經歷暫時的懲罰，為了煉淨他們的生命。此外，神還應許未來以色列將遠比過去任何朝代都燦爛輝煌。

解經家對這些應許的全面意義看法分歧。當然，仍有些事是清楚明確的：例如，神應許要另立「新約」，改善、代替被破壞的舊約。希伯來書第八章引述了耶利米書這章的重要段落，並將這預言應用在耶穌身上，因

耶穌使新約成真，成就當中偉大的饒恕。

但對於那些似乎針對地理上的巴勒斯坦之預言，又該如何看待呢？雖有些被放逐的以色列人，在以斯拉和尼希米的帶領下，最終脫離巴比倫的囚禁重歸故土，但這情景——一些零星的人民回歸到混亂不安的土地，並不像耶利米書這裡描述的榮耀新社會。猶太學者對此預言的意涵見解不一：有些認為現今的以色列國正是這預言的實現，另有些人強烈反對這樣的說法。而一些基督教神學家則相信，在新約之下，這些應許所涉及的對象，應擴及普世教會，而非單指猶太民族和在應許之地居住的人。

耶利米雖不清楚未來歷史詳細的藍圖，但他深切體認到神對祂子民的心意。（PY）

每日默想｜神在你生命中持續重申哪些應許？

Day 167 耶利米被投進淤泥牢獄中

讀經：耶利米書卅八章 1-28 節

鑰句：耶和華如此說：住在這城裡的必遭刀劍、饑荒、瘟疫而死；但出去歸降迦勒底人的必得存活，就是以自己命為掠物的，必得存活。（耶利米書卅八章 2 節）

先知耶利米會屢次哀哭、猶豫躊躇是有原因的。在約西亞之後繼位的四位君王，都是受強勢帝國擺佈的傀儡王，也都讓先知耶利米過著艱難的日子。其中一位君王來到其過冬的房屋裡，拜讀其預言，每讀完一卷，王就隨意用刀將書卷割破，扔到火盆中（卅六章 23 節）。此外，先知耶利米也曾在某些狀況下，被毆打、上枷鎖，或被囚在地牢中，或像本章所描述的，被丟進淤泥坑中。耶利米能期盼的最佳狀態，就是被軟禁在家，或被監禁在王宮的院中。

然而，這些苦待只會使耶利米的決心更加堅定。甚至當迫害他的人開枷釋放他時，他仍繼續咒罵那迫害者。顯然，他唯獨向神吐露其內心的懼怕和疑惑。

本章的事件發生在耶路撒冷，正值巴比倫圍困耶路撒冷那可怕的兩年間。當時該城飢餓的居民，只圖存活，甚至因而訴諸食人肉的殘忍行徑。城中官員拼命試圖提振士氣、激發眾民的勇氣。難怪他們拒絕耶利米悲觀的勸戒：「我們終究是要輸的——不是出城歸降巴比倫人，就是打開城門讓巴比倫人進來」。

接下來第卅九章描述耶利米的預言成真。巴比倫軍隊果真攻破城牆，俘虜並苦待軟弱的西底家王。然而，征服者巴比倫人善待耶利米，因得知他曾勸百姓投降巴比倫人。

耶路撒冷淪陷後不久，一群以色列人反叛征服者，逃往埃及，還強把這位憤怒的先知也一同帶去。他們以為已到達安全之地了。但在耶利米接下來的記載中，我們看到這位飽受威嚇的七十歲的先知，宣告這群逃亡者將面臨悲慘的結局。他們卻不理會先知的忠告——正如在耶利米艱困的生涯中，其餘那些忽視他的人一般。（PY）

每日默想｜你曾感到「四面楚歌」嗎？你能深切體會到耶利米的感受嗎？

Day 167 省思

來自敏銳心靈的服事

先知耶利米的生活過得很艱辛。神重用他的生命，差派他向猶大百姓傳講關於審判和盼望的信息，但他時常掙扎於自身的角色中。大多數的時候，人們不喜歡他，認為他是一位叛國者，並擊打他，將他關入地牢。且每當耶利米傳遞難以傳講的信息之後，常不給予積極的回應，這使得耶利米倍加艱困。

耶利米那敏感又看似多變的性情完全無濟於事。他被稱為淚眼先知並不奇怪。任何人若處在耶利米的景況，親眼目睹自己的同胞和聖城落入別國的手中，都會忍不住哭泣。但耶利米不只哭泣，還向神抱怨，大聲悲嘆自己的命運。他還對百姓回以嚴厲的咒詛。

我們能從這位先知，這位顯然蒙神所愛、蒙神揀選擔負重任，而內心又充滿強烈掙扎的先知的生命中學到什麼功課呢？神對耶利米說：「我未將你造在腹中，我已曉得你；你未出母胎，我已分別你為聖；我已派你作列國的先知。」（一章5節）雖然耶利米的情感衝動，但他也深愛神，並對他所宣告的信息真理欣然信奉。「我得著你的言語，就當食物吃了，你的言語是我心中的歡喜快樂。」（十五章16節）

我們從耶利米的生命中看到：要忠心跟隨神、竭力做主工，並不總是容易的。我們可能會受苦、遭受不公平的對待，還會不受歡迎。耶穌曾說若祂自己受到人這般的對待，跟隨祂的人也會有相同的遭遇（約翰福音十五章20節）。當我們感到灰心沮喪，我們可以像耶利米一樣，坦誠向神傾訴，我們可以提出內心的疑問，甚至發出抱怨之聲。神能夠處理我們真實的感受。也許神揀選耶利米和現今那些心靈敏銳的人，正是因為神需要這些內心柔軟的人，來完成祂所分派的特殊任務。

然而，當我們與神的關係日趨成熟，我們就能期盼並祈求自己在神安放我們的位置上，擁有更深的信靠和滿足。這過程中的掙扎和環境的痛苦都令人感到艱難與不悅，但當神聆聽我們的呼喊、分擔我們的痛楚時，祂也能帶領我們進入與祂合一的恩典中，使我們能在其中超越艱難，並感到神的同在和應許遠遠比我們周遭的環境更加真實。這樣的能力唯獨來自神，以及花時間的自我操練，以致讓我們成為一位活在神面前的門徒，學會信賴神而非外在的境況。

耶利米表達出神對那些性情多變、情感衝動的神兒女之珍愛。祂與祂的兒女親密同行，並持續牽引、保護他們。我們也從耶利米身上得知——神的應許最終必實現。祂會照顧我們，對我們的一生永保信實。我們可以信靠祂，並懇求祂幫助我們，讓我們能因著信靠祂，知道如何回應周遭的環境。我們正面對一項選擇：讓生活全然受人性的情感所支配，或是讓神掌管、超越那些情緒，賜給我們屬祂的心思意念。（BQ）

Day 169 哈巴谷的埋怨

讀經：哈巴谷書一章1-6、12-17節

鑰句：耶和華說：你們要向列國中觀看，大大驚奇；因為在你們的時候，我行一件事，雖有人告訴你們，你們總是不信。（哈巴谷書一章5節）

每個人內心都有一股正義感。如果有一名粗心的駕駛撞倒一位孩童，卻若無其事地駕車揚長而去，別的駕駛一定會火速追趕那位肇事者，認為那人不可逃避責罰。我們也許對公正的具體標準持不同看法，但我們都照著心中的準則行事。

但坦白說，大多時候，生活中似乎存在著許多的不公平。哪個孩子

「理當」生長在加爾各答、里約熱內盧，或紐約布朗士區的貧民窟呢？為什麼像希特勒、史達林這些欺壓成千上萬人的暴君，卻能逍遙法外？為什麼有些溫柔良善的人英年早逝，而另些壞心腸的人卻能一生作惡直到年老？

我們都問過不少類似的問題。而先知哈巴谷則直接向神發問，並得著放諸四海皆準的答覆。哈巴谷直言不諱，要求神解釋——為何祂對眼前的不公、暴行，和邪惡置之不理呢？

神給他的答案與先前告訴耶利米的信息相同，就是祂要用巴比倫人刑罰猶大。但這樣的回答仍令哈巴谷心生疑惑，因為巴比倫人是兇殘無情的民族。用一個更邪惡的國家來懲罰猶大——這算公平嗎？

哈巴谷書沒有解決有關邪惡的問題。但哈巴谷在與神交談中，得著一個確據：神仍舊統管萬有。公義的神，絕不會讓邪惡獲勝。首先，祂會對巴比倫犯下的惡行施予刑罰，然後，祂會以強大的力量介入世間，撼動世界的根基，直到世上不再有不公義存在。

神應許哈巴谷：「認識耶和華榮耀的知識要充滿遍地，好像水充滿洋海一般。」（二章 14 節）因著瞥見這強有力的榮耀，先知哈巴谷的態度從憤慨轉為喜樂。在與神「爭辯」的過程中，哈巴谷學到新的信心功課。他在此書最後一章，優美地呈現這信心。神的答覆令哈巴谷十分滿意，使這卷以埋怨開頭的書，卻以聖經中最美的詩歌之一作為結束。（PY）

每日默想｜你生命中是否曾歷經一段疑惑歲月之後，最終看見神彰顯公義？

170 Day 祂的憐憫不致斷絕

讀經：耶利米哀歌三章 1-40 節

鑰句：我們不致消滅，是出於耶和華諸般的慈愛；是因他的憐憫不致斷絕。每早晨，這都是新的；你的誠實極其廣大！（耶利米哀歌三章 22-23 節）

本章開頭就說：「我是遭遇困苦的人……」，這悲傷的句子表達出整卷書的風格。此時，猶大的君王已被戴上鎖鏈，還雙眼失明，王的眾子也慘遭屠殺。耶路撒冷——首都聖城——已不復存在。詩人是在悲傷不知所措的心情下寫這卷書。他在空蕩的街道上徘徊，眼見成堆的屍體，極力想要明白這難以理解的悲劇。

但除了人類的悲劇，另一種痛苦正啃噬著作者的心靈。巴比倫士兵已進入聖殿——大群異教徒進入最神聖的地方！他們掠奪、燒毀聖殿。聖約之夢在此日破滅。史學家記載——當巴比倫人進入聖殿，就用手中的矛向空中揮掃，要尋找看不見的猶太人的神，但他們什麼也沒找著。神已放棄了，祂已離開此地。猶太人至今仍哀悼這事：每年到了哀悼聖城被毀的紀念日，正統猶太教徒都會大聲朗誦這卷哀歌。

這卷匿名書卷的語氣讀來熟悉，因為先知耶利米很可能就是本書的作者。當時他已年紀老邁、滿佈皺紋，形銷骨立。他曾被追捕、監禁、折磨，丟入泥坑等死。然而，當他注視著耶路撒冷裂開的傷口，而非他自身的傷口時，此刻再沒有什麼能與他所感到的悲傷相比了。

先知把內心的怨恨吐露出來，甚至認為神好像敵人一般，讀者對他這種強烈情感的抒發方式並不感到陌生。然而，在這幽暗的篇章中間，作者想起他在較光明、快樂的時光中所認識的神，他記起神的良善、慈愛和憐憫。在這黯淡無望的書卷中，出現了被後世作者取材，用來譜成「祢的信實廣大」這首讚美詩。當我們處在極大的悲慘中，神那些美好的特質似乎顯得格外遙遠——但我們還能轉向何方呢？就如耶利米哀歌所顯示的，若沒有從神來的盼望，就真的毫無指望了。（PY）

每日默想 | 在你最黑暗的景況中，你將心思轉向神嗎？你如何從中得著釋放呢？

Day 171 惡行遭報

讀經：俄巴底亞書 1、8-12、15-18 節

鑰句：因你向兄弟雅各行強暴，羞愧必遮蓋你，你也必永遠斷絕。（俄巴底亞書 10 節）

「耶路撒冷遭難的日子，以東人說：『拆毀，拆毀，直拆到根基！』耶和華啊，求你記念這仇。」（詩篇一三七篇 7 節）耶路撒冷劫後餘生者絕不會忘記，他們的鄰國以東是多麼幸災樂禍地觀看猶太人遭到大屠殺。以東人為獲勝的巴比倫軍隊歡呼喝采，還搶劫逃亡的難民，跟著劫掠耶路

撒冷。詩篇一三七篇——聖經中最悲傷的段落之一，傳達出以色列民對這侵犯所感到的椎心之痛。

令猶太人更痛心的是，以東人其實還是他們的遠親。以東國可追溯至雙胞胎兄弟雅各和以掃之間的爭鬥。雅各成為以色列的祖先，而以掃這位為了食物而賣掉長子名分的人，遷移到荒涼的山區，建立以東。這對孿生兄弟的後裔持續爭鬥數百年之久，此時以東人正為著以色列的災禍洋洋得意。這群名副其實的以掃子孫，只看重從掠奪中獲得的眼前利益。

以東人的態度與耶利米哀歌所表達的哀傷形成鮮明的對比。而俄巴底亞這卷舊約聖經中最簡短的書卷，清楚言明以東人將為其殘酷無情的行徑付出代價：「你怎樣行，他也必照樣向你行」（俄巴底亞書 15 節）。換言之，那些背叛猶大的人，也將被其盟友背叛。

俄巴底亞分別對以色列和以東的未來發出截然不同的預言。根據他的描述，受壓迫的以色列將再興起，但以東將從世界上徹底消失。在主後七十年，當羅馬軍團圍攻耶路撒冷時，毀滅了最後一些殘存的以東人，這使得歷史再次證實以東遭滅絕的預言成真。（PY）

每日默想	以東人的安全感建立在其戰略性的位置：位居「高處」和住在「山穴中」。而你將安全感建立在何處呢？

Day 172 省思

去愛或遠離未信者？

當神的子民身處在未信者中間，應該如何生活呢？

這樣的景況終究發生在猶大身上。就如以色列一樣，猶大失去其國土和自主權，喪失成為屬神的獨立國家的條件。猶大百姓被驅逐到巴比倫，被迫在異國過新的生活。如今，敬拜真神——這突然令人格外渴慕的屬靈追求——變得特別困難。在身處敬拜假神、異教盛行的地方，猶大子民必須學習在屬世的環境中，活出不屬世的屬靈生活。

富勒神學院的院長毛理查（Richard Mouw）寫到：

當以色列子民成為俘虜被驅逐到巴比倫時，他們必須很嚴肅地面對關於風土民情的問題。過去有很長一段時間，他們生活在自己的土地上，擁有熟悉的統治和制度。他們經歷了民族的合一，就是歷經眾民在生活各層面委身順服神的旨意（至少在公開場合是如此）所帶來的合一。

但他們如今是身處陌生異地的外國人，被遍佈當地的異教文化環繞。詩篇一三七篇記錄了他們的沉痛哀訴：「**我們怎能在外邦唱耶和華的歌呢？**」（4 節）神藉由先知耶利米回答他們的疑問。先知告訴百姓，你們要在那地長期安居：要建造房屋，住在其中；栽植農作物；娶妻生兒女；在那裡生養眾多，不致減少（耶利米書廿九章 4-6 節）。先知接著陳述一個重要的「政策宣言」：「**我所使你們被擄到的那城，你們要為那城求平安，為那城禱告耶和華。因為那城得平安，你們也隨著得平安。**」（7 節）[17]

神告訴祂的子民，不要對他們的新鄰舍充滿敵視，而是去關懷他們、與他們建立關係，為他們求好處。神恨惡敬拜假神的行為、鄙視那些高舉自我而非神的宗教，但祂並不厭惡人類本身。神藉由先知再三提醒我們，祂憎恨惡行而非作惡的人。祂渴望人人都來到祂面前得著救恩。聖經本身就是一長篇信息，傳達出神賜下祂的愛與饒恕給那些不配得的人。

就像猶大百姓一樣，我們也生活在一個許多人不尊崇神的社會中。有時我們很想不理會他們，或對他們表現出我們的優越感，但這不是神喜悅的方式。正如祂強調堅守信仰毫不妥協的重要性，祂也強調我們必須以祂向我們彰顯的那份愛來愛他人。

毛理查解說到：

> 神告訴以色列子民——以及我們：漠不關心和充滿敵意都不是對待周遭非信徒的正確方式。我們應該為他們求福分。其實，在尋求別人的益處時，我們也會尋得自身的益處。當基督徒沒有以仁慈和良善的態度待人，我們就沒有成為神所要我們成為的人。[18]

在耶穌死前，祂在禱告中述說出神的極大期盼：「**你怎樣差我到世上，我也照樣差他們到世上……使他們完完全全地合而為一，叫世人知道你差了我來，也知道你愛他們如同愛我一樣。**」（約翰福音十七章 18、23 節）神並非喜愛懲治罪惡，而是喜愛帶領罪人來到祂面前。祂已揀選我們，要使用我們來實現這信息。（BQ）

每日默想	你對那些未信主的人的態度如何呢？你的掙扎較多來自於向他們談論你的信仰，還是以慈愛對待他們呢？祈求神幫助你能在生命中確實活出使徒保羅的這段話：「有人問你們心中盼望的緣由，就要常作準備，以溫柔、敬畏的心回答各人。」（彼得前書三章 15 節）

第五部　重新開始——流亡與回歸

Day 173 四活物與主的榮耀

讀經：以西結書一章 1-28 節

鑰句：在迦勒底人之地、迦巴魯河邊，耶和華的話特特臨到布西的兒子祭司以西結；耶和華的靈（原文是手）降在他身上。（以西結書一章 3 節）

大約當耶利米、哈巴谷，和俄巴底亞在猶大作先知的同一時期，以西結也得著戲劇性的呼召，去服事那群流亡在外的苦難同胞。在攻陷耶路撒冷之前，巴比倫軍隊就已陸續劫掠猶大達二十年之久，而以西結就屬於第一批被擄至巴比倫的猶太人。他來到離鄉將近五百英哩遠的地方，在那裡與以色列民居住在河邊的難民區中。

就如各處的難民一樣，那些在巴比倫的被擄之民最渴望的事莫過於有機會回歸祖國。他們收到來自先知耶利米充滿安慰與勸言的信函。他們害怕聽聞猶大君王背叛的訊息，擔憂任何反叛的行動會激起巴比倫的怒火。他們焦急地想知道 他們受圍攻的祖國是否能繼續存在。

像這樣被驅離家園、沮喪氣餒的百姓，很需要聆聽到一種堅定、權威的聲音，這正是他們在以西結身上找著的。年輕的以西結受培訓成為祭司，但發覺自身的職業計畫因被放逐國外而中斷。他不禁疑惑：聖殿在耶路撒冷，但祭司卻身在巴比倫，這究竟有何意義呢？然而事實上，神呼召他委身於一個新的角色——成為流亡猶太人的先知。

以西結書開頭描述的景象十分不尋常，以致有人認為先知看見的是不明飛行物體。的確當中有些相似之處：會發光、移動快，非人的形體。但從先知藉由「近距離接觸」所描述的情景，又可看出其中的不同。這壯觀威嚴的活物，並沒有神祕地迅速消失。祂想要讓世人都認識祂，並揀選先知以西結，賦予他特權來傳揚祂。

以西結面對如此榮耀的形象，就俯伏在地。但神的靈使他站起來，並差派他這項任務。在領受此異象之後，以西結再也不會懷疑一個經常困擾其他被擄之民的問題：神已離棄他們了嗎？以西結這種與神親近的經歷，使他永遠確信神依然關愛祂的子民——當然也包括那些流亡在巴比倫的百姓。（PY）

每日默想｜你曾感到被神遺棄嗎？是什麼幫助你脫離這種感受？

Day 174 以西結的蒙召

讀經：以西結書二章1-5、9節～三章3節、10-27節

鑰句：「人子啊，我立你作以色列家守望的人，所以你要聽我口中的話，替我警戒他們。」（以西結書三章17節）

正統猶太教拉比禁止三十歲以下的人閱讀以西結書的前三章。他們認為年輕人都尚未預備好如此直接面對神的榮耀。其實，以西結自身在這經歷中也幾乎無法存活。他多次俯伏在地，甚至有七天憂悶到說不出話來。

如此崇高的啟示是神訓練人的過程之一，為要使先知變得更堅強，以承擔艱鉅的任務。先知以賽亞被鋸成兩半，耶利米被丟進泥坑中，猶大的先知實在有充足的理由驚惶不安。當以西結在敵國領土中心，向悖逆的百姓傳講神的話語時，會有什麼不幸的遭遇嗎？為堅固以西結的信心，神一開始就給他一個奇妙的經歷——是一種無論他將面臨什麼樣的困境，都永不忘懷或疑惑的經驗。

神提醒以西結：若有以色列民聽從他傳講的信息，那也是極少數的人。他必須變得像他的聽眾一樣頑強不屈，因此，以西結過著孤獨的生活。百姓認為他是一位愛幻想、編織故事的人，並對他所發出關於耶路撒冷淪陷這樣的悲觀預言嗤之以鼻。儘管以西結的預言帶著消極色彩，他卻從未失去盼望。他的眼光能超越當前的不幸，看見神未來將復興祂的子民、重建祂的聖殿。

以西結擁有不動搖的信心，因為他已領受來自神的榮耀異象。由於受過祭司的訓練，他能篤定地認出那亮光、火焰，和光輝——以色列民曾在曠野的火柱、所羅門聖殿的雲彩中，見到過這榮耀的景象。如今，國家局勢混亂，國中的菁英份子流亡在外。但即使在巴比倫，神的榮光依然向以西結顯現。單是這個經驗，就給予他所需的勇氣，去擊退周遭的敵人。

（PY）

每日默想｜當你試圖向人傳講神的信息時，你遇到哪些阻礙呢？

Day 175 耶路撒冷被圍困的預兆

讀經：以西結書四章 1-17 節

鑰句：你要露出膀臂，面向被困的耶路撒冷，說預言攻擊這城。我用繩索捆綁你，使你不能輾轉，直等你滿了困城的日子。（以西結書四章 7-8 節）

當有人問作家富蘭納瑞・歐康納（Flannery O'Connor），為什麼她的小說常出現很誇張、古怪的人物時，她回答說：「對耳力不佳的人要大聲說話，對視力微弱的人要畫巨大、驚人的圖案。」同樣的答案也許有助於解釋以西結的怪異行徑。

他也面對一群缺乏耐性聆聽他信息的愚頑聽眾，因此，神指示他運用一些異乎尋常的方法來傳達信息。

這卷書記錄了先知公開呈現的十二種「實物教學」。例如，他有一年每天側臥，被繩索捆綁，面向一個畫上耶路撒冷城的磚塊模型。奇怪嗎？當你看見一輛車子正朝懸崖邊緣開去，可能會大聲尖叫、激動地做出動作示意，讓人誤以為你精神錯亂。以西結也是如此，他會做出任何能迫使人們注意的行動。

以西結書的第一部分主要憂心祖國猶大的政治局勢。假先知向流亡的百姓保證神絕不會讓祂的聖殿或聖城被毀滅。以西結嚴厲抨擊這些虛假的樂天派，並以強烈言詞和公開聲明來傳播神審判的計畫。面對這審判的信息，他內心沒有絲毫欣喜，甚至因為看見將來的景況，兩次俯伏在地驚恐呼喊（九章 8 節，十一章 13 節）。在本章中，當神告訴他要在人糞上燒烤食物以作為一種象徵時，他震驚到難以接受。

以西結傳講從神而來的純正信息，並用以色列民無法不理會的方式來傳達。以西結的誇張風格傳遞了許多關於那位指示他的神的旨意。神在花盡所有心思領人回轉之前，是不會放手不管祂的子民的，只要看見一絲使人回頭的希望，就沒有什麼方法是太不體面，也沒有什麼招數是太陳舊的。「主耶和華說：我指著我的永生起誓，我斷不喜悅惡人死亡，惟喜悅惡人轉離所行的道而活。以色列家啊，你們轉回，轉回吧！離開惡道，何必死亡呢？」（卅三章 11 節）（PY）

每日默想｜神如何引起你的注目？

Day 176 遍滿枯骨的平原

讀經：以西結書卅七章 1-28 節

鑰句：於是我遵命說預言，氣息就進入骸骨，骸骨便活了，並且站起來，成為極大的軍隊。（以西結書卅七章 10 節）

為什麼耶路撒冷被毀滅？為什麼所有猶大的敵人都面對慘烈的結局？如此他們就「知道我是耶和華」。這句話在以西結書重複出現超過六十次以上。語氣一轉，神用這相同的一句話來解釋為什麼祂會帶來美好的未來。

在一片幽暗之後，以西結最終宣告充滿大喜樂和盼望的話語。他先前只傳講審判的預言，沒有人聽進他的話，然後他有七年的時間幾乎一言不發。但如今他又再次開口，發出充滿希望光明的言語。

自從只有以西結一人對現況所發的預言成真之後，他突然受到流亡百姓的歡迎。當百姓蜂擁前來聆聽他的話語時，他責備他們的心沒有回轉更新，接著證實有關未來好消息的傳聞是真實的。

在以西結書中，再沒有比這驚人景象——遍滿枯骨的平原——更貼切描述出盼望的信息。就如那散佈墳場、發白的枯骨，竟榮耀地復活，那些失去指望、如同死去的百姓也將活過來。

以西結原先的聽眾還深陷在聖殿已毀的驚人消息中，覺得神顯然已離他們而去。但以西結向他們保證神並未離棄他們；而分裂的猶大國和以色列國最終會再統一起來。神要回到祂的家中，與祂的子民同住。

這卷書最後以一個光輝的異象作結，看見新耶路撒冷城從之前毀壞的光景中重新興起。對於以西結所說關於以色列國的預言，究竟應照字面或象徵性的意義解釋，學者們持不同的看法。但無疑的，這好消息會影響整個世界。這新城得勝的名字表明了一切：「從此以後，這城的名字，必稱為：耶和華的所在。」（以西結書四十八章 35 節）（PY）

每日默想｜你的屬靈景況如何呢？是有如枯骨一般？才剛甦醒？或是生氣蓬勃呢？

Day 177 省思

神愛的妙方

以西結的故事讓我們看見一幅神的圖像，這是聖經中描繪神最驚人的圖像之一。藉由以西結，我們看見這位神，願意不遺餘力地將祂的信息傳給祂所愛的子民——即使他們是如此愚昧，不相信祂為他們所預備的未來。

神運用許多奇特的象徵，來警告百姓耶路撒冷即將被毀。以西結必須畫一座被圍困的耶路撒冷城，然後要側臥一年，期間要吃烤在牛糞上的食物。他必須剃頭髮，將當中有些頭髮用火燒掉，有些用刀砍碎，有些任風吹散，有些包在衣襟裡。他必須拍手頓足預言以色列作惡的後果，他必須哀號訴說毀滅的信息。他必須打包物品，從住處牆上挖洞爬出去，他必須在百姓面前戰兢吃喝。之後當他的妻子離世，他也不可哀悼。這一切預兆都在向百姓們說明神對他們的罪惡所感到的悲痛，以及他們將經歷的犯罪苦果。

神後來轉而傳遞希望的信息，帶領以西結仔細觀看新的聖殿中的設計。祂計畫要赦免、潔淨祂的百姓，在他們的裡面安置一個新心，並使遍地永遠充滿的平安。

在以西結書中，神以熱切而激烈的言詞說話。祂沒有用簡單的比喻或例子來傳遞祂的信息，而是用一位看似精神失常的先知的怪異行徑來溝通，神在這裡毫不在意是否保留形象。如果祂再抑制祂的表達，祂的子民將不會聽見他們不久就極渴望聆聽到的信息。

神今天依然願意毫無保留地幫助我們經歷祂的真實和慈愛。作家柯提斯（Brent Curtis）和艾傑奇（John Eldredge）寫到神有如一位狂熱的追求者，要讓我們與祂建立一種充滿神聖之愛的親密關係。他們問到：「神如何藉由輪胎洩氣、支票跳票、因雨取消野餐活動這些事情來與我們更親近呢？」「當我們面對癌症、性試探、遭離棄時，祂想要達成什麼呢？」[19]

作者認定：「我們的生命故事是由神負責執筆，這位神不僅是一位作家，更是我們人生劇碼中的愛情主角。」「祂創造了我們，使我們單屬於祂，而如今祂正竭盡所能讓我們恢復與祂親密的關係。祂似乎狂熱地追尋我們，因為祂試圖使我們的心從自身的沉迷中得著釋放。」[20]

神成為一位愛人，設法在各樣景況中帶領祂心愛的人回到祂身邊。神對我們懷著無比熱切的情感，以致祂願意使用任何能親密地適用在我們身上，並能吸引我們歸向祂的方法策略。柯提斯和艾傑奇寫到：「我們若失去永恆之羅曼史，就會變得灰心喪氣，這提醒我們神自永恆以來便試圖帶領我們進入祂神聖的團契；而且……儘管我們拒絕祂，祂依舊熱切地尋覓我們。」[21]（BQ）

每日默想

你能在生命中感受到神對你熱切的愛嗎，即便這愛是藉由看似異乎尋常的方式來傳遞時？如果你能在生命中意識到這份愛，現在就感謝神對你熱烈的愛。如果你察覺不出，懇求神開你的心眼，讓你能體會到祂對你的熱切尋覓。

Day 178 但以理在巴比倫受訓

讀經：但以理書一章 1-21 節

鑰句：這四個少年人，神在各樣文字學問（學問：原文是智慧）上賜給他們聰明知識；但以理又明白各樣的異象和夢兆。（但以理書一章 17 節）

以西結整日向流亡的猶太人宣講（並具體呈現）信息，而但以理則是被選入王宮任職。

事實上，但以理在王宮的生活與古代人物約瑟非常相像，約瑟也是在外國王宮中嶄露頭角、獲居高位。正如本章所強調的，但以理是在沒有違背自身的信仰原則下獲得成功的。在那充滿野心和詭計的環境中，他找到方法在其中發達成功，同時仍持守猶太信仰的崇高理念。

巴比倫人竭盡所能想要除掉年輕猶太人的固有傳統。他們強加給這些猶太人帶有異教意味的新名字，還固定給他們祭過偶像的酒和食物。甚至連所讀的外交家培訓課程也令猶太人反感：包括巫術、魔法，和多神崇拜的異教。但以理和他的三個朋友克服了這些障礙，並表現得出類拔萃，引起了王的注意：這四個人比起國中任何人都讓人另眼看待。

整體來看，關於一個人如何服事神又事奉國家，聖經中的先知群提供了不只一種、而是多樣的榜樣。當中極端的例子如阿摩司和以利亞，身為社會的邊緣人，他們嚴厲怒斥社會的邪惡。另外像耶利米和拿單，他們與王室保持一定的距離，會不時給予君王忠告。而以賽亞和撒母耳則是君王的親近顧問。至於在這卷書中，先知但以理則顯出一個人即使在獨裁政體中工作，仍能保持純淨的生命。

但以理十分勤勉、足智多謀地事奉異教君王，至少長達六十六年之久。即使面臨死亡的威脅，他對信仰也從未妥協。聖經中再沒有比但以理更好的模範，他教導了我們如何在不認同、不尊重你信仰的人群當中生活。（PY）

每日默想｜你曾經為了持守信仰，而選擇走一條困難，或不受歡迎的道路嗎？

Day 179 尼布甲尼撒的夢

讀經：但以理書二章 1-23 節

鑰句：但以理回到他的居所，將這事告訴他的同伴哈拿尼雅、米沙利、亞撒利雅，要他們祈求天上的神施憐憫，將這奧祕的事指明，免得但以理和他的同伴與巴比倫其餘的哲士一同滅亡。（但以理書二章 17-18 節）

或許是為了提醒祂的子民要信靠祂的大能，或許是為了向外邦民族顯明祂的能力，神常常在舊約中一些居高位人物的生命中引發危機，然後讓跟隨祂的子民倚靠祂來解決危難。神在此讓但以理、哈拿尼雅、米沙利，和亞撒利雅能接近王，接著給他們機會行出沒有任何一位巴比倫哲士能做到的事。

連占星家們都承認只有神明能做到王所要求的事。他們幾乎說對了，唯有獨一的真神能知道人的夢境。雖然異教的神明不與世人同住，但這位真神卻不然。這四個即將被殺害的人將證明神的同在。神要再次向祂的選民和巴比倫人宣告祂是統管萬有的神。當巫師、術士和占星家擺開陣勢對抗天上的真神時，他們就算用盡一切神祕的招術，也只能給出一個空洞的承諾。（BQ）

每日默想｜你近來曾因神在別人生命中的作為，而思想起祂的大能嗎？

Day 180 但以理解夢

讀經：但以理書二章 24-49 節

鑰句：你既看見非人手鑿出來的一塊石頭從山而出，打碎金、銀、銅、鐵、泥，那就是至大的神把後來必有的事給王指明。這夢準是這樣，這講解也是確實的。（但以理書二章 45 節）

神不僅藉由但以理為王解夢顯出祂的能力，還揭示出近東地區的未來和神永恆的國度。在尼布甲尼撒夢中出現的大像，代表將治理巴勒斯坦地和以色列民的外邦帝國。金頭代表新巴比倫帝國；銀胸和膀臂代表瑪代波斯帝國；銅肚和腰代表希臘帝國；而鐵腿和腳則代表羅馬帝國。這四樣不同的金屬象徵帝國統治者的權力和地位一朝不如一朝，但也象徵帝國堅韌性的遞增，帝國的壽命一個比一個更長。

這四個帝國將不是被世上另一個政權所摧毀，而是被降臨的耶穌基督——就是打碎大像的石頭——所毀滅。當基督再來時，祂將統管天下萬國，展開彌賽亞統治的永恆國度。（BQ）

每日默想｜今日哪一個「帝國」是你渴望耶穌推翻的？是有關政治或社會集團的惡勢力？某一國家的高壓統治？某種具破壞性的文化潮流？

Day 181 金像與火窯

讀經：但以理書三章 1-29 節

鑰句：即便如此，我們所事奉的神能將我們從烈火的窯中救出來。王啊，他也必救我們脫離你的手；即或不然，王啊，你當知道我們決不事奉你的神，也不敬拜你所立的金像。（但以理書三章 17-18 節）

但以理書的故事家喻戶曉，其實本書前六章中的任一章，都可以成為懸疑劇的劇本。在這篇故事中，但以理的三位朋友視尼布甲尼撒王的政令為一個關乎信仰忠貞的基本議題，這使得他們在對神與對國家的效忠上陷入無法調和的衝突。在此情況中，他們不可能同時事奉神的國度、又事奉巴比倫帝國，這之間沒有任何妥協的餘地。

猶大之所以遭受巴比倫入侵這樣的刑罰，根本原因就在於其頑強的罪——偶像崇拜。猶太人若選擇向尼布甲尼撒和他的金像俯伏敬拜，就無法指望得著神的祝福。但以理的朋友這種不妥協的回應，顯出巴比倫的擄掠對整個流亡的猶太世代所產生的一股生命的「煉淨效應」。

但以理書讀來激動人心，因為在這段以色列歷史上最不安穩的時期，神卻大力施展一連串神蹟奇事：超自然的夢兆、牆上的手寫字跡、從火窯和獅子坑中獲救。自以利沙時代之後，以色列民從未見過如此的奇妙事蹟。

火窯故事有一個美好的結局，是遠超過這三位勇敢的猶太人所期望的。他們不僅存活下來；這事件還使尼布甲尼撒決定在其任內尊重、包容猶太人的信仰。

以色列民仍從他們這一小族群的角度來體認神，但神的祝福絕不僅止於猶太人。當神第一次向亞伯拉罕啟示聖約時，就應許亞伯拉罕的子孫會使地上的萬族蒙福（創世記十二章 3 節）。諷刺的是，當猶太人被迫成為巴比倫的俘虜、身處極大的羞辱之中時，竟開始讓別人相信他們的神是配得尊崇的。尼布甲尼撒王和後來大利烏王（但以理書六章 26-27 節）的宣告中所帶出對神的崇敬，是過去多年來的猶大君王所從未發出的。（BQ）

每日默想｜從但以理朋友的回答中（但以理書三章 16-18 節），你學到什麼關乎信心的功課？

Day 182 牆上字跡

讀經：但以理書五章 1-30 節

鑰句：當時，忽有人的指頭顯出，在王宮與燈臺相對的粉牆上寫字。王看見寫字的指頭就變了臉色，心意驚惶，腰骨好像脫節，雙膝彼此相碰。（但以理書五章 5-6 節）

神蹟可能會引起人們的注意，但卻不保證會帶來長久的改變。儘管尼布甲尼撒對希伯來的神生發一股嶄新的熱情，但經過一段時間之後，他顯然已遺忘這股信仰熱忱。

而王的兒子伯沙撒，這位在成長過程中目睹一連串神蹟的人，對神的記憶更差。第五章開頭就描述這位新王與一千名大臣和眾多嬪妃狂飲作樂的情景。他們好似在「颶風派對」中狂歡，顯出他們對敵軍正進攻首都的情報持完全不屑的態度。這場盛宴還包含宗教的成分，仿照當時的潮流：他們敬拜偶像，並使用從耶路撒冷聖殿掠奪來的聖器皿飲酒作樂。

伯沙撒喧鬧的宴會竟出現一幕宛如恐怖片的場景：忽然有詭異的、沒有與手相連的人的指頭顯出，並在牆上寫字。王看見這景象就渾身顫抖、臉色發白，但皇后卻想起一位猶太老先知擁有的神奇之恩賜。但以理多年來始終如一，他恭敬地婉拒了王的賄賂贈禮，並在發表一段即席講道之後，為王講解文字的意義。

當天晚上，但以理又在暴君政府中獲居高位，但這職務卻沒持續多久。就在當夜，巴比倫因遭偷襲而滅亡，瑪代人大利烏取代了巴比倫帝國的統治。

英文習語「牆上字跡」（the handwriting on the wall）就是源自這段故事，用來代表滅亡前的最後警告。許多以色列和猶大的先知曾試圖為同胞們解釋神的「牆上字跡」，但大多失敗，而神是藉由巴比倫懲罰他們。如今巴比倫同樣輕忽像但以理這樣屬靈偉人的警告，因而落得了應得的刑罰。他們已忽略那牆上字跡太久了。（PY）

每日默想｜神曾在你的生命中顯出如「牆上字跡」這般的預警嗎？

Day 183 但以理在獅子坑中

讀經：但以理書六章 1-26 節

鑰句：王就甚喜樂，吩咐人將但以理從坑裡繫上來。於是但以理從坑裡被繫上來，身上毫無損傷，因為信靠他的神。（但以理書六章 23 節）

在擔任政府要職六十年之後，但以理最終也面臨如同那在火窯中的三友人所面對的情況——亦即在神的律法和國家的法令之間產生無法化解的衝突。過去這些年來，但以理失去了許多身為猶太人的傳統禮儀，甚至還被改成巴比倫的名字。然而，雖然他無法像在耶路撒冷聖殿中那樣敬拜神，但他對神的忠誠從未動搖。儘管有違王的新禁令，這位老先知依舊一日三次朝向耶路撒冷禱告。

但以理在獅子坑的故事對猶太教徒和基督徒都別具意義，因為不幸的是，歷史經常重演。羅馬帝國、史達林統治下的俄國、希特勒統治下的德國，以及近代中國都曾限制人民敬拜神，然而教會在遭受極大迫害的期間，仍存活下來，甚至蓬勃成長。並非每一位遭遇宗教迫害的人都像但以理一樣獲得奇蹟式的拯救。但所有殉道者都一致向觀看的世人作見證，表明無論面臨多大的苦難，真實的信仰是無法被摧毀的。

神蹟的出現使但以理的生命得以倖存；而有另一個更大的神蹟發生在他周圍的人身上。由於深受但以理的信心所激勵，波斯王發佈聲明要全國人民在「但以理的神」面前戰兢恐懼。不久之後，這曾頒布法規禁止猶太人敬拜神的同一個帝國，將護送流亡的猶太人返回家鄉，並允許他們重建聖殿。

這段在巴比倫的艱苦歲月也帶給猶太族群不少的磨練和學習。深受但以理等人美好榜樣的影響，他們開始聚集在「猶太會堂」研讀律法和禱告。他們要清除帶給他們極大痛苦的罪惡，並重回巴勒斯坦：猶太人將不再陷入拜偶像的罪中。那煉淨之火已發揮了功效。（PY）

每日默想 | 神曾用「煉淨之火」潔淨你，並引導你脫離罪惡嗎？

Day 184 省思

傑出的榜樣

如果你要找一位聖經人物作為你的榜樣，那麼但以理是極佳的選擇，主要因著他擁有堅毅的特質。聖經說到許多軟弱犯錯的人仍被神使用的故事，然而但以理是就我們所知聖經中少見沒有犯下大錯的人之一。根據聖經所描述的但以理，我們得知他對神的委身始終堅定不渝，並且他讓世人看到他活出向神委身的生命。

你也許會嘆氣：「太遲了，我犯過大錯，我是絕不可能變得像但以理一樣。」但無論你的過去如何，你都能追求像但以理所展現出的那種卓越。世界展望會的榮譽會長，也是《追求卓越》（*The Pursuit of Excellence*）這本書的作者殷思重（Ted Engstrom）寫道：「在我們所做的各樣事上努力追求卓越，不僅是我們基督徒的本分，還是基督徒的基本見證。然而，我們非言語的舉止往往太過膚淺招搖，以致人們往往什麼也聽不見。」[22]

我們的行為說明了我們的標準為何，我們的樣式向他人顯示出身為信徒的意涵。我們常在不知不覺中，藉由生活方式，向未信者傳達何謂跟隨神的生活。

讓我們來觀看但以理的行為。在但以理書的開頭，我們看到他婉拒了供應給他的昂貴菜餚和酒。因為這些食物皆先獻祭給偶像，而但以理的信仰原則不允許他享用這樣的飲食。他委婉地請求看管的人能允許他和其友人只吃素菜、喝白水，全心信靠神會保守他們十分健康。

接著，當他為王解夢時，他首先承認自己並沒有比其他人更有智慧。他之所以能解夢，只因為王需要知道並明瞭這夢，而神選擇將這夢的意涵顯明給他。但以理並不關心自己的晉升，他真正關切的是他身上的職責。

後來，當另一位王執政時，要求但以理讀出牆上奇怪的文字，並要給他獎賞時，為他所拒，但卻仍為王講解文字。他再次明瞭神已派給他任務，如果拿取來自不敬神的君王之獎賞，便會有違他對神的忠誠委身。

之後在另一個君王任內，因但以理「**有美好的靈性，所以顯然超乎其餘的總長和總督，王又想立他治理通國。**」（六章 3 節）其他總長和總督找不著他的錯誤，「**因他忠心辦事，毫無錯誤過失。**」（六章 4 節）但以理的傑出再次於其行為中展露無遺。那些在但以理周圍忌妒他的人，很快就斷定他們若要抓住他的把柄，非得製造與神的律法相衝突的事不可。

最後，當但以理在死亡邊緣艱難度過一夜之後，他不僅沒有抱怨王將他扔在獅子坑中，反而還尊榮王並定睛於神身上。「**願王萬歲！我的神差遣使者封住獅子的口。**」（六章 21-22 節）

但以理也許出身貴族家庭，但他並非生來就傑出。他的傑出是他持續努力的成果。約翰・加德納（John Gardner）在《追求卓越》這本書中說明：「重大的事情也許會臨到某些人身上，但卓越的成就卻極少從天而降……卓越是需要長期努力才會達到的。傑出者都不是糊里糊塗、自然而然地達到卓越的成就，也絕非抱著輕率的態度就碰巧得著的。所有卓越的成就都包含自律和堅守目標兩大要素。」[23]

但以理的確顯出自律精神。他明白他的人生目標，並持續持守它。他堅定地以神的方法行事，從未失去對神委身的心志。（BQ）

每日默想	你在每日的生活中，有多常想到活出卓越？你做事有多看重要盡心盡力和堅持到底呢？懇求神幫助你在內心中發展出堅忍的毅力，使你能不斷地靠著耶穌持守自己，並得著神的嘉許。

Day 185 重建祭壇

讀經：以斯拉記三章1節～四章5節

鑰句：然而有許多祭司、利未人、族長，就是見過舊殿的老年人，現在親眼看見立這殿的根基，便大聲哭號，也有許多人大聲歡呼。（以斯拉記三章12節）

猶太被擄之民——包括但以理和以西結等人，被囚在巴比倫已半個多世紀之久。有些人，如但以理，在異邦成功興盛；但沒有一位真以色列人能在異地感到完全的平安。他們總是有一股渴望啃噬著心靈，渴想家鄉和神的聖殿。正如一位流亡詩人寫到：「耶路撒冷啊，我若忘記你，情願我的右手忘記技巧！我若不記念你，若不看耶路撒冷過於我所最喜樂的，情願我的舌頭貼於上膛！」（詩篇一三七篇5-6節）

但以理所服事的新王，遵照波斯在信仰上的包容政策，准許流亡猶太人第一波的回歸行動，讓他們重返耶路撒冷，而以斯拉記這卷書就是在描述當中的故事。當回歸的流亡猶太人回到耶路撒冷，映入眼簾的景象令他們悲痛萬分：這城已成廢墟，遍地是被入侵的巴比倫燒毀掠奪的情況。神的聖殿成了一堆碎石。

歸回的百姓立刻展開工作，將重建聖殿視為首要的任務。他們滿懷盼望；而波斯人甚至歸還了從聖殿竊取的金銀器具。當這群猶太人終於立穩聖殿的根基時，他們的歡呼聲傳到遠處。聖殿畢竟是他們與神相會的地方，也象徵他們與神重建嶄新關係的重要根基。

然而，歡呼聲中也夾雜著哭號的聲音。那些歸國的年長者仍記得過去所羅門時代聖殿的輝煌，與當下景況相較之下，不禁感覺淒涼而悲傷哭泣。他們此時已失去獨立的政權，連重建聖殿也需要獲得異國政府的允許，猶太百姓僅重獲他們昔日領土的極小部分。他們的光景與大衛和所羅門的光榮時代相比，其差距何止千里。

以斯拉記正是在介紹以色列歷史上的一個新時期——此時期以色列變得比較像一個「教會」，而不像一個國家。他們的領導者不再致力於和敵軍交戰，而是全力對抗罪惡和屬靈上的妥協。他們深怕再度犯錯，導致他們又被流放異鄉。（PY）

每日默想｜在你的屬靈生命中，你正在對付什麼呢？是罪惡？屬靈上的妥協？重犯過去的錯誤？缺乏對神的信任？

Day 186 建造聖殿的呼召

讀經：哈該書一章 1 節～二章 5 節

鑰句：你們盼望多得，所得的卻少；你們收到家中，我就吹去。這是為甚麼呢？因為我的殿荒涼，你們各人卻顧（原文是奔）自己的房屋。這是萬軍之耶和華說的。（哈該書一章 9 節）

以斯拉記所描述那股迸發的精力並沒有持續許久，反對的聲浪很快地在以色列周圍的異族中興起，異族人並不樂見宿敵復興。想到曾聽聞的種種有關以色列的神所施行的奇妙作為故事，使得這重建聖殿的計畫格外令他們感到驚恐。他們清楚明白重建聖殿必會燃起以色列民對信仰的熱情，這使得以色列的保護國波斯對猶太人的承諾也開始有所動搖。

猶太人因這些激烈的反抗，逐漸失去那股熱忱，或應該說是將熱情轉移到了別的事物。在流亡猶太人回歸後短短幾年，重建聖殿的工程就陷入停擺。猶太人開始轉而集中心思於建立自己的房屋和重拾昔日的繁榮。他們已遺忘當初重回耶路撒冷的動機。

大約在猶太人第一波回歸潮之後二十年，先知哈該在耶路撒冷正視人民日漸冷漠和混亂的問題。他不像耶利米怒斥百姓，或像以西結公開作實物教學。他只是力勸這群首批回歸的百姓要仔細省察自身的景況。他問到：「這殿仍然荒涼，你們自己還住天花板的房屋嗎？」

哈該的陳述很簡明合理。回歸的百姓雖努力工作，但得著了什麼呢？他們的作物收成貧乏，他們的工錢才賺進就流失。哈該對此的判斷是：他們搞錯了優先次序。以色列民必須將神放在首位，回歸的百姓應當先重建聖殿。如今神的聲譽岌岌可危。若聖殿象徵神的同在，那麼當聖殿仍是一片廢墟時，如何讓神得著應得的尊崇呢？

多年後耶穌的一段話正好清楚概述了哈該的信息：「不要憂慮說，『吃什麼？喝什麼？穿什麼？』……你們要先求他的（神的）國和他的義，這些東西都要加給你們了。」（馬太福音六章31、33節）令人驚奇的是，哈該的信息立即引發聽眾的共鳴迴響。在他之前的先知如阿摩司、以賽亞或耶利米，傳遞此信息數十年，都未見過如此衷心的回應。（PY）

每日默想｜現今有哪些事物容易使你混亂了屬靈的優先次序？

Day 187 主應許賜福耶路撒冷

讀經：撒迦利亞書八章1-23節

鑰句：必有列邦的人和強國的民來到耶路撒冷尋求萬軍之耶和華，懇求耶和華的恩。（撒迦利亞書八章22節）

另一位年紀較輕的先知撒迦利亞和哈該一同在耶路撒冷提振回歸百姓的靈命（以斯拉記五章1節同時列出這兩位先知的名字）。這兩人所傳遞的信息相似，但運用的方式不同。哈該要猶太人省察所處的景況，然後做一些必要的改變；而撒迦利亞則呼籲他們要將眼光超越眼前的情景，展望新耶路撒冷那座「信實之城」。

當時，首批回歸的猶太百姓專注於眼前的目標：下季栽種的作物、家庭住所的基本需求、讓空寂的城市能再次擁有眾多百姓居住。但撒迦利亞提升他們的眼界，讓他們看見一個遠遠超越當下的榮耀未來，那時耶路撒冷將成為世界之光，有多國的人民湧入這城，「因為我們聽見神與你們同在了」。要達到這樣的境地，先知說到當中的要訣：這新的社會必須建立在公義、誠實、正直與和平的基礎上。

重建耶路撒冷城要花好幾年的時間，而以色列要重獲某種形式的政權獨立更要歷經數世紀之久。這些辛苦工作的猶太人一定常自問：「神要給我們的就只是這些嗎？」撒迦利亞以響亮的聲音回覆：「絕不是的！」他強調這小群流亡子民實際上握著世界前途的鑰匙：他們踏上新的開始，並帶頭走向彌賽亞——這位帶給全人類希望的救世主。

撒迦利亞效法哈該，十分關注重建聖殿的需要，視其為最首要的工作。這些先知都看見，只要聖殿仍是一片廢墟，以色列身為神子民的特殊身分就會受到質疑。這兩人的齊心努力對同胞產生顯著的影響。在他們的激勵之下，猶太百姓一同進行重建計畫，並在四年之內完成聖殿。這殿帶給猶太民族深深的提醒，幫助他們牢記與神起初所立的約。（PY）

每日默想｜上次你什麼時候提問：「神要給我的就只是這些嗎？」

Day 188 亞達薛西差尼希米去耶路撒冷

讀經：尼希米記一章 1-4、11 節，二章 1-20 節

鑰句：我告訴他們我神施恩的手怎樣幫助我，並王對我所說的話。他們就說：「我們起來建造吧！」於是他們奮勇做這善工。（尼希米記二章 18 節）

六十五年過去了。猶太人確實在耶路撒冷擁有聖殿，但卻僅止於此。聖城人口稀少，大多數猶太人都居住在偏遠的村鎮而非聖城內。事實上，因著與異族通婚、融合，整個猶太族群似乎幾近失去其獨特的身分。猶太人的文化和信仰傳統正逐漸消失。

如何阻止這樣每況愈下的情形呢？有一位留在巴比倫的流亡猶太人想出一個計畫。如同從前的但以理，尼希米在外國政府（波斯）身居要位、成功昌盛。然而，他的內心掛念著回歸耶路撒冷的同胞，而當他聽到來自聖城的悲傷消息時，便覺得自己必須有所行動。他得著王的允許，率隊前往耶路撒冷察看，為要重修城牆。

當時，游牧武士持續對城鎮構成危險，唯有城牆能帶給城市安全。猶太人因著城牆被毀而四散到鄰近的村莊，並面臨逐漸被其他文化徹底同化的光景。尼希米藉著建造城牆來幫助耶路撒冷再次成為聖城，並藉此管制出入、保護城內居民的安全。

以色列過去出現多位傑出的領袖如：摩西、撒母耳、大衛、希西家，和約西亞，而尼希米也身列以色列卓越的領袖之中。嚴格說來，他並非一位先知，不過他無疑是一位屬神的人。他的行動總先帶入禱告，而他的禱告總會產生行動。雖然他擁有極強的管理和領導才能，卻沒有追逐世上的權位——他若追求名利，就絕不會離開波斯。

尼希米一路見機行事，結合他的工作專業、勇氣和對神的信靠，來面對各樣新的挑戰。他動員工作人員、對抗反對者、改革法庭制度、淨化宗

教信仰，並在必要時招集部隊發表振奮人心的談話。而這一切都是他利用身為波斯朝廷大臣的「休假」期間所行的。（PY）

每日默想｜從這段關於尼希米的記載中，你領會到任何成功的祕訣嗎？

Day 189 以斯拉宣讀律法

讀經：尼希米記七章73節～八章18節

鑰句：省長尼希米和作祭司的文士以斯拉，並教訓百姓的利未人，對眾民說：「今日是耶和華—你們神的聖日，不要悲哀哭泣。」這是因為眾民聽見律法書上的話都哭了。（尼希米記八章9節）

尼希米原本就是一位了不起的領袖，而當他與以斯拉一同攜手合作，更變得無比勇敢堅定。兩人彼此間的合作相當完美。尼希米在擁有良好政治關係的助力下，讓他更有勇氣以他身體力行的管理方式和無畏的樂觀態度，去激勵他人。而以斯拉的領導則不是靠著個人風格，而是憑著道德力量。他能追溯其祭司血統到摩西的哥哥亞倫，並且他有強烈的決心要全然恢復祭司職分的尊嚴。

在來到耶路撒冷的頭幾年，以斯拉就對猶太人屬靈生命的冷淡光景感到震驚。然而他沒有展開街頭演說，責罵他們的失敗景況，而是拔了頭髮和鬍鬚、俯伏於地禁食懺悔（見以斯拉記第九章）。他如此顯著的痛悔表現令那些回歸的猶太百姓無比震懾，以致他們都願意悔改並改變他們的行為。足見以斯拉對百姓們深具道德的影響力。

本章的故事發生在尼希米完成修復城牆的艱難任務之後。此時，猶太人終於能不受敵人威脅，聚集在一起，期盼重建民族的認同感。身為屬靈領袖的以斯拉，對廣大群眾說話。他站在新建的講台上，開始宣讀那將近一千年前的文獻，就是以色列民當初與神所立的聖約書卷。

當以斯拉宣讀這些古老詞句時，在人群擴散中，哭泣聲四起。聖經沒有說明眾民哭泣的原因。是民眾對長久背棄聖約感到罪咎？或是懷想那段以色列擁有獨立主權的蒙恩歲月？無論原因為何，如今絕不是悲哀哭泣的日子。尼希米和以斯拉下令百姓預備筵席，一同歡慶。神要祂的子民充滿喜樂而非憂愁。祂所揀選的百姓正被重建，就如已被重建的耶路撒冷石牆一樣確實。

本章的中心意象——一個人獨自站在木臺上宣讀律法書——成為猶太民族的象徵。他們成為「聖書的子民」。雖然猶太人尚未恢復大衛和所羅門時代，其國家曾享有的領土和輝煌；而他們煞費苦心重建的聖殿也終將如原先的聖殿一樣落入掠奪者手中。但他們永不會遺忘以斯拉的訓誨。他成為猶太新領袖：研究、抄寫聖經的文士的最初典範。（PY）

每日默想｜在你的生活中，聖經有多重要？

Day 190 省思

讓神內住在我們的生命中

你將什麼人或事建構在你的生命之中？

無論有意無意，我們都會在生命中為那些對我們最重要的人事物留下空間。若看一下你最近幾週和幾個月來的個人日程表，就會看出哪些事在你生命中佔了重要位置。神有多常出現在你的日程表中？閱讀和研究聖經所佔的比重如何？你安排與神的約會與安排商務午餐和上美容院一樣頻繁嗎？

多年來，以色列和猶大的百姓日益看重他人以及屬世的追求，勝過敬拜神和留心祂的話語，以致他們最後幾乎完全不明瞭神的律法。神沒有強逼他們回轉歸向祂，而是讓他們長期處於遠離神的狀態。他們唯有經歷過沒有祂的生活，才會牢記他們真正需要和渴想的是誰。

在以斯拉、哈該、撒迦利亞，和尼希米的帶領之下，以色列民再次明瞭他們深深需要與神親密同行和靠祂的話語生活。他們頭一回重聽到律法就立即歡喜慶祝，「因為他們明白所教訓他們的話」（尼希米記八章 12 節）。再次聆聽到神的話語幫助他們找著生命的意義，神的話語給予他們對現今的引導和對未來的盼望。以色列百姓明白過去詩人大衛所領受的：「你的話是我腳前的燈，是我路上的光。」（詩篇一一九篇 105 節）

在重建聖殿和耶路撒冷城的過程中，以色列民宣告他們再次讓神內住在他們生命中。他們需要神，需要更貼近祂的聖潔和祂的教導。若離了神，他們就無法尋獲真實的喜樂。

今日，我們生命中神的同在，不再藉由神聖的建築、特殊的城市、祭司或文士來界定。耶穌改變了神同在的有形特質。我們如今知道神的靈住在我們裡面。每一個信徒都是那充滿生氣的神的殿。然而，我們需要持續與神親近，無論如何，我們必須決心讓神在我們生命中居首位。

神的話語是我們生命的根基。無論我們生命景況如何，我們永遠都需要研讀聖經。聖經的奧妙真理永遠讓我們探索不完。透過一點一滴地閱讀及學習神的話，我們讓神在心中永久居住。（BQ）

每日默想

你如何確實讓神內住在你的生命之中？你渴望花時間讀聖經，藉此更多親近神；或者，你覺得讀經比較像例行公事？感謝神向你啟示關於祂自己和祂的慈愛方面的教導，懇求神繼續在你親近祂的時間中，帶給你驚奇和新的喜悅。

Day 191 王后瓦實提被廢

讀經：以斯帖記一章 1-22 節

鑰句：發詔書，用各省的文字、各族的方言通知各省，使為丈夫的在家中作主，各說本地的方言。（以斯帖記一章 22 節）

並非所有流放的猶太人都把握了回鄉的機會。有些人在長達半世紀的巴比倫囚禁時期就定居於巴比倫，而在採取懷柔政策的波斯政權統治之後，其中不少猶太人仍決定留在該地。（現今伊拉克和敘利亞的猶太族群可追溯其祖先至這群流放的猶太人）。

這則歷險故事就談到兩位這樣留在異鄉的猶太人——容貌美麗的女子以斯帖和她的堂兄末底改。在以色列民被擄到巴比倫之前，以賽亞和耶利米就曾預言、激勵百姓在被擄七十年之後要從巴比倫出來。他們鼓勵未來的以色列民要回歸故土，而神會在那地實踐祂約中的應許。雖然以斯帖和末底改沒有遵守這些教導，神仍藉由這卷以斯帖記提醒祂的子民：無論他們居住在被列強環繞的耶路撒冷，或住在巴比倫帝國的土地上，祂都會信守承諾並保護他們。（BQ）

每日默想	在你生命中遇到什麼情況使你迫切需要「神會關懷、保護你」的保證？

Day 192 以斯帖被立爲后

讀經：以斯帖記二章 1-23 節

鑰句：王愛以斯帖過於愛眾女，她在王眼前蒙寵愛比眾處女更甚。王就把王后的冠冕戴在她頭上，立她為王后，代替瓦實提。（以斯帖記二章 17 節）

以斯帖的故事開頭就展開極具吸引力的情節，談到她角逐替代王后瓦實提的后位之爭。然而，以斯帖在王宮的行為處事與但以理在宮中所行的截然不同。但以理拒絕吃王桌上的食物，因為猶太律法視那些食物為不潔淨的；但以斯帖不僅要接受特定的飲食，還得必須與不是她丈夫的異教君王同寢，然後再嫁給他——這所有行為都是神的律法所禁止的。

我們不清楚他們對律法熟知的程度為何，也不確切知道為什麼以斯帖和末底改選擇不歸回耶路撒冷。但神並非縱容以斯帖的行為，而是用以斯帖記這卷書提醒祂的子民——無論他們的景況如何，祂都能保護並使用他們的生命。祂的恩典在此顯露無遺，再次闡明祂對其子民的偉大慈愛。

（BQ）

每日默想	儘管你曾經犯下過錯，你看見神仍如何施恩在你的生命中嗎？

Day 193 哈曼的陰謀和末底改的計畫

讀經：以斯帖記三章 1 節～四章 17 節

鑰句：你當去招聚書珊城所有的猶大人，為我禁食三晝三夜，不吃不喝；我和我的宮女也要這樣禁食。然後我違例進去見王，我若死就死吧！（以斯帖記四章 16 節）

在波斯的猶太人面臨一個重大危機。他們的成就招來外人強烈的忌妒，甚至導致一位有權勢的人陰謀策劃要殺害國內所有的猶太人。可悲的是，以斯帖記描述的暗中「陰謀」對猶太人來說是自古熟悉的事，從整個猶太歷史中看見——羅馬帝國的宗教迫害、中世紀猶太人遭打壓驅逐、俄國大屠殺，希特勒領導的納粹政權的「最終解決方案」——沒有其他族群曾面對像這般不斷遭受滅絕的威脅。

雖然以斯帖記中沒有一次提到「神」的字眼，但這故事卻強調了許多對猶太人有益的巧合。以斯帖因著她「意外」的美麗和前王后「意外」地被廢黜后位，使她從默默無聞的景況躍升為波斯帝國的王后。她是所有猶太人中唯一能接近王的人。正如她的堂兄末底改所言：「焉知你得了王后的位分，不是為現今的機會嗎？」（以斯帖記四章 14 節下半）

然而在以斯帖的時代，王后是不容易在丈夫面前鞏固地位的——尤其像亞哈隨魯王便是個會因王后不聽命就草率廢后的丈夫。因此，以斯帖在為她本族人民做調停的過程中，也可能同時讓自己身陷危險之中。

在神愛猶太子民的故事中，以斯帖記是其中極為扣人心弦的一篇。沒有其他民族曾遭受如此多的迫害，但也沒有任何民族顯出像猶太人那般勝過困境的能力。他們是如何做到的呢？以斯帖記展現了神微妙的時機安排——結合充滿勇氣的那些人「恰好」在對的時間、處於對的位置，使猶太人全族轉危為安。（PY）

每日默想 | 有些人稱巧合為「神不具名的作為」。你常為你生命中所發生的巧合向神獻上讚美嗎？

Day 194 以斯帖有求於王

讀經：以斯帖記五章 1 節～六章 14 節

鑰句：將所遇的一切事詳細說給他的妻細利斯和他的眾朋友聽。他的智慧人和他的妻細利斯對他說：「你在末底改面前始而敗落，他如果是猶大人，你必不能勝他，終必在他面前敗落。」（以斯帖記六章 13 節）

在聖經這一篇史詩般的故事中，神顯然扭轉了歷史的發展，為祂的子民帶來公義和光榮。原本一切的情勢都指向猶太人將遭毀滅，甚至包括末底改和以斯帖在內。邪惡的一方佔上風，善良的一方卻被冷落。但即便環境顯得殘酷無情，神依舊全然掌權，並藉由那些看似荒唐、湊巧的事件，使末底改得著提拔，哈曼蒙受恥辱。

這故事美妙到難以令人置信——好比童話故事中的情節。但神這位歷史的作者，證明祂自己能創造最精彩美好的真實故事。在猶太子民歷經近幾十年來的被擄和重建過程之後，以斯帖的故事帶來深刻的提醒就是：在神沒有難成的事——沒有任何勢力或權位是強大、可靠到能阻礙神旨意的運行。事實上，這位創造奇蹟的神，喜悅在我們每日的經歷中編織神蹟。以斯帖記提醒我們：我們永遠不知道神何時會藉由某些令人困惑和奇妙的巧合，來翻轉我們的景況。（BQ）

每日默想｜上次你感覺到發生在你生命中的一個奇妙巧合是出自神巧妙的安排，那是在何時呢？

Day 195 哈曼被掛

讀經：以斯帖記七章1節～八章8、11-17節

鑰句：王的諭旨所到的各省各城，猶大人都歡喜快樂，設擺筵宴，以那日為吉日。那國的人民，有許多因懼怕猶大人，就入了猶大籍。（以斯帖記八章17節）

神以王國的榮耀結束以斯帖的故事。國王賜給她一切所求的，讓末底改入宮居高位，並廢除殺滅猶太人的諭旨，使他們免遭滅絕。這故事最後還看到許多外邦人入了猶太籍，歸向令他們敬畏、尊崇的神。神不僅拯救祂自己的子民，還引領其他人轉向祂，為他們開一條路來建立與祂親密的關係。祂不只在乎公義，也看重向那些需要認識祂的人施行憐憫。

在這難忘的舊約聖經的記載中，神再次表達祂對人們深刻的愛，雖然那些人並不完全，卻表現出勇氣來實行神的計畫。他們在對神忠誠的過程裡，體會到祂無盡的寬恕和眷顧。（BQ）

每日默想｜你第一次被神吸引是因著祂身上的什麼特質？

Day 196 省思

神的策略方法

你上回在對的時候站在對的位置是何時呢？

談到有關人們找到工作、遇見伴侶、贏得獎項、作成交易等經歷，總是與他們當時在對的時候站在對的位置有關。這些看似好運的意外降臨時常被解釋為：「命中註定如此」。這意思是，假如你得著工作機會，這原本就註定是你的，如果你情感順遂，這原本就會如此。相反地，如果你的工作落空或情感變質，這原本就不屬於你的。

這些觀點背後意味著什麼呢？我們是以間接的方式表示神的手在引領我們的生命嗎？或者我們是將自己的成功與失敗歸因於那冥冥中命運之手的安排呢？

以斯帖就有好幾次非常幸運的經歷。首先，她取得角逐后位的機會，然後又贏得國王的寵愛成為王室成員。就在她於王宮生活的同時，有一個殺滅猶太人的陰謀就此展開。她等待第二次的筵席要向王呈明她所求的，在這期間無意中讓王有時間讀到末底改救王的事蹟。接下來，以斯帖發覺自己正在對的時間站在對的位置上解救她的同胞。她會處於如此的環境絕不只因「註定如此」。這些境遇全都是來自至高神對以斯帖和神子民的生命計畫。

我們所事奉的神與以斯帖時代的猶太人所事奉的是同一位。神告訴我們：「**我耶和華是不改變的。**」（瑪拉基書三章6節）祂在我們生命中運行的方式也許看來與祂在舊約時期的運作方法有些微不同，但神從未改變，祂的旨意也不曾更改。正如祂當時對祂的子民有一個計畫，祂此時也對那些屬祂的人有美好的安排。

我們可以確信，每當我們發現自己在對的時間站在對的位置上，正是因為當中有神的手時刻牽引著我們。

「**各樣美善的恩賜和各樣全備的賞賜都是從上頭來的，從眾光之父那裡降下來的；在他並沒有改變，也沒有轉動的影兒。**」（雅各書一章17節）我們可以為每個幸運的到來、每個適時的恩賜感謝神。有時他們純粹是一種祝福，另些時候則是神行事的策略方法，為要實現祂對我們生命所定的更偉大目標。（BQ）

每日默想	你對神帶領你所到的位置感到納悶？你對生命中的失敗或錯失的機會感到疑惑？懇求神幫助你以祂的眼光更正確地看待自己的生命，並將自己交給祂關顧，相信祂對你生命的美好計畫必會實現。

Day 197 奪取神的供物

讀經：瑪拉基書二章 17 節～三章 18 節

鑰句：萬軍之耶和華說：你們要將當納的十分之一全然送入倉庫，使我家有糧，以此試試我，是否為你們敞開天上的窗戶，傾福與你們，甚至無處可容。（瑪拉基書三章 10 節）

瑪拉基是舊約聖經最後一個聲音，他所寫的書卷成為聖經接下來四百年沉默時代的美好序曲。從以色列人的觀點來看，那四個世紀可被稱為「低期待的年代」。雖然他們已回歸故土，但那地仍是在數個帝國軍隊統治下的一個落後省分。先知所描述那勝利的壯麗前景和世上的和平，似乎是遙遠的美夢，甚至重建的聖殿也引發懷舊的刺痛：這殿幾乎無法與所羅門時期的壯觀聖殿相比，並且沒有人見過神的榮耀像在所羅門時代那般降臨在這新的殿中。

猶太人普遍感到抑鬱愁苦，對神的些微失望表現在他們的抱怨和行動中。雖然他們不是「大」罪人，不像被擄之前的子民犯下像獻孩童為祭、把偶像帶入聖殿那麼嚴重的罪惡；他們雖有宗教的行為，卻與信仰的核心——那位獨一真神失去了關係。

瑪拉基書是以一種父子對話的形式寫成，以色列「兒女」向神這位父親發出埋怨之聲。他們質疑神的慈愛和公正。最令他們困惑不滿的就是：跟隨神並未帶來預期的獎賞。

瑪拉基在回應中呼召百姓脫離自我中心，並全心信靠那位立約的神——祂從未離棄祂所珍愛的。神說：「……以此試試我，是否為你們敞開天上的窗戶，傾福與你們，甚至無處可容。」（三章 10 節）

瑪拉基的部分信息是被百姓接受奉行的。在接下來四百年的期間，像法利賽人的改革運動，就更加強調專一遵行律法的重要。不幸的是，即使

當耶穌這位瑪拉基所預言的「立約的使者」，帶來關乎饒恕與恩典的新信息時，他們之中許多人仍死守著律法條文。（PY）

每日默想｜你上次是在什麼情況下質疑神的慈愛和公平呢？神曾向你顯明過祂自己嗎？

第六部　痛苦的呼喊

Day 198 約伯受試煉

讀經：約伯記一章1-3、6節～二章10節

鑰句：耶和華問撒但說：「你曾用心察看我的僕人約伯沒有？地上再沒有人像他完全正直，敬畏神，遠離惡事。」（約伯記一章8節）

聖經中有一卷書可說是永不過時的，講述到有關約伯的故事。約伯是一位富有的「族長」，可能生活在亞伯拉罕的時代，但其故事大概是在幾百年後的以色列文學黃金時期，以詩歌的體裁寫成。無論如何，約伯記所提出的問題是那麼的緊要和普遍性，適用於每個世代。

在新、舊約之間的時期，約伯記成為猶太人特別喜愛的一卷書（有考古學家發掘出的古代評論資料為證）。約伯的故事所環繞的問題，正是猶太人早在一開始蒙揀選成為與神立約的子民時，就一直縈繞心中的一個疑問。他們總是期盼能受到更好的對待。而約伯有勇氣大聲說出內心的疑惑——**神是否待人不公呢？**——再沒有人比約伯把這問題問得更傳神深刻了。

這卷書似乎是想探究一種極度的不公平。約伯這位世上最正直、傑出的人，竟忍受了最悲慘的苦難。他蒙受難以承受的刑罰——但究竟為了什麼？他犯下了什麼過錯呢？

這卷書讀起來像一部偵探故事，讀者遠比當中的主角知道更多的實情。在本書頭一章就回答了約伯最關切的部分：他絕非因做錯了什麼事而應受如此的苦難。我們身為讀者都知道這一點，但沒有人告訴約伯和他的朋友們。就如本書開頭所顯示的，約伯進入一個巨大的考驗，一場在天上卻籌畫於人間上演的競逐。

在瑪拉基時代的百姓曾問：「我們跟隨神能得著什麼好處？」而這個疑問正切中約伯受試煉這件事的核心。撒但聲稱人們愛神純粹是因得著祂的美好賞賜，按照撒但所言，若除去神對人個別的賞賜，將沒有人會跟隨神。想當然約伯會完全正直、敬畏神，是因他既富有又健康。撒但強烈懷疑：若從約伯生命中取走那些美好的事物，那麼約伯的信心也將隨著失去富裕和健康而逐漸消失。

在這卷書中，神的名聲面臨風險，緊張地維繫在那位身心交瘁、痛苦不幸的人的回應中。當約伯的世界在眼前徹底毀滅，他還會繼續信靠神嗎？即便當生命似乎顯得荒謬不公時，他仍深信神是公平正義的嗎？（PY）

每日默想｜你曾疑惑為什麼壞事會發生在好人身上嗎？

Day 199 主發言

讀經：約伯記卅八章1-7、19-41節

鑰句：那時，耶和華從旋風中回答約伯說：誰用無知的言語使我的旨意暗昧不明？你要如勇士束腰；我問你，你可以指示我。（約伯記卅八章1-3節）

略過三十五章的篇幅，匆匆來到結尾似乎帶有一種諷刺的意味，因為那些在約伯記中間的篇章，都在表達世人常顯露的困境。就如所有悲痛的人一樣，約伯在情緒的波動中漂盪，時而哭訴，時而大怒，時而自欺，時而深陷自憐之中。他有時認同朋友對他的責備，認為受苦是咎由自取，有時又強烈不同意這樣的看法。當他身處極深的絕望中，偶爾也會發出充滿希望的光明話語。

幾乎關於受苦這問題的各樣論點都在約伯記中多處出現，但這些主張卻似乎沒有帶給約伯多少助益。他所面對的是一種關係上的危機，甚過理智上的懷疑。**他還能信賴神嗎？**約伯如今最迫切需要的是：能解釋他悲慘命運的那一位親自現身。他需要與神本身面質。

正如本章所講述的，約伯終於如願以償，神親自向約伯顯現。神選擇出現的時機極具諷刺性，因為當約伯的朋友以利戶剛闡述完為何約伯無權期待神的造訪，神就在那時向約伯顯現。

沒有人——既非約伯也非他的友人——對神所要說的話有心理準備。約伯內心存有一長串的疑問，但結果是神而非約伯提出一連串的問題。神開口說：「你要如勇士束腰；我問你，你可以指示我。」無視前面三十五章針對受苦這問題的爭論，神卻直接展開一首充滿自然奇觀的壯麗詩篇。祂指引約伯觀看造物奇景，自豪地指出祂所鍾愛的諸如：山巖間的野山羊、野驢、駝鳥，和老鷹（三九章）。

尤其，神的談話闡明這位創造萬物的神與微小的人如約伯之間的巨大差異。神向約伯提問一點：「你有神那樣的膀臂嗎？」（四十章9節）。祂滔滔講述自然界的現象——太陽系、星宿、雷電、野生動物——全是約伯所無法解釋的。很顯然，神要傳達的重點是：**如果你連你所居住這肉眼**

可見的世界都無法理解，又怎敢期待去明瞭你所看不見的世界！（PY）

每日默想｜神對約伯的答覆令你驚訝嗎？若你是約伯，可能會想從神得著什麼樣的回答呢？

Day 200 約伯得復興

讀經：約伯記四二章 1-17 節

鑰句：我從前風聞有你，現在親眼看見你。因此我厭惡自己（或譯：我的言語），在塵土和爐灰中懊悔。（約伯記四二章 5-6 節）

神所說的話幾乎還不及祂親自顯現來得重要。祂藉由親自出現，給予約伯令人驚歎的回應，回答了他心頭最大的疑問：有誰在看管一切嗎？約伯承認：「我所說的是我不明白的；這些事太奇妙是我不知道的。」約伯最終因觀看了這偉大景象，而在塵土和爐灰中懊悔。

神發言對約伯有所指正。沒有人——既非約伯，更非他的友人，擁有證據評斷神如何運作這世界。但整體而言，神對約伯稱讚有加，並稱他為「我的僕人」（以西結書十四章 14 節，提到神把約伯列入最佳的義人典範）。

撒但跟神打賭約伯「必當面棄掉你」（一章 11 節）。但牠輸了。儘管遭遇一切不幸，約伯沒有咒罵、離棄神。他仍深深信靠那位公義的神，即便他所經歷的一切看來與信仰產生矛盾。值得注意的是，當約伯仍滿是瘡傷、赤身坐在爐灰中，尚未重獲所失去的「之前」，就發出懺悔的話語。他學會即使在黑暗、無獎賞盼望的日子中，依舊信靠神。

約伯記的尾聲出現驚人的轉折。那些高談虔敬和許多陳腔濫調的約伯友人，如今必須求神饒恕。而發怒、叫喊的約伯，卻得著比先前雙倍之多的祝福：一萬四千隻羊、六千隻駱駝、一千隻母驢，和十個新生的兒女。

在艱困的新舊約之間的時期，約伯記帶給猶太人很大的安慰。這卷書闡明一個重要教訓就是：並非所有苦難都是懲罰；一個人經歷試煉，事實上可能是為贏得極大的屬靈勝利。而約伯記的美好結局，也與先知的應許相呼應，喚醒百姓對未來的盼望，期盼一個和平、復興的未來。

基督徒回顧約伯的故事時，還會從中看見另一層面的信息，就是看見

約伯顯出彌賽亞的雛形。約伯這位在當時最公義正直的人，卻遭受大苦難；而耶穌這位完美的人子，將承受更多的苦。（PY）

每日默想｜你曾在生命中經歷過類似約伯所受的試煉嗎？其結果為何？

Day 201 省思

自由地去愛神

表面上，約伯記的重點集中在受苦的問題。但更深一層來看，有另一個議題極須探究，就是有關人的自由意志方面的教義。約伯必須忍受他不應得的苦難，為了顯明神終究想知道的是人能否自由地去愛祂。

撒但和神之間的爭論非同小可。撒但指控：約伯愛神只因「神四面圈上籬笆圍護他」，這是一種對神本性的攻擊。這暗示神本身是不值得被愛的；而像約伯這樣忠實的人，之所以跟隨神，純粹是因為能從中「受賄」得好處。因此，當所有信心的靠山被挪移時，約伯的反應正能支持或駁斥撒但的論調。

若要了解有關人性自由的這個層面，我們不妨想像一個世界——每個人在當中真正得著其所應得的——這或許有助於我們了解這個議題。這想像中的世界確實具有某種吸引力。這會是一個公正、和諧的世界，每個人都清楚知道神的期盼為何。公平統管一切。然而，這井然有序的世界卻存在一個大問題：這根本不是神想要成就的世界。祂要我們自由地去愛祂，祂對這份愛的高度重視是不容我們低估的。自由的愛對神而言，重要到不惜容許這地暫時成為宇宙間的邪惡腫瘤。

如果這世界照著那固定、完全的公平規則運作，那麼這世上將沒有真正的自由。我們行事正確是因眼前的好處，而每件善行都會沾染自私的動機。相對地，聖經所描述的基督徒品德，是當我們面對屬世的試探誘惑，卻仍選擇神和祂的道路時，所展露出來的。

在聖經各處，遍佈著一種比喻是闡明神和祂的子民之間的關係的一種比喻。神被描繪成迫切追求新婦的良人。祂想要得著新婦的愛。假使這世界果真每件惡行都得著懲罰，每件善行均得著獎賞，如此一成不變，那麼對神人關係最貼切的比擬將是：一位情婦，因著被溺愛、受賄、被鎖在房內，所以令其情夫確信她的忠誠。但神從不監禁祂的子民。祂深愛我們，將祂自己賜給我們，並熱切等待我們自願的回應。

神要我們自由地去選擇愛祂，即便那個選擇包含痛苦，因為我們所委身的對象是*神*，而非我們的美好感覺和獎賞。神要我們像約伯一樣忠於祂，即使當我們看似完全有理由堅決否認祂。約伯堅心信靠神的公義，即便他是顯出神表面不公的史上最佳實例。他不是因著神的賞賜而尋求神這位賞賜者；當他失去所有賞賜時，他仍舊尋求上主。[24]（PY）

每日默想　在遭遇苦難之時，你仍忠心愛神或控訴祂讓你受苦？與神談談你對苦難的態度。讓神知道你希望自己那份對神的愛，能大過對自身處境的怒氣或灰心。懇求神幫助你，即使在最艱困的景況中，依然持守對祂的愛。

Day 202 對神子民的安慰

讀經：以賽亞書四十章 6-11、15、18-24、27-31 節

鑰句：你豈不曾知道嗎？你豈不曾聽見嗎？永在的神耶和華，創造地極的主，並不疲乏，也不困倦；他的智慧無法測度。（以賽亞書四十章 28 節）

約伯記主要在探討個人的苦難。而以色列和猶大的先知們則在討論整個民族的苦難。在舊約時代的尾聲，大多數的猶太人因著被亞述和巴比倫軍隊驅離，而四散在中東各處。少數猶太人回歸耶路撒冷，並完全在波斯政府的統治下生活。約伯在拿瓦片刮身體時所問的問題，此時也成為猶太民族的疑問。神已離棄他們了嗎？他們還有未來嗎？

猶太人對未來的盼望集中在彌賽亞身上，幾乎所有先知都曾發出有關彌賽亞的預言。在瑪拉基之後，隨著年日慢慢地過去，猶太人詳細查閱那些先知們的書卷，尋找關於其命運的線索。在所有先知中，或許就屬以賽亞最清楚地描繪出猶太人可以期盼的景象。他在以賽亞書前段的信息中，強烈譴責其民族的罪惡和不忠實。但從第四十章開始，他的話鋒轉變。不再強調嚴峻的審判預言，而開始傳達那充滿盼望、喜樂，和光亮的信息。「要對耶路撒冷說安慰的話，又向她宣告說，她爭戰的日子已滿了……」（四十章 2 節）。

根據以賽亞的描述，猶大的遭遇並非神的失敗。事實上，神要做一件新事，是前所未見的奇妙計畫。以賽亞書闡明為何未來是有盼望的——這盼望不是只臨到猶太人，而是臨及全人類。有一個被稱為「僕人」的神祕人物，將藉由其所受的苦難，為世人提供得救的管道。之後，在久遠以後，神將在新天新地中，展開一個全然和平的新時代。

第四十章以全面宣告神統管一切，來引出以賽亞書最後的部分。在很多層面，這些宏大的話語，以普世性的角度，來重申神對約伯的談話。「看哪，萬民都像水桶的一滴……神坐在地球大圈之上，地上的居民好像蝗蟲。」神顯出自己是自然界的主、歷史的主——事實上是全宇宙的主宰。（PY）

每日默想｜以賽亞所說：「那等候耶和華的，必從新得力」這句話，現今對你意味著什麼？

Day 203 耶和華忿怒的杯

讀經：以賽亞書五二章 1-15 節

鑰句：許多人因他（原文是你）驚奇；他的面貌比別人憔悴；他的形容比世人枯槁。（以賽亞書五二章 14 節）

以賽亞的四首「受苦僕人之歌」，是舊約聖經中內容最豐富、最被人深入研讀的其中幾個段落。本章第一部分激起百姓對榮耀時刻的期盼，那時神將復興耶路撒冷並向其子民證明：「你的神作王了！」看來似乎以色列至終能夠向仇敵報仇雪恥。

但作者藉由引出「受苦的僕人」這位神祕人物，來闡明神將如何「救贖耶路撒冷」。這僕人的面貌「比別人憔悴」。誰是這位受苦的僕人呢？而這樣一位傷痕累累的人，如何能帶來偉大的勝利？

猶太學者對這幾段經文苦思了許多世紀。先知的這些話真正的意涵是什麼？有些僕人之歌是描述整個以色列民族，但像上述這類經文段落所描繪的僕人，卻是指特定的一個人，一位受極大痛苦的偉大領袖。雖然以賽亞高舉他為全人類的救贖者，但他仍看起來較像一位悲劇人物而非英雄。

有些猶太學者推測先知所描繪的是他自己，或是別位先知如耶利米。但其他人仍將希望集中在彌賽亞的到來。然而，整體來說，「受苦的僕人」這樣的觀念，從未真正被猶太民族普遍接受，他們所渴望的是一位光榮得勝的彌賽亞，而不是受苦受難的「救世主」。

「受苦的僕人」這個形象可說暗中沉寂了數百年之久。之後，在耶穌早期的宣教事工中，出現戲劇性一幕，就是耶穌引述以賽亞的受苦僕人經文。在會堂大聲頌讀經文之後，耶穌「把書捲起來，交還執事，就坐下。會堂裡的人都定睛看他。耶穌對他們說：『今天這經應驗在你們耳中了』。」（路加福音四章 20-21 節）

最後，耶穌的聽眾中，有些人終於豁然明瞭受苦僕人的意涵，但不是所有人。彌賽亞終於來臨了——不是以得勝將軍的身分，而是以拿撒勒的一位木匠兒子的身分來到。（PY）

每日默想｜當你遇見耶穌時，捫心自問，你在尋找什麼樣的救主？

Day 204 僕人的受苦與榮耀

讀經：以賽亞書五三章 1-12 節

鑰句：他誠然擔當我們的憂患，背負我們的痛苦；我們卻以為他受責罰，被神擊打苦待了。哪知他為我們的過犯受害，為我們的罪孽壓傷。因他受的刑罰，我們得平安；因他受的鞭傷，我們得醫治。（以賽亞書五三章 4-5 節）

新約聖經作者對受苦僕人的身分毫不質疑：他們至少有十次引用以賽亞的僕人之歌直指耶穌（例如：馬太福音八章 17 節；路加福音廿二章 37 節；彼得前書二章 22-24 節）。有一個例證說到，有一位埃提阿伯的官員想明白受苦僕人是否是指古代的先知，而腓利正好適時地加以指正（使徒行傳八章 26-35 節）。

以賽亞書五三章讀起來，幾乎像親眼目睹耶穌在世最後幾日所做出的描述。其中對耶穌外貌的形容——聖經中沒有其他地方描述耶穌的外貌——令人震驚。這位僕人「無佳形美容」；他「好像被人掩面不看的一樣」。正如本章所預言的，他在受審時，沒有「開口」回應控告者。他沒有留下子嗣。他在壯年時離世，多虧一位仁慈的朋友，把他葬在財主的墳墓。但這並非結局。三天之後，他看見「自己勞苦的功效」。

根據以賽亞所言，這僕人是為一個極特定的目的而死：「他為我們的過犯受害」。他是為別人受苦，為「我們」受苦難。他的傷痕看似是一種失敗，事實上卻成就了偉大的勝利。他的死確認了未來的得勝，那時世上一切的錯謬都必歸正。更重要的是，以賽亞書並不是以受苦僕人的形象作結，而是繼續描述新天新地的美好生活。但是受苦仍是必要的第一步，因為這僕人親身擔當了世人犯罪應受的懲罰。

以賽亞書五三章成為新約聖經許多神學思想的根基。此外，這些詳細的預言是在主前數百年就被記載下來的，是明確的證據，說明神藉由古時的先知，向歷代的人顯明祂的計畫。祂沒有永久斷絕與猶太人所立的約。反之，祂將從猶太民族的後裔——大衛王的子孫中——帶出一位有別於其他王的新王，來拯救全世界。（PY）

每日默想 | 在你的生活周遭，有誰需要認識彌賽亞——就是以賽亞在這裡所預言的耶穌？

Day 205 邀請乾渴者

讀經：以賽亞書五五章 1-13 節

鑰句：你們當就近我來；側耳而聽，就必得活。我必與你們立永約，就是應許大衛那可靠的恩典。（以賽亞書五五章 3 節）

以賽亞已瞥見未來的美好景況，而這樣的一瞥使他確信好消息就在前方。沒有任何敵軍或大災難能攔阻神對世界最終的目標。

神對以色列說：「我離棄你不過片時，卻要施大恩將你收回」（以賽亞書五四章 7 節）。以賽亞預言毀壞的聖城將被重建，並展現前所未有的偉大景象。然而，這些章節所談到的應許，遠超以往對聖城耶路撒冷的認知。這些應許結合未來的異象，那時不再有罪惡和悲傷，我們與神將在最終的和平中同住。

以賽亞書的最終部分，向身陷絕望的百姓說話，為猶太人開啟一扇門，預言他們將成為世人的禮物。據以賽亞所言，神的真道將傳揚在鄰近和遠方的列國中，還將傳到從未聽見神之名的遙遠海島（六六章 18-21 節）。這預言在耶穌身上成就了，祂差派門徒們傳揚祂的信息到世界各地。藉由祂的降生和受死，這位受苦的僕人確實將福音傳達給全世界。

在本章和其他鼓舞人心的篇章中，以賽亞描述未來所使用的文辭是如此的生動流暢，以致新約聖經的書卷如啟示錄都直接引用以賽亞的文句，而毫無修飾。我們在世上的任何渴望——如和平、苦痛的終結、未受破壞的大地——將來有一天都會實現。以賽亞向我們保證：我們所有最美的夢想，有一天都會成真。

我們也許不理解世界在達到那美好未來之前，所必經的過程：「耶和華說：『我的意念非同你們的意念，我的道路非同你們的道路』。」但就如本章所清楚闡明的，神與祂子民所立的約是永恆的。沒有任何事能解除這約。

數十年、甚至數百年過去了，期間歷經許多帝國的興衰，包括巴比倫、波斯、埃及、希臘、敘利亞，和羅馬，他們的軍隊在巴勒斯坦平原各處相互追擊。每個新帝國都輕易地制伏猶太人。有時整個猶太民族甚至處於滅絕的邊緣。在舊約先知的最後一句話，和新約馬太福音的第一句話之間，相隔四百年之久——被稱為「沉默的四百年」。這期間神還關心祂的子民嗎？甚至祂還活著嗎？在絕望中，眾百姓等待著彌賽亞；除此之外，他們沒有別的盼望了。（PY）

每日默想｜你最希望看見世界有什麼改變？以賽亞可曾提到那樣的改變嗎？

Day 206 省思

耶穌，我們最美的選擇，我們最大的盼望

你心底的期盼、最珍愛的夢想是什麼呢？以賽亞已讓我們以及身處困境的以色列百姓看見未來的盼望。對那些與神同行的人來說，疾病與憂傷，壓迫和不公，最終都不復存在。以賽亞宣告神賜給疲乏者能力，賜給信徒喜樂及平安，並且神的大能有一日必在萬邦萬民中彰顯。我們的未來將是一個充滿美善和希望的未來。

以賽亞描繪這些從神而來的啟示，不只是為了告訴我們未來的景況，還要對我們現今的生命產生影響。因此，以賽亞懇求信徒作出能持守美好未來的選擇。雖然神在現今的世界中與我們同在，但我們仍對祂為我們預

備的新天新地所知有限，我們生活中充斥著人類犯罪後帶來的錯誤價值觀。在世上，人們的許多目標和渴望，只是神所安放的永存真實的仿造品罷了。以賽亞提及我們往往專注於花錢買那不足為食物的，用勞碌得來的買那不使人飽足的。

身為作家和未來學專家的賽安（Tom Sine）寫道：「我們對更好未來的想像就是——增添資財等同幸福。我們已深信若在車庫累積愈多的物品、用信用卡累積愈多的消費，購買愈多最新穎的商品，我們就會變得愈幸福。」[25] 尤其對西方世界的信徒來說，這類增添資財的模式已成為常態。但追求物質的極大危險就是會使我們的心靈走偏方向。我們期待未來擁有最頂級的奢華，讓世上的物質與其相比都會黯然失色。然而，當我們汲汲營營於追求世上的財富，我們就全然看不見那些能帶來真實喜樂的事物。

我們觀察周遭的世界就會發現，追求物質無法使人得著真正的滿足。事實上，那些在追求物質上最有成就的人，反而是最不滿足的人，兩者之間往往有直接的關連。賽安提到一位英國宣教士、同時也是一位作家的紐畢真（Lesslie Newbigin）所發的言論：「科技不斷快速邁進，並出現愈來愈耀眼的成就；但西方的小說、戲劇和大眾文學卻充滿虛無主義和絕望。」[26]

以賽亞懇求百姓要聽神的話：「你們要留意聽我的話，就能吃那美物，得享肥甘，心中喜樂。」（以賽亞書五五章 2 節）唯有耶穌能供應那些使我們真正感到滿足的心靈食糧。信徒已得知這個祕訣，神也賜給我們能力去向所有需要生命之糧的人，傳揚這奧妙的真理。

賽安寫到：「我們的使命不是去維護和推進現今的狀況，而是與神同工，開展一個積極而全新的景況。對信徒和具有願景的人來說，最迫切的事莫過於，自省生命中所抱持的異象和價值觀，並把握仍有的時光，開始朝新的夢想前進。」[27]（BQ）

每日默想	你的夢想是什麼？你如何運用你的金錢和工作？與神談談你的追尋，並懇求神幫助你夢想祂所渴望的。祈求祂讓以賽亞對現今和未來的異象，也更真實地成為你生命中不變的異象。

第七部 令人驚喜的彌賽亞

Day 207 預言施洗約翰和耶穌的誕生

讀經：路加福音一章 5-52 節

鑰句：這相信的女子是有福的！因為主對她所說的話都要應驗。（路加福音一章 45 節）

有什麼人類的情感會比希望來得深刻？以童話來舉例吧，童話故事代代相傳，鼓勵人相信幾乎不可能的美好結局，並宣揚「邪不勝正」的意識：邪惡的力量終會落敗，而勇敢、善良的一方將能以某種方式獲勝。

對活在第一個千禧年初期，巴勒斯坦的猶太人來說，希望本身似乎就是個童話。多年來中東各國興衰更迭，以色列這個小國家卻始終無法擺脫強權國家的統治。在舊約時代末期的四百年，神隱匿起來，沒有興起一位先知對他們說話。神一直揚言要掩面不顧以色列；而祂真的這麼做了，黑暗的陰霾於此籠罩全地。

四個世紀以來，神沉寂無言；猶太人等待，且感到納悶。神似乎被動消極，漠不關心，掩耳不聽他們的禱告。只有一個希望存留，就是那古老關於彌賽亞的應許。猶太人將他們所有的一切都建基於這個應許上。然後，重大事件發生了。有人宣告有個嬰孩誕生了——以一種與前人截然不同的方式來到世上。

單單藉著閱讀這章當中人們的反應，你就能感受這種興奮感。在路加的敘述方式中，以耶穌降生為中心所發生的事件，彷彿一齣喜氣洋洋的音樂劇。各樣的角色出現在場景裡：白髮蒼蒼的老伯、驚訝的童女、步履蹣跚的年老女先知（路加福音二章），都開懷而笑，不約而同地歌頌神。馬利亞從看見天使的震驚中平復過來後，就唱出了美妙的讚美詩，甚至，她的親戚伊利莎白所懷的胎兒都在腹中歡喜踴躍。

路加花了很大的心思直接連結舊約對於彌賽亞的應許；甚至天使加百列都稱施洗約翰有「以利亞」的心志能力，受差遣來為主預備道路。顯然地，在地球上有某件事正在醞釀；在羅馬帝國的一個偏遠角落，在一群陰鬱沮喪、挫敗喪志的村民之中，某件至為美善，掀起歷史高潮的事情正在發生。（PY）

每日默想｜假如一個天使向你顯現，你的反應會類似撒迦利亞，還是像馬利亞？

Day 208 天使向約瑟顯現

讀經：馬太福音一章 1-25 節

鑰句：約瑟醒了，起來，就遵著主使者的吩咐把妻子娶過來。（馬太福音一章 24 節）

馬太福音的作者馬太，是一名猶太稅吏，也是耶穌的十二門徒之一。在馬太福音第一章中，馬太揭示這卷書主要是為猶太人而寫的，他們格外在乎耶穌的血統。在猶太人的預言中，彌賽亞是大衛的子孫，因此除非猶太人能確定這是事實，否則他們不會相信耶穌就是彌賽亞。

再回來看看耶穌的家譜，你會發現許多熟悉的名字：亞伯拉罕、以撒、雅各、猶大、波阿斯、喇合、路得、大衛，以及所羅門。因著耶穌法理上的父親約瑟，耶穌的確能溯源到大衛和亞伯拉罕。注意在家譜中列出來的女性，唯一出現的這些女性都有著令人質疑的背景：她瑪和喇合是妓女；路德是外邦人；拔示巴，烏利亞的妻子，和大衛通姦。或許神要提醒猶太人：在救主的祖先中，不論男女，都是不完美卻蒙受神恩典的人。雖然他們有缺點，然而神仍使用他們，使他們有幸成為彌賽亞的祖先。

耶穌最近的親屬，也就是馬利亞和約瑟，需要極大的信心迎接耶穌降生到世上。馬太在本章中將重點放在約瑟上。七百年前，神就已藉著以賽亞來預言：「必有童女懷孕生子，給他起名叫以馬內利。」（以賽亞書七章 14 節）如今，預言已被應驗，而約瑟蒙揀選來扮演父親的角色，即便他和耶穌沒有實質的血緣關係。約瑟憑著信心，縮短理應長達一年的訂婚期，即刻把馬利亞帶回家裡。約瑟娶了她，在她懷孕期間照料她。無庸置疑地，這對夫妻成為流言蜚語的對象，受人輕蔑，而這也開啟了他們的兒子耶穌注定受人誤解的一生。（BQ）

每日默想｜你是否曾在明知自己是對的情況下，忍受他人的責備？

Day 209 施洗約翰誕生

讀經：路加福音一章 57- 80 節

鑰句：孩子啊！你要稱為至高者的先知；因為你要行在主的前面，預備他的道路。（路加福音一章 76 節）

如馬太一樣，路加也在路加福音第一章裡表明，耶穌降生時所發生的種種事件，正符合舊約中有關彌賽亞的預言。

先知瑪拉基宣告：神會「**差遣我的使者在我前面預備道路**」（瑪拉基書三章1節）。

瑪拉基將這位使者比擬以利亞，指出：「**看哪，耶和華大而可畏之日未到以前，我必差遣先知以利亞到你們那裡去**」（瑪拉基書四章5節）。在本章前段，路加記載有一位天使向施洗約翰的父親撒迦利亞顯現，說他將有一子約翰；而約翰將「**行在主的前面**」，以「**以利亞的心志能力**」來服事（17節）。

約翰的誕生，使舊約的預言得著應驗。如同以利亞，宣講審判和救贖的信息；他將成為一位大有能力的先驅，並宣告長久等待的彌賽亞——這位至上的審判者及救贖者——即將來臨。就如同以利亞在荒蕪之地當中預備服事一樣，約翰也住在沙漠裡，直到開始出來傳道。他不符合猶太人典型的聖人形象，沒有華美的袍子，也不常到聖殿。然而他的風格其實十分合宜，因為在他之後來到的這位救主，也不符合猶太人長久引頸企盼的形象。約翰將成功地吸引眾人的焦點；而主耶穌，則將成就多人所熟悉，卻很少人了解的諸多應許。（BQ）

每日默想｜**當神在你的生命中行出一些不合常理的事情時，你是如何回應的？**

Day 210 耶穌降生

讀經：路加福音二章1-40節

鑰句：因今天在大衛的城裡，為你們生了救主，就是主基督。（路加福音二章11節）

在聖經裡，幾乎每次天使顯現的時候，所說的第一句話就是「不要懼怕」！這也難怪，當超自然的現象出現在地球上的時候，通常會使目睹的人嚇得面無表情、魂飛魄散。但是，路加說到神用一種不讓人害怕的型態出現在世上：藉著出生在馬廄、躺在馬槽裡的耶穌，神終於找到一種我們不需害怕的方式。有什麼事件會比一個初生的嬰孩更不令人害怕？

想像再次成為一個嬰孩：放棄語言和肌肉的協調功能、失去吃固體食物及控制排泄的能力。這僅只是一點暗示，讓你體會神是怎樣地「倒空」祂自己。

根據聖經，在世上，耶穌是神也是人。身為神，祂可以行神蹟、赦罪、勝過死亡，及預知未來。耶穌成就這一切，使祂周遭的百姓敬畏祂。然而對猶太人來說，他們習慣將神想像為發光的雲朵或火柱，耶穌這樣的形象也讓他們產生不少疑惑。一個伯利恆的嬰孩，木匠之子，拿撒勒人，怎麼可能會是神差派來的彌賽亞？耶穌的外表成為一種阻礙。

在耶穌的傳道生涯中，祂始終擺脫不掉困惑的懷疑論者。但是，本章顯示神在耶穌出世的時候，就證實了祂的身分。曠野的這群牧羊人對此可是深信不疑，他們從一隊天使天軍那裡直接聽到這個好消息。而兩位年老的先知及女先知也認出祂來。甚至連聖殿中多疑的教師也感到希奇。

為何神倒空自己，成為人的樣式？聖經給了許多理由，有些極富神學性，有些則十分實際。聖經後面提到孩童耶穌在聖殿裡如同一位成人教訓拉比，這場景提供我們一個線索。史無前例地，平凡人可以跟肉眼可見的神談話、辯論。耶穌可以和任何人談話——祂的父母、拉比、窮寡婦……而不需要先說「不要怕！」在耶穌裡，神親近我們。（PY）

每日默想 | 假使耶穌今天來和你一起出去走走，你想跟祂聊些什麼？

Day 211 道成肉身

讀經：約翰福音一章 1-18 節

鑰句：從來沒有人看見神，只有在父懷裡的獨生子將他表明出來。（約翰福音一章 18 節）

約翰在約翰福音的一開頭其實就是在描述一個人：耶穌。他不像馬可或路加一樣，以敘事開頭；相反地，他選擇回溯至時間的源頭，揭示聖子耶穌和聖父在永恆之中的關係，以此打開他的討論。

這個段落十分優美，充滿著重要的神學觀念，但是有些部分艱澀難懂。舉例來說，約翰先提到耶穌是「道」（Word），就讓人困惑。希臘人用「logos」這個字，來指稱言傳和未言傳的道，也就是理智。每當講到宇宙的時候，希臘人使用「logos」，或是道（word），來描述掌管萬有的理性準則。另一方面，猶太人用道來指稱神。因此，約翰用道來描述耶穌，對猶太人和希臘人來說，都是十分恰當的。約翰宣稱，耶穌是一切理性的源頭，唯有祂具真知灼見，有掌管一切的能力。祂是最終之道。祂就是神。

耶穌太初即與神同在，祂是神。耶穌這位彌賽亞並不像很多人說的那樣，只是一個好人，或只是神的使者。祂是神的兒子，同時也是神本身。祂在創世之初就已存在，今天仍然活著。

耶穌是獨特的存在，卻又與神合一，這似乎很矛盾。但這就是三位一體的奧祕——一位有三個位格的神：聖父、聖子、聖靈。身為這三一神格之一，耶穌擔負起使我們與神和好的角色。我們的永生不靠我們肉身的家庭，也不靠非我們能選擇的父母親，而是單單靠著相信祂的名。在耶穌裡，我們得釋放，不需倚靠遵行律法來得救，而是憑著祂的恩典和真理得救。耶穌豐豐富富地給予我們神的愛。（BQ）

每日默想 | 在你認識耶穌之前，你認為耶穌是誰？

Day 212 省思

耶穌，我們對於神的形象

耶穌是如何使基督信仰在所有宗教中顯得如此特別的呢？在世界歷史中，是什麼將耶穌和其他宗教中的偉人有所區別呢？

約翰在約翰福音第一章就給了我們答案。他稱耶穌為「道」，並且宣告耶穌與神同在，同時也就是神。然後約翰提出解釋：耶穌，也就是道，「成了肉身，住在我們中間，充充滿滿地有恩典有真理」（一章14節）。當耶穌以肉身在世間行走的時候，就體現了神的豐富。耶穌以人類的模樣，用自己的一言一行，將神彰顯出來；這種方式，是神以前從未採用過的。耶穌，不但將只有在神裡面才能尋見的真理給彰顯出來，祂還表現出恩典；這份恩典闡釋了神的特性，也將祂從任何其他時代或地域的神祇中分別了出來。

在《恩典多奇異》（*What's So Amazing About Grace?*）這本書中，提及一個有關英國的作家及學者魯益師（C. S. Lewis）的故事。

有一次在英國舉行宗教比較學術會議，世界各地的專家群集討論，基督教信仰可有其獨到之處。他們首先排除類似的觀念。成為肉身？其他宗教也有不同的神取人的樣式顯現的說法。復活？其他宗教也有神祇死而復生的記載。大夥兒一直爭論，後來魯益師走進來。「在吵什麼啊？」他問道。同事告訴他，他們正在討論基督教在世界諸宗教中有何獨到之處。魯益師說：「那簡單，當然是恩典這個觀念囉。」

與會人經過討論，也同意魯氏的看法。神的愛毫無代價地給予我們，與人的本性全然相違。佛教的八正道、印度記的羯摩教理（cpoctrine of karma）、猶太教的約、回教的法典，都是提供如何贏取認可的法門。只有基督教敢宣稱神的愛是無條件的。[28]

在耶穌降臨之前，就算以色列人違逆、背棄神，神仍舊藉著一次又一次的原諒他們，來彰顯祂的恩典。神甚至施恩予外邦人——像是喇合、路得，以及在以斯帖時代回轉歸向祂的波斯人。但是當時祂對於救恩的標準尚未改變。恪守律法，仍舊是人們有資格進入永生，享受神聖潔同在之必需條件。

然而，在舊約時代的初期，神就已經計畫好一條道路，使得人類可以不用藉著律法才能來到祂的跟前。在舊約時代，沒有一個人能符合神的要求，一絲不苟地恪守律法，所以最終只有藉著信心才得以使人進入天堂。救恩只有藉著未來基督的犧牲才能實現。神藉著耶穌，一勞永逸地付上罪的贖價；耶穌死在十字架上，也無比鮮活地體現了神對我們的恩典及慈愛。

因為我們未能好好愛神，神其實絕對有理由撇下我們不顧。相反地，藉著耶穌，祂走向我們，使我們永遠不必再哀求神的憐憫。而耶穌彰顯了一位聖潔、慈愛的神，祂牽引相信祂的人來就近祂，從今時直到永永遠遠。（BQ）

每日默想

你有多認識耶穌？你對耶穌的認識，是如何地轉變你對神的看法？告訴耶穌，你渴望更認識祂。隨著我們從福音書來看耶穌的一生，求祂幫助你在未來的日子更清楚的得見神。

Day 213 東方博士的造訪，逃往埃及，以及回到拿撒勒

讀經：馬太福音二章 1-23 節

鑰句：那生下來作猶太人之王的在哪裡？我們在東方看見他的星，特來拜他。（馬太福音二章 2 節）

早期不是只有幾名卓越的猶太人認出耶穌就是彌賽亞而已。甚至有些外邦的天文學家亦千里迢迢地來朝拜這位猶太人的新生的君王。即使沒有人確知究竟有幾位，傳統的說法是，有三位博士前來。不管有幾位，他們特別準備禮物前來；這趟朝拜之旅絕不是偶然之行。

有些人揣測，東方博士所帶來的禮物具象徵性，不僅僅是昂貴的獻禮而已。或許這些珍貴的禮物反映了嬰孩一生的品格，黃金代表的是祂的神性或純全，乳香是代表祂一生皆將散發出來的馨香之氣，而沒藥則代表著祂的犧牲與死亡（沒藥是用來防止屍體腐壞的）。

接受外邦訪客的頌讚後，耶穌的父母開始領受從祂生命中帶來的第一個威脅。耶穌降生時在位的希律王，惡名昭彰，不僅殘酷地對待猶太人，甚至連自己的家人也不放過。終其一生，他殺人無數，當中還包括了幾位他自己的妻子和孩子。希律的兒子亞基老在他死後繼位，並接續了其父的暴政和血腥。（最後他精神失常，可能是因為近親通婚的緣故。）

耶穌降生幾年後，約瑟為了躲避亞基老的危害，帶著他一家回到了加利利的一座小城拿撒勒，當時由希律另一位較賢能的兒子統治。約瑟和馬利亞曾離開拿撒勒，到伯利恆登記戶口。現在他們再次以拿撒勒為家，儘管拿撒勒的環境不像是將來彌賽亞出現的地方。

拿撒勒是羅馬兵丁北方的軍事哨站，很受猶太人的鄙視。拿撒勒的猶太居民因此被視為是敵軍羅馬的同路人。如此的環境將為耶穌的名聲染上一層顏色。拿但業這位較晚出現的門徒，首先就耶穌身為拿撒勒人的背景來回應。「拿撒勒還能出什麼好的嗎？」（約翰福音一章 46 節）身為拿撒勒人，耶穌應驗了舊約的預言，包括了祂低下的出身，以及許多以色列人將對祂的輕蔑以待。（BQ）

每日默想｜耶穌因著自己的家鄉而受到拒絕，你能夠感同身受嗎？

Day 214 孩童耶穌在聖殿裡；施洗約翰預備主的道路

讀經：路加福音二章 41-52 節；馬太福音三章 1-12 節

鑰句：你們要結出果子來，與悔改的心相稱。（馬太福音三章 8 節）

耶穌十二歲的時候，就了解自己在這世上的目的，甚至才如此小小年紀，就一心一意地要揭示天父的旨意。耶穌沒有跟著祂父母離開，反而徘徊在耶路撒冷的聖殿，看來也許不夠善體人意。然而就耶穌來看，祂要全心全意地討天父的喜悅，並且完成祂被差到世上來所要達成的使命。

祂的表親施洗約翰，完全了解耶穌受差遣降世的原因。在他為耶穌的傳道事工來預備百姓之時，他遇見了兩個宗教團體，這兩個團體在耶穌的公眾生活之中，不斷地質疑祂。法利賽人是一個恪遵律法的團體，他們將自己從其他猶太人當中分別出來，相信自己比其他任何人都更為成功地遵守摩西所留下的書面律法，以及延續了經文中未記載、卻由猶太先人所留下的傳統。法利賽人因為熟知律法和經文而相當自豪。但是，如同約翰和耶穌都指出，法利賽人的外在表現是嚴守律法，實質上則常常假冒為善，控告他人，將自己的罪行合理化。而撒都該人則沾染俗世且涉足政壇，奉行一些異端的神學觀點，不相信有天使及靈魂的存在，也不信死人能復活的事。

許多法利賽人及撒都該人都有一個錯誤的想法，那就是身為亞伯拉罕的子孫，就必然能上天堂。約翰針對此錯謬想法提出評論，並大聲疾呼一個大相逕庭的信息：「天國近了，你們應當悔改。」只有藉著悔改，才能使人得救。血統不能使人得救，而且再多的知識、地位、善行也都不足以得之。事實上，這些事根本和救恩毫無關聯。神要的是一顆悲傷痛悔的心，以及改換一新的心志來遵行祂的道。

許多人會因為這些原因而拒絕耶穌。他們寧願堅信自以為義的信仰，或者執著於個人先前對神一廂情願的了解。耶穌對他們的固執不會耐心以對，唯有他們接受祂降世來顯明的信息，祂才會繼續為他們在祂的國度裡存留一席之地。（BQ）

每日默想｜耶穌較不注重你的知識或善行，而較關注你憂傷痛悔的心，對你來說，是不是很難接受這樣的觀點？

Day 215 耶穌受洗，受試探，且開始傳道

讀經：馬可福音一章 9-45 節

鑰句：耶穌的名聲就傳遍了加利利的四方。（馬可福音一章 28 節）

雖然四福音書基本上皆包括了相同的背景，然而，每卷福音書都以其獨特的角度來審視耶穌的一生。馬太和路加都以三個章節的歷史背景作為開頭，竭力去驗證耶穌與舊約的關聯性。但馬可則是直接深入記述耶穌的傳道事工，單單在第一章就提及祂的受洗及試探、呼召門徒，以及一連串的神蹟奇事。

馬可福音讀來像是新聞報導，充滿動作的敘述，但是對於比喻、講道，或是社會評論，卻是著墨甚少。所以，此卷福音書，理想地「鳥瞰」了耶穌的一生。這種風格——使用簡單的句子而不用複雜的轉折或長篇大論，使得我們更容易了解其內容。

在施洗約翰極力推崇耶穌之後，事實上——約翰因為如此推崇祂而下了監獄——耶穌公開宣傳神的福音。祂有一些驚喜要給這些熱切渴望的群眾。首先，耶穌不像其他有抱負的屬靈領袖，來到活躍的耶路撒冷開始其事工，而是到山野鄉間的加利利小鎮。

就其他方面來看，耶穌也不符合大家所期望的先知形象。祂的表親約翰展現的是嚴厲而苦行的形象：他住在一片沙漠之中，以昆蟲為食，並且傳講嚴肅的信息，也就是審判。但耶穌住在人群之中，在他們家中一同坐席，並且提出「神的好消息」。

當耶穌開始醫治人們，祂的名聲卻在一夜間水漲船高。馬可指出有如可以塞滿體育館那樣多的人群緊緊圍繞耶穌，以致祂必須計畫逃跑脫困的路線才行。即使祂試著要人們不要作聲，祂奇蹟般的能力還是遠播四方。不論耶穌去哪，人群都亦步亦趨地跟隨，七嘴八舌地談論著祂非凡的一生。「祂是神的聖者嗎？」「祂瘋了嗎？」「這不是那木匠的兒子嗎？」……真道就這樣傳開了。（PY）

每日默想｜試想你到現在所讀的關於耶穌的生平，祂的什麼特質最讓你感到驚訝？

Day 216 耶穌的試探

讀經：馬太福音四章 1-11 節

鑰句：耶穌說：「撒但（就是抵擋的意思，乃魔鬼的別名），退去吧！因為經上記著說：當拜主你的神，單要事奉他。」（馬太福音四章 10 節）

耶穌受試探的故事，讓人想到兩個舊約的故事。耶穌在曠野受試探四十天，而以色列人則是在曠野漂流了四十年。摩西敘述了神讓以色列人漂流的目的：「是要苦煉你，試驗你，要知道你心內如何，肯守他的誡命不肯」（申命記八章 2 節）。雖然以色列人未能通過他們的試煉，耶穌卻成為一個真正的以色列人。祂恆久忍耐，完全對神及祂的目的忠誠。

耶穌的試探對照出一個更早的場景——夏娃在伊甸園裡遇見撒但。雖然是神試煉以色列人，試驗他們對祂的忠心，但卻是撒但引誘夏娃犯罪的。出現在夏娃和耶穌面前的撒但，不僅僅是一股負面的力量或影響，而是一個活生生地存在，牠使用的詭計正好跟今日用在我們身上的如出一轍。牠撩撥肉體的情慾，鼓動人類慾求一己之私，使得人類渴望以一種迅速而輕易的途徑，來獲得權力或名聲。

耶穌完全相信祂所引用抵擋撒但的這些經文。祂知道唯有神能滿足我們的渴望，神的益處比個人的益處還來得重要，而任何對個人權位的追求，都不應取代對神的敬拜。耶穌藉著堅決反對撒但的提議，而顯出祂有資格做所有接受祂的人的救主。祂了解我們的經歷，並且能在我們受試探時幫助我們。（BQ）

每日默想 | 你最近一次的試探為何？跟耶穌的三個試探是否有雷同之處？

Day 217 省思

耶穌的自制模式

當我回顧這三個試探的時候，我觀察到，撒但所提出的提議，是個十分誘人且勝過他人的提議。牠誘惑耶穌去面對身為人類的好處，而不含壞處：品嚐麵包的滋味，而不須受制於飢餓或農業這些既定的規則；面對風險，但所面對的卻非真實的危險；享受名聲和權勢，且沒有未來受拒絕的痛苦。簡而言之，就是戴上冠冕，而非十架。（耶穌抵擋了這些試探，我們之中的許多信徒卻仍然渴望得到這些好處。）

曠野中的試探透露出的是，神的能力和撒但的能力迥然不同。撒但有脅迫、眩惑、逼人屈從，和摧毀的能力。人類倒是從這種力量中學到很多；各國政府也仰仗這種力量，好似深深地從水庫裡取水一般。藉著一條皮鞭、一根警棍，或是一支AK-47步槍，就可以強迫其他人，任憑己意擺佈他們。撒但的力量是外顯而強制性的。

相對地，神的能力是內蘊而非強制性的。就像在杜斯妥也夫司基的小說《卡拉馬助夫兄弟們》（*The Brothers Karamazov*）中，法官對耶穌說：「祢不會用神蹟來奴役他人，同時祢渴望他人白白地信靠祢，而不是因為神蹟。」這種能力有時可能看似軟弱，因神的力量，乃是使人溫和地由內而外轉變，並且是人們的一種自由選擇，也許有點像是到了撒手不管的地步。但就像是每個父母和情人都知道的，如果被愛的對象摒棄了這份愛，愛就會相對地變得無力。

有時我承認，我希望神下手重一些。我的信仰苦於擁有太多的自由，有太多的試探讓我失去信心。有時我要神使我徹底降服，使我有確據地克服我的疑慮，提供我最終的證據，證明祂真的存在，以及祂真的在乎。

我也希望神在我個人的經歷中扮演一個更活躍的角色。我期待禱告得蒙迅速又神奇的應允，疾病得醫治，所愛的人能受到保護並得到安全。我要的是一位不會曖昧不明的神，當我有朋友對祂懷疑時，我希望祂是一位我可以放棄利益挺身為祂作見證的神。

當我有這些想法的時候，我便察覺，在我裡面好似有一陣空洞的微聲迴盪，回應著撒但在兩千年前拋給耶穌的這些挑戰。就像是耶穌當初在世上抵擋這些試探一樣，神現在也抵擋了這些試探，轉而選定一個較緩慢，且較溫柔的方式。

當我審視耶穌其餘的日子，我了解到：耶穌終其一生，皆持守著祂在曠野中所建立的自制模式。我從未有一種耶穌在強迫他人的感覺。更確切地說，祂陳述一項選擇的後果，然後把決定權拋回給對方。祂用堅決而毫不妥協的話來回答一位財主的問題，然後就這樣讓他走了。馬可加上此評論來強調：「**耶穌看著他，就愛他。**」（馬可福音十章21節）耶穌且用務實的眼光，來看這世界對祂的回應：「**只因不法的事增多，許多人的愛心**

才漸漸冷淡了。」（馬太福音廿四章 12 節）

每當我自我審察，就發現自己也很容易任試探擺佈。我缺乏意志力，無法抵擋那些可以立即解決人類需要的方式。我缺乏耐心，無法讓神用一種緩慢卻「紳士」的方式行事。我想要自己來掌控，強使他人來幫我完成我所信的。我願意用一些自由來換取安全和保護的保障。我甚至願意再用多一點的自由來換取實現抱負的機會。

當我感到這些試探在我裡面湧現的時候，我就回去重溫耶穌和撒但在曠野裡的故事。耶穌抵擋撒但的試探，為我存留了自由；當我自己面對試探，我所行使的就是這份自由。我祈求自己能有像耶穌顯示的信任和耐心。我為此歡喜快樂，如希伯來書所說：「因我們的大祭司並非不能體恤我們的軟弱。他也曾凡事受過試探，與我們一樣，只是他沒有犯罪……他自己既然被試探而受苦，就能搭救被試探的人。」（希伯來書四章 15 節，二章 18 節）[29]（PY）

每日默想

什麼樣的試探最常困擾你？在你的生命之中，你可以回顧及看見耶穌的自制模式嗎？你當感謝耶穌溫柔地牽引你，不帶一絲脅迫。當試探誘惑你戴冠冕而非十架的時候，求祂的靈更加地充滿你，讓你能抵擋這些試探。

Day 218 耶穌將水變酒

讀經：約翰福音二章 1-11 節

鑰句：這是耶穌所行的頭一件神蹟，是在加利利的迦拿行的，顯出他的榮耀來；他的門徒就信他了。（約翰福音二章 11 節）

約翰敘述了耶穌的第一件神蹟，而以下的故事所闡釋的是，所有祂的神蹟，耶穌施行的不僅僅是魔術而已。祂的神蹟將自然界和神的超自然能力連結起來，其所產生的結果，直到如今都還影響著我們的世界。

理查・艾比醫生（Dr. Richard Eby）（譯註：美國醫師，宣稱在一次瀕死經驗中經歷異象並得見耶穌，之後著有 *Caught Up Into Paradise* 一書）提到他的父親於一九〇〇年代初期在大眾電子（General Electronics）上班，並論及耶穌的第一個神蹟對現代的一些影響。一九〇八年，大眾電子的總裁相信美國的未來將仰仗廣大豐沛的電力。當時，適當的絕緣體或軸襯尚未研發出來，而如果沒有它們，就不可能輸送大量的電力。尤金・艾比（Eugene Eby），這位年輕的工程師，便受託來解決此問題。

經過數月的研究、嘗試和錯誤，艾比和他的工作團隊仍舊一籌莫展，無法找出任何一種能夠承受龐大電流浪湧的瓷製絕緣體。這種電流浪湧，是由每天皆會侵襲變電所和跨國電壓管線的雷雨所釋放出來的。但他們所研發出來的每一種絕緣體，甚至只要一接觸人造閃電所造成的震擊，就全都損壞了。

一次週六的早餐時刻，艾比突然覺得充滿希望。他和他的工作團隊，其中包括工程師、技師、測試技工、化學家，以及陶瓷專家，都已經要放棄了。解決方案滯礙不前，令他們精疲力盡。但在週五晚上，艾比告訴他的家人，他在禱告中祈求神，求祂一定得提供一個解答，不然這電力問題就無法解決了。

次日早晨他醒來，發現之前翻開的聖經，正好是耶穌第一個神蹟的故事。他再讀一遍這篇熟悉的經文，啟動了他身為工程師的思維模式。耶穌用了六個大水缸和祂的能力，使水變成酒。每個大水缸的容量是二十到三十加崙，這種陶瓷必然非常堅韌。此外，在水變成酒精的化學變化過程中，需要上百萬伏特的電力才能進行分子重組；神蹟發生之時，彷彿有炸彈在大水缸裡爆炸一般。但是大水缸卻承受了所有的壓力。

艾比當天告訴他的家人，他沒有明確的答案，但是隔天，他會讓他的工作團隊放一個月的假，並等待更進一步的洞察。

一個月過去了，還是沒有答案。胡佛總統從白宮打來一封電報，論及伯德水壩（Boulder Dam[譯註：稍後更名為胡佛水壩]）。水壩的興建工程十分順利，並且未來將成為世界最大的水壩。但是若沒有合用的絕緣軸襯，水壩就無法成為動力的來源。這個問題迫在眉睫，需要儘速解決。

艾比致電他在美國 Schenectady 當地的辦公室，史麥可先生（Mr.Cermak）在此處率領陶瓷的研究團隊。史麥可剛從歐洲和埃及旅行回來，在一段簡短的交談當中，提到他在埃及的時候，得知一個剛被開啟的陵墓中，藏著圖坦卡門王（King Tut）的遺骸。史麥可在參觀此陵墓之時，趁著警衛轉身的時候，偷偷拿了一個小「紀念品」，藏在口袋裡。接下來他倆進行純粹生意上的對話，針對總統的命令作了些討論，但是仍舊沒有想出明顯的解決方案。

當晚艾比有種揮之不去的感覺，覺得自己需要把這些環節串聯起來。清晨還未破曉，艾比就知道他必須立刻打電話給史麥可。果真，史麥可拿的紀念品就是一片陶瓷，或許是來自某個大約三千年前的水壺，一直可追溯到耶穌降世之前。史麥可同意立刻檢驗陶瓷的成分。

兩週後，艾比在他的人工閃電實驗室裡，由他的兒子陪同，試驗一種採用圖坦卡門王陵墓中陶瓷的材質新研發而成的絕緣體。面對撼動建築物的電壓，絕緣軸襯卻紋風不動。胡佛總統即刻接到通知，水壩成功了，它將成為最大的發電廠，而運輸大量電力的解決方案也即將問世。[30]（BQ）

每日默想｜神在何時運用了你過去的經歷，出其不意卻又極其深刻地對你的未來產生影響呢？

Day 219 耶穌教導尼哥底母

讀經：約翰福音三章 1-21 節

鑰句：耶穌說：「我實實在在地告訴你，人若不是從水和聖靈生的，就不能進神的國。（約翰福音三章 5 節）

同時讀約翰福音三章和馬可福音二章（本書第 224 天之進度），顯示馬可福音和約翰福音間主要的差異。馬可提供一個綜觀的全貌：將動作、人群、簡短的場景融合在一起，來達成全面的影響。約翰則將相機的角度調小，聚焦於特定幾個人的臉上——井邊的婦人、瞎子、猶太統治階層的官員——來做更詳細而深入的描寫。

約翰所呈現耶穌在約翰福音裡的教導風格，是使用涵義深遠的一個字或一個詞彙。沒有其他聖經作者使用更簡單且常見的字了：水、世界、光、生命、出生、愛、真理。但是約翰使用這些詞彙的深度和技巧，是如此不凡，從一開始就吸引了上百名作者，不斷嘗試去探究它們的意義。

我們用耶穌跟尼哥底母的對話來舉例吧。他在夜裡來見耶穌，好叫其他人不會察覺。他甚至連見耶穌一面，都必須冒著自身名譽和安全之虞，因為他的法利賽同胞立誓要殺耶穌。但是尼哥底母有所疑問，這疑問何等急迫，任何人都可能提出這最重要的問題：「祢是誰，耶穌？祢真的是從神來的嗎？」耶穌使用重生的意象來回答他，祂的回答成為聖經中最為人熟悉的一些話。

明顯地，耶穌對尼哥底母所說的一些話，他聽進去了。之後他將在猶太統治階層中支持耶穌，並且在耶穌釘十架後，幫忙處理耶穌的屍體及喪葬事宜。

約翰在這段對話之後，做了一段對施洗約翰的陳述。人們也針對對岸吸引群眾的新夫子來詢問施洗約翰。施洗約翰的回答回應了耶穌的話，並證實耶穌掌握著通往永生的鑰匙。祂的確是約翰預言所要迎接的那一位：「他必興旺，我必衰微。」（約翰福音三章 30 節）（PY）

每日默想｜成為信徒之前，你是怎麼詮釋「重生」這個詞彙的？你未信的朋友又是如何詮釋它的？

Day 220 耶穌和撒瑪利亞婦人說話

讀經：約翰福音四章 1-30 節、39-42 節

鑰句：人若喝我所賜的水就永遠不渴。我所賜的水要在他裡頭成為泉源，直湧到永生。（約翰福音四章 14 節）

耶穌在這個故事中的行為，就現今的標準來看並非稀鬆平常，可說是近於瘋狂。你可以窺見，在耶穌那個年代的猶太人，是全然地蔑視撒瑪利亞人這個混血的少數族群。亞述在西元前 722 年時征服了北國以色列，侵略其首都撒瑪利亞，當地大部分的猶太人遭驅逐出境，好讓其他戰敗的民族入住。這些新的移居者和剩下的猶太人通婚，並採用了一些以色列的宗教儀式，在崇拜他們自己的神時混合使用。因此，猶太人對「冒充者」撒瑪利亞人的輕視與日俱增。

耶穌當時的猶太人，出於怨恨而避免與撒瑪利亞人接觸。猶太人為了不經過撒瑪利亞，刻意避開從約旦到加利利最短的路徑，他們常常跨過約旦河到東岸再往北走，或是往南借道比利亞，來繞過撒瑪利亞。耶穌不這麼做。祂選擇直接穿過撒瑪利亞，在這當中他又顛覆了另一項猶太傳統。而耶穌和撒瑪利亞婦人對話，又是公然反抗了不許男女交談的偏見。

耶穌揭示了祂彌賽亞的身分，使這位撒瑪利亞婦人成為第一位聽到祂如此清楚表明自己的人。在猶太人的領土上，耶穌必須謹慎小心地彰顯自己，以避免太迅速地引起政治上的衝突。但是在撒瑪利亞這個地方，政治上的風險一向不高。耶穌藉著公開和婦人及城裡其他的人交談，再次表現了祂對猶太群體以外的人的偉大的愛。（BQ）

每日默想｜耶穌在你的生命中滿足了什麼樣的渴望？

221 Day 拿撒勒人厭棄耶穌

讀經：路加福音四章 14-30 節

鑰句：又說：「我實在告訴你們，沒有先知在自己家鄉被人悅納的。」（路加福音四章 24 節）

耶穌回到自己家鄉，顯明祂自己的身分，並透露祂所要拯救的人，這幾乎引起暴亂。耶穌回到加利利，造訪家鄉拿撒勒。祂在這戲劇化的場景中，指稱自己正是以賽亞向列邦所預言的那位彌賽亞。但是對這些人來說，站在他們面前的，只不過是約瑟之子而已。祂的智慧和權威令他們印象深刻，但是一個他們如此熟悉的人，這個不久前還在附近玩耍的男孩，怎麼會是所應許的神的兒子呢？

耶穌感受到他們的疑惑，卻一點也不令人驚訝。祂知道以利亞和以利沙在以色列也同樣遭人厭棄。正如同那些先知轉向他處，耶穌宣告祂也將往別處去，關懷外邦人，即使祂自己的同胞厭棄祂。（BQ）

每日默想｜是什麼幫助你用新的眼光來看耶穌？

222 Day 省思

耶穌爲了萬民而來

我們很難界定耶穌在擇友上的品味。祂來的目的已經很明顯，那就是去親近形形色色的人。舉個例子來說，祂和猶太人中的猶太人尼哥底母會面，尼哥底母是一位教師，一個法利賽人，同時還是公會（猶大最高統治議會）僅有的七十名會員之一。耶穌也關懷一位撒瑪利亞婦人，以及她城裡的許多百姓。祂醫治了許多遭世人棄絕的人，像是被邪靈附身的人，以及大痲瘋患者。祂呼召平凡的漁夫和稅吏（一個被猶太人視為狡詐的職業）來成為最親近祂的一群人。

耶穌來是為了讓萬民都知曉，神的愛藉著祂來到世上而臻於完全的境界。祂來是要告訴我們，我們的生命是神所珍愛的，是如此寶貴直至永生。耶穌來，不是尋求一個特出的外表或是人生經歷，而是尋覓一顆心，一顆知道自己需要耶穌的心；相信耶穌並因著祂得到救恩，才是最重要的事。

當我們向耶穌獻上自己的生命，我們將擁有耶穌的心腸，感受到祂對萬民的愛。成立博濟會的德蕾莎修女常常談到若要將耶穌的愛帶給所有人，就從我們身旁的人即刻做起。「當你知道神是如何愛你，那麼你將不能不以活出神的愛為終生職志。我總說愛是從家中開始的：家人第一，然後才是你所住的城鎮。愛遠方的人很容易，但去愛那些和我們一同生活或與我們親近的人，卻不如此簡單。我不贊同大費周章又好高鶩遠的做事方式——愛需要從個人開始。為了愛一個人，你必須和此人接觸，變得熟稔。大家都需要愛；每個人都必須知道他們是被需要的，是蒙神看重的。」[31]

我們似乎常常自行決定愛的對象，然後在情感和心智上疏離了周圍的人，特別當這些人毫無吸引力，或是無法給我們回饋，我們更是如此。但是這不是耶穌的方式。祂來不是只為了富人，還有為窮人；不僅僅為猶太人，亦是為了其他所有的人；不是只為了健康的人，也為了有病的人；不單單為了「一般大眾」，還為了那些被世人所厭棄的人。並且祂來，是為了最不配的這些人——自我本位主義者、自以為義者、欺騙者、可憎的人，以及自以為能解答一切問題的人。

當耶穌再來，祂將藉由門徒關懷他人的方式而認出他們。「**我實在告訴你們，這些事你們既做在我這弟兄中一個最小的身上，就是做在我身上了。**」（馬太福音廿五章 40 節）德蕾莎修女心想，這些最小的弟兄「至少」包括「不僅是在食物上，在神的話語上亦感到飢餓和貧窮的；不僅是針對水，而是對知識、和平、真理、公義和愛感到乾渴且無知的；不僅是在衣著上，而是在人性尊嚴上赤裸且無所遮掩而不被愛的。被拋棄，未出世的孩子；受種族歧視的人；無家可歸且遭人遺棄的，不僅缺乏磚瓦所造的避難所，更缺少一顆了解、遮蓋、愛人的心來照料；不僅在肉體上，而在心靈層面患病甚至欠缺致死的：所有那些失去生命中一切希望和信念的人、酗酒者及吸毒成癮者，以及所有那些失去神……靈裡枯乾全然絕望的人。」[32]（BQ）

每日默想｜對你來說，哪種人是最難去愛的？你害怕去愛哪種人？祈求神為你顯明：你可以如何開始去愛這些人，並求祂使耶穌對這些人的愛在你裡面真實地鮮活起來。

Day 223 呼召第一批門徒

讀經：路加福音五章 1-11 節

鑰句：耶穌對西門說：「不要怕！從今以後，你要得人了。」（路加福音五章 10 節下）

耶穌如今開始召集一群正式的門徒來跟隨祂。其他福音書中記載，耶穌在這一次於革尼撒勒湖邊的呼召之前，就已和西門彼得及其他門徒有所接觸，顯示這些人早已隨性地跟在耶穌身邊。隨著耶穌的事奉如火如荼地展開，祂再一次地彰顯權能，並呼召他們拋下漁網來跟隨祂。

耶穌不是只叫這些人跟在後頭，希奇祂的教導和神蹟而已。祂呼召他們和祂建立關係，被祂的靈充滿，並將祂的事工延續下去。他們是神以基督的形象教導、牧養的第一批信徒。他們得以較當代世上其他人都要更親密地認識耶穌，並將在耶穌死後領導初代教會。其中一些人將寫下新約聖經的部分篇章。

耶穌在今日也呼召信徒來跟隨祂。雖然我們無法得見祂本人，祂仍藉著聖經和永活的靈與我們同在。直至今日，祂還在要求我們把網子丟進深水裡去，且信賴祂的供應。祂滿足我們的需要，耶穌並呼召我們放下佔據我們心神的事物，定睛在祂身上。祂將使用我們，如同使用十二門徒一樣，在祂充滿盼望和永生的信息中，得人如得魚。（BQ）

每日默想｜現在耶穌是如何使用你這個門徒的？

Day 224 耶穌遭遇反對勢力

讀經：馬可福音二章 1-28 節

鑰句：所以，人子也是安息日的主。（馬可福音二章 28 節）

當一位新領袖開始發揮影響力，必定會有反對勢力隨之而來。耶穌在世的時候，祂驚人地宣稱自己是神差來的彌賽亞。耶穌在加利利聲望高漲，反對祂的勢力隨後也迅速崛起。本章所談到的，是耶穌一生中一直遭到的三個不同批評。

祂褻瀆。文士們對耶穌赦罪感到萬分憤慨。「除了神之外，誰能赦罪呢？」他們心裡議論。耶穌立即贊同，只有神能赦罪——這就是祂真正要表達的。

終其一生，耶穌所面對最強大的反對勢力，就是最嚴格遵守舊約律法的人。他們不能接受以色列那可畏又遙遠的神，竟會以人的肉身出現。最後，他們因著耶穌宣稱自己是彌賽亞而處決了祂。（今日接受耶穌是「好人、蒙光照的夫子」的人，常常忽略了這些場景，那就是耶穌公然地自稱為神。當日法利賽人對耶穌作出狂暴的回應，是因為他們確實聽見耶穌說的話了，他們就是拒絕相信祂。）

祂和聲名狼籍的人來往。耶穌特別偏愛那些最不得體的人。祂責備政客及宗教領袖，以致冒犯了他們。即使成名之後，祂仍舊和受人厭棄的稅吏及下層階級朋友一同坐席。當耶穌聽到有關祂如此特立獨行的傳言時，祂只說：「康健的人用不著醫生，有病的人才用得著。我來本不是召義人，乃是召罪人。」（馬太福音九章12節；馬可福音二章17節）

祂和傳統背道而馳。對法利賽人來說，耶穌的門徒似乎對於安息日的誡命十分輕忽。耶穌的回應：是用新布的時候了；將舊布補釘接合來用的日子已經夠久了。不久之後，祂將推行「新約」。神為人類安排了一些重大轉變，而那所有的改變，是以色列人狹窄而受限的約中所無法容下的。

（PY）

每日默想 | 耶穌哪一點最吸引你？是祂直率表明自己的身分呢？是祂花時間跟社會邊緣人相處呢？或是祂悖離傳統以顯明神呢？而哪一點是最讓你費解的？

Day 225 耶穌教導並醫治

讀經：馬可福音三章1-35節

鑰句：他治好了許多人，所以凡有災病的，都擠進來要摸他。（馬可福音三章10節）

福音書記載了將近三十六個耶穌所行的神蹟，並且耶穌清楚地陳述了祂行這些神蹟的原因：「你們當信我，我在父裡面，父在我裡面；即或不信，也當因我所作的事信我。」（約翰福音十四章11節）神蹟成為可信的證據，指出耶穌就是彌賽亞——神的兒子。

關乎耶穌大能的消息不斷的往外廣傳，因此大批的群眾從遠方蜂擁而至。有些人來求醫治，其他人則只是來親眼目睹這不凡的神蹟奇事。除了神差來的使者外，有誰能行如此的事呢？但是，耶穌自己對於神蹟卻有著奇特的矛盾情結。祂從未像魔術師一樣，照著他人要求來耍「把戲」。祂對著那些要求魔術表演的人說：「一個邪惡淫亂的世代求神蹟。」（馬太福音十六章4節）

耶穌看來並不相信神蹟能夠帶給人信心，不是那種祂有興趣的信心。馬可在七個不同的場合中記述，耶穌警告祂剛醫治的人說：「別跟任何人說！」祂對自己的神蹟所激起的擁戴抱持著懷疑，因為祂所要傳達的艱難信息，是關乎順服和犧牲，但是神蹟卻傾向於吸引一群看熱鬧和尋求刺激的人。

大部分的時候，耶穌使用祂的能力，以憐憫來回應人們的需要。每當有人直接提出要求，祂就醫治。當祂的門徒在暴風雨侵襲的湖中喪膽，祂便在水面上走向他們，或是平靜風浪。當祂的聽眾餓了，祂餵飽他們；而當婚禮賓客渴了，祂就把水變成酒。

正如同今天的人們一般，耶穌同時期的人尋找方法來曲解祂的能力，即使他們所得的證據是無可駁斥的。在此處，法利賽人嘗試將這些神蹟歸於撒但的能力。在另一個場合，他們安排了一個正式的法庭，齊備法官及證人，來盤問耶穌所醫治的人。這人的父母證實了他的說詞（有一件事我知道，從前我是眼瞎的，如今能看見了。），但是這些不信的人仍舊詆謗他，並把他趕出庭去（約翰福音九章）。

簡言之，群眾的眾說紛紜，支持了耶穌對於神蹟價值之有限的猜疑。神蹟很少產生信心，而是使真理尋求者的信心更加堅定。（PY）

每日默想	如果今日你向耶穌要求一項神蹟，你會要求什麼？你是否很難相信耶穌對你的關愛，正如祂在世時對其所遇到的人的關愛一樣多嗎？

226 Day 撒種的比喻和其他比喻；耶穌平靜風浪

讀經：馬可福音四章1-41節

鑰句：耶穌對他們說：「神國的奧祕只叫你們知道，若是對外人講，凡事就用比喻。」（馬可福音四章11節）

有關撒種之人的比喻，清楚總結了耶穌自己在世時，所得到的各種不同結果。我們這些活在兩千年後的人們，面對像聖誕節、復活節，這些月曆上簡單明瞭記載著的節日，可能會輕易地忽略，耶穌本人所面臨來自他人的全然懷疑。

祂的鄰舍看過祂和自己的孩子在街上玩耍；耶穌對他們來說是如此熟悉，以至於他們無法相信耶穌是神差來的。「這不是那木匠嗎？」他們問道。「不是馬利亞的兒子雅各、約西、猶大、西門的長兄嗎？……所賜給他的是甚麼智慧？他手所做的是何等的異能呢？」（馬可福音六章3、2節）

甚至連耶穌的家人，都無法輕易地在耶穌的不凡能力和平凡出身之間取得平衡。馬可輕描淡寫地提到，有次耶穌的母親和兄弟出來拉住祂，因為他們斷定：「他癲狂了。」（馬可福音三章21節）一般人對於耶穌也拿不定主意。他們這一刻評斷祂「瘋了」（約翰福音十章20節），然後下一刻卻又嘗試強迫立祂為王。

細心探究先知書的文士和法利賽人，應該對於彌賽亞的模樣有最清楚的認識。然而他們卻是給耶穌帶來最多麻煩的一群人。他們批評祂的神學觀念、祂的生活方式，以及祂對朋友的選擇。當祂施行神蹟之時，他們將祂的能力歸於來自撒但和魔鬼。

當風暴幾近傾覆載著耶穌的那艘船，耶穌斥責風浪，「住了吧！靜了吧！」門徒嚇得畏縮在一旁。什麼樣的人可以斥責風浪，像是糾正一個不守規矩的孩子一般呢？這個景象幫助他們信服：耶穌絕非世間泛泛之輩。但是這也提供了一個讓他們困惑的理由。耶穌畢竟在船上因為疲累而睡著了，而這透露了祂身為人的弱點。

初代教會花了三世紀的時間來爭論，神成為人究竟是怎麼一回事；但是他們的信條對於解除此奧祕卻是幾無功效。一方面來說，耶穌就像是其他的人一樣——祂有種族、職業、家庭背景，也有一副軀體。就另一方面來看，祂又是太初以來一種全然新穎的存在。在此兩種陳述之間，存在著一個永遠不會完全消弭的奧祕。（PY）

每日默想｜在耶穌所述有關撒種和土地的故事裡，哪一種土地最能代表你對福音的回應？

Day 227 耶穌醫治被鬼附的人、死去的閨女，以及患病的女人

讀經：馬可福音五章 1-42 節

鑰句：耶穌對她說：「女兒，你的信救了你，平平安安地回去吧！你的災病痊癒了。」（馬可福音五章 34 節）

有關耶穌的些許爭議，一度甚至影響到施洗約翰；沒有人比施洗約翰這位先知更加使人引領盼望彌賽亞的了。是他為耶穌施洗，稱祂為神的兒子。但在兩年後，隨著自己衰微、即將被處死，施洗約翰開始納悶。他傳遞給耶穌一個直接的疑問：「那將要來的是你嗎？還是我們等候別人呢？」（路加福音七章 20 節）

耶穌這樣回答：「你們去，把所看見所聽見的事告訴約翰，就是瞎子看見，瘸子行走，長大痲瘋的潔淨，聾子聽見，死人復活，窮人有福音傳給他們。凡不因我跌倒的，就有福了！」（路加福音七章 22-23 節）很顯然地，耶穌將自己醫治的神蹟，視為證明自己身分的重要證據。

這些醫治的神蹟還有其他的功效：它們顛覆了一般人對於神是如何看待病人的想法。在耶穌一生當中，法利賽人都在倡導一個非常嚴苛的原則（從約伯的朋友一脈相傳下來的），那就是所有的苦難皆來自於罪。他們論斷，一個癲狂或被鬼附的人是永遠被神詛咒的。他們在天災、生來即有的缺陷，以及像失明和癱瘓這種長期的疾病當中，看見神責罰的手。大痲瘋病患是不潔的，甚至不許參與崇拜的。

但是耶穌反駁這個教導。本章顯示，祂醫治一個被鬼附的人，觸碰並醫治一個「不潔的」婦人，並且使一個孩子復活。在其他的場合裡，祂直接駁斥那些有關罪和苦難的教導。祂否定人失明是來自於自己或其父母的罪，並且不能接受「人發生悲劇是他們應得的」這個廣為流傳的見解。（參見約翰福音九章和路加福音十三章）

耶穌並沒有醫治全世界或甚至是巴勒斯坦的人。但是祂對待生病和有需要的人的方式，顯示出他們是為神特別所愛的，而不是被咒詛的。醫治的神蹟也提出一個徵兆，是關乎未來將發生的事，也就是所有疾病，甚至

死亡，都將消滅。（PY）

每日默想｜當你在病中，或處於苦難之時，你曾產生過是自己自作自受的感覺嗎？

Day 228 省思

耶穌渴望碰觸與醫治

耶穌擁有一副開闊的胸襟。福音書裡滿滿地記載了祂的故事：祂接觸的人苦於瞎眼、大痲瘋、癱瘓、血漏、邪靈附身、耳聾，以及其他未明確指出的疾病。祂醫治，來向人們證明：祂就是自己所聲稱的那位神，成為肉身來到人間。但同樣重要的是，祂因為憐憫那些受苦的人而醫治他們。

這個溫柔又富同情心的耶穌形象，有時可能會在我們匆促研讀福音書的時候，消失在耶穌那些較艱澀的教訓及祂對假冒愛神之人的嚴正指責當中。耶穌對一般人的關懷在書頁上給人的感覺，或許不及祂控訴假冒偽善及不信者來得熱烈而激昂，但是對當時許多人來說，耶穌的行為道盡了一切。祂的愛對他們來說，比任何其他耶穌所展現的特質，都要來得真實。

如果，耶穌真的是我們在福音書裡所見的那位溫厚的神，祂的心腸至今必定沒有改變過。祂今天仍然渴望碰觸和醫治，一如往昔嗎？作家馬卡琳（Catherine Marshall）因為肺結核臥病在床長達兩年以上，她問了這個問題。因著細讀聖經，她開始真正了解兩千年前的耶穌和今日的耶穌。

我對於耶穌的旨意最初、且最歡喜的發現之一就是：祂親自創造了我們這些祂精心創作的身體，當然祂希望我們身體健康。貫串所有福音書的，就是耶穌那份醫治病患、殘疾者、或瞎眼人的赤誠之情。事實上，祂因此招致了宗教權威人士的惡意批評，因為祂甚至無法等二十四小時之後才醫治病人，而滿不在乎地違反了猶太律法中有關安息日的誡命；由於在猶太律法中，醫治是「工作」。

經文明白指出，耶穌是「昔在、今在、永在的神」，祂在世為人時所有的能力在未來依舊延續，而特別的是，這份能力已傳遞給未來全然接受耶穌為主的門徒……。

因此，經文所傳遞的這個獨特信息，成為澆灌我的乾渴靈魂和窮乏身體的活水，我無比熱切地接受這樣的滋潤。[33]

在發現此奇妙信息後，馬女士再奮力面對疾病長達數月之久，最後終於回復健康，肺部得著潔淨。當她尋索聖經和自己的內心，試圖了解神在這次病中向她揭露的是何等之信息時，「耶穌對人有深深的憐憫」這個根本的真理便成為她的力量。稍後她寫下：「耶穌來到世上，是為了向我們顯明天父的旨意。創造奇妙人體的神，今日仍舊醫治，但不是以靈療者的姿態呈現。我們必須尋求祂的道路，祂的時間，以及祂要我們在其中所當學習的功課。」[34]

馬女士之後學習到，她年輕的丈夫，也就是備受敬重的牧師馬彼得（Peter Marshall）的去世，意表著耶穌不一定總是帶給人們身體上的醫治，但她知道，即便如此，耶穌的憐憫長存。馬女士寫道：「最重要的是，祂已在我患病的兩年多之中使我體認到，我在餘生中的每一天都需要祂，直至永生……就拯救靈魂而言，耶穌仍舊是最偉大的醫生。」[35]（BQ）

每日默想

你現在就需要耶穌的醫治嗎？讓耶穌伸手觸摸你，願祂的慈愛使你確信，祂是如何關心你的需要。讓祂那長闊高深的愛的真理來充滿你的身心。懇求神依祂的時間和祂的方式來醫治你，同時繼續使你更加認識祂。

Day 229 八福和登山寶訓

讀經：馬太福音五章 1-48 節

鑰句：我實在告訴你們，就是到天地都廢去了，律法的一點一畫也不能廢去，都要成全。（馬太福音五章 18 節）

假使耶穌避而不用國度這個充滿情感的字眼，也許一切都會不一樣了。每當祂說出這個字，就有鮮活的影像在聽眾腦海中躍然浮現：鮮明的旗幟、光彩的軍隊，所羅門時代的黃金和象牙，以色列國回復了往日的榮耀風華。耶穌經常使用國度這個使以色列心跳加速的字眼，來作為祂第一個信息的開頭：「天國近了，你們應當悔改！」（馬太福音四章 17 節）

藉著大膽自比為以色列最有能力的君王所羅門（馬太福音十二章 42 節），耶穌觸摸到以色列民心中積藏已久的最深渴望。此外，祂宣稱先知的應許將在祂身上得著成就。那將要來的事，祂說，將是一件遠遠超越過去一切的新事：「我告訴你們，從前有許多先知和君王要看你們所看的，卻沒有看見，要聽你們所聽的，卻沒有聽見。」（路加福音十章 24 節）

如此言論引起了大眾的期待，卻又衍生出疑惑，最終變成了怒不可遏的厭棄。當耶穌未能恢復眾人盼望已久的以色列國時，人們對於耶穌神蹟最初的興奮之情，便被失望給取而代之。因為，事實的真相是，人們對於國度這個字眼的詮釋，和耶穌的涵義大相逕庭。

耶穌講論的時刻，改革風潮正席捲整個以色列。稱為奮銳黨的游擊隊，全副武裝而組織完整，正滿心盼望與專制壓榨的羅馬來一場爭戰。但是耶穌卻始終沒有揚起任何反叛的信號，這點讓人們感到失望，並且情況逐漸明朗：耶穌所指的並不是一個政治或軍事上的國度。

耶穌指出，我們處在一個肉眼可見的世界，其中所有家庭、人群、城市和列邦，都屬「世上的國」。但是祂呼籲人們委身於一個**眼不能見**的國度，那就是「天國」，較這可見之世界的一切都要來得重要而寶貴。

天國所指的成功牽涉許多價值觀的反轉，而這點在登山寶訓這個重要的講論中可見一斑。耶穌說：「虛心的人有福了」，還有那些哀慟的人、溫柔的人、飢渴慕義的人、為義受逼迫的人……「因為天國是他們的」。今世的身分、地位並不能保證天國中的身分、地位。（PY）

每日默想｜你是比較專注於屬世的成功，還是屬天的成就呢？

Day 230 登山寶訓，續

讀經：馬太福音六章 1-34 節

鑰句：只要積攢財寶在天上；天上沒有蟲子咬，不能銹壞，
也沒有賊挖窟窿來偷。（馬太福音六章 20 節）

馬太福音第六章，接續了登山寶訓，包括了主禱文這個或許是最著名的禱告詞。耶穌以主禱文作為禱告的典範，而主禱文也的確精確掌握了天國的信息：「願你的旨意行在地上，如同行在天上。」（馬太福音六章 10 節）耶穌尋求的是將兩個世界合而為一，而登山寶訓則解釋了該如何達成。

乍看之下，有些建議似乎荒謬至極。凡求你的，就給他；愛你們的仇敵；有人打你的右臉，連左臉也轉過來由他打；無息借貸給他人；勿慮衣

食等等。這樣的理想主義在「真實」的世界，或說在這可見的世界中能夠成真嗎？這正是耶穌的論點：亦即消除我們自己對安全感、實行保障、節儉，以及自以為義的纏累。相反地，依靠父神，讓祂來處理你所受到的不公，相信祂會照顧你每日的需要。簡而言之，天國的信息就是：不是為著別人活，而是為著神而活。

此信息也可應用在報償之上。我們大部分人都希冀從朋友和同事那裡得到屬於我們的獎賞：拍拍背以示鼓勵、一個英雄獎章、鼓掌、大肆恭維等。但是根據耶穌所言，更重要的獎賞在死後的永生之中等著我們。因此，這意謂著儘管人類意義最深遠的行動是暗中助人卻不讓人知曉，但神察看一切。

依據耶穌的解釋，我們正在累積某種存款，「積攢財寶」在天上而非地上——那是如此巨大的財寶，足以回報今生或大或小的任何苦難。舊約已隱隱暗示有來世，但是耶穌直截了當地提到有個地方：「**義人在他們父的國裡，要發出光來，像太陽一樣。**」（馬太福音十三章43節）

對耶穌時代的猶太人來說，他們對於國度的追求，主要藉由他們在今生達到富貴榮華或是政治權力，來作為神認可他們的印證。在這篇講論的開頭，耶穌將焦點轉移到來世，祂不看重在這可見之物質世界中的成功，而是將時間和精力投注在來世，祂告誡——畢竟，我們在天上所累積的，是不能銹壞、沒有賊能偷、沒有蟲子咬的財寶。（PY）

每日默想｜你所認識的人當中，哪一位是最能夠身體力行登山寶訓的教導？

Day 231 登山寶訓，續

讀經：馬太福音七章1-29節

鑰句：所以，凡聽見我這話就去行的，好比一個聰明人，把房子蓋在磐石上。（馬太福音七章24節）

耶穌又描繪了一些熟悉的意象來闡明祂的教導，並以此段結束登山寶訓的講論。在講道的結尾，祂以一個例子揭示了整篇登山寶訓的目的。耶穌的門徒，也就是當時親自聽道，以及之後拜讀過寶訓的人，將會面臨抉擇：是要將生命的根基構築在今世的指望之上，還是建造在神的應許上；

是要依靠今世的方法，還是行走基督的道路。

在山坡上聽耶穌講道的人當中，有許多是法利賽人。他們自以為義，以為能藉自我的「義舉」上天堂。追求逸樂的人也留下來聽耶穌講道。他們為一時的滿足而活，相信屬世的聲色之娛能為他們建構醉人的現世和來生。其他真的聽進去的人，則去尋求神並跟隨祂的道路行，他們將會選擇走耶穌所認同的窄門和窄路。登山寶訓的內容就是這些人的寫照。這些追求主的人將不會順著人類天生的血氣而行，而是試圖將這些激進的生活準則融入他們的生活之中。

這些尋求主的人的會花更多的心力審視自己的錯誤，而不是去論斷他人。雖然他們會出於關心而導正他人，但是他們會先確認自己的生命井然有序。他們會將天父當作真正的父親一般地對祂說話，並感到自適而自信，知道神歡喜傾聽他們的需要。並且，他們只會效法那些生命結出聖靈果子的人。僅僅言語或神蹟絕不能取代和耶穌建立真實可見的團契。神的子民在耶穌這磐石之上，將為自己建立那長存堅立的房屋，是今生風雨飄搖中的避難所，並且是進入神永恆同在之居所。（BQ）

每日默想｜審視自己，自己有哪裡像是法利賽人？哪裡像追求逸樂之人？又有何處類似尋求神的人？

Day 232 省思

從神的眼光來看

登山寶訓在我青少年時期縈繞在腦海中久久不去。我會讀雪爾頓（Charles Sheldon）的《跟隨祂的腳蹤行》（*In His Steps*）這類的書，之後認真地立下誓言要「學像耶穌」，然後從馬太福音五到七章中尋求指引。如何看待耶穌的建議？我應該乖乖地讓學校裡飆車的「頭巾客」把我痛打一頓嗎？一旦對我的兄弟口出惡言，就應該把自己的舌頭拔掉嗎？

現在我已經長大成人了，但登山寶訓給我的那種不安的危機感仍揮之不去。雖然，有時我試著僅僅把它當成華而不實的辭令，但我愈研究耶穌，愈了解其內容乃是耶穌教導的核心。我便知道我若無法了解祂的教誨，我便無法真正的了解祂。

首先，八福是真的嗎？我逐漸認定它們是重要的真理。對我而言，它們至少可應用在三個層面之上。

久未應驗的應許。八福不僅僅只是耶穌用來安慰不幸之人的空洞之辭。對蘇聯集中營中的囚犯、美國的奴隸，以及身陷羅馬帝國牢籠，即將進入野獸肚腹的基督徒來說，那關乎未來賞賜的應許是希望的來源，是使你得以存活，並在各種景況中都能相信神是公義的偉大宣召。

著眼點的大翻轉。我已漸漸相信八福所敘述的，是現世和來生。八福將在天國成功和在現世成功的途徑，巧妙地作了一番對比。八福相當清楚地顯示，神彷彿是用一套不同的透鏡來觀看這個世界。

心理層面上的真實。八福顯示，使我們在天國成功的因素，在今生今世也對我們最有助益。我寧願花時間和今世的僕人相處，也不願與明星權貴結交。僕人的姿態很清楚地受人喜愛又有恩慈。他們滿有深度、豐富，甚至喜樂，而這都是我在他處找不到的。不知怎地，正如同耶穌所言，他們在失掉生命的同時，得著了生命。

八福僅僅代表著了解登山寶訓的第一步。在我漸漸體悟八福所言不變的真理之後，我仍花了一段很長的時間，反覆思想耶穌的登山寶訓中其他立場堅定甚至更為嚴厲的部分。耶穌說：「所以，你們要完全，像你們的天父完全一樣。」（馬太福音五章48節）如此的聲明似乎稀鬆平常，而又不著痕跡地出現在「愛你的敵人」和「拿錢財賙濟他人」的誡命之間。像神一樣完全？祂所說的是什麼意涵？

終於，我在一個意想不到之處，發現了解登山寶訓的關鍵：那就是兩位十九世紀的俄國作家托爾斯泰，和杜斯妥也夫斯基的著作之中。

從托爾斯泰的著作裡，我學到的是，一份對神那不容變更且絕對的理想應有的深刻尊敬。托爾斯泰竭力全然遵守登山寶訓。有時他成就了極佳的善行。他那非暴力的哲學，直接脫胎自登山寶訓，產生了極大的影響，在他辭世後仍舊持續發光，受此意識形態影響的後人有甘地和金恩博士。然而托爾斯泰的執著和熱情，卻很快地使他的家人覺得，在托爾斯泰追尋聖潔的同時，也成為一位犧牲者。

托爾斯泰無法實踐自己的教訓，因而終日惴惴不安。雖然無法身體力行，但托爾斯泰努力不懈地追求純正的信仰，已使我留下不可磨滅的印象。在我年少輕狂之時，我自認在成長過程中遇到許多假冒偽善的人；然而托爾斯泰這位作家卻為我成就了最艱困的工作：使善成為可能，如同惡一樣的引人興趣。

杜斯妥也夫斯基則是和托爾斯泰大相逕庭，但是他有一點很可取：他的小說頗有托爾斯泰之風，傳遞了恩典和饒恕。他在十年的流放生涯中，細讀了全本新約，建立了他對基督無法動搖的信仰。在牢獄之中，他得以相信，一個人只有先得到愛，才有能力去愛人。他不斷的在他的小說中描寫上帝的恩典。

這兩位作家幫助我了解，在基督徒生命中的一個核心矛盾之處。從托爾斯泰我學到需要去審視自己的內心，去看那寓於己身的神國。我體認到自己過去是如何地虧缺了福音的高理想標準。而從杜斯妥也夫斯基身上，我認識到恩典的無遠弗屆。不僅神的國在我裡面，基督也親自住在我裡面。我們只有一個方法來解決福音的高遠理想，和我們嚴峻的真實情況之間的緊張局勢：接受自己永遠達不到標準的事實，而且明白我們並不需要達到。內住的基督為我們所成就的義，才是評判我們的標準，而不是我們自己的義。

為何耶穌給了我們登山寶訓呢？不是要煩擾我們，乃是要告訴我們神的模樣。祂以神的理想來教導我們：那就是我們永遠不該停止努力，但再如何努力，我們之中也沒有一人能達到那個理想標準。[36]（PY）

每日默想	你在實踐神的理想之時，有過什麼樣的掙扎呢？為著自己無法達到的理想，求神赦免，並且感謝祂永遠樂意施恩。求耶穌越發在你身上彰顯祂的樣式。

Day 233 勞苦重擔的人得安息；禱告的教導

讀經：馬太福音十一章 25-30 節；路加福音十一章 1-13 節

鑰句：你們雖然不好，尚且知道拿好東西給兒女；何況天父，豈不更將聖靈給求他的人嗎？（路加福音十一章 13 節）

耶穌宣揚愛的信息，以及祂的愛所將帶來的美好生活。有人終日陷入掙扎，有人因為生活掛慮而疲倦，耶穌為這些人帶來盼望。祂所提供的是其他地方所找不到的：祂讓我們的靈魂得平靜安穩。

耶穌滿有憐憫地揭示，跟隨祂不該是個負擔。藉著來到祂跟前，我們終於得以擺脫那些令人掛心的事所帶來的壓力。祂懷著一顆謙卑的心，溫和地回應我們。耶穌，全能的神，對所有就近祂的人都仁慈相待。

在一段有關登山寶訓的經文中，耶穌再次教導祂的門徒如何禱告，學習簡單地表達，並坦然提出要求。禱告不需要令人景仰動容，或言詞花俏；耶穌教導我們應該要以敬畏的態度來親近神，重視祂的旨意而把自己的意念放在一旁，並且謙卑地求神滿足我們每天的需要，赦免我們的罪，並且不叫我們墮入犯罪的情境。

雖然耶穌完美又聖潔，祂對我們仍存有一顆謙卑而憐憫的心。祂教導我們，有了這些知識，我們就得以謙卑而有自信地和天父說話，清楚自己的軟弱並需要祂，就像是孩子和慈愛的父母說話一般。（BQ）

每日默想｜當你向神禱告的時候，你最常感受到什麼情緒：恐懼，尷尬、距離感、安慰、釋放，還是愛呢？

Day 234 稗子、芥菜種，及其他的比喻

讀經：馬太福音十三章 24-58 節

鑰句：這是要應驗先知的話，說：我要開口用比喻，把創世以來所隱藏的事發明出來。（馬太福音十三章 35 節）

長久以來，作家們都希奇耶穌能用比喻來傳達深奧真理的技巧，簡短、平易、貼近生活，並富含寓意。

耶穌使用比喻完美地達成其目的。當祂首次於本章講述這些故事的時候，祂正坐在船上，船在近岸之處漂動，而祂對聚集的群眾放聲講論。因為這些故事關乎群眾的日常生活——耕作、烘培、尋寶、捕魚，以致祂能夠抓住群眾的注意力。同時比喻也使得耶穌得以「私底下」訓練門徒；隨後，祂可以把門徒領到一邊，再跟他們解釋更深層的意義。

如同耶穌告訴門徒的一樣，比喻也有助於篩選聽眾。找樂子湊熱鬧的觀眾回家的時候，可以有一些故事供他們反覆思想，但是較認真尋求的人，就會需要再回來聽聽進一步的闡述。比喻也有助於保藏祂所傳的信息：數年過去，每當人們思想耶穌的教訓，祂的比喻就會在腦海中鮮活而又鉅細靡遺地重現。

馬太福音十三章蒐集了幾篇耶穌有關「天國」的故事。儘管耶穌從未簡明扼要地為這個詞下定義，祂卻提供許多有關天國本質的線索。例如，天國不像希臘、中國，或西班牙一樣有地理疆界，也無法在地圖上畫出來。追尋天國的人，就生活在其仇敵之間，彼此間並沒有壕溝或高牆阻

隔。但是耶穌仍然預測，就算是在不斷走向毀滅的邪惡環境之中，天國的版圖仍舊會有不凡的擴展。

簡而言之，天國是神在全地所統管的一切所組成的。天國包括了來自各族列邦，在世上忠心跟隨神旨意的人。門徒因為習慣較為傳統模式之權力和領導，而無法完全領會耶穌對於國度的觀念。他們的虛榮心作祟，爭競圖謀較高的地位，還不斷請耶穌解釋祂的比喻。一直到耶穌去世，向他們再次顯現，他們才了解耶穌在世上的任務。（PY）

每日默想 | 當身處不斷企圖遏止、抵擋福音的勢力中時，何時最讓你覺得自己像稗子中的麥子，像個耶穌的門徒？

Day 235 施洗約翰被斬；耶穌餵飽五千人；耶穌履海

讀經：馬可福音六章 14-56 節

鑰句：凡耶穌所到的地方，或村中，或城裡，或鄉間，他們都將病人放在街市上，求耶穌只容他們摸他的衣裳繸子；凡摸著的人就都好了。（馬可福音六章 56 節）

本章結合了許多場景，描述了兩個國度之中迥異的力量。加利利的統治者希律王代表一種典型。他富有而殘暴，擁有眾多羅馬軍團來執行他的一切命令，且在全巴勒斯坦留下許多宏偉的紀念性建築。馬可敘述了希律運用權力的方式：他強奪了他兄弟的妻子，囚禁施洗約翰，然後斬了這位先知來當作筵席的花招。殺約翰並非希律所願，但是為了保護自己的形象，他認為還是應該實踐自己輕率而發的誓言。

耶穌也是一個領導者，事實上是一位王。但是祂打破了王給人的刻板印象。雖然祂擁有無可否認的能力，祂卻滿有憐憫地使用自己的能力來餵飽飢民，並醫治病人。在祂剛開始傳道的時候，祂拒絕一個取得榮耀和領土的誘人機會，之後祂也從未打算建立一個滿有權力或地位崇高的形象。祂花時間講故事，而不是建立軍隊。祂求的是討神喜悅，而不是滿足人們的錯誤期待。

希律在耶穌家鄉的加利利地建了一座奢華的宮殿，但是耶穌小心地避開此熱鬧時尚的區域。當希律在提比哩亞的名勝和貴客酒池肉林之時，耶穌和祂衣衫襤褸的門徒正在鄉間奔走。祂也擺設了一場「筵席」，招待了五千名不請自來的賓客。祂有關愛、寬恕、醫治的簡明信息，本身就帶有能力。馬可談到群眾在湖邊追逐耶穌，趕著把他們患病的友人帶來，亦步亦趨，就是為了要碰到這位夫子。

耶穌輕蔑地稱希律是「狐狸」。但是隨著耶穌的名聲傳開，希律也渴望有機會能見祂一面。終於他有機會了，卻是在耶穌受審的時候。希律渴望得見神蹟，對耶穌好話說盡、百般嘲諷，又用軍事武力威脅，就是希望能夠勸誘出從耶穌而來的些許回應。但他失敗了，因為耶穌是永遠不會向那種力量屈服稱臣的。（PY）

每日默想｜人們最受哪一種能力吸引？你自己呢？

236 Day 聰明卻不義的管家之比喻；財主和拉撒路

讀經：路加福音十六章 1-31 節

鑰句：一個僕人不能事奉兩個主；不是惡這個愛那個，就是重這個輕那個。你們不能又事奉神，又事奉瑪門。（路加福音十六章 13 節）

有個談到關於席約瑟（Joseph Schneerson）拉比的故事。他生在俄國共產主義初期，是一位講求正統的猶太哈西迪（Hasidic）教派的領袖。這位拉比久陷囹圄，因為信仰而遭到逼迫。1927 年的一個早晨，當他在列寧格勒會堂禱告之時，祕密警察衝進來將他逮捕。他們把他帶到警察局中，毆打他，逼他停止一切的宗教活動，被他所拒絕。審訊他的人在他面前揮舞著手中的槍，說：「這個小玩意兒已經讓很多人改變了心意。」席拉比回答：「這個小玩意兒只能夠脅迫那些多神信仰，又只有一個世界安身的人。而我崇拜的是獨一真神，擁有今世和來生這兩個世界，因此這個小玩意是嚇不倒我的。」

「兩個世界」，或是「兩個國度」這個主題，時常出現在耶穌的教訓之中，而且本章的兩個故事更針對兩個世界作了一番深切的對比。耶穌說：「人所尊貴的，是神看為可憎惡的。」這是他對第一個故事的評論。第二個有關財主和拉撒路的故事，詳述了兩個世界間價值觀的迥異之處。財主在今生飛黃騰達，但卻疏於經營永恆的世界，而嘗到苦果。同時一個衣食匱乏的乞丐，在今世不管怎麼看，都被認為是一個失敗者，卻得到了永恆的賞賜。

耶穌對祂的猶太聽眾說這些故事。猶太人長久以來的傳統包含富有的家族網絡，強而有力的王權統治，以及凱旋勝利的英雄。但是耶穌不斷強調價值觀的扭轉，這點令人十分震驚。在今世沒有價值的人（窮人、受逼迫者、像拉撒路一樣的人）其實在神的國度裡具有重要的地位。耶穌不斷地將現今這個世界敘述為一個讓人為未來作投資的地方，他勸勉大家要積存財寶在永生裡。

耶穌用一個問題，毫不保留且清楚地將兩個世界相提而論：「人若賺得全世界，賠上自己的生命，有什麼益處呢？」（馬太福音十六章26節）

（PY）

每日默想｜用今生評判成敗的標準來看，你會給自己怎樣的評價？如果用耶穌的標準來看又如何呢？

Day 237 無知財主的比喻；關於憂慮和警醒的教導

讀經：路加福音十二章 13-48 節

鑰句：因為，你們的財寶在哪裡，你們的心也在那裡。（路加福音十二章 34 節）

耶穌對於錢的看法和意見，比其他議題都要來得多。但是兩千年後的今日，基督徒卻無法完全贊同祂的教訓。一個理由是，祂很少提供「實際」的建議。如同本章所述，祂避免就某些特定的經濟制度發表看法，也拒絕涉入私人的財務爭端，耶穌基本上把錢視為一股屬靈的力量。

有位牧師把錢的議題總結為以下三個問題：

1. 你是如何賺錢的？（是否有牽涉不公、欺騙、壓迫窮人之情事？）
2. 你如何處理金錢？（是儲存起來？用來剝削他人？還是浪費在無用的奢侈消費之上？）
3. 錢對你的影響是？

雖然耶穌以上三個議題都有論及，但祂聚焦於第三個問題。祂的解釋是，錢在我們生活中運作的過程和結果，和拜偶像頗為類似。錢可能捆綁並主宰一個人的生命，使人不再定睛於神。耶穌挑戰人們，要擺脫錢的勢力轄制——就算這指的是全部捨棄。

本章完整地總結了耶穌對於錢財的態度。祂並不責難人持有財產。他他說過，你們必須用這些東西「吃的，喝的，衣服」，你們的父是知道的。但是祂嚴正警告，不可將信心奠基在金錢之上，將金錢作為未來安穩的憑據。正如同財主這個故事所顯示的，錢財終究無法解決生命中的最大問題。

耶穌呼籲祂的聽眾追求神國裡的財寶，因為這種財寶在今生對他們有助益，在來世亦然。祂說：「不要憂慮。」說得更清楚些，就是相信神會供應你的基本需求。為了強調此論點，耶穌提及所羅門王的例子，所羅門是舊約中最富有的君王。對大部分民族意識高的猶太人來說，所羅門是個英雄，但是耶穌以另一種觀點看他：所羅門的財富老早就消逝遠去，甚至在他的全盛時期，他所穿戴的都還不及一朵小野花呢。最好是相信這位樂意施恩照料全地的神，而不要終其一生在為金錢憂慮。（PY）

每日默想｜你如何將耶穌的教訓，和本身文化強調未來財務保障的論點相互調和？

Day 238 省思

神就是愛

有句諺語說：「人要衣裝」，也有人說：「穿出成功」。這些話點出了一些在世成功的金科玉律。耶穌卻提出了另一個計劃。祂說：「**所以我告訴你們，不要為生命憂慮吃甚麼，為身體憂慮穿甚麼；因為生命勝於飲食，身體勝於衣裳。**」（路加福音十二章12節）祂接著闡述，我們為自己所做的，遠遠不及神為我們成就的。只要我們了解到神是如何關注我們生活中的每個小細節，就會明瞭憂慮是沒有必要的。

拿大自然來作例子。根據耶穌所述，極榮華的妝飾還遠不及一朵野花的綺麗。也沒有任何人手所做的工，能夠比得上自然界中，由神所賜而極其豐富的美。大自然本身就是神的信息，昭告了祂對受造物的愛和關懷。

一個叫做約翰・繆爾（John Muir）的人也抱持相同看法。生於距今一世紀以前，繆爾大半生皆醉心於大自然之美，事實上，他結廬於荒野之中，經常在夏冬二個季節漫遊加拿大、南美洲，以及美國西部，身上連一個旅行背包都不帶。這位在維護大峽谷和其他荒野地帶上大有貢獻的人士，在日誌中留下了自己的心情點滴。繆爾在著作中，經常提到他所鍾愛的事物之時，談到自己為野花所著迷：「那明媚絢爛而蜜汁充溢的花冠，令人動容且層遞有致，競相綻放而生意盎然，交織成一片夕陽餘暉——放眼望去是一片紫色和金色，明亮的沙加緬度河水（Sacramento），從北而來，奔流其中……。」[37]

研究植物加深了繆爾對神創造的敬畏。「像其他人一樣，我一直都喜歡花，為它們外在的美麗和純真所吸引。現在我開始得見它們的內在之美，全然彰顯了神思緒流過的榮耀之跡，不斷引領我進入那無垠的穹蒼之中。」[38]

雖然繆爾身為發明家的技巧能夠使他成為百萬富翁，他卻選擇了享受土地的豐美，花上無數的時日徒步旅行和觀察自然。他說：「在我所有的旅程中，我還沒有發現一個像我一般自由自在的人。有時在森林裡，我會坐上好幾個小時，觀察鳥或松鼠，或是俯視花兒的臉，完全感覺不到絲毫的匆促。」[39]

一張繆爾的黑白照片，是他坐在一片岩石礦脈之上，凝視他在高山湖泊中的倒影。這張照片反映的是，神對祂的創造物有著強烈而即時的愛。受造物每天、每時每刻，都受到神的照顧和關注，祂不間斷地凝視著我們。「你們比飛鳥是何等地貴重呢！」耶穌大聲疾呼，**「野地裡的草今天還在，明天就丟在爐裡，神還給它這樣的妝飾，何況你們呢！」**（馬太福音六章30節）如果神的靈以如此的愛和喜樂在世上運行，關心祂所造的人勝於其他一切，我們何需質疑神會不會滿足我們的需要呢？我們應該擔心自己無法「成功」嗎？（BQ）

每日默想

今日你有什麼憂慮？想像神正用鍾愛的眼神凝視著你的生活，祂也看見了你靈裡的煩憂，滿心憂慮正餘波蕩漾。請求神平息你的恐懼。求祂幫助你信賴祂，並交託你的憂慮，而能以祂無微不至的關注和照顧為樂。

Day 239 耶穌教導、醫治，並歡迎小孩

讀經：路加福音十八章 1-30 節

鑰句：神的選民晝夜呼籲他，他縱然為他們忍了多時，豈不終久給他們伸冤嗎？（路加福音十八章 7 節）

本章中一系列的小品，再次強調了金錢和兩個世界的信息。符合路加一貫的文風，故事的特徵弱勢為受逼迫的角色：受人苦待的寡婦、遭人厭棄的稅吏、小孩子、路旁討飯的瞎子（路加福音十八章35-43節）。故事裡也出現富有的人，但是就像拉撒路故事裡的財主一樣，只能算是負面的例子。

耶穌教導說錢財代表重大危險，這甚至連祂最親近的門徒也很難照單全收。但是，耶穌斷然地警告，財富會引誘人倚靠自己，而不倚靠神，並阻礙他們進入神的國。法利賽人和稅吏的故事更進一步地擴大了這個信息所牽涉的範疇。不只是財富，而是所有形式的驕傲，或是倚靠自己而不倚靠神，均會使人遠離神。

舉例來說，嘗試變得「聖潔」一事，如果使人產生屬靈的驕傲和優越感，可能會適得其反。人類有一種無可救藥的天性，會去滿足自己的自尊心，搶著居功，彼此競爭。但耶穌說，神的道路恰恰相反；要像小孩一樣地信靠神，承認錯誤，然後放手。

耶穌在這個系列講論的第一個故事中，揭示了達到真正成功的關鍵，有一個比喻闡述了為何我們「應該常常禱告，不可灰心」。這位不斷切求的寡婦不畏挫折和明顯的不公，才使得法官終於接受她的要求，為她伸冤。同樣的，耶穌指出，我們可能會經歷人生中的曠野時期，而神似乎忽略了我們衷心的懇求。但是，最後神將會帶來公義，弭平一切爭端。而那些深信不疑的人，就算是處於憂患之中，也將看見正義伸張。（PY）

每日默想｜在你生活的哪一個範疇之中，你最想滿足自我的虛榮心，以和他人競爭？這個傾向又是如何使你遠離了神？

Day 240 醫治池邊的患者；藉著人子得生命

讀經：約翰福音五章1-47節

鑰句：其實，我所受的見證不是從人來的；然而，我說這些話，為要叫你們得救。（約翰福音五章34節）

根據耶穌當時的傳統，躺在畢士大池子旁邊的病人，如果在天使下來攪動池水的時候，第一個跳進池子的話，就會得痊癒。這個迷信並非出於神，因為神絕不會引起罹患疾病的人進行這樣的一場比賽。然而，儘管這些病人的信仰遭到誤導而錯謬，耶穌仍然憐憫他們，並且選擇醫治其中一名病患。

耶穌使這個有殘疾的人起來行走之後，讓他認識到，一個人生命的光景可能比罹患疾病還要更糟，就是當他的永生尚是未定之數時。如果他不回轉歸向神，他將受永刑之苦。

耶穌再次於安息日遭遇反對勢力來阻撓祂醫治之行，祂向那些詆譭祂的人解釋：祂真實的身分為何，以及神是如何一直在他們眼前彰顯祂的身分。祂為任何願意聽道的人開啟了一扇門，並柔軟他們的心，使他們信服祂所傳的真理。祂闡述，聽而又信的人將會得著永生。他們將會出死入生，就如同病人在瞬間痊癒一般。（BQ）

每日默想 ┃ 是哪一點使你聽見並相信耶穌是你的救主的？

Day 241 葡萄園工人的比喻

讀經：馬太福音二十章 1-16 節

鑰句：這樣，那在後的，將要在前；在前的，將要在後了。（有古卷加：因為被召的人多，選上的人少。）（馬太福音二十章 16 節）

在這個比喻中，耶穌教導一個大家都心有戚戚焉的議題：公平。我們自然會期望付出多少力，就得多少報酬。當然，我們不介意多得，然而一旦少拿通常就會引起我們抗議。雖然在生活中，我們可能遭遇極端不公平的情況，我們仍期待，跟合理的人事物（特別是神）有所接觸的時候，能夠享有絕對的公平與公正。

耶穌教導我們，神對於公平有祂自己的定義。祂的大方慷慨可能使我們驚訝不已。神掌權，所以沒有任何一件事是超出祂的控制和旨意而發生的。最重要的是，神是良善的，祂的心思和旨意純全正直，從亙古到未來，在每一件事上都是如此，所以我們可以相信祂的每個選擇。

雖然我們最深處的自我，仍舊不停想望一個公平且可預期的信仰，但我們最好還是持續將這種想望交託在神的手中，只因神為我們所成就的絕對比我們配得的要更加豐盛，滿有恩慈。（BQ）

每日默想 | 上一次你因為遭遇不公而質疑神是什麼時候？

Day 242 十童女的比喻和有關才幹的比喻

讀經：馬太福音廿五章 1-30 節

鑰句：所以，你們要警醒；因為那日子，那時辰，你們不知道。（馬太福音廿五章 13 節）

這個關於單純的婚禮之比喻，蘊含著一個重大的信息。有些聖經學者認為，十童女的比喻特別著眼於耶穌再來之前那些受到試煉的猶太人。他們將得知基督即將再來，但是僅有一些人會在尚有時間之時，選擇與耶穌建立深切的關係。

不管此比喻是針對猶太人還是全人類，它已成為一個令人生畏的提醒：那一日將臨到眾人，耶穌呼召信徒和祂一同進入永生，並將非信徒遣入地獄。有些人，自以為他們總有充裕的時間來整理自己的屬靈生活，但因著他們的不儆醒而冒著風險，因為一失神，當耶穌來接其他那些光明之子的時候，他們就會落得和那些沒有預備的童女一樣的下場，被撇在黑暗之中。

相同的，教導信徒有關才幹的比喻，神要我們在祂交付我們的事上負責任，直到耶穌的再來。耶穌強調，神的國是真實的。那些將自己現今生活對永生的影響等閒視之的人，將會持續懊悔不已。（BQ）

每日默想 | 神把什麼樣的開拓事工或是國度建造的任務交給了你？

Day 243 省思

活在奧祕之中

有些時候，耶穌所說的似乎超過我們理解的範圍，使我們很難解釋祂的比喻和教導。但是祂也告訴我們要回轉，成為像祂讚譽有加的小孩子一樣。「讓小孩子到我這裡來，不要禁止他們，因為在神國的正是這樣的人。我實在告訴你們，凡要承受神國的，若不像小孩子，斷不能進去。」（路加福音十八章 16-17 節）那些思想像小孩子的人，怎麼可能希望了解這樣的一位夫子呢？

要知道線索，就想想小孩子面對奧祕時所表現出的喜樂和興奮之情吧。不論是看魔術表演而驚嘆，還是觀看蝴蝶破蛹而出，孩子的世界充滿了讓他們沉醉的事物。他們不會強求完全了解人生，卻會因為瞥見真理乍現的些許痕跡而興奮不已，這些瞥見真理的經驗，開啟了一個大千世界，引領他們進入許多無法解釋，卻又好得無比的未來前景。孩子並不笨。他們對於真理與謬誤有不可思議的判斷力。但是，他們樂於讓許多枝微末節維持矇昧的狀態，因為這為他們的世界，投射了一抹玫瑰色的光輝。

查拉維博士（Dr. Ravi Zacharias）是一位出生於印度的演說家，同時也是護教學者兼作家。他闡釋，對我們當中的許多人來說，我們看待人生的方式太過老成，剝奪了我們對於真理的信仰；只有藉由對於奧祕有足夠寬闊、或足夠童稚的心靈，才能得到這份真理。「我們對於知識的追尋，已經到了需要所有奧祕的程度，即便那奧祕關乎人生最崇高的意義。假使，神絲毫不向我們透露我們自以為有權知道的一切，我們就不想和這位神有任何瓜葛。」[40]

他解釋，雖然我們尋求知識的立意良善，但是太過強調我們對於知識的需求，卻很可能使我們變得自我中心並僭妄褻瀆。我們在離開豐盛的孩提時代之時，不僅僅是離開了童話世界；我們也厚顏無恥地進入了一個貧瘠的荒漠。在那兒，奇蹟和意義已遭剝奪殆盡，想必是因為我們已經將永恆的地平線撕去，而發現前方空無一物。這樣的追尋是可以理解的，啟程的原意也是合理的，但卻是方向錯誤。[41]

正當我們失去了對神奧祕和真理的執著，我們對神也不再感恩。在這種時候，心思轉向小孩有所助益，因為他們就算領受的是細瑣而不重要的小事，都還滿溢著感恩之情。當我們失去了小孩子的熱情，我們就失去了那顆使我們生意盎然的感恩之心。

這樣的損失十分慘痛，因為我們同時也無望尋得任何盼望，來使我們感到深刻而強烈的滿足。我們的靈渴求希奇的感受，它能夠超越我們有限的心智所及，而如果我們不從神那裡求，我們便會在別處尋求，向假神尋求。查博士強調：「你的年紀愈大，就更要使你的心充滿驚奇，而惟有神才能提供所需的一切。」[42]

他問道：「你們要怎麼得到驚奇的感受？容我向你們建議，親愛的朋友，不要在思辯中尋求，也不要往教義裡探究。甚至教會裡也找不到。在我們種種經驗背後的含意當中，有一條線索——這線索藏在關係之中。聖經指出，歷史的中心，就是基督本身，而你會在與耶穌的關係中尋見永不休止的驚奇感受……要找到驚奇的感受，就必須和耶穌建立關係。耶穌基督已超越了幻想：祂指向真理。」[43]

與其對耶穌的教訓踟躕不前，不如擁抱這些教訓，讓它們帶領我們向奧祕之父飛去。我們的信仰取決於這個行動。總有一天，一切都將揭示，而我們將發現真理的豐盛，遠遠超過我們的所求所想。（BQ）

每日默想

哪一項有關神的奧祕在你心中縈繞不去？現在就來到神面前，交託給祂，感謝祂是如此的長闊高深，可以使你驚嘆不已。為著祂在你每日與耶穌同行的關係當中，不斷地向你顯明的真理來向祂獻上感謝。

Day 244 綿羊和山羊

讀經：馬太福音廿五章 31-46 節

鑰句：王要回答說：「我實在告訴你們，這些事你們既做在我這弟兄中一個最小的身上，就是做在我身上了。」（馬太福音廿五章 40 節）

耶穌使用了另一個簡單的比喻，來解釋最後審判日的到來，屆時祂將把那些真心愛祂的人和那些不愛祂的人分隔開來。耶穌使用此比喻來闡明，愛祂和愛那些有需要的人之間有其直接的關聯性。愛耶穌，不僅僅是一種受祂的靈所感，而從我們身上湧現出的內在感受而已。如果是真愛，那就會藉著照顧耶穌所憐憫的人而將之表現出來。當初祂在世界上時，那種對人一視同仁的愛，將會成為一種活潑的愛，從祂那裡湧流出來，藉著我們，祂觸摸到他人。

耶穌並不是暗示我們，一連串的好行為最後能使我們得救。聖經說得很清楚，我們得救是本乎恩，也因著信。但是在這裡祂也告訴我們，我們愛的證明就是關心他人。我們的信救了我們，並且我們的信也使我們不得不去幫助有需要的人。耶穌闡釋，我們幫助每一個人，就是做在耶穌身上。我們愛他們，也就是直接地愛耶穌。（BQ）

每日默想｜最近你幫了哪一位飢餓、口渴、孤獨、衣不蔽體、生病，或是身陷牢獄的人？

Day 245 大筵席的比喻；作門徒的代價

讀經：路加福音十四章 15-35 節

鑰句：凡不背著自己十字架跟從我的，也不能作我的門徒。（路加福音十四章 27 節）

耶穌說了幾個比喻，是有關於將來的最後審判日，神有一天將審判信徒和非信徒。在這比喻中，有些人沒有為祂的再來做準備，有些人在世時沒有為將來投資在神國，還有些人未曾藉著關心他人來表示真心愛祂。

在此比喻中，耶穌提及起初接受神國邀請，之後卻以其他俗事為優先，將神擠出其生命中的人。耶穌再次教導，不是每個人都能進入祂的國。那些將祂的付出視為理所當然的人，最終將失去與祂在永恆中一同坐席的機會——一個遠比世上一切都要吸引人的筵席。

耶穌勸誡，信仰會使信徒在世上付出一些代價。耶穌勸誡，祂的教訓多半聚焦在神的愛和信實之上。跟隨耶穌，使我們擁有在他處尋不到的滿足感和平安。但是跟隨祂有時也會使我們遭遇困難、頭痛，以及犧牲。

舉例來說，耶穌甚至比我們的家人還要優先。雖然祂教導我們要去愛、敬重我們的家人，祂也要求我們要更愛祂。如果我們一定得從中二擇一，耶穌必須居優先地位。這並不是一個可以小覷或是漠視的承諾，並且可能牽涉到他人的拒絕和迫害。然而，如果我們選擇跟隨祂，賞賜將會遠遠大過所受的苦難。（BQ）

每日默想｜你必須為著作耶穌的門徒而付出什麼樣的代價？

第八部 對耶穌的回應

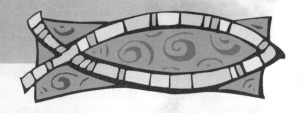

246 Day 失羊和失錢的比喻

讀經：路加福音十五章 1-10 節

鑰句：我告訴你們，一個罪人悔改，在天上也要這樣為他歡喜，較比為九十九個不用悔改的義人歡喜更大。（路加福音十五章 7 節）

耶穌曾提及三個關於失去的比喻，本章傳遞了其中的兩個。如同前面的故事，法利賽人和律法教師再度成為祂教導的主要對象。他們可能自以為屬靈，配得神的關注和認同，但是他們卻受到耶穌的責難；因為在祂的眼中，他們就像祂在山上遇到的群眾一般，都是失喪者。

耶穌在世時不斷重複一個信息：沒有人是義人。全都是需要神赦免和恩惠的罪人，而只有悔改的罪人才能於神國中擁有一席之地。那些承認自己的罪，來到神面前尋求救恩的人，就像是失而復得的羊。牧羊人和諸天一同歡喜快樂。或許，當耶穌將一個悔改的罪人和九十九個不用悔改的義人相比較的時候，祂是帶著些許的嘲諷。九十九個義人也許代表著法利賽人，他們察覺不到自己需要悔改。假如他們也誠心歸向耶穌，神也一定會非常喜樂。

失錢的比喻傳遞類似的信息，描寫神是如何珍愛那些不認識祂的人。法利賽人或許不贊同耶穌對稅吏和罪人的關心，但是神贊同。祂的兒子被差至世上，就是為了這些人，並且祂要他們一個也不失落。（BQ）

每日默想｜何時你曾失去一個重要的東西，然後失而復得？

247 Day 浪子的比喻

讀經：路加福音十五章 11-32 節

鑰句：只是你這個兄弟是死而復活、失而又得的，所以我們理當歡喜快樂。（路加福音十五章 32 節）

「祭司長和文士與百姓的尊長都想要殺他，但尋不出法子來，因為百姓都側耳聽他。」（路加福音十九章 47-48 節）耶穌使用簡單而樸素的意象，來表達深奧的真理，完全征服了祂的聽眾。祂的比喻或許是簡短的小故事，卻受到世人極高的讚美，甚至連不接受祂信息的文學家，也都給予高度評價。這些比喻之中最有名的，包括了只出現在路加福音十五章的這三篇。

雖然受的是醫生的訓練，路加的寫作技巧卻十分卓越。路加福音的引言提及，他在寫作本書之前，謹慎查訪了親眼見到耶穌的證人，調查其說詞。他使用了較新約其他書卷都要雋永的希臘文，將角色和場景刻畫得栩栩如生。

路加尤其擅長傳達窮人和遭人棄絕者所受的苦境。女性常被古代歷史學家忽略，但卻在路加福音當中扮演要角（他介紹了別處皆未提及的十三位女性），小孩亦然。一名出身上層階級的人，卻成為受逼迫者的鬥士，可能讓人覺得奇怪。顯然地，耶穌的憐憫已深深地感染了路加。

路加福音十五章的三篇故事，都讓人對不幸者寄予同情。一個牧人在山坡上近乎癲狂地四處搜尋失蹤的羊。一個婦人幾乎把整個屋子掀了，只為了一枚失落的銀幣。還有一個離家出走的兒子，不知珍惜優裕的安逸生活，而落得在豬圈裡幾乎餓得半死的下場。這些比喻只用了些許簡短的句子，就挑動了深埋在我們心中那些失落和懊悔的感覺。但是三個比喻都有同樣的收場：無比的好消息接踵而至，取代了悲傷，大家一同歡喜快樂。

福音（gospel）這個詞，本身來自古英文的godspell。它指的就是「好消息」——一個路加從未忽視的信息。就算是最悲傷的故事，最終還是會有快樂的結局。（PY）

每日默想｜在浪子的故事裡，你最像大兒子還是小兒子？

Day 248 稅吏撒該

讀經：路加福音十九章 1-10 節

鑰句：人子來，為要尋找、拯救失喪的人。（路加福音十九章 10 節）

撒該可說是一個被棄絕的人，雖然當時的人與其說是可憐他，不如說是怨恨他。剝奪鄰舍而致富的他，似乎看來不可能會是耶穌付出愛和關注的對象。撒該不只是一位稅吏，還是稅吏長，可能負責管理一群稅吏而十分富有。和他從事同樣職業的人，因為訛詐他人，和從他人財富中獲利致富，而聲名狼籍。撒該就像馬太一樣，在猶太人的眼中，是被視為最下等的那種人。

但是耶穌看到的不只是表面，而是一個需要救恩者的內心。撒該的回應顯示：他不僅有猶太人的血統，還證實有亞伯拉罕的信心，以及一顆渴慕彌賽亞的心。耶穌的所見，超越了外表，甚而能夠關懷最無望成為信徒的人。祂的愛，顯示所有人，不論看來多麼的不可能，都有歸向祂的可能性。（BQ）

每日默想｜在你的生活中，有沒有哪一位親友最需要耶穌，卻是看來最不可能接受的人？

Day 249 耶穌是生命的糧；許多門徒離棄耶穌

讀經：約翰福音六章 24-71 節

鑰句：耶穌說：「我實實在在地告訴你們，你們若不吃人子的肉，不喝人子的血，就沒有生命在你們裡面。」（約翰福音六章 53 節）

四福音書均有餵飽五千人的記述，但是約翰描述得最為詳細，描寫了一般人目睹神蹟所受的影響。起初，眾人目睹神蹟而目眩神迷，強迫要擁立耶穌為王。當祂照著祂一貫的作風，悄悄離去後，堅持不懈的群眾強招了船隻過湖，追了過去。

隔天，當群眾追上了耶穌，祂卻直言不諱地警告他們：「我實實在在地告訴你們，你們找我，並不是因見了神蹟，乃是因吃餅得飽。不要為那必壞的食物勞力，要為那存到永生的食物勞力，就是人子要賜給你們的。」（約翰福音六章 26-27 節）

這樣的回應顯示，為何耶穌不信任找尋噱頭的群眾：他們關心的是物質的奇景，而不是靈性的真理。而接下來發生的事，確切地支持了祂的懷疑。當祂解釋神蹟所蘊含靈性上的意義之時，群眾們前一天的熱情全都煙消雲散。當祂公開表示，自己真實的身分是神所差來的那位時，群眾變得全然地焦躁不安。他們無法接受如此自高的言論（「我從天上降下來」），就他們所知，耶穌是當地人，而且他們還認識祂的父母呢！

耶穌使用他們親眼所見的神蹟，來引出祂有關生命的糧的主題（祂的話語其後應用在主餐或聖餐之上）。但最終這些群眾——胃中還消化著耶穌超自然力量的證據——卻離棄了祂，就是不信祂。祂的許多門徒也都離棄祂，不再跟隨祂了。（PY）

每日默想｜你曾覺得被耶穌冒犯嗎？為什麼？

Day 250 行淫時被拿的婦人

讀經：約翰福音八章 2-11 節

鑰句：她說：「主啊，沒有。」耶穌說：「我也不定你的罪。去吧，從此不要再犯罪了！」（約翰福音八章 11 節）

這是福音書中最難忘的故事之一，在最早及最可靠的約翰手稿中並無記載。有些手稿將這個故事放在路加福音，其他福音書則是對這個故事隻字未提。許多聖經學者仍舊相信，這個故事是真確可信的。當然它也使我們再一次真實地窺見了耶穌的心。耶穌再一次地憐憫遭到棄絕的人。在祂服事的過程中，對於女性的關注，本質上十分不尋常，尤其是以當時的猶太文化來看。許多福音書的故事皆提及耶穌和女性的友誼，以及祂關注她們肉體、情感，以及靈性上的需要。耶穌遠遠超越了祂的年代，平等地對待女性。

在這個故事中，祂關懷一個性犯罪的女人。根據律法，她和她的性伴侶都應該處死。但是羅馬人不容許猶太人執行死刑，所以法利賽人嘗試要在猶太和羅馬律法間，設下圈套陷害耶穌。

耶穌絕不會被這些姑息養奸又冷酷無情的律法主義者所愚弄。祂切中事件的核心：罪。神頒布了律法，乃是為了顯明罪，並給予懲罰。行淫的女人違背了律法，所以配受懲罰。但是，神的律法涵蓋範圍大於性方面的罪。在律法面前，眾人皆有罪，而且也沒有任何人比這些律法專家更清楚這件事實了。耶穌使他們體認到自己的位置，宣告父神行事大不相同，有更多的憐憫；跟他們假藉神之名所要行的事，根本大相逕庭。

耶穌的確是來證明人有罪，但是也是藉著自己，提供一條脫困之路。反之，法利賽人仍舊困在一個自我構築的迷宮裡動彈不得。那迷宮，就叫做律法。（BQ）

每日默想｜你會傾向於將罪分類，認為某些罪比其他罪來得好些，或是更糟嗎？

Day 251 省思

尋見耶穌

在我們每個人裡面，都有一種惟有神才能滿足的渴望。非洲主教聖奧古斯丁（Saint Augustine）曾經寫道：「祢為了自己的緣故造了我們，並且人心只有在祢裡面，才能尋得平安。」法國的巴斯卡（Blaise Pascal），身為數學家，哲學家，以及科學家，也寫說：「在每個人的裡面，都有一個唯有神才能填補的空缺。」

姑且不論我們是否同樣地需要神，唯一能夠填補我們一切空虛而充滿我們的，只有祂。耶穌是如此談論神的充滿：「我就是生命的糧。到我這裡來的，必定不餓；信我的，永遠不渴。」（約翰福音六章35節）耶穌所能滿足的那種需要，比肉體感到飢餓的那種需要還要基本——我們都需要那能使人永遠滿足的糧。耶穌現在就可以滿足我們，還應許我們有永生。

常常我們面臨困難而掙扎的時候，最能察覺到自己需要耶穌。我們的意念因為痛苦的磨練而更加敏銳，人生因此呈現了新風貌。偶發事件不再成立，因為我們了解到，神參與了我們生活中所有真正重要的事。如果我們不和祂連結，生命就沒有意義。我們會一直又飢又渴，不得滿足。

摯友或所愛的人去世，或是我們自己終必一死的事實，很戲劇性地，使我們面對內在那唯有神才能填滿的空缺。而我們每日單調平凡的生活，雖然方式不同，卻也使我們不得不面對這個空缺。沒有神為我們一成不變的生活加上色彩，人生變得沉重，我們的靈不得安息。目的在哪裡？什麼才能為人生賦予意義？

人生的任何處境，最終都給予人一個渴慕神的時機。不論時機是好是壞，我們都需要祂；不論是年輕或年老，患病或健康，都是如此。沒有神，我們將一無所有。那為何不是每個人都歸向神呢？為什麼仍有許多人拒絕祂，或依舊尋覓，尋遍四方卻就是不尋求神呢？

約翰福音六章提供了一個洞見。在聽見耶穌揭露自己就是生命的糧之後，祂的許多門徒回應：「這話甚難，誰能聽呢？」（約翰福音六章 60

節）換言之，為何要追隨一個化身為人，而後羞辱死去的神呢？為何要追隨一個要求我們獻上自己生命給祂的神呢？為什麼要跟隨一個我們不了解的神呢？面對每種情況，耶穌回答：「若不是蒙我父的恩賜，沒有人能到我這裡來。」（約翰福音六章65節）祂解釋，單單就察覺我們的需要並對祂作出回應這個動作，我們就需要神的幫助。雖說個人意志和神的旨意看似兩回事，但我們光只是運用自由意志思想，並選擇耶穌的時候，就已經很需要神的幫助了。

那些已經成功填補唯有神能滿足空缺的人，可以感謝神給他們力量而得見並回應神的愛。當我們為尚未接受耶穌之愛的家人及朋友禱告時，我們祈求神的幫助，因他們也需要神賜下力量才能作出回應。（BQ）

每日默想

你能夠明確指出，是什麼使你將心交給耶穌的嗎？你能夠察覺那過程當中有神的幫助嗎？感謝神使你看見自己的需要，並接受耶穌的愛。為你生活中仍舊需要主的人們提名禱告，並要求神幫助他們尋見耶穌，讓耶穌成為他們所尋找的解答。

Day 252 耶穌教導有關污穢和不污穢的教訓，醫治耳聾舌結的人

讀經：馬可福音七章1-37節

鑰句：從外面進去的不能污穢人，惟有從裡面出來的乃能污穢人。（馬可福音七章15節）

雖然群眾有時無法接受耶穌的信息，但只要祂持續醫治病人，他們就緊追不放。從另一方面來看，宗教、政治、知識界都強烈反對耶穌，但是卻始終無法削弱祂對一般民眾的吸引力。法利賽人尤其不斷嘗試陷害耶穌，希冀祂能出個大紕漏，使得人們或者政府，轉而敵對祂。

從許多方面來說，法利賽人都算是一群古怪的敵人。事實上他們是耶穌時代最虔誠的人。他們較其他團體都要來得努力恪守舊約法律的一字一句。但是耶穌能夠看穿法利賽人敬虔的外在行為。祂抨擊他們，因為他們著重「外顯行為」，而忽略了藏於內在的更大危險。

耶穌時代的法利賽人是嚴謹的律法主義者，他們驕傲地以自已的傳統，對猶太律法加油添醋。舉例來說，他們決定，人可以在安息日騎驢子

而不會違背安息日律法，但是使用鞭子來使牲畜跑快些卻不行。可以在安息日賙濟乞丐，但是只能在乞丐把手伸進家裡，而賙濟者不需要走到外面的情況下。女人不容許在安息日照鏡子，她們可能會看到一根灰白頭髮，而試著把它拔掉。

耶穌對於這些看似芝麻蒜皮的小事，反應卻出奇地嚴肅。法利賽人因為著重全部的律法規條，而冒了遺漏福音真意的風險。如此講究外表和賣弄形式的律法主義，無法使人更親近神；正好相反地，他們傾向於使人驕傲，分別派系，並自以為義。

耶穌揭露法利賽人虛偽態度的方法，就是在神聖的安息日公開醫治病人。祂完全清楚，如此舉動會震驚一絲不苟的法利賽人，但祂仍放手去做，堅決憐憫有需要的人，比任何傳統都來得優先。（PY）

每日默想｜你能如何嘗試重視己心，而避開過度論斷他人的罪呢？

Day 253 不憐憫的僕人之比喻；有關離婚的教導

讀經：馬太福音十八章21節～十九章12節

鑰句：你們各人若不從心裡饒恕你的弟兄，我天父也要這樣待你們了。（馬太福音十八章35節）

律法主義者，這些遵守嚴格行為準則的人，乍看之下似乎是「義人」。但是耶穌警誡，要防範律法主義細微難捉摸的危險。奇怪的是，律法主義傾向於貶低人對神的看法。如果我能夠達到一本嚴格律法書上的所有要求，我就會因為自己的義行而感到安穩。我也許就認為，憑藉一己之力已賺取到神的認同。

在福音書裡當面質疑耶穌的人——敵人法利賽人，及朋友門徒——都尋求一個詳細的律法清單，好讓他們得以努力履行義務，及藉此得到滿足。耶穌對這種人大喊：「不！」我們從來無法因為長大成熟而不再需要神；我們基督徒的生活，永遠沒有所謂的「克竟全功」。我們屬靈的生命，唯有藉著不斷地依靠神，才得以存續。

在本段經文的第一個故事中，彼得極近荒唐地試著將饒恕限定為一個數學公式：我們來看一下，究竟我必須饒恕別人多少次呢？六次？七次？耶穌嘲弄這個問題，然後說了一個深奧的故事，是有關神的饒恕，非常博大精深而包羅萬象，以致超越所有的數學知識。

接下來，法利賽人試著為離婚這個議題訂下一個公式。耶穌又一次避而不用他們想聽的答案，反而指向婚姻所本的許多原則。

這些例子說明了耶穌通常是如何處理特定的問題。當一個敬虔的人問到他怎麼才叫做愛鄰舍時，耶穌提及愛敵人的好撒瑪利亞人。耶穌不叫財主捐出自己所有的百分之十八點五；祂說要全數捐出。祂不將淫行侷限為性交；祂將它和欲望，也就是心的淫行相提並論。謀殺？原則上，和憤怒別無二致。

簡而言之，耶穌總是拒絕將眼光放低。祂抨擊任何形式的律法主義，以及所有累積善行來榮耀自己的行為。榮耀歸於神，而不是我們。遺漏福音真意，就是律法主義者所面臨最大的危險；而福音卻是神的禮物，白白地賞賜給原本不配得的我們。（PY）

每日默想｜你在什麼時候必須一次又一次地原諒別人？

Day 254 牧人和羊；猶太人不信

讀經：約翰福音十章 1-40 節

鑰句：我就是門；凡從我進來的，必然得救，並且出入得草吃。（約翰福音十章 9 節）

每過幾年，就會有位作者或電影導演製作新作品，以此質疑耶穌的身分。這些作品常常描繪祂茫茫然地在地上徘徊，試著釐清自己為何而來，又該做些什麼。沒有比耶穌最親近的朋友——約翰，更能釐清這錯誤至極的刻畫了。根據約翰所述，耶穌並不是「天外飛來的人」（man who fell to earth），而是神的兒子，由父差來完成使命的。耶穌說：「我知道我從哪裡來，往哪裡去。」（約翰福音八章 14 節）

在四位福音書作者中，約翰對於耶穌是真彌賽亞，神的兒子之陳述最為鉅細靡遺。他清楚道出自己的寫作目的：「但記這些事要叫你們信耶穌是基督，是神的兒子，並且叫你們信了他，就可以因他的名得生命。」（約翰福音二十章 31 節）他這卷福音書，僅包含了耶穌一生中二十天裡發生的事件，是經過安排來彰顯耶穌之身分的。重要的是，這些事件絕大部分皆來自耶穌在世最後的日子，亦即從祂公開傳講使命才開始記載的。

「我就是門」，耶穌在本章說：「我是好牧人。」凡聽到這些話的猶太人，無疑地都回想到舊約諸王，像是大衛，他們被稱為以色列的牧人。當有些人直接挑戰耶穌說：「你若是基督，就明明地告訴我們。」祂同樣直截了當地回答道：「我與父原為一。」這些敬虔的猶太人完全了解祂的意思：他們便撿起石頭來要打祂，因為祂說了僭妄的話。

但是連這種敵對的反應，都沒有讓耶穌感到驚訝。祂預期會有反對勢力，甚至迫害。正如祂所解釋的，一位真正的好牧人，不會像雇來的幫手，而是「為羊捨命」。祂是有史以來唯一隨己意選擇出生、死亡，以及再來的人。本章解釋了祂做這些選擇的緣由。（PY）

每日默想｜耶穌是神，而不只是個人，對你來說有何差別？

Day 255 耶穌餵飽、教導，和醫治

讀經：馬可福音八章 1-38 節

鑰句：又問他們說：「你們說我是誰？」彼得回答說：「你是基督。」（馬可福音八章 29 節）

本章的開頭，是耶穌對門徒生氣。他們看過祂餵飽五千人，接著是四千人，但是他們仍舊擔心自己下一餐的著落。耶穌用責備的語氣問：「你們有眼睛，看不見嗎？有耳朵，聽不見嗎？」儘管如此，因為門徒與耶穌相處密切，他們終究了解到耶穌的一點，是大部分人無法得知的。群眾將祂視為先知的典型：也許是以利亞，或是施洗約翰。然而在這個場景之中，彼得大膽地宣告耶穌是「基督」，就是長久由先知所預言將來的那位彌賽亞。

我們很難了解這個詞彙對第一世紀猶太人的重要性。他們遭到外族統治傾軋長達數世紀之久，他們已將所有的希望都傾注在彌賽亞身上；彌賽亞將領導他們的國家重返榮耀。馬太記錄著，耶穌喜悅彼得在衝動下所作的宣告，而大大讚美他（馬太福音十六章 17-19 節）。但是彼得最閃亮的時刻過後，立刻就出現他最困窘的時刻：在幾段之後，耶穌又稱彼得是撒但。在此兩場景間所透露出來的事，便是耶穌生命中的重要轉捩點。

對彼得和其他門徒來說，「彌賽亞」代表的是財富、名聲和政治權力，正是撒但用來試探耶穌的事物，而耶穌抵擋了這屬世國度之誘惑。耶

穌知道真正的彌賽亞首先將忍受嘲弄、羞辱、苦難，甚至死亡。祂就是以賽亞所預言的「受苦的僕人」。祂將會背起用來處決人的十字架，而不是屬世的尊貴權位。

耶穌接受彼得這樣稱呼祂；祂的確是彌賽亞。但是從那一刻起，耶穌就做了一個策略性的轉變。祂離開加利利，轉而朝向首都耶路撒冷而去。祂不對群眾演說，而縮小服事範圍在祂的十二個門徒身上，預備他們面對未來的苦難和死亡。彼得或許理解了耶穌的身分。但是在服事上，他還有許多要學習的地方。他要耶穌避免痛苦，卻不了解十架的痛苦將為全世界帶來救恩。（PY）

每日默想｜如果有人問你耶穌是誰，你會怎麼說？

Day 256 登山變像；耶穌醫治並教導

讀經：馬可福音九章 1-41 節

鑰句：耶穌對他說：「你若能信，在信的人，凡事都能。」（馬可福音九章 23 節）

說得委婉些，雖然耶穌最親近的十二門徒得到較多的關注，但是他們卻沒有因此而表現較優異。「你們也是這樣不明白嗎？」耶穌一度問他們，然後惱怒地嘆氣，「我忍耐你們要到幾時呢？」僅僅本章就顯示門徒將弄糟醫治的服事了、誤解耶穌有關祂受死和復活的暗示、爭論誰為大，以及企圖阻撓另一位門徒的工作。顯然地，他們對於耶穌的使命，了解得甚少。

三個門徒親眼看見一個戲劇化的場景，而這應該可以掃除所有揮之不去的疑慮。「登山變像」，這是馬太、馬可、路加都敘述得鮮明活躍的主題，是有關於神對耶穌之認可所提供的足夠證據。耶穌的臉放光如日，祂的衣服閃耀，「地上漂布的，沒有一個能漂得那樣白」。一片雲籠罩住門徒們，令他們驚奇的是在雲中，他們發現了兩位離世甚久、猶太歷史上的偉人：摩西和以利亞。這個事實過於他們所能承受的；當神在雲中出聲說話，門徒俯伏在地，面色驚惶。（多數的學者相信，馬可從其中一位目擊證人彼得那裡得知這些細節。彼得在彼得後書一章 16-18 節敘述了此次經驗所帶來的長期影響。）

但是如此驚人的事件在門徒身上有什麼影響呢？能永遠平息他們的疑問，使他們充滿了堅定的信心嗎？幾個禮拜過後，十二門徒中的每個人——包括登山變像當時在場的三個目擊證人，都在耶穌最需要的時刻背棄了祂。不知怎地，耶穌是道成肉身的神這一點，從來沒有人能了解，這情形一直到祂離世又復活才有所改變。

事實上，門徒的幡然省悟，成為耶穌復活令人信服的證據。馬可福音所述那些畏縮的門徒，一點也不像使徒行傳中勇敢無畏、充滿自信的人物。一定有某件極為奇妙的事發生，才使得這群烏合之眾成為信心之英雄。（PY）

每日默想｜本章包括了門徒生活所經歷的高峰和低谷。你自己的屬靈旅程又呈現出什麼樣的曲線呢？

Day 257 省思

仍舊試著了解耶穌

當我閱讀福音書的時候，常常會覺得鬆了一口氣；因為神選擇讓我活在現世，而不是耶穌的時代。一部分的我羨慕那些得以親自看到、聽到、摸到耶穌的人。這部分的我總覺得：如果祂本人活生生地在我面前，解答我的問題，生活就能好過得多了。但是有更大一部分的我，卻懷疑情況不是如此。在我聽見耶穌發表看法後，會使我更清楚如何下決策嗎？在我看見又摸到活生生的祂以後，我的生活會變得比較簡單嗎？

我清楚自己生性多疑。若我活在當時，我或許恰巧就是追隨耶穌群眾的其中一員，為祂行神蹟的能力而驚嘆，被祂的愛所感動，卻仍舊懷疑祂毫不矯飾地宣稱自己是神。我希望假使有這個機會，我可以分辨耶穌身分的真假，但是如果群眾裡面有許多人無法分辨，難道我就可以嗎？

更糟的是，我比法利賽人好到哪裡去嗎？我也可能自以為義，相信自己了解上帝的心思。在閱讀耶穌斥責法利賽人的許多經文裡，有時我會發抖，覺得自己也受到責備而深深扎心。

我也可能和耶穌最親近的門徒沒什麼兩樣。即使看到我主在山上改變形象，並聽到神發聲稱讚祂，可能也會像彼得一樣，陷入恐懼而不能自拔，說出一些愚蠢的話。或者，即使我愛好文學，我或許也會因為不明瞭耶穌明顯的隱喻，而感到困惑。聽到祂說：「『你們要謹慎，防備法利賽人的酵。』」？（馬可福音八章15節）或許我的回應是：「喔，當然，耶穌要我們記得下次多帶點麵包吧。」

是的，我害怕如果生在祂那個時代，我也會同樣地激怒耶穌，就像大部分認識祂的人一樣。今天，我有一本敞開的聖經。我可以從頭到尾地觀察祂的一生，並讀盡有關祂再來的預言，也可以閱讀祂離世後，由使徒們所寫的教訓。我可以接觸數不清的書籍和教師，他們可以將耶穌來所要揭示的真理，不隱晦地透露給我。再者，我有祂的靈住在我的裡面——內住的耶穌向我啟示祂自己。我沒有什麼好抱怨的，我已擁有認識耶穌所需的一切，可以一生一世愛祂。

雖然有這些知識和機會，我仍舊試著了解耶穌。我已和祂同行好幾年了，但是我也體認到，我對我的救主，仍舊是一知半解。耶穌說：「我的羊也認識我。」（約翰福音十章14節）我知道，在我生命中不能沒有祂。我知道祂已改變了我，以及我的一切。而我也知道，我需要不斷地學習更深地認識祂。（BQ）

每日默想

你何時羨慕過那些親自見過耶穌的人？帶著你對耶穌是誰的疑問，來到祂跟前。我們生命的目的，就是每日與祂更加親密地同行。向耶穌禱告，求祂重燃你心中的熱情，使你更深地認識祂。

Day 258 耶穌差遣七十二個門徒

讀經：路加福音十章1-24節

鑰句：那七十個人歡歡喜喜地回來，說：「主啊！因你的名，就是鬼也服了我們。」（路加福音十章17節）

耶穌在世上的時日不多了。祂只有幾個禮拜的時間可以預備門徒接續祂的工作，而祂善用這數週的時間，上了一套速成課程。本章的開頭顯示祂計畫的一大進展，那就是將工作「交接」給門徒。這次祂差派了不只十二個，而是七十二個門徒，出去進行一項危險的服事。

一個驚天動地的改變，頗有山雨欲來之勢。當耶穌描述這七十二門徒的任務時，祂沒有掩飾祂的隱憂。祂說：「你們去吧！我差你們出去，如同羊羔進入狼群。」最後，祂用引人注意的語氣，下了這個神祕的指令：「聽從你們的就是聽從我；棄絕你們的就是棄絕我」。

路加對耶穌的下一個觀察，則是福音書中幾乎前所未見的。你無法在他處發現耶穌如此快樂，如此喜樂洋溢。祂臉上的謹慎已轉為滿臉笑意。在山野鄉間的危險宣教任務真的成功了，並且耶穌和七十二個門徒一同慶祝這極大的突破。

耶穌因成功而狂喜的回應，顯示祂使命最終階段的重要性。祂來到世上，是要建立「教會」，一群在祂離世後會接續祂旨意的人。並且因著這七十二個門徒跋涉猶太地區蒙塵的道路，挨家挨戶敲門，解釋彌賽亞的涵義，醫治患者，耶穌看見撒但從天上墜落，像閃電一樣。他們的行為贏得了天上的極大的勝利。耶穌的使命和祂的生命，正由這七十二位平凡無奇的人類發揚光大。（PY）

每日默想｜你上一次覺得自己活出耶穌的生命是在什麼時候？

Day 259 好撒瑪利亞人的比喻

讀經：路加福音十章 25-37 節

鑰句：他回答說：「你要盡心、盡性、盡力、盡意愛主你的神；又要愛鄰舍如同自己。」（路加福音十章 27 節）

耶穌說了一個故事，提到了另一種門徒可以活出祂生命的方式。耶穌就像故事裡的撒瑪利亞人一樣，是來關懷受傷者，當時的宗教領袖應該照顧他們，但卻忽略了他們。就像祭司和利未人一樣，許多宗教領袖過於忙碌，而不願打斷自己的重要行程，去幫助不期而遇的人。祂們太忙於為主工作，而無法像主一樣付出關懷。

耶穌有另一套信息和另一種方法。對神的愛，不能只是腦中謹記著那超凡脫俗的承諾。說得清楚些，它必須影響一個人每日及每時刻所做的決定。一顆像耶穌的心，在看到他人有需要時，就會充滿憐憫。一個委身於祂的靈魂，會有與耶穌相似的回應。一個降服於耶穌的意念，會不顧感受或便利與否，而作出像祂一樣的決定。並且一個服從祂的人，會不遺餘力而積極地愛神。情感、心靈、意志、力量，盡都歸於主，將這些都化為對鄰舍那真實而活潑的愛。（BQ）

每日默想｜你上一次竭力幫助一位有需要的鄰舍是在什麼時候？

Day 260 在馬利亞和馬大家中

讀經：路加福音十章 38-42 節

鑰句：但是不可少的只有一件；馬利亞已經選擇那上好的福分，是不能奪去的。（路加福音十章 42 節）

耶穌在世的最後一個禮拜，花了幾天在伯大尼停留，伯大尼位在離耶路撒冷不到兩哩之處。祂到這裡是為了兩個好朋友——馬利亞和馬大。她們的兄弟拉撒路將因著耶穌而從死裡復活。

在介紹馬利亞和馬大的時候，路加描述兩個不同的性格，以及兩種生活方式。雖然故事很短，但是卻充滿意義。事實上，這個場景常困擾著較認同馬大，而不認同馬利亞的信徒。馬大有責任心，關心他人的需要，並且接待人充分而周到。這些特質真的十分可敬。馬利亞則表現得有些懶散，且對她姊妹的的忙碌漠不關心。

假使神創造性格的人來供祂使用，為什麼祂給馬利亞的評價要比馬大高呢？為何耶穌挑剔努力招待他們的馬大，而讚美呆坐一旁卻啥事都不做的馬利亞呢？

馬利亞深切知道當下該有的優先順序。在其他情況下，她不幫她姊姊做家事或許說不過去。但是現在是耶穌來訪，是一個難得與祂相處的時間，這比其他事物都來得重要。

耶穌教導我們，愛祂的方式毋需一成不變。我們應該隨情況尋求聖靈的指引，來選擇愛祂的最好方式。如果我們堅持只以某一種方式來表示我們的愛，或是堅守自己固定的標準而不知變通的生活，我們就是做了錯誤的選擇。（BQ）

每日默想｜你比較認同馬利亞還是馬大？

Day 261 耶穌叫拉撒路死裡復活

讀經：約翰福音十一章 1-44 節

鑰句：耶穌對她說：「復活在我，生命也在我。信我的人雖然死了，也必復活。」（約翰福音十一章 25 節）

耶穌施行了最使人震驚的神蹟，而展現出祂就是「復活和生命」。耶穌這麼做，其實是自尋死路。在這個神蹟之後，猶太領袖不可能會再冒著讓祂吸引更多群眾的風險。羅馬政府也許更開始關切，而施加壓力於猶太領袖身上，要他們去控制情勢。

令人玩味的是，雖然耶穌前所未有地施展神的力量會危及祂的生命，而這終將成就神的旨意。現在、下個禮拜，神都將得著榮耀，在神的兒子死而復活之後，更深遠而重要的復活即將發生。

人們對這一點尚且一無所知。他們只是遵照猶太的正統習俗，來致哀，支持痛失親人的朋友。許多人都聽過耶穌，也看過祂行奇妙的事，但是這次看來，耶穌的幫助卻為時已晚。拉撒路已經死了很久，而且耶穌是在他死後幾天才露面探望。

想像一下，耶穌來到墳墓，哭了，要求大家把石頭搬開。「現在的情況是怎樣？」大家的想法一定都心照不宣，「這傢伙有些狂野的想法，但是這次他真的讓自己出糗了，也讓馬利亞和馬大丟臉。他難道就不能像我們其他人一樣，規規矩矩地致哀嗎？」

當他們懷疑自己是否看到拉撒路的鬼魂時，想必是震驚不已，以上那番話大概說不出口了。「這怎麼可能？這太奇妙了！拉撒路不可能還活著，他已經死了四天了！」

「你們說得沒錯，」耶穌回答。「這是很奇妙的。神為你們預備的還要更多，超乎你們所能想像的。現在，如果你們相信，就得見神的榮耀，是你們前所未見的。」（BQ）

每日默想｜何時耶穌做了超乎你想像的事，以致讓你極為震驚的？

Day 262 耶穌預言將離世與醫治；光榮進入耶路撒冷

讀經：馬可福音十章 32 節～十一章 11 節

鑰句：在你們中間，誰願為首，就必作眾人的僕人。（馬可福音十章 44 節）

此場景一開始，耶穌又再一次地預言自己即將死亡。這時，兩個門徒不是憂傷，而是立刻開始爭論天國地位的這個瑣碎問題，這顯出他們真是駑鈍至極。他們無法領會耶穌不斷耐心重提的信息：在祂的國度裡，服事他人的人才是地位最高的人。

耶穌使用奇特的方式為祂的國度招募人才。祂的工作要求包括上十字架和作眾人的僕人，頗像是海軍陸戰隊的徵兵人員，以展示因傷截肢的士兵和死者的照片來徵募一般。甚至是祂最親近的朋友，都無法了解十架這個刑具如何符合他們心中所夢想的嶄新國度。不管耶穌花多少的時間解釋十架的道路，似乎都不能讓人了解。

然而，當一行人接近耶路撒冷的時候，耶穌卻容許眾人好好地吹捧了祂一番。在這之前，祂面對想擁祂作王的群眾，都是退隱到一旁。但是在棕櫚節，主騎驢駒光榮地進耶路撒冷，讓人尊崇祂這位得勝的彌賽亞。

從某些方面來看，這慶祝的陣仗和羅馬人奢華鋪張的列隊相比，根本是場鬧劇。畢竟耶穌坐的是驢駒，不是駿馬或華美的馬車。但是這件事卻早有先知預言，對猶太人來說有很深的意義。耶穌公開宣稱自己是彌賽亞，並且光榮地進入耶路撒冷，讓整個耶路撒冷城一陣騷動。

反對耶穌的猶太領袖拉下警報，甚至連羅馬人都注意到這個自稱為王的人。福音書剩下的篇幅，顯明耶穌雖短暫為群眾所接受，最後仍落得悲劇收場。這些群眾就像門徒一樣，對於耶穌所說那種型態的國度完全沒有預備。對他們而言，這國度的要求太嚴苛，獎賞也太模糊了。（PY）

每日默想｜今日你能如何展現僕人領袖的風範？

Day 263 省思

等候神

正當我以為我知道神對我生命的計畫時，祂就改變方向，成就了出乎我意料之外的事。雖然有時令我不知所措，但我知道神對我有個更大、更複雜精細的計畫，是我永遠無法測透的。每次方向的改變，提醒我自己永遠都得抱持著等待的態度。在靈性上，我永遠無法預知神的作為。

耶穌的門徒也必須學習這個功課。在上十架前一週，耶穌最少是第二次告訴門徒，祂將在耶路撒冷遭到背叛、被殺、最後復活。祂這麼做是在預備他們能夠面對即將來臨的艱難時刻。然而，其中兩位門徒——雅各和約翰，卻不思想耶穌的話，也不待耶穌作進一步的指示，就衝動地嘗試確保自己占有天國裡最好的位置。雖然他們是耶穌最親近的兩個朋友，但還是不能抑制自己的野心，以致無法了解神的偉大作為，也不知道自己所需的並非是提出自己的主張，而是聽從祂的指示。

作家瑪葵娜・維德克（Macrina Wiederkehr）用了一個適切的教導說明這點，那就是她自己童年時幫忙母親烤麵包的經歷。那些固定程序教導她關於等待的重要功課。

當她攪拌、揉捏麵團的時候，我們談了很多，但是當她把麵團蓋起來，放在一個溫暖處發酵時，就代表該是安靜等候的時候了。對我來說，這已成為一段莊嚴、神祕的神聖時刻，一個靜待觀察，等待奇蹟出現的時刻。

在觀察的這段時間，她總會告訴我不要嚇到麵團了。暗示我麵團在安靜祥和的氣氛下會發得最好。假如這段時間有朋友來家裡玩，我總會告訴他們：「不要嚇著麵團了！」他們就會很納悶地看著我，似乎完全不了解是怎麼一回事。但是我懂。[44]

在蘊藏智慧的傳道書裡，就有提到「靜默有時，言語有時」（傳道書三章7節），而對門徒來說，這就是靜默的時間，是等待奇蹟發生的時間。很快地，神最偉大的愛之舉動將會發生，再過不久，祂的靈就會內住在這些人心中。他們當時還不了解，但是他們如果繼續觀察，等待這個神聖的奧祕顯出真貌，就會了解得更為透徹。

甚至在舊約裡，跟隨神的人也都知道需要等待。約伯說：「等我被釋放（或譯：改變）的時候來到」（約伯記十四章14節），而大衛也常寫到「等待」一事，他在詩篇說：「你當默然倚靠耶和華，耐性等候他。」

（詩篇卅七篇 7 節）基督的使徒會不斷地察覺在許多事上有等待的需要。保羅在提多書二章中警誡提多要棄絕不敬虔的行為和屬世的私慾……等待我們所盼望那蒙恩的日子來臨，也就是耶穌的再來。

神的工作，永遠不斷在進行著。在我的生命中，也永遠會有一方溫暖的爐炕之地，供祂神聖的奧祕不斷地滋長，並叫我靜默以等候神。我留心大衛和母親的教訓而得著智慧，「安靜，不要嚇著麵團了！」（BQ）

每日默想　在你生命中有一個領域，是你很清楚神的意向為何的嗎？或者，有某個領域，是你對神的意圖完全摸不著頭緒的？求神賜你平靜安穩的心，幫助你來等候祂。

Day 264 耶穌潔淨聖殿並教導

讀經：馬可福音十一章 12 節～十二章 12 節

鑰句：便教訓他們說：「經上不是記著說：我的殿必稱為萬國禱告的殿嗎？你們倒使它成為賊窩了。」（馬可福音十一章 17 節）

在耶穌生命的最後幾個禮拜，顯示了不斷向上攀升的急迫感，從在聖殿裡面幾個戲劇化的衝突中就可以看出來。聖殿這個神聖的地方理應是敬拜神的中心，卻被商業行為佔領已久。以高價將獻祭用的牲畜賣給朝聖者和外國人的商人，似乎對獲利的興趣大於真正的敬拜。耶穌以舊約先知的勇氣，稱他們為「賊」，強逼他們離開。

馬可在耶穌潔淨聖殿後，提及了之前因為不結果而遭耶穌咒詛的無花果樹。他或許是直接將無花果樹，和當時的宗教體制作了個對比：像樹一樣，這些宗教體制也「枯乾」了，並且耶穌計畫就此採取積極的行動去對抗它。

耶穌的信息嚴厲依舊，絲毫不打折扣。相反的，祂說了一個看似極端挑釁的比喻。祂自比為神最終的手段，也是最後的企圖，用以突破世人冥頑不靈的抵抗。但祂也將被殺，而兇手正是嘲笑並坑殺先知者的後裔。

戰線已經拉開，兩方壁壘分明。一邊是耶穌，祂的安全僅繫於自己受歡迎的廣泛程度。另一邊則是政教體制的領袖。他們受到耶穌有關悔改和改革的極端信息所威脅，決定設法陷害耶穌，並煽動群眾與祂對立。（PY）

每日默想｜你在哪些方面可以認同耶穌在這些事件中的感受？

Day 265 耶穌對賦稅和最大的誡命之教訓；寡婦的捐貲

讀經：馬可福音十二章 13-44 節

鑰句：耶穌說：「凱撒的物當歸給凱撒，神的物當歸給神。」他們就很希奇他。（馬可福音十二章 17 節）

馬可福音十二章記載了耶穌和想捉拿祂的小團隊中所發生的三起不同的小衝突。

法利賽人和幾個希律黨的人，嘲諷地讚美耶穌，然後抛出一個兩難的問題：「納稅給該撒可以不可以？」如果耶穌說：「要納稅。」祂就會失去大眾的支持，因為一心尋求獨立的猶太人怨恨羅馬的統治勢力。如果祂說：「不用納。」祂可能就會因為違法而被押解至羅馬。

緊接著，一個小卻很有勢力的宗教團體嘗試用一個神學問題向耶穌挑戰。撒都該人不相信有來世，提出一個有關死後復活的謎題。

最後，輪到耶穌長久的敵人法利賽人上場。當時的猶太拉比，算出律法總共包括了 613 條誡命，並且許多派別爭論哪些才是最重要的。文士明知耶穌這樣做將冒犯那些團體，仍要求耶穌挑出其中最大的誡命。

耶穌極其成功地巧妙避過了每個言詞上的圈套，以致馬可做出如下結論：「從此以後，沒有人敢再問他什麼。」（馬可福音十二章 34 節）在這些小衝突之中，耶穌並沒有試著討好祂的對手。相反地，祂使用這些衝突的場合來警告祂的門徒，以及旁觀的群眾要留心這些怒氣加增的敵人。

耶穌擊退最後一個對手之後，祂指向一位窮寡婦，她才剛剛為了聖殿獻上一個數目雖小卻十分犧牲的奉獻。耶穌說，她的信和這些貪心的宗教當權集團相較之下，更為令人印象深刻，那些團體卻是「侵吞寡婦的家產，假意作很長的禱告。」（馬可福音十二章 40 節）（PY）

每日默想｜你可以從耶穌與敵人應對的方式中學到什麼？

Day 266 末世的預兆

讀經：馬可福音十三章 1-37 節

鑰句：你們要謹慎警醒祈禱，因為你們不曉得那日期幾時來到。（馬可福音十三章 33 節）

時間往前幾天，在本章所提及的事件之後，耶穌正被羅馬兵丁拖往刑場。一群女性跟在後面，痛心疾首、嚎啕痛哭。突然間耶穌轉身，用這些話平靜她們：「耶路撒冷的女子，不要為我哭，當為自己和自己的兒女哭……這些事既行在有汁水的樹上，那枯乾的樹將來怎麼樣呢？」（路加福音廿三章 28、31 節）

耶穌孩提時，有關祂的傳聞，就已經使得希律王展開一場血腥的殺嬰行動。並且如同本章詳述的殘忍的內容一般，耶穌並不期望對抗神國的戰爭，在祂死後就會結束。祂預期邪惡力量只會不斷加增直到末了，最終在一陣反抗之中，全地將歸順神最後的復興。

本章所述的內容，回應且引述舊約先知所言。「在我們能聽見末後之言前，」潘霍華（Dietrich Bonhoeffer）說，「我們必須聽從末後之言的前一句話。」我們也應該回到聖經，其中記載許多可怖的末世啟示異象。末世之時，神會將一切隱藏的都彰顯出來。當耶穌再來的時候，祂將以嶄新的面貌呈現：不是馬槽裡的無助嬰孩，不是被釘在十字架上，而是人子有大能力、大榮耀，駕雲降臨。

耶穌所發的可怕預言，有些在主後 70 年獲得應驗，當羅馬兵丁擊毀耶路撒冷城牆，並拆毀希律的殿。門徒當初誇讚這殿，並且耶穌第一次說到這些話，就是在此殿中。其他的預言則很明顯的尚未實現。在這段經文中，耶穌直接提示在祂再來之前，會發生什麼事情。但是祂最後又警告，沒有人能夠推估祂再來的確切時機。

沒過多久，就有人公開提出懷疑了。數十年過後，就有好譏誚的人嘲笑耶穌再來的概念。「主要降臨的應許在哪裡呢？因為從列祖睡了以來，萬物與起初創造的時候仍是一樣。」（彼得後書三章 4 節）面對這些好譏誚的人，耶穌和先知們都有一個啟示性的建議：等候。神不會永遠保持沉默。有一天，天地都將躲避祂的面。（PY）

每日默想 | 耶穌希望聽到這些話的人有什麼樣的反應？

Day 267 耶穌在伯大尼受膏；猶大同意背叛耶穌；聖餐

讀經：馬可福音十四章 1-31 節

鑰句：耶穌說：「這是我立約的血，為多人流出來的。」（馬可福音十四章 24 節）

逾越節，每年一度紀念以色列人從埃及解放出來的節日，是猶太曆法中的重點節期之一。在耶穌的時代，所有超過十二歲的男性，都會到耶路撒冷過節，滿城都是成千上百的朝聖者。

耶穌已在棕櫚節的時刻以凱旋之姿，進入此節慶的場景，但是很快地，厄運便悄悄逼近。祂看似被死亡纏擾。當一個女人用昂貴的香膏膏祂的時候，祂說這是喪葬預備的一種形式。

逾越節的慶祝活動，在莊嚴的一餐當中達到高潮，此時家人和親密的朋友一同聚集，紀念當年出埃及而得的自由。他們淺嘗少量的餐點、呷酒，並且大聲朗讀舊約的故事，也會挑一隻羊羔，帶到聖殿，當作祭牲獻給神。因此這節日的結尾，帶著點悲傷和血腥的味道。

在餐室外面，耶穌的敵人悄悄逼近，等待機會要抓住祂。室內，門徒誓忠跟隨他們的夫子，即使祂強調，很快大家都會一同背棄祂。就是在這頓陰沉的餐宴當中，耶穌作了這個深奧的宣言：「這是用我血所立的新約，」祂一面倒酒，一面說。「拿吧，這是我的身體，」祂說著，一邊把餅擘開。

門徒們無法完全了解的是，一個夢想即將死亡。一個偉大國度的夢想，神立約應許之國度。耶穌宣告了一個新約，不是由羔羊的血，而是祂自己的血所封印。這新的國度——神的國度，不會由猶太將領和國王所領導，而是將由這群圍在桌邊，驚慌失措的門徒所籌畫，也就是這些將會背叛祂的門徒。

今天，幾乎所有的基督的教會，都持守某種形式的聖餐（彌撒、聖體，或主餐）禮儀。這個莊嚴的儀式，正可回溯至起初耶穌制定新約的逾越節晚餐。（PY）

每日默想 ｜ 主餐的儀典對你有何意義？

Day 268 省思

極盡奢侈地愛耶穌

當我聽到「奢侈」這個字，我就想到華美的財寶，豐盛的食物，毫無節制的生活方式。這是一個我們最常和奢華並用的字詞。

聖經雖然沒有直接使用這個詞，卻暗示了奢侈的另一種用法：用來敘述愛的方式。舉例來說，將香膏澆在耶穌腳上的女人，十分清楚奢侈的愛。約翰認為她如同馬利亞，也就是馬大和拉撒路的姊妹。僅僅在幾天前，她還坐在耶穌腳邊，全神貫注於耶穌的陪伴，而她的姊姊卻嫌她懶散。如今馬利亞拿了一瓶珍貴的香膏，將其倒在祂的腳上，全是出於對祂的愛。她的行為又再一次地受人誤解和批評。有些人抗議說，她做事欠缺考慮又浪費，傻傻地把一瓶珍貴的香膏倒光，而這其實原本是可以換錢用來賙濟窮人的。

耶穌觀察到另一個女人，她作出的「愚蠢」舉動，代表奢侈的愛：一個把所有錢財奉獻給聖殿的女人。另一個在耶穌比喻裡提到的男人，他中斷自己的行程，「浪費」了時間和金錢，來幫助一個受傷的旅客，即使這旅人是屬於迫害他自己同胞的外族。

狂野不羈的大衛王，也可以讓我們一瞥奢侈的愛如何活生生的展現。大衛領著大隊人馬將神的約櫃帶回耶路撒冷，他僅穿著一件短小的以弗得，「**在耶和華面前極力跳舞**」（撒母耳記下六章14節），而其他人也跟著歡呼吹角。大衛的妻子米甲尷尬地看著，面色古怪。她覺得，一個國王不該有這種既失威嚴又不莊重的舉動。

我想到這些聖經裡的人物，然後審視自己的生命。我是如何奢侈地愛耶穌？我又如何願意捐出自己貴重的財物？我有多渴望花時間與神相處？我有多少願意奉獻自己需用的錢？我又如何願意花時間在一個不認識，並不特別在乎的人身上？我又有多常卸下心防，以手舞足蹈、真情流露、甚至狂喜的方式來敬拜神？

這些問題都很困難，讓我不願認真思索。愛神是良善又正直的事，但是奢侈的愛呢？感覺起來很嚇人，有風險，有可能對我強取豪奪，卻毫無任何回報。更艱困的挑戰是，我需要自願獻上這種愛。奢侈的愛並非事先計畫或勉強編造，僅只是每天活出神最大的誡命：「**你要盡心、盡性、盡意、盡力愛主你的神。**」（馬可福音十二章30節）聖經中那些奢侈愛神的人，都展現出一種內在的愛，使他們得以如此不同地愛神。

在我的生命當中，我也有這種真實的愛，或許我看來不像馬利亞、寡婦、好撒瑪利亞人，或是大衛。但我將奢侈地愛神，以神所造的真我，藉著諸般方式來愛祂。我會盡全力愛神，絲毫不保留，當某天有人說我「愚蠢」的時候，我將對自己露出一抹微笑。（BQ）

每日默想	奢侈愛神的想法會讓你感到害怕嗎？與其去揣摩自己能做什麼來愛神，不如單單集中心力來愛祂。請求神每天與你親近，和祂有愛的團契。奢侈的舉動，將從這個賜與生命連結的源頭湧流出來。

第九部 最後的日子

Day 269 耶穌爲門徒洗腳

讀經：約翰福音十三章 1-17 節

鑰句：我是你們的主，你們的夫子，尚且洗你們的腳，你們也當彼此洗腳。（約翰福音十三章 14 節）

耶穌又再一次地以使人震撼的方式來教導祂的門徒。在耶穌傳道過程當中，祂一直持續抗拒與領袖密不可分的外在權位。雖然祂很明顯地是一位領袖，祂卻拒絕擺出領袖常有的架子。在這一晚，祂所展現出的謙卑程度，唯有上十架的那一刻才足以凌駕其上。

巴勒斯坦人常常只穿著涼鞋，徒步走過塵土滿佈的路，因此每天洗腳是不可或缺的。僕人或是女性，有時會洗客人或是家人的腳，而更誠意的是，由主人自己動手。因為人們通常在餐前洗腳，所以耶穌在用餐當中做這件事，特別的令人吃驚。

你可以輕易地了解，當門徒看見耶穌吃飯吃到一半，就脫了外衣，開始清洗祂朋友腳上行走一天所累積的污垢時，心中會有多麼的懊惱。在祂死去的前一晚，雖然給了許多暗示，他們卻還是希望有一位彌賽亞讓他們推崇。一位採取僕人身段的人，並不符合神子的形象。

耶穌的愛和僕人心志之展現，至此流傳了下來，成為信徒的提醒，也就是我們為他人所做的，絕不可能比耶穌所做的更紆尊降貴了。不論我們覺得自己配得從別人那裡得到什麼，我們再怎麼委屈自己去愛他們都不為過。服事並不會貶低人的尊嚴；倒不如說，就像耶穌所表現的，是為尊嚴賦予了意義。（BQ）

每日默想｜近期內你曾因服事他人而遭到十分艱難的經歷嗎？

Day 270 耶穌是到父那裡的道路；耶穌應許賜下聖靈

讀經：約翰福音十四章 1-31 節

鑰句：在我父的家裡有許多住處；若是沒有，我就早已告訴你們了。我去原是為你們預備地方去。（約翰福音十四章 2 節）

使徒約翰將約翰福音的三分之一，著墨在耶穌一生的最後二十四小時之上。約翰整整花了五篇的章節（十三至十七章），來鋪陳逾越節晚餐的事，並且這些章節所記載的內容，在聖經當中找不到其他相同的篇幅。這些詳加記載、鉅細靡遺的細節，提供了一個深入的回憶錄，詳述耶穌在世最痛苦的晚上。

達文西的畫作中，最後晚餐的光景已成為不朽。他安排與會者分列於桌子的兩側，彷彿是為畫家所擺的姿勢一樣。約翰則避免著墨於身體上的細節，轉而呈現人類情感的洶湧澎湃。他好似將燈光聚焦於門徒的臉上，使你幾乎可以察覺他們眼中迸發出來的頓悟之光。所有耶穌在過去三年告訴他們的事，開始一一驗證。

耶穌之前從來沒有對他們那麼直接過。這是祂將自己生死的重要性傳遞給他們的最後機會。祂不用比喻，並且煞費苦心地回答門徒繁複的問題。這世界將經歷強烈的創傷，而在祂身邊的這十一個戰慄的男人，是祂為這世界存留的希望。

「我去還要到你們這裡來，」耶穌不斷重複這句話，直到最後門徒表示理解了為止。神的兒子已經來到世上，成為肉身。現在祂離開世界，回到天父那兒去。但是有另一位真理的聖靈——保惠師，將會來並住在許多人的裡面，在他們的肉身當中。

沒錯，耶穌正計畫赴死。祂將離開他們。但是就某些奧祕的角度來看，祂並未離開。祂將復活。今晚，耶穌讓他們和父神有前所未曾的親近，但是祂應許將有更深程度的同在。祂似乎知道，他們現在點頭稱是的許多事，不久之後才會被他們真正了解。（PY）

每日默想 | 本章中耶穌所講的話語裡，哪句對你的意義最為重大？

Day 271 葡萄樹和枝子；世界怨恨門徒

讀經：約翰福音十五章1節～十六章4節

鑰句：我愛你們，正如父愛我一樣；你們要常在我的愛裡。（約翰福音十五章9節）

急迫感在這悶熱而擁擠的房間裡不斷升高。耶穌只有幾個小時，來預備門徒面對眼前的混亂局勢。再者，這些是祂在世上最親近的朋友，而祂將和他們離別。

在這段經文中，耶穌預見這群門徒在祂離開後所將遭遇到的事。祂預先看到激烈的反對勢力、怨恨、鬥毆，和處決。門徒會因為祂的緣故而面臨這些試煉，並且耶穌已不在場，無法保護他們。

就像耶穌常有的做法，祂開始說比喻，以一個大自然的比喻來表達祂的論點。就在耶路撒冷外面，山坡上滿佈一座座的葡萄園。也許，祂和祂的門徒在進城途中，曾經走過這些葡萄園，而耶穌引用了兩個葡萄園中的意象。

首先，第一個意象是豐美多汁的葡萄。就在不久之前，門徒還一面喝這些葡萄所作成的產品，一面聽耶穌含意深遠、有關用血立約之言。耶穌說，為了結果子，有件事是要緊的：葡萄必須和葡萄樹維持緊密的連結。耶穌也提醒十二使徒，祂親自挑選他們，為要履行一個特定的使命：「去結果子，叫你們的果子常存。」（參約翰福音十五章16節）

接著耶穌提到另一個意象：丟在葡萄園邊的死枝子。不知怎地，這些枝子和葡萄樹失去了連結，失去了養分的來源。農人於是把這些枝子折下，將它們丟至一旁焚燒。它們再也沒有任何用處。

最有可能的是，耶穌的門徒當晚並不十分了解祂的意思。但是這些象徵，多汁葡萄和枯乾枝子的唐突對比，將存在他們的腦海裡。初代教會的輝煌歷史，多少證明了他們終於有留意耶穌的肺腑之言，要「常在祂裡面」。（PY）

每日默想 | 你是如何努力，好讓你自己常在耶穌裡面的？

Day 272 聖靈的工作；門徒的憂愁將變爲喜樂

讀經：約翰福音十六章 5-33 節

鑰句：我實實在在地告訴你們，你們將要痛哭、哀號，世人倒要喜樂；你們將要憂愁，然而你們的憂愁要變為喜樂。（約翰福音十六章 20 節）

在葡萄樹和枝子的比喻之後，耶穌不用字面上的形象描述，而直接說出門徒將有的經歷。祂對他們說的話從未這麼「神學」過。有些內容他們了解，有些則不懂。約翰寫到他們彼此耳語，試著弄清祂的意思。

也許其中最怪異的是這些話：「我去是與你們有益的」。有益？祂拋下他們，並且打碎他們對於國度重返榮耀的夢想，這怎麼可能會有任何益處？耶穌試著解釋未來將有的好處，那就是屆時聖靈會住在他們裡面；但是門徒們正忙著討論想了解「我去」這句話有何意涵。

耶穌關於生產的比喻給了進一步的線索。雖然生產可能引起劇痛，但是這種痛苦不像癌症所引起的痛苦，並不是那種無可逃脫的苦境。生產的辛勞帶來某種東西——新生命！並且以歡喜快樂作結。同樣地，祂和門徒們即將經歷的重大苦痛，卻一定會有出路。祂的痛苦將帶來世人的救恩；他們的憂愁將變為喜樂。

耶穌在這個生死交關的夜晚，以此擲地有聲的宣告總結了祂的教導：「你們可以放心，我已經勝了世界。」隔天晚上，當祂蒼白、受到凌虐的軀體掛在十架上，而門徒於黑暗中竄逃消失的時候，這個聲明看來是多麼地空洞而無意義。他們的情緒、信仰，在永難忘懷的這一日起伏顛盪，正如耶穌在生產的比喻中所預測的一般。（PY）

每日默想｜你何時有過這種經驗——經歷極大的痛苦，最後帶來了喜樂？

Day 273 耶穌禱告

讀經：約翰福音十七章 1-26 節

鑰句：求你用真理使他們成聖；你的道就是真理。（約翰福音十七章 17 節）

當門徒大膽地宣告：「因此我們信祢是從神出來的」來回應耶穌所說的話，耶穌似乎感到些許的安心。祂說：「你們終於相信了！」話中明顯地鬆了一口氣（約翰福音十六章 31 節，直譯），並且以祂有史以來最長的禱告，來結束這個親密的聚會。耶穌在其中總結祂的心情，以及祂對圍繞在祂身邊這圈朋友的計畫。

他們之前的任務，像是在鄉野間講道和醫治的服事，只不過是一些暖身運動而已。現在，祂要將一切都交接給他們。祂曾說過：「我將國賜給你們，正如我父賜給我一樣。」（路加福音廿二章 29 節）如此禱告，正代表著一種差傳，或是結業式。

耶穌用滿是奧祕的話，告訴他們祂必須離開這個世界，而他們則將留下來宣揚祂的道；且預先提醒之前他人針對耶穌所發的怨恨和敵意，必將轉嫁到門徒身上，同時，雖然他們「身處於這世界」，卻不盡然「屬於這世界」。有此事情會將他們從世界中分別出來，將他們與耶穌緊密地連結在一起，與神合一。如此合一的境界，無須解釋，也無法解釋。

耶穌也為其他將跟從祂的信徒來禱告，延伸出一條萬世永存的慈繩愛索。「使他們都合而為一。正如你父在我裡面，我在你裡面，使他們也在我們裡面，叫世人可以信你差了我來。」（約翰福音十七章21節）然後祂帶領著這群嚇壞了的門徒，慷慨赴約——那場祂與死亡的約會。（PY）

每日默想｜以此禱告為基準，你會如何總結耶穌對於教會的目標？今日基督徒達成此目標的成效又是如何？

Day 274 省思

常在耶穌裡面

「你們要常在我裡面，我也常在你們裡面。枝子若不常在葡萄樹上，自己就不能結果子；你們若不常在我裡面，也是這樣。」（約翰福音十五章4節）每當我規律地閱讀聖經，特別是讀到耶穌的時候，我就覺得和祂更加緊密地連結。我覺得自己更清楚祂是誰，祂關心一些什麼，祂的一生，以及祂對我生命的意義。我更加了解擁有我一生的那一位。有位基督徒領袖建議，每天讀一點福音書的內容，使我們的心思每天都充滿著耶穌的一言一行。如今我知道其價值所在了。

但是研讀聖經並不是讓我逐漸了解耶穌的唯一方式。當耶穌離世的時候，祂賜給信徒聖靈，使他們能與祂時常同在。聖靈在我每天與耶穌同行的時候，顯示祂自己；此外，假使我願意，聖靈會使我越來越像耶穌。我的意念和行為逐漸變得和祂一樣。

章伯斯（Oswald Chambers），一位二十世紀初期的教師兼宣教士，論及這個稱為「成聖」（Sanctification）的過程。「成聖，指的是和耶穌合一，使那主宰祂的一切性情，主宰著我們。」[45] 在現今的教會中這個詞語已經鮮少使用，但是耶穌在約翰福音十七章中有為此代求：「求你用真理使他們成聖；你的道就是真理。你怎樣差我到世上，我也照樣差他們到世上。我為他們的緣故，自己分別為聖，叫他們也因真理成聖。」（17-19節）耶穌提到，為了父的聖工，自己分別為聖，使得門徒可以接著分別為聖，藉著耶穌所賜的靈，活在他們的裡面，可以做神的工。

為耶穌而活，不等於讓耶穌活在我們裡面，兩者有很大的區別。為祂而活的種種努力，時常變得像是法利賽人、門徒，甚至像群眾，卻不像耶穌。唯有耶穌能夠在我們裡面，創造祂永活的生命。當祂內住並使祂的生命成為我們的生命，祂所展現出的豐富，將使我們驚嘆不已。

沉浸在聖經中，特別是福音書，就是一種常在耶穌裡面的方式，常在葡萄樹上，使我可以在這世界結出祂的果子。我需要祂的幫助。我每日生活周遭的種種，都誘導我朝向另一種生活方式，一種最終走向毀滅的方式。持守其中記載耶穌生平的聖經，是我可以從祂的根柢吸取養分的必要連結，並藉著祂的靈，長成從祂而出的枝子。（BQ）

每日默想｜你正在成聖過程中的哪一個階段？你願意越來越像耶穌嗎？你是否已經感受到改變？求神的靈持續塑造你，求耶穌做成聖的功夫，當你常常在祂裡面的時候，滋養你，使你成長。

Day 275 耶穌在客西馬尼禱告，在公會前受審；彼得不認耶穌

讀經：馬太福音廿六章 36-75 節

鑰句：耶穌對他說：「你說的是。然而，我告訴你們，後來你們要看見人子坐在那權能者的右邊，駕著天上的雲降臨。」（馬太福音廿六章 64 節）

最後晚餐這個親密的場景，以及之後在客西馬尼的背叛景象，明顯地互相牴觸，而這實在十分諷刺。這嚴峻的苦難一開始，是耶穌在一個安靜、微涼的橄欖樹林中禱告，三個門徒在外面邊等邊打盹，一夥武裝的烏合之眾逼近客西馬尼園，準備來抓拿並折磨耶穌。

祂感到恐懼，孤立無援，整個人俯伏在地上，祈求解決之道。全體人類和整個世界的未來，都歸在這個哭泣的人身上，祂的汗珠如大血點滴在地上。

耶穌一生中所有深沉的諷刺之處，都在當晚的客西馬尼園中互相衝撞

而呈現出來；一個東方博士漂洋過海特來朝拜的人，竟然被人用三十兩銀子給出賣。耶穌的門徒仍然不了解耶穌將要建立的「國度」之樣貌。暴躁的彼得已準備好要用傳統的方法來建立國度——藉著武力。然而，當彼得削掉大祭司僕人的一個耳朵，耶穌立時制止了暴力，並且引人注目地施行了最後一個神蹟：祂醫治了這個僕人。之後彼得否認自己認識耶穌。

透過一段簡單的禱告，耶穌提醒祂的朋友：祂其實可以差遣十二多營的天使。祂有能力自我防禦，但是祂不會這麼做。當門徒們了解到，自己不能指望那眼不能見的世界在最後一刻展開救援行動時，就全部四竄逃跑了。他們最後的一點希望之火熄滅了。如果耶穌連自己都不能保護，祂怎麼能保護他們呢？

馬太對於客西馬尼園及公會前事件的描述顯示，「受害者」奇特地反過來掌控了局勢發展。真正掌控全局的人，不是猶大，不是捉拿耶穌的人，也不是大祭司，而是耶穌。他們問道：「你是神的兒子基督不是？」耶穌承認了這一點，這使得祂被判處死刑，因為公會對於彌賽亞有著不同的期待。他們想要的是一位使用武力解放他們的征服者。耶穌知道唯有一件事——祂的死能夠真正解放他們。祂就是為了這個理由來到了世上。

（PY）

每日默想｜如果你因為跟隨基督而生命受到威脅，你會怎麼回應？

Day 276 猶大吊死；耶穌在彼拉多前受審

讀經：馬太福音廿七章 1-31 節

鑰句：巡撫原知道他們是因為嫉妒才把他解了來。（馬太福音廿七章 18 節）

福音書在耶穌接受「公義審判」這個場景中，記載了一個踢皮球的程序。羅馬律法已經授予猶太人許多自由，其中包括授權設立他們自己的法庭，也就是公會。當耶穌自稱為彌賽亞，公會審訊祂，並判祂褻瀆的宗教性罪名，是死罪。然而，公會無權執行死刑；這需要羅馬法律授權認可才行。因此耶穌的反對者送祂去見彼拉多——猶大地區的羅馬巡撫。

在過程當中，控告耶穌的人頻頻改變指控耶穌的罪名，從宗教性罪名（因為這無法說服彼拉多），改成政治上的罪名。他們將耶穌描繪成一個危險的革命分子，自稱是猶太人的王，公然藐視羅馬政權。彼拉多對這個指控感到強烈的疑慮，而他妻子預示他最好不要干預，這更使他侷促不安。

路加記錄了彼拉多原先不顧群眾壓力，判耶穌無罪。之後為了解決此進退兩難情況，將此案推託給希律，因為希律掌有耶穌居住地的管轄權。希律因為耶穌保持沉默且拒絕行神蹟，又把祂送回到彼拉多那裡。

雖然彼拉多三次嘗試使猶太領袖們釋放這個囚犯，卻只是讓群情激憤愈演愈烈。最後，面對暴怒的群眾，這位精明謹慎的巡撫屈服於他們的要求，在當眾洗手之後，宣示殺這義人的罪不歸在他的身上。

在這些法律訴訟程序中，耶穌幾乎自始至終都保持緘默。祂最後終於被人稱王。荊棘冠冕嵌入祂的頭，朱紅王袍遮蓋祂血跡斑斑的背。彼拉多似乎在某些層次上察覺到，自己所涉入的不義事件是多麼的罪大惡極。他準備了一個置於十架上的告示牌，其上宣明耶穌的「罪狀」，就是以三種語言寫成的「拿撒勒人耶穌，猶太人的王」。當祭司長抗議說，這應該是寫耶穌自稱為王，彼拉多回答：「我所寫的，我已經寫上了。」（約翰福音十九章 19-22 節）（PY）

每日默想｜你何時曾受到不應受的處罰？你是如何回應的？

Day 277 耶穌釘十字架、受死、安葬

讀經：馬可福音十五章 21-47 節

鑰句：對面站著的百夫長看見耶穌這樣喊叫（有古卷沒有喊叫二字）斷氣，就說：「這人真是神的兒子！」（馬可福音十五章 39 節）

許久之前，在耶穌傳道之初，祂拒絕了撒但的試探，也拒絕了那條安全和豐衣足食的簡單道路。現在，關鍵時刻即將來臨，試探必定看來更加誘人了。

在十架上，耶穌左邊的罪犯譏笑祂：「你不是基督嗎？可以救自己和我們吧！」（路加福音廿三章 39 節）下方來回逡巡的群眾也大聲說：「他是以色列的王，現在可以從十字架上下來，我們就信他……神若喜悅他，現在可以救他。」（馬太福音廿七章 42-43 節）

但是沒有援救，沒有神蹟。只有一片寂靜。天父轉頭不顧，或是至少看來如此，祂讓歷史自行發展，容許世上所有的惡勝過了善。很簡單，耶穌若要救人，就不能救祂自己。

為什麼耶穌得死？思想這個議題的神學家，已經針對「挽回祭」（the Atonement）的相關不同理論，喋喋不休地爭論了好幾個世紀，始終無法取得共識。不知怎地，要贏取武力不能得到的，需要愛，且是犧牲的愛。

馬可所提及的一個細節或許提供了一條線索。耶穌大聲淒厲地喊叫：「**我的神！我的神！為甚麼離棄我？**」祂，神的兒子，是如此貼近人類——承擔他們的罪！以致父神必須背棄祂。這之間的鴻溝是如此之大。但是，正當耶穌嚥下最後一口氣時，「**殿裡的幔子從上到下裂為兩半**」。

那寬大的幔子，是用來封閉至聖所，此處有神的同在。除了大祭司以外，其他人都不許進入，並且大祭司一年也只能進去一次，必須選定特定的日子。希伯來書的作者之後會提到（見希伯來書第十章），幔子裂開，無比真確地顯明了耶穌死在十架上所成就的。從此不再需要其他的贖罪祭。耶穌已經為了我們贏得了。所有的普通人，而不是只有祭司，皆隨時擁有與神同在的權利。藉著承擔人類罪孽的重擔及因此受罰，耶穌永遠挪去了神與我們之間的阻隔。（PY）

每日默想｜何時你在生活中最想要神蹟出現時，卻失望而返？你就這次的經驗中學到了什麼？

Day 278 復活

讀經：馬太福音廿七章62節～廿八章15節

鑰句：忽然，耶穌遇見她們，說：「願你們平安！」她們就上前抱住他的腳拜他。（馬太福音廿八章9節）

當史上最大的奇蹟發生的時候，唯一的目擊者就是在耶穌墳墓外看守的士兵。當時地大震動，一位天使顯現，光亮如同閃電，這些守衛渾身顫抖，變得如同死人一般。然後，他們做出人類必有的反應。奔往當局，報告這項奇異的事。

但是這裡有個驚人的事實：當天稍晚下午時分，親眼見證耶穌復活的士兵更改了他們的說法。神的兒子的復活，似乎還沒有一大筆白花花的新鑄銀子來得重要，有人用錢封住了他們的嘴。

一些婦人、耶穌的朋友，是第二個得知這神蹟中的神蹟。馬太記錄著，當天使透露耶穌復活的消息，這些婦人「又害怕，又大大地歡喜」。**害怕**，是人類遇到超自然事件時會有的反射性反應——當這些婦人從放光的天使那裡聽到第一手的消息，得知此不能測透的事件時，當然她們會感到害怕。**大大地歡喜**：她們聽到的消息好得無比，好到不可能是真的，卻也好到一定是真的。耶穌回來了！祂如應許所言已經回來了。當這些婦人害怕又歡喜地跑去告知門徒的時候，人們對於彌賽亞的夢想再次排山倒海般地浮現。

即使在婦人四處奔走的時候，士兵們卻在排練自己的不在場證明，好熟悉這場經過精心安排，為要掩蓋事實真相的陰謀。就像耶穌一生中其他的事情一樣，祂的復活引起了兩種互相矛盾的回應。那些相信的人脫胎換骨，找到足夠的希望和勇氣走出去，並改變了世界。但是那些選擇不信的人，卻刻意尋找方法來忽視自己親眼所見的證據。（PY）

每日默想｜你為何相信耶穌？

Day 279 空墳墓；耶穌向抹大拉的馬利亞和祂的門徒顯現

讀經：約翰福音二十章 1-31 節

鑰句：耶穌對他說：「你因看見了我才信；那沒有看見就信的有福了。」（約翰福音二十章 29 節）

不相信耶穌復活的人，傾向將門徒描寫成一群易受騙又容易被鬼故事嚇著的土包子，或是一群精明狡猾的密謀份子，捏造出一個復活的情節，來吸引大眾支持自己的運動。聖經呈現的是一個截然不同的景象。它所描寫的是，耶穌的門徒本身才是最懷疑耶穌復活傳聞的一群人。

就在有位天使直截了當地告訴抹大拉的馬利亞這個消息之後，她還是十分地困惑且害怕。當她在墳墓旁遇見耶穌時，她還認不出祂來，直到耶穌叫她的名字。

婦人們有關空墳墓的描述無法說服門徒，所以彼得和另外一個門徒跑到墓地看到底是怎麼一回事。當天晚上，所有的門徒齊聚一堂，因為害怕猶太領袖而將門都鎖上，且很明顯地仍舊是滿腹狐疑。

對耶穌來說，祂對解去門徒的恐懼和懷疑不遺餘力。大白天的時候，祂造訪他們，和他們一同捕魚。祂還一度叫多疑的多馬親手來摸祂滿是傷痕而結痂的皮膚。又有一次祂在他們面前吃了一片烤魚，來證明祂不是鬼魂（路加福音廿四章）。不是幻象，不是錯覺，正是耶穌，他們的夫子，不是別人。

聖經裡有關復活的耶穌顯現之記載，並沒有很多，但顯示了一個清楚的模式。除了有一次例外（記載在哥林多前書十五章6節），祂造訪鎖在屋內或是在遠方的一小群人。在墓園旁，密閉的房間裡，到以馬忤斯的路上、加利利海邊、橄欖山頂——這些私下的遭遇，支持了已經相信耶穌之人的信仰。但是就我們所知，沒有一個未信者在耶穌死後曾看見過祂。

假如耶穌再次出現在彼拉多的門廊，或是顯現於公會之前，然後義正辭嚴地抨擊這些下令將祂處死的人，那會怎麼樣？這樣的一個公開場面絕對會引起一陣騷動。但是會挑旺信心嗎？耶穌已經在拉撒路和財主的故事中回答了此問題：「若不聽從摩西和先知的話，就是有一個從死裡復活的，他們也是不聽勸。」（路加福音十六章31節）相反地，耶穌選擇了另一條道路：讓門徒自己出去傳道，成為祂的見證人。（PY）

每日默想｜你會像馬利亞一樣地接受耶穌復活的消息？還是像彼得？或者像多馬？

Day 280 到以馬忤斯的路上

讀經：路加福音廿四章13-49節

鑰句：於是耶穌開他們的心竅，使他們能明白聖經。（路加福音廿四章45節）

在路加福音結尾的場景中，兩個曾跟隨耶穌的門徒正離開耶路撒冷，意志消沉而又不知所措。他們有關「原本將解救以色列的救贖主」之夢想，已跟著他們的領袖一同在十架上的死亡而破滅。但是他們也聽聞了有關空墳墓的瘋狂傳聞。這一切意味著什麼？

一個陌生人出現在這兩位孤單絕望的門徒身邊。根據他所言，先知早已預言了彌賽亞將承受這些苦難。這個陌生人讓他們為之著迷，著迷到他們求他再待久一點。然後在用餐時間，最後一個環節扣上，一切明朗了。

他就是耶穌——和他們一同坐席！毫無疑問地，祂活著。

他們是兩個平凡人，甚至不在耶穌最親近的十二門徒之列。但是和復活後的耶穌相遇，永遠地改變了他們兩人。「**在路上，他和我們說話，給我們講解聖經的時候，我們的心豈不是火熱的嗎？**」（路加福音廿四章 32 節）他們回想。他們三步併作兩步地衝去找門徒（現在是十一個，因為猶大背叛的緣故），這才得知彼得也曾見過耶穌。突然間，就在這歡喜又疑惑的混亂場景中，耶穌親自顯現。祂最後一次解釋，自己的死亡和復活不是突然發生，自始至終這都是神計畫的核心。

耶穌還要持守最後一個應許：祂將離世，交由這一群信徒來執行祂的使命。這些人，膽小懦弱的販夫走卒，曾跟隨耶穌，聽從祂，看著祂死去。但是看到耶穌活著，改變了這一切。他們歡天喜地地回到耶路撒冷，而且不久後，他們就往普天下去，告訴全世界這個好消息。（PY）

每日默想 | 你是怎麼頓悟耶穌復活的真理呢？

281 Day 耶穌，捕獲滿網魚的神蹟；耶穌再次託付彼得

讀經：約翰福音廿一章 1-25 節

鑰句：耶穌第二次又對他說：「約翰的兒子西門，你愛我嗎？」彼得說：「主啊，是的，你知道我愛你。」耶穌說：「你牧養我的羊。（約翰福音廿一章 16 節）

耶穌行了一個類似祂首次與門徒相處時所行的神蹟。祂在熟悉的場所與他們相見，使他們的網滿是漁穫。祂是他們當時所知的同一位主，有相同的能力，只不過是死了又復活了。祂回來短暫停留，是為要完成祂降世所要傳達的信息。

這些最後的會面，將會鞏固門徒對基督的了解，使之更為深刻。他們一路上都是懵懵懂懂，奮力要了解祂真正的使命，但是很快地，因著聖靈的幫助，他們最終將知道祂所為而來。他們因著了解而受到鼓舞，緊接著將會把此信息傳至全地。

彼得最近才因為三次不認耶穌而使祂失望。現在耶穌給了他另一次機會，來和他會面，和他吃飯，並且為著他們的關係連續三次表達關切。耶穌對彼得的關懷，傳遞了一個信息：就是即使信徒使神大大地失望，祂的

恩典仍舊臨到他們身上。祂赦免那些感到抱歉，真心愛祂的人。

耶穌兩次問彼得是否「真的愛」祂，另一次問他是否「愛」祂。約翰在用字上，選擇兩種不同希臘文型式的愛；有些學者揣測，耶穌所指的是兩種不同的愛，第一種是對他人全人的愛，包括意志，而第二種是指一種較為自然，情感上的愛。

不管是約翰或是耶穌所定意作出的區別，聖經教導的是耶穌希望我們全然愛祂。祂希望我們出於自己的意念，自願地來愛祂，不論時局好壞，不論我們覺得自己愛祂或是不愛祂的時候，我們都是一樣。我們還必須以一種由情感自然流露出來的愛來愛祂，從心發出既衝動而又深情的愛。就像是歷久不渝的浪漫之愛，我們對耶穌的愛除了應該熱烈激昂，還關乎心智與意志的抉擇。

每次彼得回答，耶穌都要求他關懷祂的羊。耶穌在世的最後這幾句話中，祂提醒門徒，愛祂就是照顧祂放在他們生命中的人們。耶穌自稱為大牧人，在世付出時間關懷祂途中的許多過客，以及照顧祂降世要來尋找的人。現在所有信徒將承繼這項使命，暫時看顧神的羊群，直到大牧人的再來。（BQ）

每日默想 | 你要以什麼方法來餵養並照顧耶穌的羊？

Day 282 省思

紀念耶穌的死和得勝

有關福音書的這個部分，包含了一些聖經中我最不喜歡和最喜歡的場景。雖然這些篇章在我的信仰裡居於中心地位，但我每次讀到這些記載：耶穌受淩虐、上十架等等篇幅時，心裡都會恐懼畏縮。我想要很快地略過它們，跳到復活的部分。然後我的靈魂就會雀躍上騰，再一次因為神最終得勝而得著釋放，祂的得勝遠遠超過了耶穌所受的慘痛苦難。

有次我參加一個研討會，會中的演講者花了幾小時，來詳加敘述耶穌在死前最後時刻所承受的身體創傷。耶穌所經歷身體上的痛苦完全超乎我們所能了解。並且，在祂身上壓得更重的，是罪的龐大重擔。對聖潔的神來說，單單一個人的罪，就是一個會把人壓垮的負擔，而要承擔全人類的罪，更是帶來了超乎人所能理解的苦難。

我們的心，也許自然會因為耶穌受苦的故事而畏縮，但是祂沒有要我們轉頭不看。而是祂已明白地指教我們：「**這是我的身體，為你們捨的，你們也應當如此行，為的是記念我。**」（路加福音廿二章19節）我們舉行（celebrate）聖餐，也就是主餐，來紀念耶穌的死。許多人也以遵行四旬節（the season of lent）作為一種紀念祂的犧牲方式。

如果沒有耶穌的死，就不可能有復活，並且在祂生命和我們的生命中，也就不會有超越邪惡的最後勝利。紀念耶穌的復活，卻不適切地紀念祂的受苦，會貶低我們在復活節所慶祝之勝利的價值。耶穌的復活是我們慶賀的最大理由，但是我們所喜愛回顧的最後結局，卻和祂的死密不可分。

我渴望快樂結局，因此福音書格外滿足人心。神知道如何寫出及活出一個故事。祂知道我們渴望贏家得到勝利，而輸家最後一敗塗地。祂同時製作並演出了一個實境劇，足以勝過任何普立茲獎（Pulitzer prix）得主。神的故事讓我們如臨其境的參與當中，每當我們全心投入，融入耶穌的生、死及復活，我們就再一次掌握這個已變成了我們自己故事的故事，從今時直到永遠。（BQ）

每日默想	你是如何回應耶穌受苦和受死的故事的？你會傾向快速略過這些篇章嗎？你會定期，甚至每年以某種活動來紀念祂的死嗎？為著耶穌為你所受的痛苦獻上感謝。要求祂幫助你更加了解祂替你死，以及祂為你成就的勝利。

第十部 道傳開了

Day 283 大使命；耶穌被接升天；揀選馬提亞以取代猶大

讀經：馬太福音廿八章16-20節；使徒行傳一章1-26節

鑰句：耶穌對他們說：「父憑著自己的權柄所定的時候、日期，不是你們可以知道的。」（使徒行傳一章7節）

門徒對於以色列國重返榮耀的著迷與執著，甚至在耶穌死而復活之後，都尚未消滅。耶穌復活四十天以後，祂似乎隨己意顯現又消失。當祂來的時候，祂的門徒熱切地傾聽祂援引經文，就所發生的一切提出解釋。當祂離開，他們擘畫一個新國度的架構，認定耶穌必然在這國度中作王。想一想：耶路撒冷，終於得以從羅馬統治中解放出來。

耶穌卻給了些神祕的指示。祂要門徒們回到耶路撒冷，同心等候。還有，祂說，不要離開耶路撒冷，直到聖靈降臨。最後，有位門徒問了耶穌一個他們一直爭論不休的問題：「主啊，祢復興以色列國就在這時候嗎？」

沒有人準備好來面對耶穌會有何反應。祂看似不在乎這個問題，把焦點從以色列轉向鄰近國家，一直到地極。祂再次提到聖靈，然後，讓大家全然驚訝的是，祂的身體飛升上天，停了一會兒，接著就消失在雲端了。而他們就再也沒有見過祂了。

基督徒相信，全部的歷史都以耶穌基督一生為核心。但是，事實擺在眼前，耶穌活了三十三年就離世了。此外，祂還宣稱這是一件好事：「只因我將這事告訴你們，你們就滿心憂愁。然而，我將真情告訴你們，我去是與你們有益的；我若不去，保惠師就不到你們這裡來。」（約翰福音十六章6-7節）

使徒行傳是由著作路加福音的同一位作者寫成，記述了耶穌離開，保惠師終於降臨後所發生的事。不過首先的部分是，門徒開始適應新的現實生活：他們選了一個替代猶大的夥伴，擬定計畫來遵循耶穌最後的指示，並且回到耶路撒冷等候聖靈。（PY）

每日默想｜你何時理解到耶穌對你一生的計畫，和你原先所揣測的有所不同？

Day 284 聖靈在五旬節降臨

讀經：使徒行傳二章 1-41 節

鑰句：在那些日子，我要將我的靈澆灌我的僕人和使女，他們就要說預言。（使徒行傳二章 18 節）

在猶太人的五旬節，門徒得到了他們一直等待的。聖靈，神的同在，內住在平凡人的身軀裡——他們的身軀。門徒以一種大膽而嶄新的風格，來到街上傳道，其震撼力到今日尚未消減。很快地，全耶路撒冷的人都在談論耶穌的門徒。很明顯地，有事情正在進行當中。讓人驚奇的是，從世界各地而來的朝聖者，聽到這些加利利人以他們的家鄉話來傳講信息。

彼得，三次不認耶穌以求自保的懦弱門徒，無畏地挑戰猶太和羅馬掌權當局。他引用大衛王和先知約珥的話，宣布他的聽眾剛剛經歷了人類歷史上最重要的事件。他說，「神已經使這位耶穌從死裡復活，而且我們全都是這件事實的見證人，」並且接下來宣告耶穌就是那位彌賽亞，猶太人長久以來的夢想已經實現。第一天，就有三千人回應了彼得強而有力的信息。於是基督教會誕生了。

路加以耶路撒冷這樣一個喧鬧場景作為開頭，編織出一篇歷史上的冒險故事。這群初信的信徒，起初只不過是猶太人和羅馬人眼中的小麻煩，此刻將持續增長且不休止。就像耶穌所預言的，這信息傳遍了猶大和撒瑪利亞全地，不到一個世代的時間，就傳至羅馬這個文明的中心。在當時新興宗教比比皆是的時代，基督信仰成為一個風靡全世界的現象。而這全都以五旬節的場景做為開端。（PY）

每日默想｜你何時經歷過一個神在許多人身上動工的場合？當時你感覺到聖靈的同在嗎？

Day 285 彼得醫治了討飯的瘸子

讀經：使徒行傳三章 1-26 節

鑰句：神既興起他的僕人（或譯：兒子），就先差他到你們這裡來，賜福給你們，叫你們各人回轉，離開罪惡。」（使徒行傳三章 26 節）

聖靈所造成的明顯轉變，立刻在門徒，現在稱為使徒的身上顯現出來。當彼得和約翰前往聖殿禱告的時候，有個乞丐來討錢。這些門徒就像今天的我們，遇到這些「窮困潦倒」的人乃是家常便飯，通常會忽略這些看似社會的常態，而繼續進行其他重要的事情。然而相反地，他們停下來，和乞丐四眼交會。他們沒有丟幾個銅板了事，然後便匆促前行，反倒停下來，像看一個可敬的人一般地注視著他，等他對他們的關注產生回應。

然後他們行了他們過去所不能行的事。他們瞬間就憑著基督的聖名和能力，醫治了這個人。就像是耶穌行神蹟一樣，這個神蹟也吸引了一堆人群，彼得於是把握機會來傳講耶穌降生、死亡和復活所代表的意義。

「**所以，你們當悔改歸正，**」彼得力勸，「**使你們的罪得以塗抹，這樣，那安舒的日子就必從主面前來到。**」彼得知道，各人唯一的希望，就在於到神面前尋求罪得釋放。沒有耶穌的生活，負擔是沉重的，且耗人心神。但是當我們歸向神，最終我們將尋獲生命的更新。（BQ）

每日默想｜自從你回到神的面前，神如何使你重新得力？

Day 286 彼得和約翰在公會前

讀經：使徒行傳四章 1-31 節

鑰句：他是你們匠人所棄的石頭，已成了房角的頭塊石頭。（使徒行傳四章 11 節）

猶太宗教領袖仍舊抱持著耶穌在世時不信的態度。在整卷使徒行傳當中，使徒日後還將受到許多次的監禁，這裡我們所看到的是第一次監禁。就像法利賽人和撒都該人不斷嘗試要使耶穌沉默一樣，他們也試著阻止使徒。但是有關復活的彌賽亞——耶穌的消息，仍繼續不斷傳遞著。

儘管有這些監禁和迫害，使徒們從聖靈得著能力，較以往更放膽講論。人們有所回應，神的靈從所知的世界各地吸引新的信徒。

使徒行傳記錄了基督教會的開端。儘管迫害的期間不斷持續著，耶穌降世後的兩千年間，教會卻持續增長，甚至延伸到世界最遙遠的角落。

（BQ）

每日默想｜你是否像彼得和約翰一樣，有一種渴望，要向你生命中的人們見證耶穌所為你成就的一切？

287 Day 省思

聖靈的恩賜

聖靈到底是誰？

對於聖靈的講論，始於耶穌離世時。祂應許將會差來一位保惠師，以取代祂的位置。不久後五旬節來臨，長久以來都疑惑、害怕、又不成熟的耶穌的門徒，在五旬節過後，幾乎一夜之間轉變成熱心無畏的信徒，完全清楚自己活著的目的。聖靈對耶穌的門徒帶來了迅速而又戲劇化的影響。

耶穌稱聖靈為Paraclete，在希臘文中是parakletos，指的是「安慰者、策士、幫助者、擁護者、加添力量者、支持者」。耶穌和父神都扮演這些角色，但聖靈卻以一種隨時隨在的方式，履行這些角色。這就是三位一體的功能——有三種位格的神，全都永活永存且無所不在，但是三種位格中的聖靈，與我們最為親近。

巴刻（J. I. Packer）是一位備受敬重的神學家，也是一位教授和作家。他解釋藉著聖靈，我們可以和耶穌建立個人的關係，我們也會被改變而越來越像祂（成聖），我們也會有信心知道神愛我們，已經拯救了我們，且藉著耶穌使我們成為祂家裡的一份子。[46]

當聖經提到聖靈的時候，經常在同一個句子當中提到「能力」這個詞語。聖靈賜給我們每天所需的能力來勝過試探，不靠自己的軟弱，而靠神的能力來生活。聖靈也向未信者顯明神的真理。斯托得（John Stott），另一位神學家，強調聖靈主要是位「宣教的靈」。[47] 他解釋，整卷使徒行傳都在講述神藉著祂的靈，使得遠方的人都知道祂的救贖計畫。直到今日，聖靈都還賜給我們能力，向他人分享耶穌的一切。

聖靈的這些定義對所有信徒來說都適用，因為我們都有聖靈住在我們裡面。那麼在我們的生活當中，是否都經歷到聖靈相同的同在呢？基督徒對於神賜給聖靈的角色，有許多不同的意見。有些人相信，神特別賜給使徒行傳當時的信徒一些聖靈的恩賜，好讓初代教會增長。他們宣稱，像是說方言、醫治，還有發預言這些恩賜，不是神對當今信徒的心意。其他人則相信，聖靈可以，也的確賜給今天許多信徒同樣的恩賜。

不管是否我們全都經歷到這些比較「有領袖氣度」或是「神蹟彰顯」的恩賜，聖經教導我們，聖靈在創世之先就存在，藉著舊約時代先知的口說話，今日也仍舊活著。因此，我們必須接受這個不確定性，讓聖靈自由地成就神的旨意，在我們的生活中運行。

馬卡琳（Catherine Marshall）曾寫到：「年復一年（有時是一輩子），基督徒可能定意掌控自己的生活，而將聖靈排拒在心靈中比地下室還要低的深處。然後……這樣的人清楚感受到這位神聖賓客的存在，於是開啟幾扇以往緊閉的心門，讓聖靈通往內在的房間，使祂能在其中來去自如。」她引用史哈拿（Hannah Whittal Smith）所言，史哈拿說當聖靈影響我們全人的時候，「最真確的證據……不是情感，也不是像說方言那種恩賜，而是……『一定』會有如基督的形象彰顯在生活和品格之中：藉著今生所結的果子，我們就能知道自己有沒有聖靈。」[48]

不幸的是，基督教界有時在關於聖靈的教導當中，摻入了不當的神祕色彩。信徒可能被教導要去尋求極端的行為，來作為聖靈同在的確據。因此，許多人害怕將控制權完全交給神。有些人害怕聖靈會使他們太情緒化，或是強迫他們做不想做的事。有些人害怕自己不清楚的事物，或是不情願向可能具爭議性的事物敞開自己。但是假如我們真知道神，我們就可以相信神對我們只有好意。聖靈就是一項禮物，是三一真神中最平易近人的位格，不是來引起恐懼，而是帶來安慰和幫助。（BQ）

每日默想

聖靈在你生活中與你同在，你可以感受到多少？神要你以一種最完全，最足以翻轉生命的方式來認識祂。祂渴望你享有聖靈所賜的喜樂和平安。祂想藉著聖靈來幫助你行出你自己不能做的事。當你禱告並思想聖靈的時候，留心觀看神是如何藉著祂的靈在你生命中運行的。

Day 288 信徒的團契

讀經：使徒行傳二章 42-47 節，四章 32-37 節

鑰句：他們天天同心合意恆切地在殿裡，且在家中擘餅，存著歡喜、誠實的心用飯。（使徒行傳二章 46 節）

就在耶穌死前的那一夜，祂禱告祈求神讓信徒有完全合一的生活，好讓世人能因此相信祂。經過數個月之後，祂的禱告蒙應允了。最早的一幫基督徒一同生活，一同敬拜，以合一且純潔的愛來愛彼此。他們無私，幫助當中有需要的人，甚至變賣土地或房屋賙濟他人，並支持使徒的服事。

初代信徒在全心全意向未信之人傳講耶穌之道的同時，成就了這個細微的平衡狀態，建立了一個互相支持，彼此捨命的團契。他們從來沒有困在自己的小圈圈裡，也沒有因為高舉傳福音的重要性，就疏於深切關心彼此。這就是耶穌的渴望——信徒能合而為一，像祂關懷他們一樣用愛關懷彼此，並且在如此行的當中，和世界其他的地方接觸，吸引那些渴望和基督與祂的子民擁有相同團契的人。

初代教會的信徒相處的時候，恪守四大要點。他們委身於使徒的教訓；一同團契，或一同敬拜；一同擘餅，或一同守主餐；並且一同禱告。在他們合一的屬靈生活中，這些要素有著相同的重要性。沒有一個要素，會因為要顧及另一個要素而遭致忽略或貶低。這些初代信徒在家中擘餅，存著歡喜的心用飯，讚美神。

我們現今所處的時代和環境，和使徒行傳當時信徒的背景並不相同，但是我們可以在這裡找到一幅完美的圖像，耶穌在世時最後的願望之一，就此實現得盡善盡美。這個圖像也可能成為當代信徒的模樣，而這一直是耶穌心裡最高的渴望。

那麼，是什麼使我們無法展現這種彼此間的合一的呢？是什麼使我們無法欣然分享自己所擁有的一切，並幫助那些會與我們一同進入永生的人呢？是什麼使我們不能渴望彼此團聚，喜樂地敬拜神，享受彼此的陪伴呢？大都是因為人心的恐懼、驕傲、自我沉溺的從中作梗。因著這些因素的阻撓，我們便無法成就和初代信徒在社會上一樣有力的見證。（BQ）

每日默想｜你曾看過一群像使徒行傳中的初代信徒一般的基督徒群體嗎？

Day 289 亞拿尼亞和撒非喇；使徒遭迫害

讀經：使徒行傳五章 1-42 節

鑰句：彼得和眾使徒回答說：「順從神，不順從人，是應當的。」（使徒行傳五章 29 節）

剛剛得到聖靈能力的門徒，開始像耶穌一般地行動。他們到殿中傳講信息；他們醫治病人；他們賙濟窮人。對許多旁觀者來說，耶穌裡的新生命聽來十分美好，就像是生來失聰的人初次聽見音樂的美妙音符一般。有五千人相信，其中包括一些祭司。這些門徒很快地著手安排，選出長執來處理教會增長所帶來的需求。

但是成功之餘，也衍生出許多問題。教會變得很受歡迎，成為一個「熱門」的場所。法師和術士被成堆的醫治和其他的神蹟奇事所吸引，也來到了當中。富有的人，像是亞拿尼亞和撒非喇，將教會視為沽名釣譽的地方。這些投機份子將了解，使徒們，更不用說是神自己，絕不會容許羽毛漸豐的教會中有腐敗的事情。

不久前，關注焦點從內部問題轉移到外在的反對勢力。密謀對抗耶穌的同一股勢力——守殿官、撒都該人、祭司長、公會、羅馬衛兵，互相結盟以對抗這股新的教會風潮。他們時常將教會領袖送往公會，但是他們又煩惱著要以何名義起訴他們——醫治病人？鼓勵人？讚美神？這些基督徒一點也不像危險的陰謀份子，因他們都公開在聖殿門廊聚會。

即便如此，宗教領袖羅織罪狀，毆打並監禁使徒。接下來發生的事情應該讓執政當局知道，他們是在和什麼樣的力量對抗：使徒以對神的讚美來回應嚴刑拷打，感謝神給他們這殊榮能為祂的名受苦，並且經歷到主派了一位天使將他們救出監牢的神蹟。

迦瑪列是一位年高德劭的法利賽人，給了或許是最好的建議（38-39節）：「任憑他們吧！他們所謀的、所行的，若是出於人，必要敗壞；若是出於神，你們就不能敗壞他們。」（使徒行傳五章 38-39 節）他當時所說的，儼然就是先知的言語。（PY）

每日默想｜有關今天教會中的問題哪一項最困擾你？是內部還是外在的問題？

Day 290 司提反被石頭打死

讀經：使徒行傳六章 8 節～七章 5 節，七章 51 節～八章 3 節

鑰句：但司提反被聖靈充滿，定睛望天，看見神的榮耀，又看見耶穌站在神的右邊。（使徒行傳七章 55 節）

初代信徒遭到的反對勢力不斷激增。不僅使徒行神蹟，現在連其他信徒也這麼做，威脅到猶太宗教當局的威信。猶太人辯不過一位信徒司提反，於是就在公會面前說謊陷害他。司提反的講論讓旁聽的群眾怒火中燒，以至於他們把他拖到城外，用石頭當場打死他，使他成為初代教會中第一位被記載的殉道者。

司提反對猶太法庭的演說，在這裡只摘錄了部分，回顧以色列人的歷史，從亞伯拉罕、一直到以撒、雅各、約瑟、摩西、約書亞、大衛、以及所羅門（七章 6-50 節）。司提反提到神世世代代對祂子民的應許，以及以色列人一再的不信。司提反被控出言反對會堂，他就藉著以賽亞書來提醒猶太領袖（七章 49-50 節）。所有受造物都是神的殿，進一步說，基督死裡復活成為所有人到神那裡的途徑，而取代了聖殿。

司提反的控訴甚至在他自己的生命中應驗了。以色列人長久以來有迫害神先知的傳統。他們固守對神的想法和意見，而常常畫地自限，無法得見神所行的新事。他們甚至殺了神的兒子——他們的彌賽亞。現在他們依樣畫葫蘆，用石頭打死了司提反。就像之前眾先知，以及耶穌，司提反直到最後都定睛在神身上，還為那些殺他的人禱告。

現在教會必須走入地下化。信徒被強迫四散，如此一來，他們便將福音傳到新的地方。教會持續快速增長。在這當中，我們遇見教會的強敵之——掃羅。懷著和初信信徒對基督一般的狂熱，他戮力監禁信徒，試圖鎮壓這個對猶太教迅速增長的威脅。他對其使命專心一意，但是神在他身上有別的計畫。（BQ）

每日默想｜除了教會以外，還有何處能讓你特別定睛於神？

Day 291 腓利和埃提阿伯人

讀經：使徒行傳八章 26-40 節

鑰句：腓利說：「你若是一心相信，就可以。」他回答說：「我信耶穌基督是神的兒子。」（使徒行傳八章 37 節）

初代教會看顧弱勢團體。腓利和司提反同是七人小組的組員，被選中來幫助使徒，負責特別關懷有需要的希臘信徒之事工。就像司提反一樣，腓利行醫治和趕鬼的神蹟。他在司提反死後，連同許多其他信徒，離開耶路撒冷來到撒瑪利亞，在當地的另一個弱勢團體中繼續傳講基督。

那裡有個天使領著腓利再往南走，走在一條從耶路撒冷到迦薩的荒涼道路上。聖靈領他見一位埃提阿伯的官員，並且腓利幫助他了解以賽亞書五五章一處講到耶穌經文的意義。這個人，是一個非洲的太監，也許看似不像可能成為基督徒的人，但是在他和腓利相見前，神就已經在他的心中動工。神提供了水，而這人自己提議，請腓利就地幫他施洗。

就像這些故事顯示的一樣，神有計畫地吸引人來就近祂，而且祂以特定的方法使用信徒來執行祂的計畫。就如同腓利被神使用且受聖靈引導，今日的信徒也被神使用、蒙引導，來執行祂對那些需要祂的人的旨意。我們將發現，就像腓利，神所選擇的時機和景況常常令我們驚詫不已。如果我們願意冒險走出去，供神使用，神會以相同有力的方式藉著我們說話。

（BQ）

每日默想｜你曾有過和他人分享耶穌的好消息時，發現神早已為這一刻預備好此人的內心了嗎？

Day 292 省思

靠聖靈而活

使徒行傳說明，有聖靈同在的生活能將我們的信仰提升至另一個層次。我們的日子可以變得興奮而無法預測，並且我們的生命經歷到許多無法預期且美妙無比的轉彎時刻。但是有聖靈的生活並不代表我們就變得完美了。我們仍舊會跌倒，而且我們不一定總是會做出正確的決定。

使徒經歷了極大的轉變，但是他們並沒有變得完美。亞拿尼亞和撒非喇證明了人身處於聖靈充滿的群體中時，仍舊會偏行己路。在聖靈中生活，是代表一個成長過程，必須在其中持續將主權交託給祂。

史哈拿是《信徒快樂祕訣》（*The Christian's Secret of a Happy Life*）的作者，發現以上所述的論點悲哀卻真切。馬卡琳曾敘述史氏的故事，說史哈拿於 1832 年出生於費城的一個貴格會背景家庭，從小就對屬靈的事很感興趣。她貴格會的背景使她有透徹的聖經知識，並且很早就開始相信，基督徒必須從神親口所說的道來認識祂，而不是從對祂的情感著手。她發現，情感是不可靠並且會欺騙人的。

史哈拿和她的丈夫羅伯——一個充滿活力的教會會員，在某年夏天參加了一個在森林營地舉辦的營會。在森林之中，羅伯在情感上感受到聖靈。他感到聖靈進入他的裡面，帶給他前所未有的喜樂，以及和神前所未有的緊密連結。不久後，他就成為一位大有能力的福音教師，無論到何處，只要他開口就能吸引人群。同時哈拿不斷試著促成類似被靈所感的經歷，卻沒有用。她了解到，她對神的經歷和她丈夫的一樣真實，只是不盡相同罷了。馬卡琳寫道：「她要情感，卻得到信念。她『要異象，卻得到事實』」。[49]

羅伯在講道上大為成功，但是這份成功卻突然中斷。坊間開始有傳言，指涉他和女性有不合宜的行為舉止，使得他失去聽眾的尊敬，也失去了贊助者的支持。我們不清楚傳言究竟有幾分真實，但是就某種層次上來說，羅伯讓他的情感支配他做出一些聖靈不會促成的行為。他再也無法重拾為基督而活，或和他人分享基督的那份熱情。另一方面，哈拿持守著她穩定的信仰，這使得她變得堅強，並有能力來繼續為神使用。

我們從史哈拿的故事中學到，如果我們讓情感成為我們和神連結的主要方式，我們就會冒著失去聖靈掌管的風險。我們會變得易於順從自己的欲望行事。馬卡琳將情感主義視為今日教會的真正危機。這有可能發生，如果我們容許「太多的情感牽繫，太少紮根於聖經真理，太過缺乏一般紀律，太少強調純潔、完全的誠實、道德——就是基督活在我們裡面的生命。當然，我們所需的是平衡：要有許多紮實的教導，但是也要有許多的歡樂。」[50]

此外，我們需要對其他信徒敞開我們的生命，他們可以看出我們是否正朝著危險的方向而行。「我們必須刻意讓自己在彼此面前毫無防備，」馬卡琳敦促，「願意受人檢視和糾正，同時也得到鼓舞和剛強。」[51]

我們不需害怕讓聖靈掌管我們的生活。祂是神，我們可以完全信靠祂。當我們持續活在神的話語中，每天謙卑地與祂同行時，我們確信聖靈會保護我們，引領我們進入更豐富、更成熟的生活，滿有祂的同在。

（BQ）

每日默想	你對聖靈有什麼經歷？你需要提防過度的情感主義嗎？你是否抗拒讓聖靈來掌權？求神助你合乎中道，敞開心胸，藉著祂的靈幫助你委身於祂一切的渴望。

Day 293 掃羅歸信

讀經：使徒行傳九章 1-31 節

鑰句：主對亞拿尼亞說：「你只管去！他是我所揀選的器皿，要在外邦人和君王，並以色列人面前宣揚我的名。」（使徒行傳九章 15 節）

最驚人的歸信經歷，經常造就出最好的基督精兵。曾是酒鬼的人，最能夠說服他人喝酒的危險；曾經吸毒成癮的人，是能針對毒品作出最有力的警告。而使徒行傳中有史以來最有果效的宣教士，就是先前捕捉基督徒的賞金獵人。

使徒行傳九章甚至在初代教會有此稱號前，就提供了一些線索；人們稱這些信徒為「道路」（the Way）或「弟兄」（the brothers）或「拿撒勒教派」（the Nazarene sect）。成員們時常活在可能遭受逮捕和迫害陰影的恐懼之下——不是羅馬人，就是猶太人要加害於他們。已經有一位叫司提反的領袖當眾被石頭打死了。而這個叫掃羅的人，沒有人比他更讓初代信徒嚇得魂飛魄散，他也是迫害司提反的人之一。

但是在往大馬色的路上，出現了一個奇蹟性的轉折。神以如此一個戲劇化的舉動介入，並且破天荒地揀選了賞金獵人掃羅來領導初代教會。要說服掃羅不需要很多氣力：一道令人眩目的刺眼強光，從天上來的聲音，使他三日不得動彈，即徹底改變了他對耶穌的態度。然而，因著他兇殘的名聲遠播，大馬色和耶路撒冷的基督徒只能學著慢慢地接受他。

很快地，掃羅（後改名為保羅）就歸到迫害者鞭下的另一方了；他之前的同事，現在試著要殺「他」。他在傳講耶穌的時候，仍舊是大無畏的一貫態度，就如同他當初和耶穌作對時一樣。在四趟重要的宣教旅程中，保羅將福音的信息帶到地中海沿岸。在這些旅程中，他找到時間寫下新約一半的書卷，也因此為基督教的神學立下根基。保羅或許是有史以來歸信得最徹底的人吧。（PY）

每日默想｜你可曾有過突然徹底改變之經歷？

Day 294 彼得的異象；彼得在哥尼流家

讀經：使徒行傳十章 1-48 節

鑰句：原來，各國中那敬畏主、行義的人都為主所悅納。（使徒行傳十章 35 節）

就傳福音的大業而言，一個重要的步驟已經完成。耶穌在世的歲月，主要是傳福音給猶太人。但是在祂傳道生涯中，一直宣稱救恩不只是光給猶太人，而是給全人類。祂在世最後之言，就提到要將祂的名傳至全地。

雖然祂的門徒接受了這些話，但在初代教會的草創期間，他們並沒有改變固有傳統，仍只和其他猶太人一起敬拜。如今這情形必須終止。神在彼得飢腸轆轆的時候臨到他，用了一個食物的異象，來揭示新的教會應有的另一個特色。神的舊約宣布有些食物——以及有些人——是不潔的，並且命令神的子民和其分別開來。但神的新約，由耶穌基督作先鋒，廢止了潔淨和不潔淨的差別。現在藉著在耶穌裡的救恩，一切都成為潔淨的了。

隔天，彼得就必須放棄他從出生起就遵循的一種生活方式，並且教導各處的信徒來接受神的新約。現在彼得和其他使徒傳福音的對象，包括了外邦人和猶太人。兩方將會四海一家，同心敬拜。（BQ）

每日默想｜當你成為信徒，你必須要拋棄哪些舊有的思惟模式？

Day 295 彼得逃離監獄的神蹟

讀經：使徒行傳十二章 1-19 節

鑰句：於是彼得被囚在監裡；教會卻為他切切地禱告神。（使徒行傳十二章 5 節）

雖然基督徒受到迫害，有些甚至喪命，神的計畫仍舊高過一切。因為彼得還有許多工作要做，神輕易地救他脫離危險之境，而這險境不在神計畫之內。神能夠使神蹟發生，好比使鐵鍊從囚犯身上脫落，使守衛動彈不得，以及使鐵門自己打開。祂的能力掌管人類，也能夠控制那些為人類所造用以增強自身能力的事物。

在這第二次的逃獄當中，教會的禱告在彼得獲釋上扮演著重要的角色。許多信徒齊聚一室，為彼得的安全禱告。甚至連他們自己都不了解他們禱告帶有的能力。當彼得出現在門邊，他們不相信那就是他。神回應教會認真的祈禱，免去彼得接下來的苦難，釋放了他，讓他繼續他的工作。

（BQ）

每日默想｜你內心是否懷疑神能夠供應你現在正在祈求的事？

Day 296 憑信或是憑遵行律法

讀經：加拉太書三章1節～四章7節

鑰句：沒有一個人靠著律法在神面前稱義，這是明顯的；因為經上說：「義人必因信得生。」（加拉太書三章11節）

耶穌所有的門徒都是猶太人，而五旬節當天歸信的人也大部分都是。然而，保羅驚訝地在第一趟宣教之旅中發現，外邦人對耶穌的信息接受度較高。於是他開始採用一個在他之後傳道生涯中都信守的原則：他會先到會堂去，向猶太人傳道；如果猶太人拒絕他，他就馬上轉向外邦人。

經過一番轉折，保羅得到了「外邦人的使徒」之稱號。在歸信基督之前，他是法利賽人，嚴格的律法主義者。但是當他看到神在外邦人當中的工作時，他變成了他們的鬥士。寫給加拉太眾教會的這封信，內容追溯到早期圍繞猶太人和外邦人的爭議。保羅情緒十分激動。事實上，他對於試圖以律法主義來束縛教會的錯誤嘗試怒不可遏。在第一段中，保羅炮火全開；他接著進一步詮釋舊約時代神和亞伯拉罕及摩西所立的約中，所指涉之「基督徒」的涵義，卻對猶太人這個身分沒有多作解釋。

律法主義對教會來說，也許看來是無傷大雅的轉變，但是保羅可以預見加拉太人之思維所帶來的結果。他們會開始相信要靠著人為的努力（行律法），來得神的接納。信靠基督將成為領受救恩的許多步驟之一，但卻不是唯一。也就是說，一旦他們貶低耶穌所成就的大功，福音的根基將會崩潰。

於是，保羅寫給加拉太人的信，儼然就是抗議他們的背叛行為。保羅強調，單單信靠耶穌，而不是遵從任何一套律法，才能夠得到神的接納。如果有人可以因著行律法而接近神，那麼他自己這個嚴謹的法利賽人，早就會這麼做了。加拉太書教導我們，我們無法做任何一件事來讓神多愛或少愛我們一些。我們無法藉由唯唯諾諾地行律法來「賺取」神的愛。

（PY）

每日默想 | 加拉太人熱中律法主義；其他人拒絕行任何律法。你比較偏向哪一邊？

Day 297 省思

信心，唯一之路

成為基督徒群體中的一份子，可能會讓人心裡忐忑不安。信仰，似乎會開啟一個嶄新的世界，其中充滿各種聲音，告訴我們要做什麼，該投票給誰，如何敬拜，什麼該買和什麼不該買等等情事。不少人會引導我們相信：「了解聖經和認識神只不過是個開端」，然後會繼續向我們宣揚一個基督徒應有的模樣。

這些壓力存在已久。從初代教會時期開始，神就必須提醒信徒，救恩只有一個必要條件：相信耶穌。在使徒保羅的時代，習於嚴守律法的猶太基督徒，逼迫加拉太的非猶太基督徒，來遵守舊約律法中的特定條文以持守救恩。猶太人熟悉經文，和加拉太人相比，看似在信仰的級數上高了幾級，所以加拉太人遵從了他們的教導。

猶太人不能了解，耶穌來，就改變了所有要求，取代律法，使得相信祂成為得救唯一且最終的道路。保羅在他寫給加拉太人的信中強調了這一點，並警告他們這樣做是容許自己被錯誤的教導所「迷惑」。若是如此，他們就承擔了一個不必要的重擔，也誤導了別人。保羅宣告，每個相信耶穌的人，已經從罪中得釋放。沒別的好說了。沒有其他任何事情能跟這個同樣重要。

保羅的書信已經將一切都寫得再清楚不過了。然而，世世代代的基督徒卻常忽略他的話，不著重信心，而強調某些特定之行為與舉動，以求得最終的救恩。馬丁路德——宗教改革之父，重新發現了加拉太書的熾熱信息，引導許多人進到更為恩典走向的神學。他對要求宗教慣例和贖罪苦行以達成救恩的教會發表演說。路德的教導使得加拉太書成為「宗教改革的房角石」，他本人從本經卷中受惠良多，有時還稱這卷書就像是他的「妻子」。

儘管保羅、路德，以及許多人都要信徒留意律法主義的包袱（遵從人所定的律法，而非神所定的）今天依然存在，且有許多信徒本著錯誤的神學標準互相逼迫。腓力斯（J. B. Phillips）是英國聖公會（Anqlican Church）的牧師和學者，寫到信徒常拿來與神相混淆的許多假神。其中一個，就是「百分之百」之神，要求完美。此假神「已經將許多敏感認真的人帶到一般稱為『精神崩潰』的境地。而且牠還剝奪了基督徒生命中的喜樂和自在，這些信徒只稍稍體認到信徒原本應該享有『完全自由』的生活，卻落入令人焦慮的奴役苦境。」[52]

腓力斯繼續說：「當代有些熱心誠懇的基督徒容易將基督信仰看成是一種表演。然而基督信仰仍舊和一開始一樣，是一種生活方式，絕非為了嘉惠周遭世人所上演的一場表演⋯⋯現代的某些基督徒群體採取高壓政策，將百分之百完美的標準強加在他人身上，要求他人劍及履及地遵守一大堆規則，卻不是將完美標準視為一個應該不斷努力追求的絢爛理想。」[53]

神在聖經裡指教我們應當如何生活。祂並沒有在我們頭上高舉這些標準，將其做為我們得救的先決條件。耶穌和聖經都教導我們神真正的理想為何。當我們照神的心意來看待這個理想時，這不會威脅我們，而是如腓力斯所寫的：「會刺激、鼓勵，使我們漸漸生成神的樣式。」[54]

當我們聽見許多看法和聲音，分別指教我們如何過基督徒的生活時，沒有一個聲音應該大過神的話：「沒有一個人靠著律法在神面前稱義，這是明顯的；因為經上說：『義人必因信得生。』」（加拉太書三章11節）

（BQ）

每日默想	你會不會憂慮自己根本不夠格當基督徒呢？你會因為周遭眾說紛紜而疑惑或洩氣嗎？求神幫助你奠基於加拉太書的信息上，相信自己已經因信耶穌而得救，直到永遠。

Day 298 呂底亞在腓立比歸信；保羅和希拉入獄

讀經：使徒行傳十六章6-40節

鑰句：他們說：「當信主耶穌，你和你一家都必得救。」（使徒行傳十六章31節）

使徒行傳追述了保羅三趟特定的宣教之旅。總的來說，當時是旅行的好時機，因為保羅出生時，羅馬已經在廣大領土上建立起完整的統治權。語言統一，並且整個帝國享有少見的和平，也就是所謂的「羅馬和平」（Pax Romana）。再者，羅馬工程師已在帝國內建設了阡陌縱橫的道路（完善到有些還存留下來），而身為羅馬公民的保羅在各處都通行無阻。

在旅程中，保羅集中心力在主要的貿易城鎮和羅馬殖民地的首都上。從這些地點著手，可以讓福音向外散播到全地。如果新成立的教會前景看好，保羅會留下來，有時長達三年，指導教會在屬靈上有所成長。這樣，他也交到許多屬靈夥伴，他的信中洋溢著對朋友的深厚感情。在第二趟和第三趟的旅程中，保羅再一次造訪他所建立的許多教會。

本章說明保羅最喜歡的教會之一是如何創立的。腓立比是馬其頓地區的首要大城，也就是神透過異象帶領保羅前去之地。與河邊婦人的輕鬆談話，為保羅開展了道路（女性在許多初代教會中都扮演著關鍵性的角色）。在腓立比所發生的事情，幾乎成為保羅那從來不單調的宣教探訪模式：人們迅速接受福音、遭遇暴力反對、蒙神解救而脫離危險。

這個描述所透露的是，保羅從未猶豫利用羅馬公民身分所附帶的權利和地位。他由人恭敬地護送出城，但是他留下了兩個轉變的家庭：一家是賣布的婦人之家，另一家是獄卒之家。活躍的腓立比教會將從這個看似不可能的搭配中成長茁壯。（PY）

每日默想｜神是如何藉著輕鬆的對話，將重要的人或事帶進你生命中的？

Day 299 效法基督的謙卑

讀經：腓立比書二章 1-30 節

鑰句：你們當以基督耶穌的心為心。（腓立比書二章 5 節）

腓立比教會建立整整十年後，保羅寫給他在那兒的朋友一封私人信函。他在這幾年裡受了許多苦：拷打、監禁、船難，還有忌妒的競爭者虎視眈眈地滿懷敵意。他理所當然會想到：這一切痛苦值得嗎？甚至當他寫這封信的時候仍身陷囹圄，「因著基督的緣故被囚禁的」（腓立比書一章 13 節）。但是每當保羅想到腓立比，他的精神便會為之一振。

保羅婉拒了其他教會的餽贈，以免他的敵人或許會扭曲事實，指控他心術不正。但是他信賴腓立比人。腓立比人至少作出四次犧牲，來滿足保羅的需要。就在最近，他們差了以巴弗提進行一趟艱鉅的旅程，去照顧牢裡的保羅。事實上，保羅寫這卷腓立比書，主要是作為感謝函，感念朋友們所做的一切。

如果有人直接問這位使徒：「保羅，告訴我，是什麼支撐你度過這些艱苦時刻的？」他也許會直接引用本章的話來回答。在腓立比書二章，保羅揭露了他不可扼抑的動力來源。首先，保羅舉耶穌的例子。他這段寫得堂皇莊嚴，如讚美詩的段落，在其中讚嘆耶穌拋棄所有天上的榮耀，取了人的樣式——不只是個人，還是個奴僕，一個為他人捨命的僕人。保羅就是效法耶穌的樣式。

然後，保羅以一種近似矛盾的方式，來敘述和神「同工」：當神在我們裡面動工，我們必須顫抖驚懼地將救恩「行出來」。之後有位名叫大德蘭（Saint Teresa of Avila）的屬靈偉人，用以下的方式表達出這種矛盾：「我禱告，宛若完全倚靠神；我工作，如同完全倚靠自己。」她的模式，巧妙地總結了保羅的屬靈風格。

腓立比書有時稍稍透露使徒保羅的倦怠。但是這卷書也顯明了保羅不會「燒盡」的幾分線索。對他來說，腓立比的歸信信徒「顯在這世代中，好像明光照耀」。就是在他們屬靈進程中的回饋和喜樂，讓保羅能一直向前行。（PY）

每日默想｜你如何能「看別人比自己強」，卻又不會發展出不好的自我形象？

Day 300 保羅在帖撒羅尼迦，庇哩亞，以及雅典

讀經：使徒行傳十七章 1-34 節

鑰句：世人蒙昧無知的時候，神並不監察，如今卻吩咐各處的人都要悔改。（使徒行傳十七章 30 節）

耶穌說了一個比喻，提到農夫撒種，其中有些落在石塊上，有落在荊棘裡的，也有落在好土裡的。本章回顧保羅的第二次宣教之旅，同時也證明了，這第一位外邦人的使徒，在宣教地區所得到的一連串回應十分緊湊

而迅速。

在帖撒羅尼迦，保羅的造訪引起一陣暴亂。一群暴怒的群眾追蹤使徒，逼他逃跑，並且指控他是「攪亂天下的」。下一個城鎮庇哩亞則比較能接受福音。當地人查考聖經，來查驗保羅的信息，然後就有許多人相信，其中包括猶太人和非猶太人。但是帖撒羅尼迦的鬧事者很快又到庇哩亞興風作浪。（保羅常受到滿懷敵意的反對者追蹤，試圖阻撓他的事工。）

在雅典，保羅面對了或許是他有史以來最令人怯步的宣教挑戰。這個因哲人而著名的城市，制約了每一個新的思想者，使他們不由自主陷入智力思辯的苛刻苦境之中。當地的哲人根本就輕蔑保羅（說他胡言亂語），把他帶到掌理宗教和風紀的亞略巴古議會去。

保羅有自信，新的基督信仰能在這個思想薈萃之地爭取一席之地，他站在一群多疑的聽眾前，作了本章所述的一番非凡的演說，期間妙語如珠，口若懸河。保羅在雅典菁英份子中得著信徒，但是他即將來到哥林多這個大熔爐裡，並且在當地建造一個以種族兼容並蓄著稱的教會。

某個現代的佈道家評估保羅的傳道生涯，嘆息著說：「每當使徒保羅造訪一個城市，居民就暴動生事；而我去一個城市的時候，他們卻奉上茶水。」（PY）

每日默想｜當你和朋友或熟人談到福音的時候，你發現什麼樣的方法最有果效？

Day 301 省思

爲福音尋求共同點

寇爾森（Charles Colson）提到自己遇到一位常在媒體曝光的知名人士，對方邀請他吃晚餐，並跟他說「和我談論神的事」。這個人，寇爾森叫他湯姆，一開始就把話說開了。但他並不相信神，他只是想要聽聽寇爾森的看法。

寇爾森原是尼克森總統的幕僚，因為水門案而被判刑，他是在獄中服刑的時候相信基督的。他告訴湯姆他的見證，但是很快地就被打斷。湯姆知道他的故事，也相信耶穌在寇爾森心裡「動工」；故事很精彩卻沒有說服力，因為湯姆有位朋友，也經歷到新世紀的靈性運動在他心裡「動工」。

寇爾森接下來說到耶穌是歷史上的人物，能確保相信基督的人進入天國，擁有永生。但這說法仍無法令湯姆動容。他面對每個支持基督信仰的論點，都有理由加以駁斥。

寇爾森絞盡腦汁想了一個新策略，他問了一個問題。「你有沒有看過伍迪艾倫的電影《愛與罪》（*Crimes and Misdemeanors*）？」這是一部當期上映的院線片，敘述一名醫生雇了個殺手來殺他的情婦，隨後罪惡感不斷地糾纏這個醫生，使他開始思考正義和神的處罰有何意義。他的罪行從未被發現，為了讓他自己的良心好過一點，他做了個真實世界中沒有正義的結論。說得更清楚些，這就像是達爾文所提倡的——弱肉強食的思想。

「我們做錯事，難道就只有這個選擇嗎？」寇爾森問湯姆。「要不就一輩子受罪咎感折磨，要不就泯滅良心、活得像畜生一樣嗎？」這時湯姆安靜了一段時間。寇爾森接著論及托爾斯泰的《戰爭與和平》，另一個有關人和自己的良心掙扎交戰，自責無法照良心行事的故事。然後寇爾森談到作家魯益師有關自然律的爭論，以及講到聖經羅馬書中對於罪和良心的教導。他解釋，唯有基督能夠正當地除去罪的內疚。[55]

雖然湯姆當晚並沒有相信基督，寇爾森卻學到一個功課。若不是藉著伍迪艾倫、托爾斯泰，以及魯益師，他沒有辦法和湯姆找到共通點，來一同談論屬靈的事情。就像是保羅當時在雅典的希臘人面前一樣，我們社會中的非信徒需要我們就他們已經在思考的層次切入，來和他們討論關於信仰的事。就像是保羅在講道之先，先提到全雅典人都知道的「未識之神」，當我們向社會上的非信徒談論福音時，也必須從熟悉的觀念和需要下手。當我們找到共同點，然後解釋耶穌和聖經是如何向我們生活中這些重要的部分給予啟示時，就能開啟有意義的對話。[55]

今天我們身處於這個屬靈貧乏的文化中，可能會發現他人更為頻繁地對我們發出「和我談談有關神的事」的邀請，甚至超出我們所預期及預備自己來面對的程度。當這一刻來臨，我們可以看看周遭的世界，以此為起點來開始和他們對話。神會幫助我們將聖經真理和這個真實世界交織在一起，使聽見的人們感到熟悉。因祂知道他們的需要，也是他們人生中唯一尋找的答案。（BQ）

每日默想｜開始時是哪些你個人的需要領你到耶穌面前的？是什麼使聖經的信息和你的生命有所關聯的？求神幫助你，在和不認識神的人談論祂的時候，可以找到共同點切入。

Day 302 爲討神喜悅而活

讀經：帖撒羅尼迦前書二章 17 節～四章 12 節

鑰句：又願主叫你們彼此相愛的心，並愛眾人的心都能增長、充足，如同我們愛你們一樣。（帖撒羅尼迦前書三章 12 節）

帖撒羅尼迦的教會誕生於爭端之中，甚至在保羅被逼離很久之後，該教會仍持續遭到敵視與反對。當保羅聽到他們的困難，就寫了一封詳細的信，這封信也對保羅作為一名極有果效的「牧者」，提供了一些重要的線索。帖撒羅尼迦前書可追溯至主後 50 或 51 年，是我們現行對基督徒群體生活最早的紀錄。因此，它第一手敘述了保羅在耶穌離世不到二十年後，和一個宣教建立的教會所建立的關係。

保羅和帖撒羅尼迦人回顧他的牧養風格，提醒他們，當他在他們當中時，他存心溫柔，「如同母親乳養自己的孩子」（二章 7 節）。保羅寫得像是整天都廢寢忘食地想著他們。他稱讚他們的優點，挑剔他們的缺點，並且持續地為著他們在屬靈上的長進來感謝神。提摩太最近的報告顯示他們行走在正路上，但是保羅勸他們要在為神而活及彼此相愛的事上「更加努力」。

在此信中，保羅亦就一些衝著他來的批評作出回應。他是為了錢到帖撒羅尼迦的嗎？保羅宣稱，自己旅居帖撒羅尼迦的時候曾日夜工作（他織帳棚以維持生計），好避免自己成為教會的財務負擔。他拋棄帖撒羅尼迦人嗎？保羅費盡心力地解釋他不得不離開他們的原因。

帖撒羅尼迦前書和保羅其他的一些書信不同，並不是神學專論。更確切地說，它揭示了一位宣教士對自己建立並離開的教會無法忘情，以致心中感受到的感恩、失望，以及喜樂。的確，保羅成功的原因之一，就是他所建立的教會對保羅的影響，和保羅對教會所產生的影響都一樣地深厚且不可磨滅。（PY）

每日默想｜誰在你的屬靈生活中像一位父母般地提攜你？

Day 303 站立得穩

讀經：帖撒羅尼迦後書二章1節～三章13節

鑰句：我勸你們：無論有靈、有言語、有冒我名的書信，說主的日子現在（現在：或譯就）到了，不要輕易動心，也不要驚慌。（帖撒羅尼迦後書二章2節）

帖撒羅尼迦後書有個最重要的主題：耶穌的再來。教會的成員此時受到一個據傳是出自保羅口說的謠言所困擾，那就是末後的日子已經來臨了。在此信中，保羅否認這個說詞，並且提綱挈領地說明，主再來的日子之前會發生的事。

這個爭議其實追溯到保羅第一封信的部分。在帖撒羅尼迦前書的結尾，他直接解答了有關來世的問題。之前已經死去的人們是否就無法從死裡復活？這個對帖撒羅尼迦人來說，絕不是一個無聊的問題，因為他們時常暴露在受迫害的危險之下。若某天晚上有人敲門，可能就是代表監禁或死刑隨之而來。

保羅先平息基督徒的恐懼，向他們保證，耶穌再來時還活著的人，會和在他們之前去世的人會合。但是同時，帖撒羅尼迦人在保羅的建議之前已經做得有些過火。他們對於末世的揣想，因為最近謠言的搧風點火，已經變成一種執著。他們當中有些人辭了工作，呆呆地坐著等待那天的到來。就保羅的說法，他們正變成「什麼工都不做」和「專管閒事」。

保羅寫帖撒羅尼迦後書的目的，主要就是要來導正這個失衡的狀況。在第二章中，他講到幾個必會在耶穌再來前發生且晦澀難懂的事件。（沒有人能確定保羅確切的意思究竟為何，因為他是本著他私下對帖撒羅尼迦人的教導而寫的。）

在此處，就像其他的部分一樣，聖經從未以一種抽象且理論的方式，來描寫末後的日子。而是提供給我們應當如何生活的實際準則。保羅建議要有耐心，站穩腳步。他要求讀信者要相信耶穌再來最終將為全地帶來公義，並勸他們為了那日要活得有尊嚴，同時指示他們不要容忍無所事事——一帖不論何時都能解決「過於沉迷未來症候群」的仙丹妙藥。（PY）

每日默想 | 你應該如何為耶穌再來做預備？

Day 304 保羅在哥林多

讀經：使徒行傳十八章 1-28 節

鑰句：有我與你同在，必沒有人下手害你，因為在這城裡我有許多的百姓。」（使徒行傳十八章 10 節）

哥林多是陸地和海上貿易的重要中心樞紐，其周邊區域吸引了無數人潮和物流，而使得此地充滿了許多不同的種族和文化風情。在保羅的時代，哥林多因為道德淪喪，又崇拜愛與美的女神艾芙羅狄特（Aphrodite），又名維納斯（Venus），而聲名狼籍。受此宗教背景及特性的潛移默化，隨意發生性行為是被人廣為接受的，甚至有人鼓勵、提倡。難怪保羅一入此城就又軟弱、又懼怕、又甚戰兢（哥林多前書二章 1-5 節）。

保羅在哥林多遇到亞居拉和百基拉，這一對夫婦成為保羅傳道事工的得力夥伴。他們於自宅成立了一個家庭教會，最後還為救保羅而冒生命的危險。保羅不在的時候，這對夫婦接待一位叫亞波羅的埃及人到家中，教導他行出神藉著耶穌所成就的工作。亞波羅需要對救恩有更全備的了解，而藉著亞居拉和百基拉的幫助，他也成為一位活躍的傳道同工，幫忙繼續傳福音給猶太人和外邦人。

亞基拉和百居拉的服事，展現了兩性在初代教會事工上都有重要的地位。保羅稱百居拉為他的「同工」（羅馬書十六章 3 節），一個他也用來稱呼服事上重要的男性夥伴之稱呼。百基拉蒙神所召，有吸引人歸向基督真理的恩賜，面對她眼前的許多機會，她都予以忠實的回應。（BQ）

每日默想 | 在你與神同行的日子當中，你認為誰算是你的屬靈同伴，或是服事同工？

Day 305 一個身子，許多肢體；愛

讀經：哥林多前書十二章1節～十三章13節

鑰句：我們不拘是猶太人，是希臘人，是為奴的，是自主的，都從一位聖靈受洗，成了一個身體，飲於一位聖靈。（哥林多前書十二章13節）

保羅第一次到希臘哥林多的時候，正值他傳道生涯幾段壓力最大的時期之一。動用私刑的暴民把他驅逐出帖撒羅尼迦和庇哩亞。而下一站雅典，又和當地嘲笑他的知識份子對峙，當保羅到哥林多的時候，他的情緒已相當脆弱。

不待多久，哥林多的反對勢力出現，猶太領袖們把保羅押到公堂之上。但是在這危機之中，神以一個特殊的信息來安慰保羅：「**有我與你同在，必沒有人下手害你，因為在這城裡我有許多的百姓。**」（使徒行傳十八章10節）

最後這幾句話對保羅來說一定相當震驚，因為當時哥林多主要是以污穢淫蕩和酒醉鬧事而聲名狼籍。而且哥林多人還崇拜「愛神」，在祭祀她的神廟中雇有一千名娼妓。因此，哥林多看來是最不可能有教會在此落地生根的地方。但這的確發生了。一對猶太夫婦開放他們的家給保羅，未來的十八個月，他待在哥林多培養一群熱心的信徒。

哥林多充滿了東方人、猶太人、希臘人、埃及人、奴隸、水手、比武者、賭徒，以及車伕。而哥林多教會也反映出相同程度的兼容並蓄，就像是一片碎布拼貼而成的被子一樣地五花八門。當保羅寫這封信給他們的時候，他在尋找一個方式，使他們徹底了解基督徒合一的重要性。最後他決定用人體來作一個特別的比喻。他將基督教會中的成員比作人體上的各個肢體，而巧妙地闡釋了不同的成員，如何確實可以合一地事奉神。

這個比喻十分恰當，也因此成為保羅最喜歡用來描寫教會的方式。他將在許多信件中提到「基督的身子」三十幾次。究竟不同的肢體要如何在屬靈的身子上合一作工呢？他以如詩的詞句來描述愛——這最大的屬靈恩賜，來作為這大哉問的解答。（PY）

每日默想｜哥林多前書十三章描述了理想的愛。其中有哪一項特質是你需要加強的？

306 省思
Day

什麼是教會？

哥林多前書的前幾個章節，透露出使徒保羅所費力思索一個問題：究竟什麼是「教會」？保羅從來沒有針對猶太教問這樣的問題；猶太文化、信仰傳統、種族，甚至是信徒的身體特徵，都清楚地界定了這個宗教。但是基督教的教會是什麼？神的構想又是什麼？這個問題在哥林多這個目無法紀的環境之下，看似實在難以理解。在將近二十年之後，這個問題還是讓人想不透。

保羅寫給哥林多的信透露出他的猶豫，主要是顯現在他欲言又止，尋找適當字句所表達的文風之中。他在第三章說，你們是神所栽種的田地，然後花了一些時間來說明這個比喻。另一方面來說，你們更像是神所建造的房屋。是的，沒錯。我立好了根基，有別人在上面建造。還有更貼切的，你們是神的殿，一個被設計來讓神居住的房屋。是的，就是這樣！想想看：神住在你裡面，你是祂聖潔的殿。

他以這樣的方式繼續闡述，貫串全書，直到最後的第十二章，他把握住一個最適合的比喻：教會就是基督的身子。這卷書的語氣從那個環節上開始改變，從私人信函的文風轉成十三章的雋永散文。

如果保羅這個譬喻大師，說他要在今天來寫哥林多前書——他寫給華盛頓州的史波坎第一長老會，或是喬治亞州的亞特蘭大市內的聖馬可聖公會，或是芝加哥鬧區的拉賽樂街教會，會是什麼情況？什麼意象最能夠向我們現代人表達神對教會的心意？

當我使用「家」的意象來比喻教會的時候，因為這是聖經裡使用過的，所以我很安心。而我也相信，將教會比作「家」的意象，對今天的意義要高於聖經成書的時代，因為社會型態改變了。

在職場上，地位是來自於表現。在商場上可以看到，人們對於地位所作為獎賞的反應都引來羨慕，地位可以成為有力的誘因。然而在家裡，地位所代表的就截然不同了。一個人要如何在家中獲取地位？一個孩子僅僅因為出生，就「獲取」了家人的接納。即使一個表現不盡理想的孩子也不會被攆出家門。的確，一個生病的孩子，雖然沒有什麼「生產」力，但卻可能會比他健康的手足得到更多的關愛。就像小說家約翰·厄普戴克（John Updike）曾寫的，「家庭教導了我們，愛如何存在於一個地方，她超越了喜歡和不喜歡，與冷淡、敵對，甚至憎惡共存。」

同樣在神的家中，我們被單純地告知，「**並不分猶太人、希臘人，自主的、為奴的，或男或女。**」（加拉太書三章 28 節）所有這種人為的區別，已經在神恩典的明光照耀下，化為烏有。我們雖是藉著耶穌才得著神兒女的位分，明明不配，卻也得到和首生的耶穌基督相同的權利。以弗所書一再地強調此驚人的事實。

因為這個原因，當我看到本地教會運作得比較像是公司行號，而不是一個家時，就感到相當難過。使徒保羅討論屬靈恩賜的時候，就曾嚴正警告，不要對肢體有差別待遇。（哥林多前書十二章 21-26 節）

在本段經文中，保羅又提到他對教會最愛的比喻：人的身子。然而對我來說，要使這些真理在一個實際的團體中彰顯出來，我最能夠意會的意象，就是歸結到一個家庭圍著餐桌，一同享用節慶的餐宴。

每個家庭都包含一些成功人士，以及不幸的失敗者。在復活節的時候，身為公司副總裁的瑪麗阿姨，就坐在酗酒又向來無所事事的查理舅舅旁邊。雖然坐在餐桌旁邊的家人有些是聰明人，有些是愚笨人；有些人醜陋，而有些人則很有吸引力；有些人健康，有些人卻有殘疾，但是在家庭當中，這些差別都不再重要。

有時我認為，神發明了家庭這個人類組織，是作為祂的一個訓練場所，來預備我們在其他組織中也知道如何應對。要使家庭發揮最大作用，不是掩蓋成員間的分歧，而是頌讚彼此間的不同。一個健全的家庭會建造最軟弱的成員，同時卻也不會拖垮強壯的成員。就像是約翰‧衛斯理（John Wesley）的母親說的：「我最愛哪一個孩子？我愛那個生病的，直到他好起來；我愛那個離家的，直到她回家來。」

家庭是一種我們無法選擇的人類組織。我們只因為出生就成為其中的一份子，因此我們不由自主地聚集在一起，和一群奇怪又格格不入的人們為伍。教會則是需要另一步：因為在耶穌基督裡的共同連結，自願和一群奇怪的生物聚在一起。我發現這樣的群體較任何其他的組織都更要像是一個家。盧雲（Henri Nouwen）曾經將一個團體定義為「一個有你最不想和他一起生活，卻一直相處的地方。」對於每年感恩節齊聚一堂的那個團體，以及每禮拜日一同聚會的這個團體，他的定義也同樣適用。[56]（PY）

每日默想	你在教會生活中遇到什麼挑戰？得到什麼益處？為著教會助你遇見神，且感受到祂的愛來感謝神。求神幫助你接受教會不那麼完美的部分，並將它視為神定意要教會成為大祝福中的一小部分而已。

Day 307 基督和已死的人將復活

讀經：哥林多前書十五章 3-57 節

鑰句：我們若靠基督只在今生有指望，就算比眾人更可憐。（哥林多前書十五章 19 節）

保羅時代中的某些人質疑基督信仰中有關來世的部分。他們說，死亡即結束。在歷史上，有許多人抱持著這個立場。耶穌在世的時候，就有一個稱為撒都該的猶太教派，否認會有死後復活這種事。一直到今天都還有懷疑的人：當中有黑色穆斯林（Black Muslims，譯註：為 1931 年由非裔美國黑人所成立的伊斯蘭教派系）、佛教徒、馬克思主義者，以及大多數無神論者。有些新世紀運動提倡者將死亡當成是生命週期的一環，何須把它當作壞事？

哥林多教會很快就知道不要在使徒保羅周圍散布這種想法。對他來說，關於來世的信仰絕非童話；這是他整個信仰的支柱。他斥責，如果沒有來世，那基督的信息就是謊言。他，保羅，也就沒有理由繼續做神的工作，基督的死也就只是白白流血，並且基督徒活著就算比眾人更可憐。

聖經逐漸將重點放在來世。舊約時代的猶太人，對於死後的世界，只有模糊到不能再模糊的概念。但是如同保羅所指出的，耶穌從死裡復活這件事改變了一切。突然間全世界有了最重要的證據，指明了神有能力，也有意思要克服死亡。第十五章總結了基督信仰對於死亡的看法。保羅毫不猶疑地稱死亡為「仇敵」，是最後要被吞滅的敵人。

本章常在喪禮時朗誦，理由也很充分。當人們聚集在棺木旁邊，他們會本能地感受到死亡的「不自然」，以及恐怖。對這些人，也包括我們，這段經文提供了昂揚的希望。死亡不是結束，而是開始。（PY）

每日默想｜相信有來世這件事，對你現在的生活有何影響？

Day 308 瓦器裡的寶貝

讀經：哥林多後書四章 1 節～五章 10 節

鑰句：我們有這寶貝放在瓦器裡，要顯明這莫大的能力是出於神，不是出於我們。（哥林多後書四章 7 節）

有句話說：「過於想望天堂，對於屬世生活沒有任何用途。」保羅亦抨擊處於這種情況的人。信徒絕不是整天坐著沒事，空等來世。保羅和其他人一樣努力工作，只是生命中有了新的目標：「無論是住在身內，離開身外，我們立了志向，要得主的喜悅。」他尋求在世上行出神的旨意，使神的旨意如同行在天上。

這段經文顯示，當生活上的難處幾乎使保羅「喪膽」的時候，這個他對未來所持的盼望是激勵他的最大動力。寫這封信時，正值他和哥林多教會之間的激烈爭執到了最緊要的關頭，使得這卷書信透露了保羅最低潮也最脆弱的時刻。他曾經遭遇苦難，「被壓太重，力不能勝，甚至連活命的指望都絕了」（一章8節），他勉強地走了過來。描寫他現今的狀況是「四面受敵，卻不被困住；心裡作難，卻不至失望；遭逼迫，卻不被丟棄；打倒了，卻不至死亡。」（哥林多後書四章 8-9 節）

一如往常，保羅用了一個意象來表達他內心的想法：「瓦器裡的寶貝」。當時，瓦器十分普遍，也是用完就丟，幾乎像今天的紙盒一樣。身陷許多難處，保羅覺得自己就像是那些脆弱的瓦器一樣軟弱。但是他認清了一件事實，那就是神將福音托付給他，並且福音中的赦免和永生，就是給像他一樣平凡之人的。

這個真知灼見似乎給了保羅更新的希望。他提出一個激勵人心的例子，說明有神同在的來世，是如何可以影響在世的人：「所以，我們不喪膽。外體雖然毀壞，內心卻一天新似一天。我們這至暫至輕的苦楚，要為我們成就極重無比、永遠的榮耀。原來我們不是顧念所見的，乃是顧念所不見的；因為所見的是暫時的，所不見的是永遠的。」（哥林多後書四章 16-18 節）（PY）

每日默想｜當你有保羅在這段經文中所表達的感受，你如何可以「不是顧念所見的，乃是顧念所不見的」？

Day 309 與神和好的職分；不要與不信者同負一軛

讀經：哥林多後書五章 11 節～六章 2 節，六章 14 節～七章 1 節

鑰句：若有人在基督裡，他就是新造的人，舊事已過，都變成新的了。（哥林多後書五章 17 節）

這些經文看似可能互相矛盾，因為一處鼓勵所有人藉基督同歸於一，另一處又警戒信徒只能和其他基督徒在一起。保羅到底想表達的是什麼？

他對兩種概念都大發熱心，也有充分的理由。保羅在各處傳講的信息，是藉著耶穌的死和復活而來的救恩。成為某個特殊團體的成員，或是恪守某些特定的律法，再也不能代表得神的接納。現在，對耶穌的信仰，使得所有信徒都居於同等地位。我們可以藉著相信耶穌，在神面前稱義。

但是有些人否認耶穌是救恩的唯一道路，以他們的謬論來攪擾哥林多的信徒。這些假師傅不但沒有被信徒影響，反而還誘使他們離開神的真理。這些人十分危險，保羅並且警告，這種關係不會帶來什麼益處。

這些假師傅曾聽聞真正的福音。他們曾有機會來到耶穌跟前，但是卻偏行己路。為了因應這一點，信徒們必須警醒，保持緊密的團契。假師傅已經偏離神的真理，帶來極大的危險。當一個未信者反過來影響信徒，神就不會要求祂的子民對未信者伸出膀臂，和他們接觸。相反地，為了保護信徒的信仰，祂會要求他們與外邦人分別，一生敬畏祂。（BQ）

每日默想｜你曾經受一段關係捆綁，而使你遠離神，不親近祂嗎？

Day 310 多種就多收

讀經：哥林多後書九章 6-15 節

鑰句：神能將各樣的恩惠多多地加給你們，使你們凡事常常充足，能多行各樣善事。（哥林多後書九章 8 節）

哥林多教會為著耶路撒冷貧窮的信徒募款。有些哥林多人憂慮錢沒有全部到耶路撒冷，控訴保羅可能私吞了一些。

稍早保羅有為自己的清白辯護，表明他「留心行光明的事，不但在主面前，就在人面前也是這樣。」現在他用屬靈的眼光來看待這件事，提醒人們，是神在供應一切。我們所有的一切都是來自於神；我們誠心給出去的一切，神能夠更豐富地回報我們。保羅鼓勵信徒多多付出，捐得樂意。當我們付出，我們會發現，我們從神和接受我們施予的人那裡，得到回報的祝福更大。（BQ）

每日默想｜當你有機會幫助有需要的人時，你第一個念頭是什麼？

Day 311 保羅為諸般患難以及他的刺而自誇

讀經：哥林多後書十一章 16 節～十二章 10 節

鑰句：我為基督的緣故，就以軟弱、凌辱、急難、逼迫、困苦為可喜樂的；因我甚麼時候軟弱，甚麼時候就剛強了。（哥林多後書十二章 10 節）

雖然猶太和羅馬當局將保羅視為重大威脅，但保羅至少預期到他們會反對。從同為基督徒來的敵意，才更讓他感到煩擾。忌妒的競爭者滲透了哥林多教會，散播謠言以破壞保羅的聲譽。他們控訴他不是純猶太人，加上他沒有在耶穌在世時跟隨過祂，所以不配得「使徒」的稱號。而且，就如同其他假師傅所言的，他所做的一切都是為了錢。

保羅在寫給哥林多人的信中，坦承自己其實不願意自我辯護。他僅僅說，「我說句狂話」，然而他們的批評已經如脫韁野馬般地不可收拾了。猶太人？保羅是一個嚴謹的法利賽人，受教於著名教法師迦瑪列門下。使徒？的確，保羅並不像十二門徒一樣。但是他到大馬色途中遇見復活的耶穌，並且之後得到特殊的啟示：「聽見隱祕的言語，是人不可說的」。貪圖錢財的人？保羅向來自力更生，避免向教會支取錢財。

保羅接著「誇耀」自己的軟弱。他開始臚列出傳道生涯中一連串駭人的拷打、監禁、凌辱、以及困苦。並且，他坦白提及自己有一個從未得到應允的禱告，來平衡自己在被提到異象中的時候，語帶保留的情況。

保羅三次求主挪去那神祕的「肉中刺」。聖經學者對「刺」的真實情形沒有定論。有些人說是身體上的疾病，像是眼疾、瘧疾，或癲癇。其他人將它詮釋為屬靈的誘惑，或是他服事上遇到的一連串失敗。不論這究竟是何種問題，保羅強調，儘管他禱告尋求解脫，神仍拒絕挪去這刺，並以此來教導他有關謙卑、恩典，和依靠的重要課題。

保羅似乎一直感到驚訝，神竟揀選了他這個往日的敵人，來傳遞關於福音的好消息。他感到謙卑，得榮耀，因為甚至連他這樣的軟弱也能被用來推展神的國。（PY）

每日默想｜神如何藉著你的軟弱向你說話？

Day 312 省思

和刺共存

當保羅敘述折磨他的「肉中刺」的時候，說句老實話，他所用的意象十分切中要點。雖然我們不知道這刺的細節，但這個譬喻使我們深切地感同身受，困擾他的是一個十分痛苦而又持續不斷的試煉。

當我因為自己或環境有挫折而感到憂慮，我就想像自己的不幸就像是一根刺，並且從保羅的話中尋求安慰。「**『我的恩典夠你用的，因為我的能力是在人的軟弱上顯得完全。』所以，我更喜歡誇自己的軟弱，好叫基督的能力覆庇我。我為基督的緣故，就以軟弱、凌辱、急難、逼迫、困苦為可喜樂的；因我甚麼時候軟弱，甚麼時候就剛強了。**」（哥林多後書十二章 9-10 節）

就像有人說的：「恩典就像水，它往低處流。」當我最軟弱，最迫切需要幫助的時候，也是神最樂意施恩的時刻。當我放手交託給祂，神就將我的情況，或是我自己，變成了美善。

保羅在敘述一個生活的矛盾之處：一根痛苦的刺竟帶來美善？我的軟弱，或是所承受的痛苦情況，使我如此無力，如何能帶給我喜樂？這看來像是一個粉飾太平又專屬教會的想法，出了聖殿的門，它就銷聲匿跡了。

作家及講員曼寧（Brennan Manning）在酗酒、失去家庭和工作、淪落街頭之後，發現了這個原則蘊含的真理。「或許在我一生中，我感覺最接近耶穌基督真理的時候，就是我自己成為一個倒在佛州羅德岱堡水溝裡，一個無可救藥之人的時刻。在沃克・柏西（Walker Percy）的小說《熱愛電影的人》（*The Moviegoer*），他指出：『我終其一生，只有一次得以從每天司空見慣的生活中得到解放——那就是我在陰溝裡淌血的時候。』矛盾的是，如此無力的經歷並不會使人憂傷。這讓人大大地鬆了一口氣。因為這使我們不依靠自己的力量，而是倚靠神的無限權能。了解神是最重要的原動力，祂使我們的軛是容易的，擔子是輕省的，心是平靜的。」[57]

我們每一個人都得和自己的刺不斷地交戰。我們可以拒絕神，繼續失敗下去，或是我們可以讓祂的能力充滿我們那被刺所捅出的傷口。當神充滿我們的創傷，祂便使我們和祂建立極其深奧、充滿愛和滿足的一段關係。喜樂變為可能。傷口仍然會帶來痛苦，但是，如果需要一根刺才能把我拋向神這位一生的愛人，也許我可以學著將這根刺當成希望的種子。

心理學家拉瑞・克萊布（Larry Crabb）是這樣敘述的：「當我們生活

安逸的時候，我們很難學到倚賴神……整本經文其實都是由關係交織而成的。神渴望我們把心交給祂。祂愛我們，以致我們抓住對祂的渴慕，了解祂，我們便更渴望祂。在我們天上的新郎和祂受傷又善變的新婦之間，有著絕不沉悶的愛情。我們愈誠實地面對自己封閉的心靈，我們愈能忘情地為這位情人所傾倒，祂將不斷地以我們心所想望的溫柔並堅強的愛情來回應我們。」[58]（BQ）

第十一部　保羅留下的典範

Day 313 連一個義人也沒有

讀經：羅馬書三章 10-31 節

鑰句：就是神的義，因信耶穌基督加給一切相信的人，並沒有分別。（羅馬書三章 22 節）

使徒保羅在一生艱困而驚險的歲月中，一直持守著一個生涯目標：造訪羅馬。在保羅當時，羅馬居高臨下，是一切的中心，包含律法、文化、權力以及知識。羅馬這個強盛的帝國，以此首善之都為中心，在當時代統治著整個西方世界。

一個新的小教會在當地建立，使得其他基督徒十分興奮。他們知道，就某個層面上來說，教會的未來端看在羅馬的進展如何。如果他們真的希冀影響世上更多的人，就必須進入羅馬。

保羅時常為羅馬教會禱告，更為了造訪羅馬而訂下許多訪行的計畫。但始終因事攔阻而未能成行，因此保羅先寫了此信，以預備他等待已久的羅馬之旅。

羅馬書不像是哥林多前、後書，其中沒有個人的私話，也沒有情緒的抒發。保羅是寫信給一群深思熟慮，且要求甚高的讀者，其中大部分的人他連見都沒見過。此封書信中，他試圖描繪出基督教義的全貌，這在當時主要還是藉由口耳相傳的方式，在各城鎮間傳遞。順勢而生的這卷書，簡明扼要，卻又綜覽全局地總結了基督信仰，使得沒有其他書卷能出其右。

羅馬書是一部需要細嚼慢嚥，細細品嚐的經卷。保羅思辯的邏輯從首章開始，隨著一個個的想法而呈現出來。他描述的是關於神奇異恩典的好消息：一個人人皆可得的萬靈藥。但是人們不會尋求這帖藥直至他們生病了，才會尋求。因此，羅馬書以聖經中最黑暗的總結之一作為開始。「沒有義人，連一個也沒有。」保羅做出如此的結論。除非能找到解藥，不然全世界都註定面對靈性的死亡。

然而，從如此悲痛的文辭間，逐漸傳遞出好消息的語調。由人稱為是聖經裡的中心神學經文充分表達了出來。保羅在這些經文中表達福音的核心信息。（PY）

每日默想 | 你正為著誰求神使他了解羅馬書所透露出來的信息嗎？

Day 314 和罪交戰

讀經：羅馬書七章 1-25 節

鑰句：但我們既然在捆我們的律法上死了，現今就脫離了律法，叫我們服事主，要按著心靈（心靈：或譯聖靈）的新樣，不按著儀文的舊樣。（羅馬書七章 6 節）

有一個議題，是保羅寫信時幾乎一定會提及的：律法有何好處？對大部分保羅的讀者來說，律法，代表了舊約時代成文而為數眾多的規定及儀式之總集。因為保羅早先是法利賽人，所以非常清楚那些規定。並且每當他開始提到「新約」或「基督使人得自由」，猶太人就想知道他現在對律法的看法。

本章，是羅馬書當中最私人，也最具自傳性質的一個部分，精確地透露了保羅的想法。

保羅從來沒有建議完全廢棄律法。他了解，律法揭示了基本的道德規範，也透露了理想中討神喜悅的行為。律法有一個作用：將罪顯露出來。「非因律法，我就不知何為罪。」對保羅來說，像十誡這種律法是與人有益、公義且良善。

然而，律法有一個主要的問題：雖然它證明了你這個人有多壞，卻不能使你更好。因為早期受到律法主義的影響，保羅養成一顆敏銳的良扣，但是，當他痛苦地回想過去，卻發現良心總是讓他不斷地有罪疚感。他坦承「我真是苦啊！」。律法揭露了他的軟弱，卻無法給他所需的力量來克服。律法或是任何一套規定，最終只能引人走入死胡同。

當一個不完美的人委身於完美的神，隨之而來的掙扎，在羅馬書第七章裡可見一斑。所有苦惱著「我究竟該如何才能擺脫自己那些惱人的罪？」的基督徒，都會從保羅坦白的懺悔中得著安慰。在神的標準之前，我們全都感到無助，而這就是保羅真正的論點。沒有一套規則能夠破除罪疚感和失敗的可怕循環。我們需要外力的幫助，「叫我們服事主，要按著心靈（心靈：或譯聖靈）的新樣，不按著儀文的舊樣。」保羅在下一章中高聲頌揚這份幫助的力量。（PY）

每日默想｜你個人有何最使你感到無助的掙扎？你會投向何處尋求協助？

Day 315 聖靈裡的生活

讀經：羅馬書八章 1-27 節

鑰句：況且我們的軟弱有聖靈幫助；我們本不曉得當怎樣禱告，只是聖靈親自用說不出來的歎息替我們禱告。（羅馬書八章 26 節）

聖靈是羅馬書第八章的主題，在本章中，保羅針對聖靈能如何使人的生命改變，作了一番全面性的觀照。

保羅方才強有力地提出罪這個惱人的問題。首先，他開始釐清這個問題。「如今，那些在基督耶穌裡的就不定罪了……」他如此宣告。耶穌基督，藉著祂的生和死，一勞永逸地解決了「罪的問題」。

在他處（第四章），保羅從銀行儲匯方面借了一個字，來解釋這個過程。神將耶穌完美無暇的「信用」（credit）轉到我們的帳戶（譯註：在新標點和合本中，將 credit 一字譯為「算為」[羅馬書四章 3-6 節]），使我們照著祂的行為，而不依自己的行為受審判。同樣地，神也將我們應得的所有刑罰，歸在耶穌的帳上，使祂死在十架上。在這個「轉帳」的過程中，人類是完全的贏家，終於得以脫離罪的咒詛。

並且一如往常地，保羅堅定地認為最大的好消息：耶穌不是就這麼死了。保羅驚訝地表示，使基督死裡復活的同一股力量，也可以使我們「得生命」。聖靈是生命的賜與者，並且單單聖靈就可以破除羅馬書第七章所述，那既灰暗又毫無生氣，和罪不斷糾纏之模式。

可以確認的是，聖靈並不會挪去所有的問題。聖經稱聖靈為代求者、幫助者、輔導者、安慰者，正暗示我們會有各樣問題出現。但是「內住的神」可以為我們成就自己所不能做到的事。當我們歸向神，聖靈與我們同工，在我們軟弱中伸出援手，甚至在我們不知該求什麼的時候，為我們代求。

根據保羅的敘述，在每個信徒的心裡，都上演著一齣關鍵的歷史事件：「受造之物切望等候神的眾子顯出來。」（羅馬書八章 19 節）不知怎地，在我們裡面屬靈的勝利，有助於使得「嘆息」的受造之物，得著自由和醫治。使徒保羅在思想這些事的時候，幾乎不能自持。羅馬書第八章結尾的宣言，縈繞不去：沒有任何事——絕對，確定沒有任何事——能使我們與神的愛隔絕。對保羅而言，這是一個值得大聲宣揚的事實。（PY）

每日默想｜根據這段經文，聖靈是如何可以改變你每天的生活？

Day 316 省思

和罪交戰時的幫助

將生命獻給耶穌之後，我們對自己的想法就會改變。我們眼中原本還算良善的自己，看來無可救藥、滿是瑕疵。不好的行為、錯誤的思想，太常說出不必要的話，而我們的心就像是錄音機的放音裝置，一直不停地重複播放我們所有的錯誤和悔恨。

也許你的放音機所播放出的內在挫折，就像這些：「**因為我所做的，我自己不明白；我所願意的，我並不做；我所恨惡的，我倒去做……因為，立志為善由得我，只是行出來由不得我**」（羅馬書七章15、18節）。甚至保羅，寫了許多新約的經卷，都還苦於自己無能做自己的主人。如果你的思路像保羅一樣，你或許已經開始更深一層地領會到神聖潔的品格，而這是在世上的我們完全無法望其項背的。

我在青少年時便嘗試和耶穌更為親近，此時我的罪就顯明在與同學的流言蜚語上。我和朋友每天都能覺察到這個試探，然而幾乎我每天都落入其中。這是我第一次學習和神同工，來對付我自己的積習。這積習隨著一次又一次新的失敗，看來簡直無力糾正。而今對於那些挫折的歲月我卻可以一笑置之，但是我必須承認，對我而言，制服舌頭上的失敗，並沒有隨著年歲增長而變得比較容易。我仍然發現，自己必須承認會說錯話，也因此而困惑不已。

這就是神定意我們該有的生活方式嗎？時時覺察到自己的失敗？神的目的不是折磨我們，而是要藉著顯出我們對祂無盡的需要，來柔軟我們。就天國的標準來看，我們會持續作出和神的聖潔不符之行為。然而，令人驚訝的是，神並沒有記錄我們的過失。在神的眼中，我們的罪已得赦免。

保羅在羅馬書中強有力的信息，不僅僅止於罪而已。接著還有一個有力的提醒：「**感謝神，靠著我們的主耶穌基督**」（羅馬書七章25節），我們已蒙拯救。因為耶穌，我們在神眼中被視為良善，雖然我們會失敗，但我們有祂的靈內住在我們心中，藉由我們行出奇妙而賜生命的行為。我們是神的子民，和基督一樣是祂的孩子。祂的靈為我們禱告，我們在祂裡面，是得勝有餘的。

這些就是保羅在坦承個人失敗之餘所說的話，配得一再重複，彷如我們也時刻在察覺自己的失敗一樣。沒錯，我們不完全。是的，有些事情我們似乎總是學不會。但是耶穌對於我們的失敗有最後的裁定權。祂的靈，在我們悔恨時與我們同在，在我們停滯不前時，祂注入生命的活水；在我們絕望之處，祂帶來希望。（BQ）

每日默想｜你有多常因著自己的罪而陷在悔恨之中？自從信主以來，你較常感到絕望還是希望？求神幫助你用正確的角度來看待你的罪，以及祂所賜予你的新生命。

Day 317 平安和喜樂；得勝有餘

讀經：羅馬書五章 1-11 節，八章 28-39 節

鑰句：盼望不至於羞恥，因為所賜給我們的聖靈將神的愛澆灌在我們心裡。（羅馬書五章 5 節）

這些經文聚焦在人生中我們都很熟悉的部分：苦難。從罪因亞當和夏娃進入世界的那一刻起，苦難就成為無可避免的現實。罪使人遠離神，造成各種苦痛。罪也使得邪惡在世上有一席之地，要等到耶穌再來，才會完全消滅。

在那一刻來臨之前，我們有羅馬書的這些經文來提醒我們：就算在我們的苦難之中，神的能力更為彰顯。我們或許受苦，但是神會將罪定意要帶給我們的傷害變成益處。當我們受傷的時刻這看似令人難以置信，這些話可能是我們最不想聽的。但是，當時機來臨，我們回顧自己的困境時，便得與神更加親近，此時我們就會開始了解神是對的，這些經文是真實可信的。

患難使我們產生忍耐、老練，以及盼望。讓我們更接近神，使我們成為更好、更成熟的人。這是個奧祕；神從起初在我們看來全然的絕望之中，帶出長存的美善。不論我們往何處去，途中有何遭遇，祂的愛愈發彰顯，使得我們與祂之間沒有阻礙。在我們的痛苦之中，耶穌持續為我們祈求，在神的同在當中擁抱我們。（BQ）

每日默想	你是否曾經歷患難時刻，當你今日回顧時，已可了解神從當中所帶給你的益處？

Day 318 活祭：愛

讀經：羅馬書十二章 1-21 節

鑰句：所以，弟兄們，我以神的慈悲勸你們，將身體獻上，當作活祭，是聖潔的，是神所喜悅的；你們如此事奉乃是理所當然的。（羅馬書十二章 1 節）

人們太常將神學看成是隱士才去思想的事物。沒有別的事情好做的時候，就是詢問關於神的抽象問題的時機。這樣的想法絕對會激怒使徒保羅的。對他來說，如果神學無法影響人的生命，那麼它就是沒有價值的。因此，在他做出聖經裡針對基督神學最透徹、最簡明的摘要後，他在羅馬書的結尾，轉而討論日常面臨的實際問題。

保羅自己的一生提供了一個好榜樣，讓我們知道如何將神學實踐出來。其實，他是在為救援猶太人的饑荒而四處遊走募款時，寫了這本崇高的羅馬書。保羅藉著幫助耶路撒冷的猶太人向外邦信徒募款，塑造了兩種團體極需合一的典範。（要知道這次愛心募款的更多細節，請查閱哥林多後書八章。）

羅馬書十二章不需要特別的評註，或是讀經輔助。問題不在於了解這些經文，而在於遵守它們。保羅敘述的是有行動的愛所應有的模樣。他再一次地使用人體的比喻，來說明不同的肢體如何能合一同工。

「將身體獻上，當作活祭，」保羅敦促他的讀者這麼行。保羅當時的羅馬人，包括猶太人和外邦人在內，都將「祭」這個字聯想成他們帶到聖殿由祭司獻在祭壇上的羔羊和其他動物。但是保羅說得很清楚，神要的是活的人，而不是死的牲畜。一個委身於神旨意的人，就是最討神喜悅的活祭。（PY）

每日默想	請先將這段經文的後半段做出一張可以核對的清單。你在哪些教訓上面最有困難？哪些最容易？

Day 319 順服掌權者；愛，因爲白晝將近

讀經：羅馬書十三章 1-14 節

鑰句：在上有權柄的，人人當順服他，因為沒有權柄不是出於神的。凡掌權的都是神所命的。（羅馬書十三章 1 節）

保羅再一次鼓勵信徒，要將一件事情看為首要：愛。本章的後半段很清楚：愛人，你就遵守了一切神的律法。活著要像耶穌的門徒，並且停止嘗試從那些永遠無法滿足的事情上獲得滿足。

然而，本章的前半段，提出了某些問題。從保羅所寫的，你也許會推斷，他所論及的這些掌權者是良善而品行端正的領袖，配得神的委派。從現實來看，保羅當時的諸方領袖是一群從事不道德行為、素常公開逼迫基督徒的異教徒。保羅很清楚這一點，但是他告訴他的讀者——其他信徒，無論如何都要順服。他強調，不論他們的行為如何，執政掌權者都是神所命的。

在使徒行傳裡，彼得和使徒們表現出，有時「順從神，不順從人，是應當的。」（使徒行傳五章 29 節；另參看四章 19 節）當信徒面臨該順服神，還是聽從人的權柄之時，就必須順服神。順服掌權者的原則，從未延伸至不順從神的地步。但是除了這個情況之外，保羅建議我們應該順服、榮耀、尊敬，並且報答在上的掌權者。一旦遇到灰色地帶，我們不確定自己究竟應該順服到什麼程度才對的時候，我們可以藉著禱告求神指引。（BQ）

每日默想｜你通常如何處理那些得不到你認可的領袖所帶給你的不滿？

Day 320 軟弱和剛強

讀經：羅馬書十四章 1 節～十五章 13 節

鑰句：所以，你們要彼此接納，如同基督接納你們一樣，使榮耀歸與神。（羅馬書十五章 7 節）

保羅教導，愛人有部分涉及到接受自己和他人不同的生活方式。有些

人在信仰上比較軟弱或不成熟，有些人比較剛強。神也許會引領一些人，在祂一般性的生活原則下過某一種生活，另一些人則有另一種生活方式。只要大家過著不逾越聖經中神所立下的基本誡命的生活，我們就不應該堅持某種方式適合所有人。「愛」要求我們容讓神個別帶領每位信徒，將眼目定睛在自己和祂的關係上，並專注在祂呼召我們所要過的個人生活中。

就這樣，我們容許彼此有自由聽神的聲音，跟隨祂，並且在必要的時候讓神指正我們。那麼我們就能以最自由、最真誠的心彼此相愛。（BQ）

每日默想｜你和其他信徒有那些相異之處是符合保羅在此處所談到的？你在不要妄下論斷這方面做得如何？

Day 321 省思

把自己投注在神身上

你如何投注自己的一生？

「投注」這個字，起初也許會讓人聯想到有關錢的問題——關乎我們如何選擇使用自己所擁有的一切。花費這件事也關於到時間——關乎我們如何使用時間。保羅寫信給羅馬教會，談到「活祭」（羅馬書十二章 1-8 節）的時刻，顯出這兩個議題對他都很重要。在保羅信中的最後幾章裡面，他鼓勵基督徒讓信仰來影響他們的一切作為。他們必須在日常生活中顯出對神的愛。

牲畜的獻祭是過去的事了，僅僅具有禮物的象徵。現在神要的是人們自己，就是活祭！如果我們獻上自己，我們會開始針對如何花時間、錢，以及其他一切做出新的抉擇。保羅解釋道：「不要效法這個世界」（羅馬書十二章 2 節）。神的事情更為重要。順服神、使神喜悅，這也會帶給我們更深層的喜悅，遠超過我們之前消磨自己的各種方式。

廣受歡迎的企業領袖兼作家柯維（Stephen Covey）寫到如何管理時間和個人生活。他說，「你消磨自己時間的方式，是根源於你如何看待自己的時間，以及你真正排列優先順序的方式。」[59] 雖然柯維不是從絕對屬靈的角度發表意見，他基本上回應了保羅的教導。對我們來說最重要的事，將會影響我們在時間、金錢，甚至自己全人的運用上所做的選擇。如果神是最重要的，我們會想要把自己投注在祂的身上。

接下來，神要我們如何將自己投注在祂身上呢？

保羅很快地提出解釋。我們消磨自己的方式，對每個人來說，都不盡相同。我們一起組成一個信徒的身體，並且就像是人體的肢體，每人都有特殊的功能。神造我們，給予我們不同的長處，或是恩賜。保羅的例子包括說預言的恩賜，做執事的恩賜，教導的恩賜，勸化的恩賜，施捨的恩賜，治理的恩賜，以及憐憫人的恩賜。這些少數之例。他的論點是：神給我們特殊的功用在世上和基督徒群體中運用。我們每人至少都有一種長處，而此長處可以使我們清楚看見神要我們消磨自己的方式。

你的長處是什麼？你曾經從他人那裡得到哪些對你能力上的稱讚？對你來說，服事神和他人最自在和得力的方式又是什麼？這些長處最有可能和你的恩賜有直接的關聯，這也應該指引你的選擇。你有勸化人的恩賜嗎？那麼為何花時間看電視肥皂劇，而不打電話給一位正在痛苦中的朋友，或是探訪孤獨的人呢？你有施捨的恩賜嗎？那麼為何把金錢和心力花在為自己積攢財富之上，而不去賙濟他人的需要呢？

保羅，或是神，都沒有要求我們把每分每秒都獻給他人。更確切地說，總體來看，在我們每日每時的生活之中，我們對神的愛應該影響我們一切的作為——即便在我們的玩樂或休息上亦然。

柯維解釋，假使我們要改變花費時間的方式、把握好優先順序，而不是依然故我的話，我們必須有一個「大大的『是』在心中燃燒」。[60] 在信徒心中的「是」，就是對著「為神活」而說的。代表著我們願意在日常生活中敬拜祂，也代表著我們願意將自己所有和全人花費在祂身上。（BQ）

每日默想	你知道你個人的恩賜是什麼嗎？如果不知道，求神幫助你更了解祂所塑造的你。如果你知道你的恩賜，你有因此而花心力投注在你自己身上嗎？求神指示你，讓你明白祂要你如何使用給你的恩賜來敬拜祂。

Day 322 保羅在亞基帕前

讀經：使徒行傳廿五章 23 節～廿六章 32 節

鑰句：我差你到他們那裡去，要叫他們的眼睛得開，從黑暗中歸向光明，從撒但權下歸向神；又因信我，得蒙赦罪，和一切成聖的人同得基業。（使徒行傳廿六章 18 節）

保羅決定親自遞交他所募集的救濟金。朋友們求他不要到耶路撒冷去，因為當地是迫害基督徒的溫床。但是保羅「受聖靈催逼」（使徒行傳廿章 22 節，直譯自新國際本），執意要去。他知道神要他把真道傳到羅馬，而且沒有任何耶路撒冷的災禍能夠阻攔這個計畫。

當保羅到達耶路撒冷，最糟的情況發生了：他被捕，身上背負許多虛構的罪名。四十個猶太狂熱份子發誓不吃不喝，直到把保羅殺掉為止。保羅身為基督宣教士的名聲，讓這些陰謀份子群起激憤，以至於需要用四百七十個羅馬兵丁來保護他。

使徒行傳的最後幾章，顯示保羅無所畏懼的極致。他勇敢地面對一群行私刑的暴民，直到羅馬兵丁為了保護他，把他拉到營樓裡去。隔天，他挑戰猶太的統治機關——公會，引起了一陣騷動，以致羅馬千夫長都畏懼他們將把他撕成片段。在這個混亂當中，保羅得到從主而來、令人安心的異象：「**放心吧！你怎樣在耶路撒冷為我作見證，也必怎樣在羅馬為我作見證。**」（使徒行傳廿三章 11 節）這份鼓勵，是保羅當時最需要的。

在黑暗之中，由重兵戒護移送出城，保羅最後來到羅馬巡撫的宅邸中。他的麻煩離結束還遠得很。腓力斯在聽完保羅的申辯後，把他囚禁在監裡兩年，以尋求猶太人政治上的好感。但即連這樣做都不能平息眾怒。等到新的巡撫非斯都一到任，猶太領袖們就策劃了另一個陰謀，要置保羅於死地。

使徒行傳保存了三篇保羅受審時的分訴。羅馬官員對這個在帝國邊陲最常被談論的犯人很感興趣，宣他上公廳來表現一番，就像是在看馬戲團表演的餘興節目一般。一如往常，保羅善用他的機會宣揚真道。本章記錄了他給了最特別的法官亞基帕王一個很深的印象。

因為羅馬人的審訊，保羅得以進行到羅馬這趟等待已久的旅程；不是以宣教之旅的名義，而是乘坐羅馬的船隻，以羅馬帝國囚犯的身分前去。

（PY）

每日默想 | 當他人反對你對基督的信仰，你是比較傾向於為他們禱告，或是對他們懷著憤怒和譴責呢？

Day 323 保羅航向羅馬；船難

讀經：使徒行傳廿七章 1-44 節

鑰句：所以眾位可以放心，我信神他怎樣對我說，事情也要怎樣成就。（使徒行傳廿七章 25 節）

在經歷刺殺行動、暴亂、監禁，以及腐敗的司法體系而倖免於難後，保羅在到羅馬的途中又遭遇許多新的阻礙。本章針對一個身歷海上風暴的敘述，讓我們跟著他們一同經歷那種十年難得一見，倖存者永難忘懷的可怕場景。

路加，保羅身邊的乘客之一（注意那明顯的「我們」），鮮明清楚地重述這個經驗。他敘述了船上的混亂情況：水手用繩索四處捆住他們發出怪聲的船，船員把珍貴的食品補給、甚至船上的器具都丟出船外，羅馬兵丁劍拔弩張地嚇阻試圖各自逃命的水手，準備要割了囚犯的喉嚨。在這一陣歇斯底里的中間，使徒保羅站著，完全平靜，預言接下來要發生的事。神已經應許他將會造訪羅馬，且有異象確認了這點，保羅從未懷疑，即使是船在他周圍解體了也是一樣。

保羅再一次地展現出無懈可擊的勇氣。羅馬百夫長看出了這點：他允許保羅許多特權，提供保護。在風暴結束之際，船上眾人都聽從了這位奇特，而又臨危不亂的大數囚犯。（PY）

每日默想｜通常你在危機中都如何反應？

Day 324 在米利大上岸；抵達羅馬

讀經：使徒行傳廿八章 1-31 節

鑰句：所以你們當知道，神這救恩，如今傳給外邦人，他們也必聽受。（使徒行傳廿八章 28 節）

外邦教會的未來絕大部分取決於保羅的經歷，因保羅是蒙召向外邦人傳道的使徒。因此，使徒行傳最後幾章描寫了一場屬靈爭戰，在其中，神將顯而易見的悲劇變為美事。保羅被逮捕；最後被送往羅馬。船遇風暴，沉了；他們都倖免於難。毒蛇咬了保羅；他將牠甩開，並且開始一場醫治的佈道事工。

保羅在戒護之下抵達羅馬——他最終的目的地。他在旅程中所得到的名聲，毫無疑問地有助於說服當局對他的寬大以待。他以類似「軟禁」的方式獨居，有一名兵丁隨時監控，可能跟保羅銬在一起。保羅一如往常地善用他的時間。他在第一個禮拜就請了猶太人的首領前來，跟他們解釋大家都在議論紛紛的基督「宗派」為何。接下來的幾個月，乃至於幾年，保羅每天有好幾小時寂靜的時間，專心寫信給各地他所建立的眾教會。

路加非常徹底地記錄羅馬司法的審訊過程，使得有些人猜測，使徒行傳是他為保羅辯護而寫的法律訴書。保羅有想要策動造反嗎？路加鉅細靡遺地記錄：沒有，保羅絕沒有政治上的意圖，通常循著羅馬法律而行。

路加寫到保羅的命運尚處未定之天，就擱筆不寫了。大多數學者相信保羅從監禁中獲釋，繼續將他的信息帶到新的疆界。路加對這些旅程的內容以及保羅的審訊或判刑，全都隻字未提。他以單單一個記憶作結，凍結在時間的洪流中：保羅，禁錮在家裡，向著所有來訪者傳道。保羅再也無法選擇他的聽眾；是他的聽眾來找他。但是他勇敢地，在偉大羅馬的中心，宣揚新的國度和新的王。過不久，有些該撒家裡的工作人員也歸信這新的信仰。基督信仰已經傳到各地，並且從耶路撒冷到羅馬均帶來轉變。

傳統的紀載是，幾年後，尼祿皇帝處決了保羅。使徒行傳的最末經文恰好為這位使徒的不凡生涯，下了最適切的墓誌銘。（PY）

每日默想	你像保羅一樣，總是努力運用最壞的景況來傳道或裝備嗎？

Day 325 感恩和禱告：在基督裡活過來

讀經：以弗所書一章15節～二章13節

鑰句：你們得救是本乎恩，也因著信；這並不是出於自己，乃是神所賜的。（以弗所書二章8節）

諷刺地，聖經當中有些最閃耀，最有盼望的書卷——腓立比書、歌羅西書，以及以弗所書，都是保羅在羅馬軟禁期間寫成的。這有個好理由：監禁提供了他時間以完成這個寶貴的資產。保羅不再穿梭在城鎮之間，撲滅敵人四處放的火。他安於尚稱舒適的地點，致力於關注有關生命意義的崇高思想。

一個在古巴監獄生活十四年的囚犯，說出他是如何保持精神振奮的：「單調是最糟的部分了。在我的牢房裡沒有窗戶，所以我在門上想像出一扇窗。我從心裡『看見』一片山裡的美景，水從磐石上的溝壑傾瀉下來。這景象對我來說是如此真實，以至於我每次看著牢門的時候，就可以不費吹灰之力地看見它。」

以弗所書暗示到，當使徒保羅讓他的心靈超越物質，擺脫捆鎖中的單調時，他「看到」了些什麼。起先他想像他所建立的眾教會將有屬靈的成長。本段經文先為以弗所教會的活力大大地感謝，然後他嘗試打開「他們心中的眼睛」，使之看見更為崇高的景象：神的恩典是「何等豐盛」。

以弗所書充滿了驚人的好消息。保羅在其中問了一個了不得的大哉問：「神對這世界全面的目的為何？」他將眼界提高，高過他自己的景況，看到更大的問題，關乎這整個宇宙。並且當他洋洋灑灑地將神的愛道出來時，當中絲毫沒有一點低靡和悲傷的語氣。

如果你感到沮喪，或是想知道神是否真的在乎，或者質疑基督徒的生活是否真值得這番努力，以弗所書提供重要的滋養。它開出的藥方，就是「基督裡的豐盛」，人人都可以得到。（PY）

每日默想｜你覺得保羅的好消息中，最振奮人心的是什麼？

Day 326 保羅，外邦人的使徒；一篇禱詞

讀經：以弗所書二章14節～三章21節

鑰句：這奧祕就是外邦人在基督耶穌裡，藉著福音，得以同為後嗣，同為一體，同蒙應許。（以弗所書三章6節）

以弗所的差傳教會是保羅的成功故事之一。他在第三趟宣教之旅中，先造訪小亞細亞西部（現在的土耳其）地區這最重要的都市。當時的以弗所，以宗教著名但不是保羅所代表的信仰。以弗所乃是羅馬女神黛安娜的崇拜中心，並且當地居民還因著為她而建的神廟感到驕傲。此神廟名列古代七大奇蹟之一，裡頭有上百名職業神妓專門用來幫助「朝聖者」。

在這個意想不到的地方，保羅發現已經有一小群基督徒聚集。他們知道有關施洗約翰的事，卻不太清楚耶穌，而且他們從未聽過聖靈。在這接

下來的兩年，保羅對猶太人和外邦人傳道。一個不斷成長的教會於是生根茁壯，並且很快地，真道就傳遍了這位居於亞細亞的整個省區。

奇妙的神蹟奇事，成為保羅在以弗所服事的特徵，給了當地術士和法師極深的印象，他們還主動公開焚燒他們珍貴的書卷。然而面臨這一股信仰的力量，向來靠獲利豐厚的偶像買賣維生的以弗所商人，終於決定把保羅趕出城外。（參閱使徒行傳十九章的背景）

就像多數初代教會，以弗所教會受到猶太人和外邦人之間的相異處所擾。出生猶太背景的信徒，從小在絕對不拜偶像的教導裡長大，要接受先前曾拜偶像的外邦人加入教會時，有極大的阻礙。以弗所書的這個部分，直截了當地處理了合一的問題。

為了全信一氣呵成，配合教會中健全的狀態，保羅始終保持著樂觀的語氣。他將耶穌呈現為偉大的拆毀阻礙者，祂拆毀了中間隔斷的牆（耶路撒冷的猶太會堂的確有面牆，是外邦人不能越過的）。沒有任何初代教會，展現出較以弗所教會更奇妙的神蹟——新的團契。在那裡，拜偶像者，地球上任何遠離神的人，都已經「得親近了」，和猶太人，神的選民，一起成為神家中正式的成員。

對保羅來說，由猶太人和外邦人所組成的新團契，是歷年來最大的奧祕之一，是神原先計畫的高峰，幾百年來都無人知曉，但現在為人周知了。他幾乎無法克制言語中的高昂情緒，因為他感到希奇：神的計畫在那一刻，全都實現了。（PY）

每日默想

在保羅的時代，猶太人和外邦人是最容易陷入爭吵和分裂的兩個派系。從你的觀點來看，今日有哪些團體使得基督徒容易造成分裂？

Day 327 在基督的身體裡合而爲一；當像光明之子

讀經：以弗所書四章 1 節～五章 20 節

鑰句：從前你們是暗昧的，但如今在主裡面是光明的，行事為人就當像光明的子女。（以弗所書五章 8 節）

這段經文，我們若每天讀，會很有益處。保羅持續地強調信徒合一的重要性，並解釋其理由，以及我們若成為一起成長的信徒，會是個什麼模樣。

神賜與信徒不同的恩賜，所以各人可用獨特的方式彼此服事，幫助所有人在與耶穌的合一之中，不斷地長大成熟。此成熟的過程會顯現在我們每天、每分、每秒的生活方式中。保羅懇求：「你們要謹慎行事。」我們是光明的子女，而且這應從我們的行為當中閃耀出來。

我們談論的事情、笑鬧的方式、處理性慾的方法、給貪心留的地步、擇為密友的人、處理憤怒的態度，以及心中充塞的想法——這些全都很重要，因為它們反映了我們是誰。如果我們屬於耶穌，我們渴切地為祂而活，尋求成聖——在每一天當中越來越像祂。如果我們輕慢地選擇自己的生活方式，這一切將不會發生。

身為信徒，我們要「脫去從前行為上的舊人」以及「穿上新人；這新人是照著神的形象造的。」當這成為我們的禱告，神就給我們所需的幫助，來用心安排自己的生活方式，且活得如同我們有心為之。（BQ）

每日默想　你在一天當中有多常思想自己的行為舉止是否討神喜悅？求神使你隨著日子一天天過去，能越來越像耶穌。

Day 328 省思

修補破碎的愛

當今的社會充斥著破碎的家庭、破碎的關係，以及破碎的愛的觀念。因此，保羅為以弗所教會的禱告，對今日我們大多數的人來說，是最需要為自己和彼此代求的。他在以弗所書三章 14-21 節說：

因此，我在父面前屈膝，（天上地上的各〔或譯：全〕家，都是從他得名。）求他按著他豐盛的榮耀，藉著他的靈，叫你們心裡的力量剛強起來，使基督因你們的信，住在你們心裡，叫你們的愛心有根有基，能以和眾聖徒一同明白基督的愛是何等長闊高深，並知道這愛是過於人所能測度的，便叫神一切所充滿的，充滿了你們。

神能照著運行在我們心裡的大力充充足足地成就一切，超過我們所求所想的。但願他在教會中，並在基督耶穌裡，得著榮耀，直到世世代代，永永遠遠。阿們！

英國詩人柯立芝（Samuel Taylor Coleridge）稱以弗所書為「人手所出

最神聖之作」（the divinest composition of man）。保羅的語言風格是如此神聖，使得當中有幾處其實不易了解。不過有一件事倒是很清楚的：他的信息是關乎愛。

保羅談到愛心有根有基，對我們來說，這是了解耶穌之愛的開端。小兒科醫師費德瑞可・柏克（Dr. Frederic Burke）說到，在年幼的時候是否蒙愛，對於將來愛人的能力十分重要。「我堅決相信，早期父母慈愛的雙手和膀臂接觸，會在孩子的心中留下印痕；雖然看來好像不復記憶，但是對孩子的自我意識，以及對於孩子會發展成何種青少年，有著極大的影響。」[61]

也許你在孩提時，沒有常藉著身體接觸感到愛意，或者也許問題不在身體接觸，而是情緒因素。也許愛有傳達到你耳中，但是卻靠不住，也得不到。也許你之後因為愛而受傷害。特別對於極端缺乏愛的人來說，「有根有基」的愛必須從他處才能得到。那些從不感覺愛的根基穩定的人，可以從與其他信徒的團契中，找到確實可靠的愛。但是，我們最終只能在耶穌那裡，找到所需的愛的豐盛。保羅敘述耶穌的愛是「長闊高深」，是「過於人所能測度」的愛。當我們了解耶穌的愛是何等廣大時，我們便經歷到神的豐盛，最後生命得著滿足。

保羅的禱告首尾呼應，提及神的能力。當我們看到不完全的愛使我們的人生支離破碎，也許改變看似全然無望，甚至是不可能時，我們仍然不可小看神的力量。聖經中最好的應許之一，就在保羅的結語之中：「**充充足足地成就一切，超過我們所求所想的……**」。神真的能填滿我們完全的愛，使我們不致飢餓、受傷、憤怒。祂能夠修補破碎的過往所帶來的傷害，並且能為我們創造出新的未來。我們不需要憤世嫉俗，或頹然避世地活著，因為令人滿足、賜人生命的愛可以成為現實。有神的能力在我們心裡運行，來成就這一切。（BQ）

每日默想

在你的生命中，曾經歷過哪樣的關係破裂？你是否曾懷疑愛——從神來或從人來的——根本是不可信的？請以保羅的禱告來禱告，向神傾訴你在愛的失敗經驗中所受到的創傷。求祂幫助你經歷到基督的愛。

Day 329 彼此順服；神的全副軍裝

讀經：以弗所書五章21節～六章20節

鑰句：又當存敬畏基督的心，彼此順服。（以弗所書五章21節）

在建立了理論之後，保羅詳加敘述，說明一個過著合一生活的基督徒的人際關係應是如何。總體來看，他一開始說，信徒將會「**存敬畏基督的心，彼此順服。**」耶穌在世上的生活態度就是甘心順服、服事他人。我們也應該同樣地順服他人，服事他們，讓耶穌藉著我們彰顯出來。

其次，保羅帶我們看婚姻關係。他的這些經文從寫成以來就一直被許多女性和男性所質疑，甚至是怨恨，但是當我們了解它們是從神來的旨意時，這些經文單純反映出耶穌一生的教導。保羅要求夫婦要以犧牲的愛來愛彼此。這樣的彼此順服，指的不是一方要對另一方卑恭屈膝；而是指從雙方都選擇服事對方，行事都先考慮對方的需求。

妻子被要求要像信徒甘心順服基督一樣地順服。和耶穌所行的作比較，暗示著這是一種從愛的關係中衍生出來，並甘心樂意服事的僕人風範；絕不是「受氣包」的那種順服。丈夫，被要求要像耶穌愛信徒一樣的愛，為了帶來救恩而獻上生命。祂的愛之深，服事之謙卑，已經到無以復加的地步，而這就是保羅要求為人丈夫者要表現出來的品格。

保羅告訴孩童要服從並尊榮父母，作父親的在教養孩子的時候，要領他們認識神。然後他對當時的僕人說話，教導他們愛、順服、尊敬的準則，對他們來說這也一樣適用。保羅不是容許蓄奴；說得更清楚些，他提供身處奴隸制度之現實景況中的信徒，一些務實的建議。

保羅提醒以弗所人，他們要預期會遭遇屬靈爭戰，以此做為以弗所書總結。我們要活得像耶穌，不只是跟自己交戰而已，還要和撒但的勢力爭戰，牠要使我們分崩離析，偏離神的道，然而，這場戰役我們必能得勝，如何爭戰之祕訣保羅亦教導了我們。（BQ）

每日默想｜是什麼使得順服或服事你生命中的人如此困難？

Day 330 感謝與禱告；讓基督居首位

讀經：歌羅西書一章1節～二章5節

鑰句：只要你們在所信的道上恆心，根基穩固，堅定不移，不至被引動失去（原文是離開）福音的盼望。這福音就是你們所聽過的，也是傳與普天下萬人聽的（原文是凡受造的），我保羅也作了這福音的執事。（歌羅西書一章23節）

歌羅西書似乎很像是以弗所書，這是有根據的——將近有整整半部以弗所書的經文，以某些方式出現在歌羅西書中。這兩座城市在保羅的時代是相鄰的，並且保羅在以弗所停留傳道時有許多人歸信，其中有一位將福音帶到了歌羅西。保羅自己從未造訪過歌羅西，因此歌羅西書的收信者只曾聽聞過保羅而已。

本卷書信是以樂觀的口吻開頭，保羅為著歌羅西人的屬靈成長，來向神獻上感謝。但是他也提出了一個在教會中慢慢浮現，屬於教義上的瑕疵。最好的現代同義詞就是「異端」，這是指某些人在部分基督教的原則上另外添加許多其他的神祕教條。

第一世紀的歌羅西位在與東方世界相連的貿易要道上，正是異端教派孳生的完美溫床。連這個區域的猶太人的都會膜拜天使和河神。通常這些教派（今天有許多也是如此）都不會斬釘截鐵地拒絕耶穌；他們只是把祂納入一個更精巧複雜的信仰系統裡。他們的教導是，基督和單純的敬拜形式對新手入門來說很好，但是要知道「神深奧的事」則需要更進深的一些步驟。

保羅不針對怪異的教條各個擊破，而是以純正的神學來反駁。「有神就夠了，」他在第一章就宣告。祂是神，是神一切的豐盛，是創造世界的主，是萬有存在的緣由。所有你可以開口要的「奧祕」、珍寶，以及智慧皆不需外求，全都可以從耶穌基督那裡得著。從15節開始的一段相當精彩的總結，據傳也許曾受初代教會所改寫，以做為讚美詩之用。

保羅以他才對以弗所人講論的內容來告知歌羅西人：在基督來之前，有個數世紀以來不為人知的奧祕。但是當基督來到之後，一切都已真相大白。神一切的豐盛，透過耶穌在地上的生活、被釘、死後復活，全都在日光之下顯示給眾人。我們為何還要接受仿製品呢？（PY）

每日默想｜有任何人曾嘗試以「花言巧語」來欺騙你嗎？

Day 331 聖潔生活的準則

讀經：歌羅西書三章 1-25 節

鑰句：無論做甚麼，或說話或行事，都要奉主耶穌的名，藉著他感謝父神。（歌羅西書三章 17 節）

保羅又寫給歌羅西人的信息，很像是寫給以弗所人的。他告訴他們如何過聖潔的生活，活得像是一個屬基督的人。他縮短了一些教導，然後為僕人以及眾信徒作了總結，教導我們在工作時，要努力照著神呼召我們生活的方式過活。對於日常生活應有的態度是：「無論做甚麼，都要從心裡做，像是給主做的，不是給人做的，因你們知道從主那裡必得著基業為賞賜；你們所事奉的乃是主基督。」（歌羅西書二章 23-24 節）（BQ）

每日默想｜你工作中有哪個領域是特別需要你提醒自己是在事奉主，而不是事奉人？

Day 332 省思

打一場屬靈爭戰

年幼時，我在主日學中常常唱的一首熱門詩歌叫做《信徒如同精兵》（*Onward Christian Soldiers*）」。前段的歌詞是這樣的：

信徒如同精兵，爭戰向前行，
十字架為旗號，先路導我程！
基督乃是統帥，領我攻敵往；
故當仰望麾旗，前行入戰場。

小時候我很喜歡唱這首詩歌。有時我們會一邊唱，一邊在室內繞行，也許手裡還拿著一面基督的旌旗，想像自己走在耶穌軍隊的隊伍之中。那是在我知道戰爭的現實面之前。當時，戰爭像是另一個世界的產物，是個虛無飄渺的意象，僅僅限在歌詞的意境裡。

現在，我對這首幼時的詩歌的感覺變了。我已經變得愛好和平，唱這首歌時已不復以往的熱情了。如今，我寧願歌頌愛。我寧願以得見美善、潛力的觀點來看生命，即便我是從那些意見不合的人身上看見這些好事，那也無妨。

然而，我也逐漸明白，若是了解這首詩歌的真正意義，也知道許多聖經對於戰爭的說法，就能理解此處的戰爭不是針對人，而是反對那惡者；牠在眼所不能見，超出我們現實世界的領域之中，不停地興風作浪。如此的邪惡乃是由撒但所策動，處心積慮地想要敗壞神的子民和產業。

保羅從來沒有忽視這場戰爭。在他寫給以弗所人的信中，說道：「要穿戴神所賜的全副軍裝，就能抵擋魔鬼的詭計。因我們並不是與屬血氣的爭戰（原文是摔跤；下同），乃是與那些執政的、掌權的、管轄這幽暗世界的，以及天空屬靈氣的惡魔爭戰。」（以弗所書六章 11-12 節）很多時候，我們覺得自己遭遇困難，面臨試探，是因為罪，以及我們自己的軟弱。我們認為唯有藉著果決的想法，堅強的意志，才能幫助我們克服。保羅提醒我們，我們也許忘記了這問題當中的一個要素：那就是與我們敵對的，是一股千真萬確的屬靈勢力。我們不只是與自己爭戰；更是與撒但和牠的代表對抗。

保羅談了信徒作戰所需的全副軍裝——真理、公義、平安、信德、救恩、聖靈、神的道——之後他提到要為著自己，也為著彼此來禱告。當戰況激烈的時候，我們需要時常和我們站同一陣線的那位至高者連結。我們在打每場爭戰的時候都需要祂，並且我們也需要周遭的人為我們禱告，加添我們更多力量。

保羅提到一位信徒，就是這樣為他所愛的教會禱告。保羅在給歌羅西教會的信中寫著，以巴弗雖是囚犯，卻為他們「竭力地祈求（譯註：新國際本為always wrestling in prayer，有以禱告爭戰[摔跤]之意）」（歌羅西書四章 12 節）。以巴弗和保羅都面臨和靈界仇敵對戰的時刻，他們十分認清這點，並且幫助所愛的人們一同爭戰。

那些仍然唱「信徒如同精兵」的人，還是可以再次地以孩童的角度來面對，想像一個不在地上，而是於另一個世界展開的戰役。我們應該為著自己和他人唱這首歌，以一個孩子的滿腔熱忱來唱。這爭戰是真的，是屬於神的。並且就像是馬丁路德所寫的一首詩歌的歌詞一樣，「定能克敵得

勝」。（BQ）

每日默想　你準備好要來面對屬靈爭戰這個事實了嗎？跟神陳明你的需要，求祂幫助。花些時間為一位正面臨屬靈爭戰的朋友或家人禱告。感謝神，祂無比權能高過這一切，沒有什麼能夠阻擋我們靠著祂來爭戰。

Day 333 保羅爲阿尼西母代求

讀經：腓利門書 1-25 節

鑰句：他暫時離開你，或者是叫你永遠得著他。（腓利門書 15 節）

新約共包括四卷使徒保羅寫給個別信徒的信（腓利門書、提多書、提摩太前書、提摩太後書）。在這些書卷當中，腓利門書是最簡短，也最私人的一卷。保羅寫信給朋友，請他幫一個大忙，因為有人正命懸一線。

就像當時許多可敬的公民一樣，腓利門擁有奴隸（歷史學家估計有多達六千萬名奴隸為羅馬帝國服務）。其中有位名叫阿尼西母的奴僕，偷了主人的東西，逃到羅馬來。他在那裡遇到了保羅，結果成為一名基督徒。

身為基督徒，阿尼西母感覺有需要來賠償被他訛詐過的主人。但是羅馬法律對逃亡的奴僕是毫不留情的。如果阿尼西母回去，他的主人腓利門於法有權立刻判他死刑。或是他可以用滾燙的燒鐵把字母 F（代表 *Fugitivus*，譯註：此為拉丁文，意指逃犯或逃跑之人）烙印在他的額頭上，留下一生的標記。

使徒保羅同意善加運用自己對腓利門的影響力，而這封簡短的書信，就是如此寫成的，是一篇展現說服技巧和交際手段的大作。腓利門書的每一句看似都經過精心設計，目的是要盡量達到最好的效果。保羅訴諸自己和腓利門的友誼、基督教領袖的身分，以及他對愛和憐憫的感受。他毫不保留地施加壓力，提醒腓利門「連你自己也是虧欠於我。」他甚至提議要幫阿尼西母還債。

保羅在此封信中並沒有要求完全廢止奴隸制度。這樣的要求會威脅到帝國的經濟根基，並且導致羅馬施加極大的壓力於尚在起步階段的教會身上。事實上，奴隸制度，在這封信寫成之後，仍持續了一千八百年之久。

然而，腓利門書這本小書卷早已顯示出在奴隸制度廢止的許久以前，信仰就已對其產生極深的影響力。

阿尼西母出於基督徒的良心受到譴責而痛苦，願意冒著極大的危險求主人赦免。在腓利門書中保羅要求第二個神蹟，懇求奴僕的主子要「收納他，如同收納我一樣。」阿尼西母不再是「財產」，而是基督裡的弟兄。如此的態度在這文化中就像是炸藥，在社會中帶來爆炸性的變化。（PY）

每日默想｜你是否知道什麼情況，是你可以使失和的雙方和好嗎？

Day 334 什麼教導能規勸不同的群體；以何為善

讀經：提多書二章1節～三章8節

鑰句：他為我們捨了自己，要贖我們脫離一切罪惡，又潔淨我們，特作自己的子民，熱心為善。（提多書二章14節）

保羅尚稱年輕的時候，精力充沛，親自將福音傳到近東的偏遠地區。但是隨著年歲漸長，健康每況愈下，逐漸減緩了他的速度，特別在後期他長年身陷囹圄，難以施展。逐漸地，他轉向求助於忠心的幫手們，盼望他們能繼續他的事工。

提多這個名字在保羅的信中出現了十四次。加拉太書（二章1-5節）介紹他是保羅的「證人之一」，證明外邦人也可以成為一個百分之百的基督徒。十多年來，保羅仰仗這位值得信賴，似乎擅長處理教會危機的同工。提多兩度受差遣，到哥林多那爭端不斷的教會做化解歧見的工作。此信顯示出，他在革哩底也面臨了一個同樣具挑戰性的任務。保羅寫給他一套個人的教戰守則，教導他如何應付這個困難的任務。

革哩底是地中海的一個島嶼，島上人口由多元種族所組成。革哩底認識外界的管道，主要是透過海盜和粗俗的水手。你可以從保羅建議中的弦外之音，知道提多在當地所面臨的挑戰。舉例來說，保羅對老年人的建議是「要有節制、端莊、自守」，揭示了他們平時是什麼模樣；同樣地，他指示婦女「不說讒言，不給酒作奴僕」。甚至當地有一個本地的先知（譯註：聖經提多書記載是先知[prophet]，但本書英文原版作者寫成詩人[poet]，應為誤植）都形容革哩底人是「常說謊話，乃是惡獸，又饞又懶。」

由於基督教會是新興起的一種現象，必將受到外界嚴密的審視，對此保羅一直謹記在心。在提多書中，他對教會裡面不同群體的成員所作的建議：老人、老年婦人、少年婦人、少年人、僕人，正可給睜眼審視的世人最好的典範。目標是：「叫那反對的人，既無處可說我們的不是，便自覺羞愧。」（提多書二章8節）（PY）

每日默想｜在保羅給不同群體的建議之中，哪個對你而言是最直接而適用的？

Day 335 警戒假教師；神對保羅的恩典；對敬拜的教導；監督和執事

讀經：提摩太前書一章1節～三章8節

鑰句：他願意萬人得救，明白真道。（提摩太前書二章4節）

教會裡面女人的角色、社會福利計畫、募款策略、基督徒和社會的關係、物質主義、崇拜的次序……這張清單所敘述的，可以說是現代各宗派大會討論的議題。但是使徒保羅早在第一世紀，耶穌離世幾十年之後，就處理過這些議題。

其實，在提摩太前書中所討論的問題，代表的是成長時必經的痛苦。舉例來說，信徒出於基督的憐憫，向有需要的寡婦伸出援手。但是不久之後，部分有「拿救濟金意識」的教會成員，將寡婦登冊的事情，作為規避自己家庭經濟責任的簡單出路。在提摩太前書中，保羅擘畫出一個「造冊登記」的形式，來確定誰才是真的有需要的人。

這些以及其他的問題使以弗所教會深受苦惱，而提摩太現在就在那裡牧會。儘管在這世俗的城市中有激烈的反對勢力，教會仍是興盛地成長。以弗所書曾是保羅雀躍之情湧現的書信之一，但是在他造訪以弗所將近十年之後的現在，他得知有大麻煩正在醞釀著，認為是這些老教會該建立組織的時候了，也該建立崇拜和關懷事工的次序。否則他們將會漸漸地趨向無止境的分歧和爭論。

保羅轉向他可信的同工提摩太，託付他來做這不討好的工作。提摩太在保羅第一趟宣教之旅中歸信，儘管和保羅在個性上有幾點很大的差異，但日積月累之後，保羅卻對他有完全的信任。提摩太生性保守而膽怯，而這可能造成他胃方面的慢性症狀。以他的害羞個性和半猶太人、半外邦人的血統來看，他似乎並不是一個能在動盪的教會中與異端思想奮戰之理想人選。但是保羅深信，提摩太可以勝任這個工作。

「**我沒有別人與我同心，**」（腓立比書二章20節）保羅有一度寫到提摩太。「**他興旺福音，與我同勞，待我像兒子待父親一樣。**」（腓立比書二章22節）經歷了混亂、暴動，甚至牢獄之災，提摩太都忠實地陪伴著保羅。保羅有六封信的開頭皆提及提摩太在他的身旁。儘管胃部虛弱，個性膽小，提摩太卻以多種方式向保羅證明了他的毅力，並且保羅寫了這封信給提摩太，鼓勵他去做此艱困的工作。（PY）

每日默想｜**你有任何個人的特質，使得你在服事主的事上顯得困難嗎？**

Day 336 省思

尋求一個成功的家

許多今日的信徒視參與教會為非必要的。也許他們安於和一小群基督徒朋友在一起，不願意進一步地參與教會，發展更多的關係；也許是現在教會根本不是他們生活的一部分。對保羅來說，信徒的問題不是應不應該加入教會，而是如何加入，如何使教會生活成功？保羅談到我們應該在彼此的生活中扮演重要的角色。

談到要彼此合一成為基督的身體或家人，在今日的文化中明顯地有一些特別的挑戰。當我們環顧四周，看到存在於我們彼此間天南地北的差異時，這個和其他基督徒的連結就成為一個令人不舒服的提議。我們也比以往世代的人更加離群索居。通常我們固定和一小群較類似的朋友聚在一起，但由於時間和精力上的限制，使我們會連跟他們多相處的時間都沒有。

提多在革哩底所牧養的教會也面臨這樣的挑戰。會友們不清楚對彼此來說，那傳統的「教會」該是什麼模樣。對他們而言，個人的屬靈生活就已經是一項挑戰了。在提多書中，保羅告訴信徒，我們可以為彼此付出，同得幫助，而不會因此背負重擔。和教會裡面「不同的」信徒在一起，可能可以使我們的生活完整，使我們的一生更有意義，更使人滿足，而不是虧缺。

保羅提到「**純正的道理**」為合一所需的第一步（提多書二章1節）。此外，所有信徒都需要自守、敬虔、和善，並全然正直。有些相異之處可為身體增添不同色彩，但是在品格的部分，大家都必須追求相同的目標。

此外，我們必須了解，我們需要跨越不同的年齡層。少年婦人需要老年婦人，少年人需要老年人，年紀較大的信徒有責任成為年輕人的榜樣和鼓勵者。如果不這麼做，教會將呈一團混亂；因年輕世代希冀自行分辨出最好的生活方式，而年長的世代則覺得自己風華不再，不再受人需要。

「但是他們不認識我，」我們也許會針對教會裡的人提出抗議。「我沒辦法認同他們。我們合不來。」

潘霍華在納粹時期是一所地下神學院的德國牧師，寫到耶穌為關係所帶來的改變。「基督成為中間人，使得我們與神，與人和好。沒有基督，我們無法認識神，無法呼喊祂的名，也無法親近祂。但是沒有基督，我們也無法認識自己的弟兄，也無法接近他。路是被我們的自我所阻攔的。基督為我們開路，使我們可以親近神和自己的弟兄。現在基督徒可以彼此和好；他們可以彼此相愛，彼此服事；他們可以合而為一。但是他們唯有藉著耶穌基督才可以持續下去。」[62]

在自然世界中，我們也許不能和不同年齡層的人連結。但耶穌改變了這一點。雖然挑戰仍舊存在，祂卻以超乎我們所想，而又滿足我們靈裡需要的方式，連結了我們。在這些意想不到的人當中，我們和祂相遇，發現我們的生命更為豐美，看法更為健全。耶穌使我們成為一家人。（BQ）

每日默想

教會在你的生活中佔有多大的地位？你會定期和其他地區的基督徒，或是其他社經地位、種族背景與你不同的信徒互動嗎？求神賜你智慧知道如何處理在教會中所遇到的掙扎。求神幫助你了解自己的需要，並找到方法，藉著其他信徒的幫補來滿足這些需要。

Day 337 貪愛錢財

讀經：提摩太前書六章 3-21 節

鑰句：你要囑咐那些今世富足的人，不要自高，也不要倚靠無定的錢財；只要倚靠那厚賜百物給我們享受的神。（提摩太前書六章 17 節）

保羅警告，錢對所有的信徒都具有危險的吸引力。錢本身並不邪惡，大家都需要它，藉著它流通才能過日子。但是，就像是貪食，貪財也可能失去控制。這會使人分神，使原本追求神的人轉而追求金玉其外，內裡卻沒有真實或永恆價值的事物。撒但使用錢來使我們遠離神，以此消耗我們的心思意念、時間，和精力，去追求那些對於神國無足輕重的事物。

耶穌常講到金錢，警戒「財主進天國是難的」（馬太福音十九章 23 節），以及「你們不能又事奉神，又事奉瑪門（瑪門：財利的意思）。」（馬太福音六章 24 節）耶穌比較關切人的心，而不是其銀行帳戶的多少，祂知道錢財有辦法竊取人對神應有的愛。它可以使人的靈魂破產，雖然看似給人安全感、得到滿足、受人尊敬，但到頭來卻只留下一片空虛。不管人有多少錢，神都只在乎人的心。只有以神為中心，不在意一切，才能夠經歷和祂相交的豐盛。

耶穌說：「人的生命不在乎家道豐富。」（路加福音十二章 15 節）祂的話、保羅的話，都提供了我們信徒可以銘記於心的真知灼見。我們「有」什麼，和我們「是」誰毫無關係。所羅門，古今以來最有智慧的人（以及最富有的人之一），說：「貪愛銀子的，不因得銀子知足」（傳道書五章 10 節）。神已經說得很清楚：錢財無法給我們真正需要的東西，真正的滿足只有在祂裡面才能得著。（BQ）

每日默想｜你最近何時受到引誘，因著錢而使你對神的事分心？

Day 338 鼓勵信守到底

讀經：提摩太後書一章 1-18 節

鑰句：因為神賜給我們，不是膽怯的心，乃是剛強、仁愛、謹守的心。（提摩太後書一章 7 節）

保羅此時在羅馬被第二次監禁，他離世的時間快到了。他寫信給提摩太，以此刻心中充滿的盼望和信念向提摩太擔保：「知道我所信的是誰，也深信他能保全我所交付他的（或譯：他所交託我的），直到那日。」（提摩太後書一章12節）保羅能夠以如此的信心向前瞻望，是因為他對神的信心有根有基，堅信這位可信可靠的一直與他同行，並以許多方式真實地向他顯現。

儘管有被拷打、被石頭打、監禁、船難，以及缺食缺水、衣不蔽體的時候，保羅知道他可以信靠神。前頭有好得無比的東西正等著他，而他現在的苦難終將結束而得救，有一天這些都算不得什麼。保羅靠著聖靈，深深認識神和耶穌的愛。這份關係給了他力量，面對他的任何遭遇。（BQ）

每日默想｜你和神的關係如何影響你處理苦難的態度？

Day 339 神所認可的工人

讀經：提摩太後書二章1-26節

鑰句：有可信的話說：我們若與基督同死，也必與他同活。（提摩太後書二章11節）

「我為這福音受苦難，甚至被捆綁，像犯人一樣。然而神的道卻不被捆綁。」（提摩太後書二章9節）保羅對提摩太說的這些話，總結了保羅個人的苦境，和他希冀在死後他的工作仍能有人持續的熱切渴望。

這寫給提摩太的第二封信，包含許多有關保羅光景的線索。這次的待遇似乎較之前的在羅馬被軟禁要來得嚴酷許多。現在他受捆鎖，身處寒冷的地窖，朋友們也找不到他的所在。保羅的意志消沉，他覺得「凡在亞細亞的人都離棄我。」（提摩太後書一章15節）

此信幾乎肯定是在尼祿皇帝時書寫成的，正是主後66到67年。那時，基督教已經是一個從猶太教分裂出來的小派別，共有成千上萬的歸信者，形成一股強大的勢力，而尼祿把握這個機會，將基督信仰歸為帝國內部禍害的代罪羔羊。他把羅馬燒得一乾二淨，並且即刻將火災歸咎於基督徒。很快地，這個喪心病狂的皇帝就開始折磨信徒，把他們釘在十字架，或是裹在獸皮中，而後放任獵犬處置他們，甚至把他們當作人形火炬活活燒死，用來照明他園中的鳥獸。

難怪同樣身陷牢獄的保羅會寫信告誡提摩太，要他在面對苦難時拿出勇氣。保羅自己的生命已接近終點，他寫下這些末後的話，當作遺產來傳給提摩太及其他「那忠心能教導別人的人。」

提摩太後書是一卷情緒不穩的書。有時保羅顯出自己的軟弱，透露出他的恐懼和孤獨。其他時候，就像是本章一樣，他發表一篇使人奮起的「精神談話」，以振奮提摩太的意志，或許也振奮他自己。使徒保羅的生命一點一滴地即將消逝，他奮力地列出一連串末了的提醒：有關聖潔生活的建議、神學的重要洞見、激勵人心的比喻、單句箴言、警戒、一般格言。本書沒有特定的次序；因保羅沒有時間排次序了。他在為他主內的兒子記下一種屬靈的「最後遺囑和信仰聲明」。

傳統教導是說，最後羅馬因為保羅的信仰而處決了他。但是因為他的一生，以及他所傳給類似提摩太的歸信者的典範，整個世界就這樣永遠地改變了。（PY）

每日默想 | 如果你面臨死亡，什麼問題會使你掛心？

Day 340 省思

選擇逃跑還是留下

我們要如何在一群不認識耶穌，不遵行神的道的人當中生活？

我以前的想法是，在大部分的情況下，我應該跟那些行事為人不符合基督徒道德標準的人在一起，留在他們中間成為一道光芒，作一個在不信者當中活出神的道的人，而不是離開，因這會給人留下自以為是、孤芳自賞的印象。我認為，如果我向罪屈服或是不知為何蒙受苦難，那就是我的錯失。是我不夠倚靠神的力量所致。

但我已逐漸知道，也更了解保羅對提摩太的勸誡。保羅寫著，「你要逃避少年的私慾，同那清心禱告主的人追求公義、信德、仁愛、和平。」（提摩太後書二章22節）保羅沒有勸告提摩太在罪中固守，堅持下去。他乃是叫提摩太逃向另一條路。

提摩太當時也許是三十五、六歲的年紀，可能在遇到保羅後才歸信基督，仍然很能體會什麼是「少年的私慾」，或是另一版本所說的「年輕的情慾」（直譯自新修訂標準本）。保羅教導提摩太和我們，在某些情況下，信徒應該把自己抽離開危險的情況。有時神很清楚地表達祂比較希望我們常和那些「禱告主的人」在一起。

魯益師也幫忙解釋這點：「和邪惡的人接觸會顯得如此困難，是因為需要有良善的目的，甚至加上謙卑和勇氣，才能成功地應付此狀況；這也許會需要用到社交上，甚至智力上的才華，而神尚未賜給我們這些恩賜。所以，當我們可以躲避的時候，就應當躲避，這不是自以為義，只是謹慎小心而已。」[63]

魯益師和保羅了解，信徒依舊只不過是人。我們有神的靈和祂的能力，但有時還是會失敗。神要求我們，在試探明顯逼近之時，我們應當逃跑，而不是使我們自己暴露在無法應付的情況之中。

當然，我們需要平衡一下。耶穌已為我們示範了如何平衡，他花時間和最常見的罪人相處。甚至保羅向提摩太解釋，面對那些反對他的人，他必須「**用溫柔勸戒那抵擋的人；或者神給他們悔改的心，可以明白真道，叫他們這已經被魔鬼任意擄去的，可以醒悟，脫離他的網羅。**」（提摩太後書二章 25-26 節）

像提摩太一樣，我們可以常與我們生活方式不同、信仰不同的人接觸。神要求我們要忠心及和善，避免爭競，但要誠實（提摩太後書二章 24 節）。有時我們需要逃跑，有時我們必須留下，溫和但堅定地告訴別人關於神的標準。有了神的幫助，我們必須決定，在各種情況下，應採取何種因應之行動。首要的，就是我們必須竭力持守對神的信心。唯獨如此，當神賜給我們力量和勇氣時，我們才可以進入那些在跟隨神上需要幫助之人的生活中。（BQ）

每日默想	什麼情況可能會使你遠離神？面臨這些情況時，你能夠逃避嗎？在你的生活中，有哪個領域是神要求你留在其中，大顯和善與溫柔以說出祂的真理？求神賜給你智慧，使你知道何時逃跑，何時留下。

第十二部　重要書信

Day 341 高過天使的人子；耶穌與祂的弟兄相同

讀經：希伯來書二章1節～三章6節

鑰句：他自己既然被試探而受苦，就能搭救被試探的人。（希伯來書二章18節）

「宗教之間有什麼不同嗎？」懷疑論者會問，「最重要的，不就是心誠則靈嗎？」像這樣「現代」的問題，數千年來，其實早就有人討論過。希伯來書就是寫來回應初代教會信徒這類的問題。當時他們出現分裂，一邊是猶太教，一邊是新的基督信仰。

有些人喜歡堅守猶太教熟悉的儀式，因為它們已經流傳了千年之久。另一項優勢是：當時的猶太人享有羅馬的正式保護，但是基督徒卻容易受到迫害。問題是，值得為相信基督而如此冒險嗎？

希伯來書堅持，要選擇基督，是因為有一些決定性的因素。整卷書都環繞著「更好」這個詞語。耶穌比天使或摩西，或者舊約的方式都要來得更好，好過這世界所能給的一切。

即便如此，在引用了許多詩篇中偉大的神學思想之後，希伯來書的作者（身分不詳）似乎停住思考了一下。「只是如今我們還不見萬物都服他。」基督徒被逮捕、折磨、關到牢裡，這個世界真的臣服於基督嗎？

作者從這裡開始解釋，為何神來到塵世和成為肉身是如此重要。祂並沒有神奇地挪去人類所有的問題，而是「使祂自己服在」我們任何人都會同樣面臨的難處之中。希伯來書比所有其他新約聖經的書卷，都要更深入地解釋耶穌的人性。

本章給了兩個有力的理由，解釋耶穌來到世上的原因。第一，祂藉著死亡，把我們從死權下贖回，為我們贏得了永生。第二，祂藉著經歷一般人會有的試探，而更能幫助我們面對自己的試探。

不是天使，也不是高坐在遙遠天堂的神能夠成就這件事。耶穌來，就是為了來完成這個救援任務——拯救人類脫離長期的奴役和轄制。若不是基督，我們會一直活在對死亡的懼怕，以及失敗或罪惡的捆綁之中。只有耶穌才能釋放我們。因此祂值得我們冒險。（PY）

每日默想｜耶穌將你從什麼恐懼或捆綁中釋放出來？

Day 342 要忍耐

讀經：希伯來書十章 5-10 節，19-39 節

鑰句：你們必須忍耐，使你們行完了神的旨意，就可以得著所應許的。（希伯來書十章 36 節）

希伯來書的作者提醒信徒，因為耶穌為我們所成就的，使我們可以滿有信心地來親近神。我們不需要感到害怕、不配，或是不被愛。我們可以自由地來到神面前，良心不帶著虧欠，因為我們已經獲得赦免。當我們親近神，我們可以緊緊抓住祂藉聖經所賜的盼望。神要我們倚靠祂的應許。

作者也鼓勵信徒不可停止聚會，即使是在困難、危險的時刻，我們依舊需要彼此。神從來沒有要祂的子民單獨和祂同行，祂要我們從彼此身上尋得支持和鼓勵。

最後，作者提供了一個問題的解答，那就是為何慈愛的神會處罰那些未曾委身於祂的人。神藉著耶穌，為所有人完全地獻上了自己。假使有人不接受祂這份禮物，他們就是選擇繼續遠離神。如果他們不回應施恩的聖靈，他們便是與神無份了。然而，那些跟隨耶穌的人沒有任何理由不帶著信心。神是信實的，不論事情在患難時刻看來怎樣，祂的應許都將實現。

（BQ）

每日默想 | 你曾害怕接近神嗎？為什麼？

Day 343 因著信

讀經：希伯來書十一章 1-40 節

鑰句：信就是所望之事的實底，是未見之事的確據。（希伯來書十一章 1 節）

第十章的最後幾段，透露出許多有關希伯來書原收信者的景況。歸信基督已經為他們帶來傷害：財產充公、公然侮辱，甚至牢獄之災。在初期的時候，他們高興地、甚至是滿心喜悅地接受這些迫害。但是時間一久，試煉接連不斷，有些人已經開始灰心了。

對這些沮喪的人來說，希伯來書十一章就是一個振奮人心的提醒，讓

人知道「真實的信心」有哪些要素。人很容易把信心看成一種魔法的公式：如果你產生夠多的信心，你就會變得富有、身強體壯、過著心滿意足的人生，所有禱告都必蒙應允。但是希伯來書的讀者們發現，生活並沒有按照這樣美妙的公式進行。為了證明，作者費了很大的努力來回顧舊約時代一些信心的偉人。（有些人稱希伯來書十一章為「信心名人堂」）

「人非有信」希伯來書直率地說，「就不能得神的喜悅」（希伯來書十一章 39 節）但是作者在描寫那種信的時候，使用了相當尖銳的字眼：「忍耐」、「忍受」、「不可灰心」。因著信，有些英雄得勝了：他們打退全軍、脫了刀劍、封住獅口。但是也有人以較不快樂的結局收場：他們受鞭打、捆鎖、被石頭打死、被鋸鋸死。本章歸結：「這些人都是因信得了美好的證據，卻仍未得著所應許的。」（希伯來書十一章 39 節）

從本章所浮現出來的信心之圖象，並不符合任何簡單的模式。有時信心帶來成功和勝利，有時它需要勇敢下決心「不計代價地撐下去」。希伯來書第十一章並沒有明言分出這兩種信的高下。兩種都是奠基於相信神終將掌權，而且確實持守祂的應許——不論是在今生或是來世應驗都一樣。對於這種人，希伯來書說：「神被稱為他們的神，並不以為恥，因為他已經給他們預備了一座城。」（PY）

每日默想｜身為信徒，你比較能認同得勝的英雄，還是那些不計代價堅守到底的人？

Day 344 神管教祂的兒子

讀經：希伯來書十二章 1-28 節

鑰句：生身的父都是暫隨己意管教我們；惟有萬靈的父管教我們，是要我們得益處，使我們在他的聖潔上有分。（希伯來書十二章 10 節）

希伯來書十二章延續前一章留下的主題，只是作者將焦點從舊約歷史移到讀者的身上。他將信心比作運動場上的比賽。那些前輩——十一章裡的信心偉人——就像是「許多的見證人，如同雲彩圍繞著我們」，看著我們這些後輩跑這趟信心的路程。因此，希伯來書教導，要「放下各樣的重擔」，還要「把下垂的手、發酸的腿挺起來」。

很明顯地，希伯來書的原收件者本來預期的是一場短跑比賽，而不是折磨人的馬拉松。他們需要額外的鼓勵和管教，才能撐過這場長途的屬靈考驗。

馬拉松比賽的比喻，讓人輕易地聯想到基督徒的生活。為什麼有人要跑二十六哩的路程來苦待己身呢？大部分的跑者提到這種比賽帶來一種自我實現的感覺，再加上運動對身體本身所提供的好處。在「屬靈的馬拉松」中也產生相同的益處。抗拒試探和忍受困難都是一種管教，管教之後會產生一些益處：那就是堅強的品格和無虧的良心。更別說為那些跑完全程的人所預備的永恆獎賞了。

真正的競賽者會將眼目放在第一跑者身上，而且可以想見的是，希伯來書尊崇耶穌為我們信心的最終標準。祂因為「擺在前面的喜樂」，忍受了十架的苦難。因為耶穌，沒人可以抱怨：「神根本不知道這裡是這種狀況。」祂怎會不知道？別忘了祂也曾來過這裡。而且對那些感到疲倦及灰心的人來說，最好的解藥就是「仰望為我們信心創始成終的耶穌」（希伯來書十二章 2 節）。

本章結尾十分振奮人心，它頌讚基督的新約，當拿來與神和以色列人的舊約相較時，是多麼的美好。新約終將帶來新造的人和新的國度，它們是永遠長存、不能撼動的。（PY）

每日默想｜如果屬靈上的成熟是一場馬拉松比賽，你現在已經跑到哪裡了？

Day 345 省思

信心激進的一面

希伯來書花了整章的篇幅談論信心，首先下了一個令人難以忘懷的定義：「信就是所望之事的實底，是未見之事的確據」（十一章 1 節），然後詳加敘述了舊約人物表現信心的許多方式。

有些人，像是亞伯，透過單純愛神、真心的獻祭，來展現他的信心。其他人表現得更為極端，如以撒、雅各，和約瑟，都深信神對未來的應許，就算有死亡威脅也不改變。亞伯拉罕和摩西則是離鄉背井來到陌生的土地。挪亞造了方舟，亞伯拉罕願意將兒子以撒獻在祭壇上，其他人承受監禁、折磨，以及死亡。這些人犧牲了自己和他們的計畫，讓神的旨意成全。只有激進的信仰，才能讓這些人做出這種選擇。

前任神學院院長兼作家古朗茲（Vernon Grounds）說過三個發生在現代具十足信心之人的故事。密德蕾・卡柏（Mildred Cable）在英國長大，相信神呼召她到中國傳道。出發前，她愛上一位基督徒，雙方都有結婚之意。然而，那位弟兄卻感受到強烈的呼召，要他留在英國服事。在許多的禱告和眼淚之後，兩人決定分手，因他們深信神的旨意是要其朝不同的目標各自邁進。密德蕾勇往直前，獨自在中國服事多年，果效良好。

喬治・慕勒（George Müller）雖然是一位窮人，對神的愛卻豐富滿溢，在英國一共建了五所孤兒院，照顧超過上萬名的孤兒。他在全世界建立主日學，印了兩百萬本聖經和研經相關的出版品，以及三百萬本書和單張，並且慷慨捐輸許多國家的宣教士。他的信心使他作出人類所不能行的事。

法蘭克・羅巴克（Frank Laubach）初期在菲律賓服事一群他十分鄙視的人。他感到不快樂，服事沒有果效。有天下午，他獨自坐在山上流淚，覺得與其要像現在這樣活著，倒不如死了算了。但他沒有因此去死，他乃是在態度上死，他不再自憐，也不再驕傲。他變成了一個新造的人，繼續他在全球的事工來事奉耶穌，幫助上百萬人學習以自己的語言來研讀神的話語。[64]

密德蕾・卡柏、喬治・慕勒、法蘭克・羅巴克對自己來說死了。他們對自己的欲望和人類的極限死了。相對地，他們得到基督的生命，因著相信眼所不能見的，使神得以大大成就可見和不可見的工作。慕勒解釋：「有一天，我對喬治・慕勒死了，完全死了。他的看法、偏好、品味，還有意志……對世界、世上的認同或譴責而言都死了；甚至對弟兄和朋友的認同或譴責來說，也都死了。從那時開始，我就仔細審察，只求能獲得神的認同。」[65]

如今，我們有許多見證人，如雲彩般圍繞著我們：卡柏、慕勒、羅巴克、挪亞、亞伯拉罕，以及因著激進的信心而獻上生命的無數弟兄姊妹。我們祈求神幫助我們也能擁有如此的勇氣和狂放，照著神所要求的踏出信心的腳步，將自己全然獻給祂。（BQ）

每日默想｜如果神要求你活出對神激進的信心，你會想要這麼做嗎？你對拋棄自己的打算，以神的計畫為首這件事有何感想？請為此禱告，求神繼續在你裡面培養一股更強烈的渴望，以竭力追求祂為你所安排的道路。

Day 346 試煉與試探；聽道和行道；不要偏袒

讀經：雅各書一章 1 節～二章 10 節

鑰句：你們中間若有缺少智慧的，應當求那厚賜與眾人、也不斥責人的神，主就必賜給他。（雅各書一章 5 節）

你從信的頭兩個句子，就能大致領略雅各的風格。在稀少的問候語後，他直接切入手中的主題，開始拋出建議。雅各缺乏使徒保羅的教育程度和思慮教養；你不會在他的信中發現他岔開話題，講述抽象的神學。他是個單純的人，一個大地之子。他從大自然找出對比——海浪、凋謝的花、森林之火、春雨，並且以接近箴言般簡練的言論來表達他心中的想法。

由於雅各在耶路撒冷教會的當時即招致迫害，因此他的信一開頭就勉勵那些經歷過試煉的人，這是可以理解的。但是此信很快就延伸至許多主題，每個主題都敦促讀者要活出信仰。雅各指示要「謙卑」！「控制舌頭！」「不要犯罪！」雅各就像舊約先知那樣直接了當。讓人很難錯過他的論點。

第一章有一節經文，恰到好處地總結了本卷書中普遍之信息：「你們要行道，不要單單聽道，自己欺哄自己。」（雅各書一章 22 節）雅各並鮮明地描述了他意指的虛偽：就是那些向有財有勢之人卑微聽從的教會會友。這個信息說得清楚明白，沒有留下一點模稜兩可的空間。

偏待富人的現象，今天與一千九百多年前雅各初次描寫時相比，其實別無二致。現代的讀者以及這封令人不安的書信的原收件者，都面臨相同的困境。他的話很容易了解，但是我們可曾照他所說的去行嗎？（PY）

每日默想｜你比較會偏待誰？富有的人？同種族的人？哪些比較像你的人？你最容易看不起誰？

Day 347 信心和行為；制服舌頭；兩種智慧

讀經：雅各書二章 14 節～三章 18 節

鑰句：原來我們在許多事上都有過失；若有人在話語上沒有過失，他就是完全人，也能勒住自己的全身。（雅各書三章 2 節）

這卷書的作者雅各，可能是耶穌的兄弟之一——是初代教會最年長、也最顯赫的領袖。他的教導像耶穌一樣：我們生活的方式顯示出我們信仰的虔誠程度。當然善行無法帶給我們救恩，但是，若我們的救恩沒有改變我們的本質和生活方式，我們該質疑自己究竟有沒有把一生獻給基督。雅各寫道：「信心若沒有行為就是死的。」（雅各書二章 17 節）

我們在活出真實的信仰時，會面臨一個很大的危險，這牽涉到我們百體中最小的一員——舌頭。它是「不止息的惡物，滿了害死人的毒氣」（雅各書三章 8 節），會給人帶來很大的害處與損失。然而，舌頭也能成為醫治和生命的來源。信徒不斷會面臨這個挑戰，必須說智慧話來控制自己的舌頭。說出來或沒說出的話語，對一個人來說都十分重要。

願神的靈催促我們，使我們有能力說出賜生命的言語，而絕不說出帶破壞力的話語。（BQ）

每日默想｜最近你何時說出賜人生命的言語？你何時失去控制，說出具破壞性的話語？

Day 348 順服神

讀經：雅各書四章 1-17 節

鑰句：你們親近神，神就必親近你們。有罪的人哪，要潔淨你們的手！心懷二意的人哪，要清潔你們的心！（雅各書四章 8 節）

要建立和神的關係，就像任何關係一樣，有兩種方式。聖經向我們保證神的愛，提醒我們祂的赦免，以及描繪祂的恩典。我們沒有理由懷疑神渴望與我們保持關係的事實。雅各書將焦點轉回到信徒身上，提醒我們對待神的方式有對的，也有錯的。就跟任何友誼關係、生意的合夥關係，或是婚姻關係一樣，我們需要採取特定的行動才能成功地維繫和神的關係。

雅各在這段經文中嚴厲地提醒我們，神需要我們全然委身。初信或是停滯不前的信徒可能會受到誘惑，想要一隻腳走在神的道路上，另一隻腳卻跟隨世界的潮流。但是我們不能同時過這兩種生活。雅各將這種舉動比作婚姻中的出軌，當我們背棄了和神所立的約，我們對神來說，就像是行淫的人一般。

所有的信徒都會發現自己有時會受到世界的吸引、物質的享受、性愛或名利的欲望，以及以自我為中心的生活方式所驅使。因此，我們所有的人都需要持續對神抱持著一種順服和謙卑的態度。沒有人能如此屬靈，永遠不走回頭路，不再受世界的迷惑。也沒有人能這麼成熟到不再需要神的更新和潔淨。（BQ）

每日默想｜今天你是為了什麼理由來親近神，並從祂得潔淨？

Day 349 對富足逼迫者的警告；在苦難中忍耐；信心的祈禱

讀經：雅各書五章 1-20 節

鑰句：所以你們要彼此認罪，互相代求，使你們可以得醫治。義人祈禱所發的力量是大有功效的。（雅各書五章 16 節）

雅各在信的結尾針對信徒應該表現出來的屬靈成熟度，作出實際的提醒。警戒他們不應該積攢錢財，也不該虧欠工人的薪資。理想中，他們應在苦難中忍耐，紀念過去那些因忍耐而見到神帶來勝利的人。他們所說的話應該是誠實可靠的，是就說是，不是就說不是。他們應該為著一切事情不住地禱告：無論是苦難、喜樂，或病痛。神垂聽，也回應禱告。我們絕不可以低估禱告所釋放出來的力量。

最後，眾信徒應該記住自己對彼此都有影響力。雅各的話針貶時弊，特別是在今天也一樣有效，一些社交禮儀都只是規定我們對他人的生活採取不干預的原則。我們傾向於只關照自己的事，而任由他人過其自己選擇的生活。這樣的態度可能適合充滿論斷和律法主義的環境，但是一旦過了頭，就不完全符合聖經了。雅各強調，在信徒的團契中，我們委身於彼此的屬靈生活。出於足夠的關心的質問，可以幫助弟兄姊妹回轉向神。

（BQ）

每日默想｜你可曾因著信念和愛，挑戰其他信徒持守對神的委身？

Day 350 省思

恩典和行爲

幾年前，我參加了一個會議，地點位於一個叫做「新和諧」（New Harmony）的地方，是一個百年前的烏托邦社區（Utopian community，譯註：信徒同心建立的社區，重視一同勞動和祈禱，帶有社會主義思想）經過重建後的所在地。我摸著當地建築的精巧手藝，讀著敘述真信徒每日生活的匾額，驚嘆推動這項社會運動的能量，促成這項運動的許多原因之一，是美國的理想主義和宗教熱誠。

從美國曾滋長出許多形式的至善論（perfectionism），如第二次大覺醒（the Second Great Awakening，譯註：美國十九世紀時的屬靈奮興運動）的衍生運動，得勝生活運動（the Victorious Life，譯註：美國強調憑恩典治死老我而勝過罪之運動），耶穌運動社區（the communes of the Jesus Movement，譯註：美國六○年代的基督教福音派運動，以年輕人為主體，主張重新與耶穌建立個人關係）。不過，我突然想到，近日達成至善論的呼籲幾乎都銷聲匿跡了。現在我們往反方向偏斜，朝向反烏托邦主義。舉例來說，復原運動（recovery movement）的重點，就是建立在人承認自己「無力」達到盡善盡美之上。

我比較偏好這種最新的趨勢。我覺得相信人會犯錯，比相信人完美無缺來得容易，而且我也已將自己的命運交託給奠基於恩典之上的福音了。但是在印第安納州的新和諧這個地方，我對烏托邦主義者有著不明究理的懷舊之情：想起那些著黑衣的莊嚴身影在荒野擊碎石塊，制定嚴到不能再嚴的規定來約束欲望和貪念，竭力實踐新約崇高誡命的景象。他們所留下的名字動人心弦：新和諧、和平谷（Peace Dale）、新希望（New Hope）、新港（New Haven）等。

但是所有的烏托邦社區——就像是我造訪的那個，現在只像博物館一樣地存續下來。至善論在原罪這範疇不斷觸礁。崇高理想很諷刺地產生絕望和失敗主義。儘管有這所有美好的努力，人類卻達不到無罪的境界，而且時常落到自責的下場（這責難是受運動領袖所鼓勵的：「如果不成功，一定是你有問題」）。

儘管如此，我承認，有時對至善的追求會有懷舊之情，甚至是一種渴望。我們要如何才能高舉聖潔的理想，平衡追求的最高生活境界，而同時避免幻滅、狹小、濫權、屬靈驕傲和排外主義的後果？

或者，問個相反的問題，我們這些注重社區支持（從不批評）、誠實，和自省的現代人，該如何避免目標過低？在個人主義盛行的社會，美國人時常面臨濫用自由的危險；教會則是面臨濫用恩典的危機。

當我閱讀使徒書信，統整其中的中心主旨時，腦中浮現了這些問題。我以一種不尋常的順序來讀這些書信。首先我讀加拉太書，探究其中對於基督徒的自由的精彩專論，以及對於瑣碎的律法主義之強烈看法。接者我轉往雅各書，就是讓馬丁路德啞口無言的那卷「正宗禾稭之書」（right strawy epistle）。我再讀以弗所書，然後是哥林多前書、羅馬書，接著是提摩太前書、歌羅西書，以及彼得前書。我在每一卷書信中，毫無例外地發現到兩個信息：聖潔的崇高理想，以及恩典這個安全網，提醒我們不是靠著達成那些理想，我們才能得著救恩。我不會試著去解決恩典和行為間的緊張關係，因為新約沒有這樣做。我們不能藉由減少恩典或道德其一的重要性，來嘗試解決兩者的矛盾。恩典代表的是「是，而且……」，不是「是，但是……」。

以弗所書巧妙地將兩者合而為一：「你們得救是本乎恩，也因著信；這並不是出於自己，乃是神所賜的；也不是出於行為，免得有人自誇。我們原是他的工作，在基督耶穌裡造成的，為要叫我們行善，就是神所預備叫我們行的。」（以弗所書二章 8-10 節）腓利比書表達了相同的論點：「……恐懼戰兢做成你們得救的工夫。因為你們立志行事都是神在你們心裡運行，為要成就他的美意。」（腓利比書二章12-13節）彼得前書加註：「你們雖是自由的，卻不可藉著自由遮蓋惡毒，總要作神的僕人。」（彼得前書二章 16 節）

我因為知道初代教會就已經像是個翹翹板，在至善的律法主義和眾聲喧嘩的自由間來回擺盪，而感到些許的安慰。雅各寫及一個極端；保羅則常論及另一極端。每封書信都有其糾正時弊的有力重點，但是全體都強調福音的雙重信息。教會應該兩者兼具：這群人竭力追求成聖，但在恩典中安歇；自己責備自己，但不譴責他人；依靠神，而不是靠自己。[66]（PY）

每日默想 | 你比較傾向至善論的律法主義，還是喧鬧的自由論？向神說出你如何達致你的屬靈生活，求祂幫你找到你所需要的平衡點。

Day 351 頌讚歸與賜下活潑盼望的神；應當聖潔

讀經：彼得前書一章1節～二章3節

鑰句：叫你們的信心既被試驗，就比那被火試驗仍然能壞的金子更顯寶貴，可以在耶穌基督顯現的時候得著稱讚、榮耀、尊貴。（彼得前書一章7節）

福音書描繪在耶穌受審和處決的那一夜，彼得如何瑟縮在黑暗之中，發誓從來不認識自己跟隨了整整三年的那個人。但是在這封信中，彼得樂於接受苦難，將其看作是榮耀的標誌，證明自己對基督的委身，是不計代價的。看到復活的耶穌，特別是耶穌在湖邊查問彼得愛祂之心，重新差遣彼得的動人場景（約翰福音廿一章），永遠地改變了彼得。

很有可能的是，彼得是在尼祿一連串的迫害之下寫了這封信。在四面受敵的基督徒群體之中，湧現出許多急迫的問題。他們應該逃跑還是抵抗？他們應不應該低調行事，讓人看不出他們的信仰？彼得的讀者此刻正性命危急，需要明確的建議。除此之外，他們還想要一些解釋，來說明苦難的意義。為什麼神允許苦難？神在乎嗎？

正如同本章所顯示的，彼得的回應不是聚焦在苦難的原因：「為什麼？」而是在結果之上。他回答，苦難可以「煉淨」信心，就像是火爐熬煉不純的金屬一樣。苦難將注意力從今生的獎賞——財富、地位、權利，轉移到來世更長存、「不能朽壞」的獎賞之上。如果基督徒在迫害中仍能持守信心，旁觀的世人就必須承認信心的來源就是神自己。

很明顯地，初代信徒很注意彼得的建議。強烈的迫害經常使得教會快速增長。古老的格言說明了這個現象：「殉道者的鮮血，是教會的種子。」根據傳統說法，彼得自己就是殉道者，甚至因為他覺得自己不配像耶穌一樣，所以選擇以頭朝下的被釘方式死在羅馬的十字架上。

在第一章裡，彼得將可能是絕望的原因變成大盼望的理由。他看待教會（當時教會處在初生的痛苦掙扎中）就是舊約先知所長久等待的目標，

甚至就是所有歷史的終極標竿。（PY）

每日默想｜你最近何時質疑生活中受苦的原因？

Day 352 受苦是有福的；爲神而活

讀經：彼得前書三章8節-四章19節

鑰句：你們若為基督的名受辱罵，便是有福的；因為神榮耀的靈常住在你們身上。（彼得前書四章14節）

彼得教導，信徒也許必須為義受苦，甚至為作基督徒受苦。他的教導對我們很多人來說，是相當陌生的，因為我們沒有公然受到肉體上的迫害。但是在世界其他地方這是千真萬確的，像是在中國或一些篤信回教的國家。在那些地方，基督徒不准從事自己的宗教活動。如果被查獲，他們會受到毆打、監禁，或是處死。

然而，甚至在我們自己的文化中，基督徒也可能遭到不好的名聲所困擾。舉例來說，我們可能會被歸類為狂熱分子，或是只關心政治，或如何保護自己等議題。媒體經常不分青紅皂白地把所有基督徒當作基本教義份子：貧窮、無知的狂熱者。因此，初信者對於承認自己是基督徒可能會遲疑不決，因為別人可能就此作出不實的推測。

彼得說：「親愛的弟兄啊，有火煉的試驗臨到你們，不要以為奇怪（似乎是遭遇非常的事）」（彼得前書四章12節）。又說，「若為作基督徒受苦，卻不要羞恥，倒要因這名歸榮耀給神。」（彼得前書四章16節）公開承認你的信仰，不要管其他人怎麼想，而且「有人問你們心中盼望的緣由，就要常作準備，以溫柔、敬畏的心回答各人」（彼得前書三章15節）。溫柔、敬畏的態度，正是與他人分享，使他人了解基督徒特質的重要關鍵。

在有關苦難的經文中間，彼得談到更多有關基督徒生活的部分。我們活著是為著神的旨意，不是為我們自己的。末日近了，到那一天，每個人都要向神負責，連那些現在譴責我們的人也不例外。同時，愛應當是我們生活的特性。有了愛，我們就有盼望，來改變那些誤解之人的心。（BQ）

每日默想｜你何時對於承認自己是基督徒猶疑不決？

Day 353 使所蒙的恩召和揀選堅定不移

讀經：彼得後書一章1節～二章3節

鑰句：所以弟兄們，應當更加殷勤，使你們所蒙的恩召和揀選堅定不移。你們若行這幾樣，就永不失腳。（彼得後書一章10節）

如彼得前書所展現的，新約時代教會的領袖，不將迫害視為嚴重的威脅。相反地，如此的試煉催逼真信徒站出來展現其勇氣和信心，也因此潔淨、堅固了教會。

教會真正的危險來自內部。就「合一」來舉例說明。在與門徒的最後晚餐當中，耶穌祈禱信徒能「合而為一像我們一樣」（約翰福音十七章11節）。但是在往後一個世代之間，教會已經分崩離析，分成跟隨保羅的信徒，或是跟隨保羅敵人的信徒、律法主義者、揮金如土的人、偏猶太教的人、滿口末日的人，以及許許多多不同的團體。

這些團體的特色，就是注重較不重要的教義議題，並且浪費精力在無意義的爭論上。舉例而言，此封書信看似針對沉迷於末日議題的基督徒所寫。有些人因為基督再來的預言久未應驗而感到不耐，已經開始嘲弄這整個想法。

彼得強烈指正這些分門別類的支派。他提醒他們，福音不是童話，不是一系列「妙造的虛言」。彼得在山上親眼看到耶穌變像，聽見神親口以響徹雲霄的聲音稱許祂的兒子耶穌。如果這位神應許會再來，那麼可以確保祂必再來。

就像許多新約書信一樣，彼得後書的重點在於基督徒該相信些什麼，以及該成為何種人。作者列出了一連串循序漸進的特質：信心、德行、知識、節制、忍耐、虔敬、愛弟兄的心、愛眾人的心。這些將堅固我們，使我們安然度過所有阻撓我們合一的試探。

此信的作者年紀老邁，即將面對死亡。就像是天鵝垂死而唱的美妙歌聲，他所能做出的最好貢獻，就是提醒信徒在基督徒生命中需要注意的基要真理。對付假知識的方法就是真知識；回應不道德生活的對策就是過道德的生活。彼得準備赴死之前，發出最後一次的真理呼聲。（PY）

每日默想｜在彼得後書一章5-7節所提到的七種特質中，哪樣是你生活的現狀？哪樣是你需要努力的？

Day 354 省思

被火煉淨

我偶然間聽到一首頌讚苦難的詩歌。那位歌手聽來似乎歡迎苦難的侵襲，因他認為在其中將得到許多益處。但這首詩歌的旋律卻令人聽了很感不安。這旋律太宜人，太美妙，與這首歌所傳遞出的信息不切合。我納悶的是，這歌手到底有沒有遭遇過苦難呢？人不論如何屬靈，是否能真心歡迎受苦這件事呢？

我想到雅各的話，「**我的弟兄們，你們落在百般試煉中，都要以為大喜樂**」（雅各書一章 2 節）和保羅在羅馬書的話，「**在患難中也是歡歡喜喜的**」（羅馬書五章 3 節）。他們提供了類似的信息：信徒可以，並且應該看見苦難積極的一面。兩個人都將苦難和耐性的養成相提並論，並且保羅還在諸多益處之中，加上老練和盼望。苦難使我們更為剛強，給我們新的眼光，得見等候在前頭的天國。今生和今生的困難，與在永恆中等待我們的新天地相比，只不過是暫時性的罷了。

彼得強調未來的盼望。神有「**不能朽壞、不能玷污、不能衰殘、為你們存留在天上的基業**」（彼得前書一章 4 節）。就像是在遺囑上作出允諾一樣，神提醒我們祂所已為我們預備的一切。我的確需要這份提醒，苦難對這點將有所幫助。在天下太平的時候，真的，我們很容易安於現況，異象逐漸變成短視，目標也集中在此時此刻短暫的宴樂之中。我們會忘了天堂，鮮少想到神為我們所存留的基業。

苦難改變了我們的感受。就像彼得說的，它試驗我們的信心，「**煉淨**」那些使我們分心的事物，它們日積月累，使我們看不到我們和耶穌一同生活的真貌。苦難使我們重新接觸到神自己，明白什麼對我們來說是真正重要的事物。這也給了我們重新歡慶的理由，也是我們喜樂的原因。就像是魯益師所說的：「神在我們宴樂之時，對我們低語；在我們的良心中，對我們說話；在我們的苦難中，對我們呼喊。」[67] 在煉淨的過程當中，我能更清楚地聽見神。祂的聲音聽來更為強烈、更加直接。曾經塞住我耳朵的渣滓現在已經完全消失了。

一首有關苦難的歌是我可以真心唱出的：「煉淨之火，我心唯念成聖……」有時我觀看過去和現在的苦難，卻仍是說不出我盼望多嚐此杯。我不能說自己已經準備好來面對下一次苦難的攻擊。但是當苦難來臨之時，我可以由衷歌唱，願神在我裡面成就祂的善工。祂在過去就是如此，並且我相信祂會看顧我。雖然被神試驗可能很痛苦，但這卻也指向那更美好的生命正等待著我！到那時，就完全沒有必要唱有關苦難的歌了。（BQ）

每日默想

你可以回顧一段苦難，然後看見神是如何試煉你，使你剛強，建立你的品格，並將你的眼目定睛在天國之上。想想現在你正面臨的任何掙扎。求神在你的痛苦中為你帶來益處，使你更加成為祂所造的樣式。

Day 355 不虔誠者之罪和刑罰；要忍耐

讀經：猶大書 1-25 節

鑰句：從前主救了他的百姓出埃及地，後來就把那些不信的滅絕了。這一切的事，你們雖然都知道，我卻仍要提醒你們。（猶大書 5 節）

這封猶大（可能是耶穌的兄弟）所寫的簡短信箋，跟彼得後書有很多一致之處。兩封信都關切教會內的凶兆，而且猶大書實際上的用字遣詞也和彼得後書二章別無二致。但是猶大書的論調更為尖銳。疾病已經擴散，如果沒有立刻阻止，就會使整個身子都受到感染。

猶大書所用的方法，和中學裡放給學生觀看、用來嚇阻他們不要吸毒和酒醉駕車的影片一樣。它們讓觀眾不安；此正是這二者的目標所在。猶大坦承，雖然他較為想寫一封比較開心且有關救恩的信件，但是他首先必須警告他們，要注意有些肇事者所帶來的嚴重威脅。

猶大並沒有詳細說明肇事者的言論，但是初代教會受四處遊走的假教師所擾，他們向群眾宣稱領受了特別的「主的啟示」。這些斂財的假教師常常告訴會眾們心裡想聽的話：神的恩典是何等的大，你可以隨己意過活，不用受到刑罰。猶大非常驚人地表明了他對這些見解的想法。他稱這些騙子為間諜，並敦促信徒為真理而戰。

很諷刺的是，今日猶大書只有一部分獲得注意：信尾的美妙頌歌。顯然地，猶大的激烈言論在今日，就像當初剛提出的時候一樣，是很難令人接受的。（PY）

每日默想｜你曾受偏離聖經中心教導的屬靈書籍或教師所影響嗎？你曾否感到它所帶來的任何危險嗎？

Day 356 神的兒女；彼此相愛

讀經：約翰一書三章 1-24 節

鑰句：神的命令就是叫我們信他兒子耶穌基督的名，且照他所賜給我們的命令彼此相愛。（約翰一書三章 23 節）

二次世界大戰之後不久，才華洋溢的基督教思想家魯益師藉由一連串的英國廣播節目傳遞他的信仰理念，然後節目將播出內容編纂成書，叫做《反璞歸真》（*Mere Christianity*，譯註：又譯《如此基督教》）。他提到了基督信仰的基本原則與本質。但是即便是那本薄薄的書，對於約翰書信的作者約翰來說，看來都太冗長、太複雜了。約翰使用的是新約書信作者中最為平易的語言。他的三封信用將近不到三百個不同的希臘詞彙，以最言簡意賅的方式表達福音。

一位早期名叫耶柔米（Jerome）的基督教作家，講述有關約翰的故事，說他當時年紀老邁，是被攙扶進以弗所教會的。人們圍在他身旁，要聽這著名的使徒說話，但是他只不斷重複著：「小子們哪，要彼此相愛。」當人問他為什麼，他回答：「因為這是神的命令，如果有做到，那就夠了。」

這種專注和真誠在約翰的書信裡發出光芒。本段經文的開頭就是一段驚奇，甚至是驚訝，神所賜給我們的是何等的慈愛。我們是祂的兒女！但是接著約翰問了這個顯著的問題：如果我們是神的兒女，為什麼我們的行為一點也不像祂的兒女呢？好父母生的孩子，不是會自然而然地效法他的父母嗎？

約翰是使徒中最後一位離世的。他幾乎活到第一世紀末，而且寫這卷書信的時候，可能已經八十好幾了。此時，由優秀的知識份子所組成的教派，像是諾斯底派，已經從教會中竄起，而且基督徒也開始針對隱晦難解的神學及道德議題展開激辯。約翰只是揮揮手，毫不考慮這些問題。對他來說，一個人信仰的憑證非常明顯：「凡有世上財物的，看見弟兄窮乏，卻塞住憐恤的心，愛神的心怎能存在他裡面呢？」（約翰一書三章 17 節）

他的話聽來刺耳又直接，就像是登山寶訓一樣。愛神的人以行動來證明，就是那麼簡單。（PY）

每日默想｜如果你可以把行事的準則濃縮成一句話，那會是什麼樣的一句話？

Day 357 試驗諸靈；神的愛和我們的愛

讀經：約翰一書四章 1-21 節

鑰句：凡認耶穌為神兒子的，神就住在他裡面，他也住在神裡面。（約翰一書四章 15 節）

約翰以一個警告來開始這個部分，而這警告適用約翰的時代，也適用於現在。初代教會暴露在許多屬靈的建議之下，有些聽來很有意思，也很有幫助，甚至很有權威。但是信徒們需要了解，不是所有看似屬靈的教訓都是出於神的。那些不承認耶穌基督為神兒子的假教師，就沒有被神所充滿，也絕沒有從神領受啟示。

嘉柏霖（Frank Gaebelein）是一位備受敬重的聖經學者，曾寫道：「只要是真理，都是神的真理。」他指出，真理也可能透過那些沒有委身於神的人彰顯出來。然而，我們必須謹慎。假教師可能會描述一些神真理的片段，然後攙和不是真理的部分。約翰強調，信徒必須成熟地分辨什麼是出於神的，什麼又不是。

約翰在這段經文裡又回到他最喜歡的主題：愛，強調神對我們的愛有兩個層面：我們愛，因為神先愛我們，而且愛裡沒有懼怕。我們對神和他人的愛，就是神對我們起初長存之愛的迴響。如果我們不能愛，那我們就還不是真的明瞭神對我們的愛。當我們看見神的愛的本相時，懼怕就煙消雲散了。有了愛，就沒有懼怕。（BQ）

每日默想｜你何時感受到自己對他人的愛，或是他人對自己的愛中有懼怕的存在？

Day 358 相信神的兒子

讀經：約翰一書五章 1-15 節

鑰句：我們若照他的旨意求甚麼，他就聽我們，這是我們向他所存坦然無懼的心。（約翰一書五章 14 節）

約翰結束他對愛的討論，為他的信作結。如果我們知道神愛我們，我們也會愛祂和祂的兒子耶穌。這樣的愛會使我們不得不去遵守神的命令，相信祂吩咐我們所做的一切。因為我們對祂的愛將不斷增長，我們會想要討祂的喜悅，而且跟隨祂的道路不會像是一個重擔。我們可能無法百分之百地聽從祂，但是我們所感受到的任何負擔，都只是來自於我們自己，或和神相悖的事物而已。

約翰宣告，基督徒已經勝了世界。耶穌已經為我們得勝：祂是神，肉體死亡卻又復活。約翰當時有個著名的教師，教導耶穌基本上是人，只有在受洗時有過短暫的神性，這神性在祂上十架之前便離開祂了。約翰駁斥這個看法，並且堅稱耶穌已經藉由「聖靈、水，與血」三者充分地見證自己就是神了。

神所應許我們的愛和得勝，在我們的禱告中會愈發清晰。一旦我們試著遵循神的道路，神應許祂會幫助我們。祂會回應任何禱告，滿足我們的需要，並且加添給我們力量。當神看似不回應我們的禱告時，我們需要重新省思，我們的心願是否符合祂的旨意。祂的愛是忠實的，祂永遠不會收回祂的應許。除非我們定意偏行己路，否則神不會讓我們走離祂為我們安排的最好道路。（BQ）

每日默想	今天你為了什麼而禱告？你可曾為了自己應該有怎樣的心願，來禱告尋求神的旨意嗎？

Day 359 何時該款待客旅

讀經：約翰二書 1-13 節；約翰三書 1-14 節

鑰句：凡越過基督的教訓不常守著的，就沒有神；常守這教訓的，就有父又有子。（約翰二書 9 節）

大多數像使徒保羅這種宣教士所建立的初代教會都屬於家庭教會。總是在成立不久之後，保羅再差派類似提摩太和提多的特使，和原來的使徒配搭，成為教會到教會間的「巡迴傳道事工」。基督徒開始在家中接待這些巡迴演說的教師，而不是讓他們待在危險而聲名狼藉的羅馬旅舍裡。

然而，不久之後，「假教師」就群起效尤，扭曲原來的福音，種下混亂和紛爭的種子。很快地，宗教斂財者也加入其中，想要白吃白住。這時的爭議主要在於，該如何處置這些新起的假佈道家。基督徒也應該款待他們嗎？約翰二書和約翰三書雖是新約中最短的書信，卻提出解決這個問題的方案。

這兩卷書最好一起閱讀，因為各自都指出新教會所面臨之問題的不同層面。約翰二書敦促基督徒在試驗訪客的信息和動機時，要特別小心。這卷書警戒信徒不要招待不教導基督真理的訪客。約翰不愧他的稱號，這位愛的使徒甚至在這封警告信裡繼續重複他的座右銘：「要彼此相愛」。

就另一方面來看，約翰三書稱讚一位叫做該猶的人，因為他熱忱地歡迎真基督徒教師。該猶的教會其實由一個好閒言閒語的獨裁者所主導，而他拒絕接納任何外來者。

約翰的兩封書信，言簡意賅地處理了異教和教會分歧這兩個問題，這些問題無論何時何地都困擾著教會。要避免那些危險，約翰強調愛和分辨是非的重要。眾信徒必須知道哪些教師該接納且支持，哪些該拒於門外。

（PY）

每日默想｜你可曾遇見過現代的騙子或假教師？

Day 360 省思

聖經之歌

以約翰所寫有關愛的書信來作為聖經的結尾是相當恰當的。從創世紀最前面開始，聖經就在講述一個長篇故事，有關神對人類的愛，祂要我們愛祂，並且要我們彼此相愛。古時摩西和以色列人即歌頌：「你憑慈愛領了你所贖的百姓；你憑能力引他們到了你的聖所。」（出埃及記十五章13節）他們在不知情的情況下，唱出了整本聖經的中心主旨。從創世之初，一直到永恆，神都帶領、拯救祂的子民，使他們歸回到真正的家鄉。

神不像摩西或以色列民，祂對未來瞭若指掌。祂對摩西描述自己，宣稱：「**耶和華，耶和華，是有憐憫有恩典的神，不輕易發怒，並有豐盛的慈愛和誠實，為千萬人存留慈愛，赦免罪孽、過犯，和罪惡。**」（出埃及記卅四章 6-7 節）那些在未來世代蒙神所愛的人一樣會悖逆，一樣為自己活而不為神活，而神卻一再地赦免他們，愛著祂親手所造的人，永遠不渝。

以色列民雖然跟摩西在曠野時親眼目睹諸多神蹟，卻還是一次又一次地悖逆。之後，雖然神顯出大能的手，存留大衛的性命，還立他為王，大衛卻犯了謀殺罪，行姦淫之事。所羅門，才智過人，離世前卻縱情於財富和美色，而不倚靠神。在以色列分裂成兩個王國之後，雙雙墮落，貪慕外邦的神明和財富。神藉著何西阿表達祂對偏行背道子民的悲傷和愛。最後他們必歸向祂，但是這背道的模式卻一直持續到基督的時代。

最後，神的兒子來到世間，以解決人類罪和刑罰的循環。藉著活出愛的一生，並為了終結死的權勢而死，耶穌拯救了神所鍾愛的人類。基督復活，藉著祂的靈與信徒同活。

如今，約翰在寫了許多書信給跟隨耶穌的信徒所之後，再次回到愛這個主題。約翰說：「**神愛我們的心，我們也知道也信。**」又說，「**愛既完全，就把懼怕除去。**」（約翰一書四章 16、18 節）他知道，愛和懼怕是最能驅策人類靈魂的兩大因素。它們深切影響了許多舊約時代的人，也是人與神之間多變無常的關係之本。懼怕時常造成悖逆，但是神的愛卻有能力戰勝懼怕。

盧雲是一位作家兼學者，宣稱所有的人分成兩邊，不是生活在「懼怕之家」裡，就是「愛之家」中。他解釋：「當聖約翰（St. John）說愛既完全，就把懼怕除去，他指的就是從神來的愛，是神聖的愛……家，這個親密的地方，代表真實歸屬所在，因此不是人手所造的。它是神為我們塑造的，藉此在我們當中設立祂的營帳，邀請我們進入祂的居所，並且為我們在祂的家中預備地方。」[68]

我們可以依靠神對我們的愛。祂想要我們在祂的愛中生活，以這份愛為我們的居所，並且因祂的愛得安慰，可以和他人互動。聖經就是一個記載在祂愛的家中或在懼怕之中生活的故事。決定權在於我們。每當我們意志不堅的時候，我們只需要打開聖經，聽那首歌，一首愛之歌，一首以色列民千年之前就聽聞的歌曲，正召喚我們回到真正的家中。（BQ）

每日默想

你行事作為多是出於懼怕，還是出於愛？你和神之間的關係是較充滿懼怕，還是較充滿愛？求神幫助你搬離懼怕之家，進入祂的愛之家，並信心滿滿地相信祂藉著聖經所賜給你的信息。

Day 361 有一位好像人子

讀經：啟示錄一章 1-20 節

鑰句：主神說：「我是阿拉法，我是俄梅戛（阿拉法，俄梅戛：是希臘字母首末二字），是昔在、今在、以後永在的全能者。」（啟示錄一章 8 節）

想像一下若聖經中沒有啟示錄會是什麼狀況。在舊約之後是四福音書，接下來進入使徒行傳和宣教行動的描述，然後是寫給在宣教中建立的眾教會之書信。到目前為止都很好，但是少了一樣東西：歷史會如何演變？歷史的終局如何？

耶穌的門徒都是猶太人，在成長過程中，不斷聽聞有位彌賽亞會推翻不公和不義，並且創立一個平安、愛與公義的新國度。如此等待已久的夢想，在門徒看見耶穌死在兩個賊之間後化為泡影，但是幾天後，耶穌再次顯現，他們的夢想又以排山倒海之勢捲土重來。「主啊，祢復興以色列國就在這時候嗎？」（使徒行傳一章 6 節）這是耶穌在升天前，門徒掛在嘴邊的最後一句話。

若有人宣稱，耶穌升天後，先知所應許的平安公義國度就已經到來，應該怎樣也沒有人會相信這樣的論點。我們所處的這個世紀已經經歷了兩次世界大戰，上百場規模較小的戰役，兩次原子彈襲擊，一次猶太人大屠殺，蘇聯勞改集中營，以及喪心病狂的獨裁者所發動的多次大屠殺。以賽亞所應許的那個將刀打成犁頭，獅子與牛犢同眠的時代到底在哪裡？

啟示錄加上了一個四字信息：單單等候。神在這世上的作為尚未結束。聖經將神的名譽押在祂能否使這個地球回復成原來完美的境界之上。只有這事成就之時，歷史才算克竟全功。

本書一開頭，寫下使徒約翰被放逐到拔摩島上，一個苦役監禁的殖民地。在那個蕭條淒涼的背景之下，他領受到與先知以西結和但以理極為相似的異象。約翰的異象中有許多細節，是沒人能信誓旦旦地自詡真正了解的。但是第一章確定了異象的起因。約翰描述出耶穌的新形象。

是的，耶穌就是馬槽裡的嬰孩、好牧人、門徒的夫子、人類的典範，以及死在十架上的神子。但是祂也有別的面貌：祂是光芒萬丈的超自然存在，一出現就讓約翰仆倒在地。祂是這世界的創造者，並且總有一天會回來「重新創造」，將人類所敗壞的一切都更新。（PY）

每日默想 | 你心中關於耶穌的形象可曾包含本章所描述的嗎？

Day 362 給以弗所、士每拿、別迦摩、推雅推喇眾教會的信

讀經：啟示錄二章 1-29 節

鑰句：聖靈向眾教會所說的話，凡有耳的，就應當聽！（啟示錄二章 29 節）

本章和下一章的信是基督對七個初代教會所說的話。這些信以地理上的順序出現，從以弗所這個海港沿著愛琴海往北走，然後往南繞，再往東走，就可抵達剩下的四座城市。耶穌特別針對約翰當時的教會，以及各教會所展現的特色來說話，而今祂的話語對教會和信徒個人依然適用。神的話語乃是為了要作為每個世代基督徒的行事準則。

基督稱讚以弗所教會成員的辛勤、忍耐，以及不能容忍惡人等好品德，但是祂也發出警告，說他們已經忘記了最要緊的事。以弗所的第二代信徒外在行為雖有信徒的樣子，但是卻沒有將內心深深地獻給基督。耶穌懇求他們回到起初的愛心上，也就是回到祂自己的身上。

士每拿的基督徒正經歷嚴酷的迫害和需用的不足。他們的苦難讓他們單純如一，所以耶穌沒有責備他們。更確切地說，祂鼓勵他們抓住現有真正的財富，至死忠心。

別迦摩異教盛行，是一個富有的城市，許多人沉迷於崇拜著名的希臘神祇。部分虔誠的信徒住在城市之內，難免跟城市中的規範妥協，他們開始模仿外邦人的生活方式，容許世界的思維影響教會的教義。教會正逐漸趨向腐敗，耶穌針對這點敦促他們悔改。

推雅推喇的信徒正面臨類似的問題。雖然基督讚許他們的愛心、信心、勤勞、以及忍耐，但也責備他們許多人竟然容許一個自稱是先知的婦

人耶洗別的教導，亦即與他人行姦淫、吃祭偶像之物等。這樣的容忍是要付上代價的，據耶穌所說：就是大患難的來到。對那些尚未墜入耶洗別之網羅的人，耶穌鼓勵他們忍耐，直等到祂再來。（BQ）

每日默想｜本章中耶穌的哪一項責難最讓你覺得同受責備？而哪一項鼓勵又像是對你說，能令你扎心的？

Day 363 給撒狄、非拉鐵非、老底嘉眾教會的信

讀經：啟示錄三章 1-21 節

鑰句：凡我所疼愛的，我就責備管教他；所以你要發熱心，也要悔改。（啟示錄三章 19 節）

本章包括了基督對七間初代教會當中最後三間的信。對撒狄教會，祂嚴正地宣告，雖然他們看來是活的，其實是死的。當時的撒狄是一座富饒的城市，座落在重要的貿易路線上。雖是外邦異教的中心，卻也有個基督教會。有些學者覺得此信最適用於今天的教會，同樣繁忙，同樣空有堂皇的會堂，卻缺乏主內真實生命的確據。

耶穌鼓勵非拉鐵非忠心的信徒恆心忍耐。當時反對基督信仰的猶太人正在逼迫信徒，在此基督應許總有一天，這些逼迫他們的同一群人將臣服，承認祂並祂對他們的愛。

對於老底嘉教會，耶穌給予最嚴厲的斥責。基督徒在這個逐漸繁榮的城市中，因自己的財富而沾沾自喜，全然無視於自己屬靈的貧乏。有鑒於當時人在喝東西的習慣是非熱即冷，不冷不熱的東西他們是不喝的，因此耶穌給了一個生動的信息：他們不冷不熱，在祂眼中這是無法接受的。老底嘉的財富源自於羊毛工業。這個城市因為黑色羊毛製成的黑色衣裳而聞名，但是市民所應引以為傲的事物卻不是這項。他們需要穿戴的，應該是和神保持純白和正確的關係。同樣地，當時老底嘉的醫院中提供一種治療眼疾的特效藥膏，但是耶穌告誡他們，人們真正需要的，卻是屬靈的眼光。

所有漠視神國度豐盛的人，需要開啟他們的雙眼，並且悔改。耶穌出於愛，責備老底嘉和今天的信徒。祂要我們——祂的子民，得享和祂建立關係的全然豐富，從神的眼光來觀看一切，而不是從我們自己的。（BQ）

每日默想｜你第一次察覺到自己的屬靈貧乏是在何時？在你的眼目看到神之前，你是定睛在什麼事物之上？

Day 364 婦人和龍

讀經：啟示錄十二章 1-17 節

鑰句：弟兄勝過牠，是因羔羊的血和自己所見證的道。他們雖至於死，也不愛惜性命。（啟示錄十二章 11 節）

在這篇啟示錄的段落之中，約翰使用了怪誕而巨大的象徵：一個身披日頭的懷孕婦人；一條七頭紅龍，大到尾巴拖曳著天空星辰的三分之一；逃到曠野；天上的爭戰。儘管神學家對異象有許多種詮釋，但幾乎所有的解釋都同意本章關乎耶穌的出生，以及這將會對宇宙帶來什麼樣的影響。當嬰孩出生，全宇宙都顫抖。

就某種意義上來說，啟示錄十二章用一種宇宙的觀點來呈現耶穌的誕生，將一套新的意象加進像是馬槽、牧羊人，以及濫殺無辜這些熟悉的場景中。世上可見的景象，猶如水面上的漣漪，其下的波濤洶湧代表著整個宇宙的基底正瀕臨崩解。甚至當希律王嘗試殺掉巴勒斯坦所有的男嬰時，背後都有關乎宇宙的力量在彼此爭戰。從神的觀點來看（以及撒但的），耶穌誕生絕不僅是一個嬰孩出生；這是一種入侵，是宇宙大對抗中決定性的發展。啟示錄以一個好兇殺的龍對抗善的力量來描述這場大對抗。

耶穌誕生的「真正」景象是哪一種：是馬太和路加福音的描述，還是啟示錄的敘述才是？他們是同一種異象，只是以不同之觀點出發罷了。在啟示錄十二章裡，對基督誕生的觀點，具有這整卷書的特質，也就是約翰在其中將可見的事物和不常見的事物融合在一起。在日常生活中，兩段互相平行的歷史同時發生：一段在地上，一段在天上。啟示錄把戲幕掀開，讓我們同時得見兩段歷史的面貌。這給我們留下的印象真是再清楚不過了：當我們每天在善與惡間做出抉擇的時候，這些選擇對我們眼不能見的超自然世界有著很大的影響。

啟示錄藉著明顯對立的意象描繪歷史：善對惡、羔羊對龍、耶路撒冷對巴比倫、新婦對淫婦。但是它也強調，不論歷史是如何藉著我們有限的觀點呈現出來，神都對歷史有絕對的掌控權。到頭來，甚至連暴君都得完成神為他們訂好的計畫。本丟彼拉多和他的羅馬兵丁證明了這個真理。他們以為他們藉著釘耶穌上十字架而擺脫了祂，未料這卻是促成世人救恩的管道。（PY）

每日默想 | 你何時感到自己正身處屬靈爭戰中？

Day 365 新耶路撒冷；生命之河

讀經：啟示錄廿一章1節～廿二章5節

鑰句：我聽見有大聲音從寶座出來說：「看哪，神的帳幕在人間。他要與人同住，他們要作他的子民。神要親自與他們同在，作他們的神。」（啟示錄廿一章3節）

就「劇情」來看，聖經可說是首尾呼應，前後一致。神和人之間破裂的關係終於癒合，創世記三章的咒詛也解除了。啟示錄借用了伊甸園的形象，描繪出一條河和一棵生命之樹。但是這次，美麗花園的景象由一座大城所取代。這座城中充滿了敬拜神的人。沒有任何事物能夠污染此城；沒有任何死亡或是疾病能將這副景象化為黑暗。不再有眼淚，也不再有苦痛。從伊甸園以來頭一遭，「世界」的實際光景將終於符合**神理想中世界**的光景。

約翰將天國視為所有猶太人的夢想成真：耶路撒冷得著更新，牆是碧玉造的，而街道是閃爍的精金。對有些人來說，譬如：今日第三世界的難民，天堂可能代表的是一家團圓，家中存糧豐富，乾淨的飲水。任何一個真心的盼望實現都能算是天堂。就像是魯益師說過的，世上一切的美景或歡樂，代表的「僅僅是前所未見之花朵所散發的暗香，前所未聞之旋律所發出的迴響，前所未訪之國度所傳來的消息。」

啟示錄應許，我們的渴望不會只是幻想而已。它們終必實現。當我們在新天新地中醒來，我們終將得到自己所想望的一切。從像啟示錄這樣一卷充滿惡耗的書信當中，其實也有喜訊出現。是好得無比的福音。是一項美善而全然沒有圈套的應許，終究，一切都會有美好的結局。

在聖經裡，天國不是事後的感想，也不是可有可無的信念。天國是一切受造之物稱義的最後歸宿。聖經從來沒有小看人類的悲劇和失望，世上豈有任何一本書能像聖經這樣忠實而沉痛地道盡一切嗎？但是，聖經卻又加上一個關鍵詞：**暫時**。我們現在的感受不會持續到永遠。再造更新的時刻必將來臨。

有人身陷痛苦或家庭破碎，也有人經濟拮据或終日恐懼，對這些人以及我們全部的人來說，天國應許了一個未來，比我們在地上的日子更為長久且充實，健康、全備、喜樂，又平安。聖經以此應許開頭，由創世記揭開序幕。並且聖經以相同的應許收尾，保證未來是真實可信的。這是結束，也將是開始。（PY）

每日默想｜你期盼在新天新地中得著什麼？

Day 366 省思

相信未來

身為基督徒，我多年來一直避開啟示錄。我不了解這卷書，更糟的是，我被它嚇壞了。我曾聽過許多有關此書的詮釋，從預測敵基督的身分，基督徒可能即將受印，到認為整卷書只具象徵意義，敘述的是靈界的事件，在地上是看不到的等等。總之，這卷書是如此古怪，究竟人們要如何才能探究其真相？

我覺得把注意力放在聖經其他的部分較好，因此竭力地遵行神簡單明確的教訓，把時間投注在我了解的部分。何苦跟僅是臆測的部分苦苦糾纏呢？我認為這將澆熄我對神的熱情，而使我活在對神的恐懼中。

當我終於因為寫作而讀了啟示錄後，我的觀點卻意外地轉變了。問題依舊存在，但是我卻對未來有了全新的視野。神不僅有智慧、慈愛、憐憫；祂在此書中所展現的權能，是我在其他經卷中未曾看到的。耶穌不但來過世間，祂的靈現在活在信徒的裡面；祂還將做王到永遠，大有權能，其他權勢都要向祂屈膝跪拜。啟示錄的意象將這個光景描寫得真實活現，令人震驚。身為信徒，這樣的未來將要發生在我的面前，而且確知這即將來臨的信念，對我今生的一切有了重大的影響。

魏樂德（Dallas Willard）是神學家及學者，在寫到天國和永恆的時候，他說：「你永遠無法銷聲匿跡，而你對這點一籌莫展。」[69] 如果這是真的，而且神真的完全掌控來世所發生的一切，那麼我們的觀點就應該徹底轉變。今生只是初嘗來世的滋味，是要預備我們面對前方超乎我們所求所想的未來。

聖經只有提供些許分散的經文及一個鮮明的景象，來說明永恆是怎麼一回事。光是如此就已經超越我們的頭腦所能理解的了。但是未來的事將會變得清晰。魏樂德說：「當我們經歷我們所稱的死亡之後，我們並不是就失去了這個世界。的確，我們首次得見這世界的本相……我們不會像許多人認為的一樣，消失在一團永恆的雲霧或死水中，也不會離群索居或呈現假死的狀態。神對我們有更好的安排。」[70] 這將像是從夢中醒來，而不是遁入夢鄉。我們在今生對神的認識，將呈現嶄新的向度。我們在啟示錄中所看到的意象，將生動地呈現眼前，卻絲毫不讓人感到疑惑或是陌生。

啟示錄是神在聖經結尾處搖動的一面旗幟，向我們示意著：祂的故事將會結束得既刺激又精彩。祂警戒我們，不要錯過了。這就是你們一直引頸盼望的，亦為這卷書的目的，是你們活著所投注一切心力的巔峰。的確，在聖經之中，啟示錄是我們應該覺得不得不顛倒順序來讀的一卷書。結局究竟如何使我們按捺不住，總想先睹為快。

我不知道今生結束時，我的未來會是什麼樣子。我不知道我是否會蒙召受苦難，看見啟示錄預告的異象發生。我現在也許就在見證一些異象的發生。它們也許會在我的孩子那一代發生，或者是在幾個世代之後。但是我實在知道啟示錄是為我而寫的。沒有它，我將無所適從，也找不到一句有力而有把握的話來支持我，或在我所作的一切決定上引導我。今生對我來說相當重要，因為我的生命將從此生，一直延續到永恆。神已為我預備的是既美好又奇妙，而且對那些認識祂的人來說——對於未來，不再帶有任何一絲的懼怕。（BQ）

每日默想	你對啟示錄的回應如何？你對懼怕未來嗎？花更多時間來思想啟示錄，求神使你在讀這卷書的時候，能以祂的眼光來看清楚未來。你屬於祂，同時祂也為你預備了美好的未來。

注釋

第一部

＊ 談到「神學習……」這樣的用語似乎感到有些奇怪，因為我們通常認為學習是一種心智過程，是從原先不懂，到之後懂得的狀態。當然，神是不受時間或無知所約束。祂「學習……」其實意味著祂投身新的經歷，如起初創造人類這自由個體的經驗。聖經希伯來書說到耶穌「從他所受的苦難學習順服」，當中的「學習」也是類似的意義。

1. Adapted from Philip Yancey, *Disappointment with God* (Grand Rapids: Zondervan, 1988，另中譯本為：無語問上帝，校園出版), 63-65。
2. Adapted from Philip Yancey, *What's So Amazing About Grace?* (Grand Rapids: Zondervan, 1997), 96-106.

第二部

3. Gary Smalley and John Trent, *Love Is a Decision* (Dallas: Word, 1989), 8.
4. John Maxwell, *Developing the Leader within You* (Nashville: Nelson, 1993), 146.
5. Tom Wolfe, *The Right Stuff* (New York: Farrar, Straus, Giroux, 1979), 122.
6. Frederick Buechner, *Peculiar Treasures* (San Francisco: Harper & Row, 1979), 24.
7. Brother Lawrence, *The Practice of the Presence of God*, quoted in Richard J. Foster and James Bryan Smith, eds., *Devotional Classics* (San Francisco: HarperSan-Francisco, 1990), 82-83, Brother Lawrence's emphasis.

第三部

8. Hannah Whitall Smith, *The Christian's Secret of a Happy Life* (1870; reprint, Old Tappan, N.J.: Revell, 1942), 67.
9. Smith, *The Christian's Secret*, 68.
10. Smith, *The Christian's Secret*, 69.
11. Smith, *The Christian's Secret*, 73-74.
12. Jim Cymbala and Dean Merrill, *Fresh Wind, Fresh Fire* (Grand Rapids: Zondervan, 1997), 16-17.
13. Corrie ten Boom, *He Cares for You* (Grand Rapids: Revell, 1978), 189-93.

第四部

14. Richard Foster, *Celebration of Discipline* (London: Hodder & Stoughton, 1978), 122.
15. Eugene Peterson, *A Long Obedience in the Same Direction* (Downers Grove, Ill.: InterVarsity Press, 1980), 11-13.
16. Peterson, *A Long Obedience*, 11-13.
17. Richard J. Mouw, *Uncommon Decency* (Downers Grove, Ill.: InterVarsity Press, 1992), 41-42.
18. Mouw, *Uncommon Decency*, 11.

第五部

19. Brent Curtis and John Eldredge, *The Sacred Romance* (Nashville: Nelson, 1997), 145.
20. Curtis and Eldredge, *The Sacred Romance*, 147-48.
21. Curtis and Eldredge, *The Sacred Romance*, 196.
22. Ted W. Engstrom, *The Pursuit of Excellence* (Grand Rapids: Zondervan, 1982), 20.
23. Engstrom, *The Pursuit of Excellence*, 24.

第六部

24. Excerpted from Philip Yancey, *Where Is God When It Hurts?* (Grand Rapids: Zondervan, 1977, 1990), 81-84.
25. Tom Sine, *Wild Hope* (Dallas: Word, 1991), 212.
26. Sine, *Wild Hope*, 218.
27. Sine, *Wild Hope*, 213, 226.

第七部

28. Philip Yancey, *What's So Amazing About Grace?* (Grand Rapids: Zondervan, 1997), 45.
29. Adapted from Philip Yancey, *The Jesus I Never Knew* (Grand Rapids: Zondervan, 1995), 72-82.
30. Richard E. Eby, *Caught Up into Paradise* (Grand Rapids: Revell, 1978), 91-101.
31. Mother Teresa, *A Simple Path* (New York: Ballantine, 1995), 80-81.

32. Mother Teresa, *A Simple Path*, xxx-xxxi.
33. Catherine Marshall, *Meeting God at Every Turn* (New York: Bantam, 1980), 59-60.
34. Marshall, *Meeting God at Every Turn*, 71.
35. Marshall, *Meeting God at Every Turn*, 84.
36. Adapted from Philip Yancey, *The Jesus I Never Knew* (Grand Rapids: Zondervan, 1995), 105-44.
37. John Muir, *The Wilderness World of John Muir*, ed. Edwin Way Teale (1954; reprint, Boston: Houghton Mifflin, 1982), 103.
38. Muir, *The Wilderness World*, 70.
39. Muir, *The Wilderness World*, xvi.
40. Ravi Zacharias, *Can Man Live without God?* (Dallas: Word, 1994), 78.
41. Zacharias, *Can Man Live without God?* 79.
42. Zacharias, *Can Man Live without God?* 89.
43. Zacharias, *Can Man Live without God?* 91.

第八部

44. Macrina Wiederkehr, *Seasons of Your Heart: Prayers and Reflections, Revised and Expanded* (San Francisco: HarperSanFrancisco, 1991), 58.

第九部

45. Oswald Chambers, *My Utmost for His Highest* (New York: Dodd, Mead & Co., 1963), 39 (February 8).

第十部

46. J. I. Packer, *Keep in Step with the Spirit* (Old Tappan, N.J.: Revell, 1984), 9-49.
47. John Stott, *The Contemporary Christian* (Downers Grove, Ill.: InterVarsity Press, 1992), 329-30.
48. Catherine Marshall, *Something More* (Grand Rapids: Chosen, 1974), 276.
49. Marshall, *Something More*, 279.
50. Marshall, *Something More*, 281.
51. Marshall, *Something More*, 281.
52. J. B. Phillips, *Your God Is Too Small* (New York: Touchstone, Simon &

Schuster, 1997), 30.
53. Phillips, *Your God Is Too Small*, 31-32.
54. Phillips, *Your God Is Too Small*, 32.55. Charles Colson, “Reaching the Pagan Mind,” Christianity Today (November 9, 1992), 112.
55. Charles Colson, “Reaching the Pagan Mind,” *Christianity Today* (November 9, 1992), 112.
56. Adapted from Philip Yancey, *Church: Why Bother*? (Grand Rapids: Zondervan, 1998), 45-47, 61-65.
57. Brennan Manning, *The Signature of Jesus* (Old Tappan, N.J.: Revell, 1988), 110.
58. Larry Crabb, Inside Out (Colorado Springs: NavPress, 1988), 86, 102.

第十一部
59. Stephen R. Covey, *The Seven Habits of Highly Effective People* (New York: Simon & Schuster, 1989), 158.
60. Covey, *The Seven Habits*, 158.
61. Elisa Morgan and Carol Kuykendall, *What Every Child Needs* (Grand Rapids: Zondervan, 1997), 25-26.
62. Dietrich Bonhoeffer, *Life Together* (San Francisco: Harper & Row, 1954), 23-24.
63. C. S. Lewis, *Reflections on the Psalms* (San Diego: Harcourt Brace Jovanovich, 1958), 74.

第十二部
64. Vernon Grounds, *Radical Commitment* (Portland, Ore.: Multnomah Press, 1984), 42-45.
65. Grounds, *Radical Commitment*, 44.
66. Excerpted from Philip Yancey and Brenda Quinn, *What's So Amazing About Grace* Study Guide (Grand Rapids: Zondervan, 1998), 119-21.
67. C. S. Lewis, *The Problem of Pain* (New York: Macmillan, 1962), 93.
68. Henri J. M. Nouwen, *Lifesigns* (New York: Doubleday, 1986), 36.
69. Dallas Willard, *The Divine Conspiracy* (San Francisco: HarperCollins, 1998), 391-92.
70. Willard, *The Divine Conspiracy*, 395.